"十三五"卫生高等职业教育校院合作"双元"规划教材

供护理、助产及相关专业用

护理管理学

主　编
陈秋云　吴文君
副主编
王雪菲　林　锋

编　委（按姓名汉语拼音排序）

陈秋云（漳州卫生职业学院）　　　秦　颖（唐山职业技术学院）
高艺元（菏泽医学专科学校）　　　王雪菲（湖北省孝感市中心医院）
李　慧（铁岭卫生职业学院）　　　吴文君（重庆三峡医药高等专科学校）
林　锋（漳州卫生职业学院）　　　杨　娜（湖南环境生物职业技术学院）
刘珈利（四川护理职业学院）　　　张志芳（漳州卫生职业学院）
刘良燚（遵义医药高等专科学校）　周雯婷（重庆三峡医药高等专科学校）

北京大学医学出版社

HULI GUANLIXUE

图书在版编目（CIP）数据

护理管理学 / 陈秋云，吴文君主编 . —北京：北京大学医学出版社，2020.7（2023.12 重印）

ISBN 978-7-5659-2108-7

Ⅰ . ①护… Ⅱ . ①陈… ②吴… Ⅲ . ①护理学 – 管理学 – 高等职业教育 – 教材 Ⅳ . ① R47

中国版本图书馆 CIP 数据核字 (2019) 第 253792 号

护理管理学

主　　编：陈秋云　吴文君
出版发行：北京大学医学出版社
地　　址：（100191）北京市海淀区学院路 38 号　北京大学医学部院内
电　　话：发行部 010-82802230；图书邮购 010-82802495
网　　址：http://www.pumpress.com.cn
E-mail：booksale@bjmu.edu.cn
印　　刷：北京瑞达方舟印务有限公司
经　　销：新华书店
责任编辑：张彩虹　娄新琳　　责任校对：靳新强　　责任印制：李　啸
开　　本：850 mm × 1168 mm　1/16　　印张：16.25　　字数：467 千字
版　　次：2020 年 7 月第 1 版　2023 年 12 月第 3 次印刷
书　　号：ISBN 978-7-5659-2108-7
定　　价：42.00 元

版权所有，违者必究

（凡属质量问题请与本社发行部联系退换）

出版说明

《国务院办公厅关于深化医教协同进一步推进医学教育改革与发展的意见》要求加快构建标准化、规范化医学人才培养体系，全面提升人才培养质量。明确指出要调整优化护理职业教育结构，大力发展高职护理教育。《**国家职业教育改革实施方案**》指出要促进产教融合育人，建设一大批校企"双元"合作开发的国家规划教材。新时期的护理职业教育面临前所未有的发展机遇和挑战。

高质量的教材是实施教育改革、提升人才培养质量的重要支撑。为深入贯彻《**国家职业教育改革实施方案**》，服务于新时期高职护理人才培养改革发展需求，北京大学医学出版社在教育部、国家卫生健康委员会相关机构和职业教育教学指导委员会的指导下，经过前期广泛调研、系统规划，启动了这套"双元"数字融合高职护理教材建设。指导思想是：坚持"三基、五性"，符合最新的国家高职护理类专业教学标准，结合高职教学诊改和专业评估精神，突出职业教育特色和专业特色，与护士执业资格考试大纲要求、岗位需求对接。体现以人为本、以患者为中心的整体护理理念，强化技能训练，既满足多数院校教学实际，又适度引领教学。实践产教融合、校院合作，打造深度数字融合的精品教材。

教材的主要特点如下：

1. 全国专家荟萃

遴选全国近40所院校具有丰富教学经验的骨干教师参与建设，力求使教材的内容和深浅度具有全国普适性。

2. 产教融合共建

吸纳附属医院或教学医院的临床护理双师型教师参与教材编写、审稿，学校教师与行业专家"双元"共建，保证教材内容符合行业发展、符合多数医院护理实际和人才培养需求。

3. 双重专家审定

聘请知名护理专家审定教材内容，保证教材的科学性、先进性；聘请知名职教专家审定教材的职教特色和规范。

4. 教材体系完备

针对各地院校课程设置的差异，部分教材实行"双轨制"。如既有《正常人体结构》，又有《人体解剖学》《组织学与胚胎学》；既有《护理学基础》，又有《护理学导论》《基础护理学》，便于各地院校灵活选用。

5. 职教特色鲜明

结合护士执业资格考试大纲，教材内容"必需、够用，图文并茂"。以职业技能和岗位胜任力培养为根本，以学生为中心，贴近高职学生认知，采用布鲁姆学习目标，加入"案例/情景""知识链接""小结""实训""自测题"等模块，提炼"思维导图"。

6. 纸质数字融合

将纸质教材与二维码技术相结合，融PPT、图片、微课、动画、护理技能视频、模拟考试、护考考点解析音频等于一体，实现了以纸质教材为核心、配套数字教学资源的融媒体教材建设。

本套教材的组织、编写得到了多方面大力支持。很多院校教学管理部门提出了很好的建议，职教专家对编写过程精心指导、把关，行业医院的临床护理专家热心审稿，为锤炼精品教材、服务教学改革、提高人才培养质量而无私奉献。在此一并致以衷心的感谢！

希望广大师生多提宝贵意见，反馈使用信息，以臻完善教材内容，为新时期我国高职护理教育发展和人才培养做出贡献！

"十三五"卫生高等职业教育校院合作"双元"规划教材审定委员会

顾　　　问　杨爱平（国家卫生健康委能力建设和继续教育中心）
　　　　　　　郑修霞（北京大学护理学院）
　　　　　　　赵志群（北京师范大学教育学部）

主 任 委 员　刘　晨（国家卫生健康委能力建设和继续教育中心）

副主任委员　张彦文（天津医学高等专科学校）
　　　　　　　李　琳（菏泽医学专科学校）
　　　　　　　沈国星（漳州卫生职业学院）
　　　　　　　袁　宁（青海卫生职业技术学院）
　　　　　　　蔡德周（大理护理职业学院）

委　　　员　（按姓名汉语拼音排序）

陈方军（肇庆医学高等专科学校）	田朝晖（呼伦贝尔职业技术学院）
陈鸣鸣（江苏护理职业学院）	王　平（阜阳职业技术学院）
邓朝晖（贵阳护理职业学院）	文玉萍（广西科技大学）
丁炎明（北京大学第一医院）	吴　勇（黔东南民族职业技术学院）
冯春林（遵义医药高等专科学校）	杨　翀（广州卫生职业技术学院）
高健群（宜春职业技术学院）	杨桂荣（湖北职业技术学院）
高　强（济南护理职业学院）	姚永萍（四川护理职业学院）
李葆华（北京大学第三医院）	於学良（苏州卫生职业技术学院）
马　莉（唐山职业技术学院）	战文翔（山东中医药高等专科学校）
宁国强（江西医学高等专科学校）	张晓静（北京协和医院）
秦立国（铁岭卫生职业学院）	张学河（乐山职业技术学院）
谭　工（重庆三峡医药高等专科学校）	赵其辉（湖南环境生物职业技术学院）

序

湛蓝天空映衬昆明湖碧波粼粼，湖畔长廊蜿蜒诉说历史蹉跎，万寿山风清气爽，昂首托起那富贵琉璃的智慧海、吉祥云。护理融有科学、技术、人文及艺术特质，其基本任务是帮助人维持健康、恢复健康和提升健康水平。护士被誉为佑护健康与生命的天使。在承载这崇高使命的教育殿堂，老师和学生们敬畏生命、善良真诚、严谨求实、德厚技精。

再览善存之竖版护理教材——《**护病新编**》（1919年，车以轮等译，中国博医会发行），回想我国护理教育发展历程，尤其20世纪80年代以来，在护理和教育两个领域的研究与实践交汇融合中，护理教育经历了"医疗各科知识+护理、各科医学及护理、临床分科护理学或生命周期分阶段护理"等三个阶段。1985年首开英护班，1991年在卫生部相关部门支持下，成立全国英护教育协作会，从研究涉外护理入手，进行护理教育改革；1989年始推广目标教学，建立知识、技能、态度的分类目标，使用行为动词表述，引导相应教学方法的改革；1994年开始推进系统化整体护理；1997年卫生部颁布护理专业教学计划和教学大纲，建构临床分科护理学课程体系，新开设精神科护理、护士礼仪等六门课程。2000年行业部委院校统一划转教育部管理，为中高职护理教育注入了现代职业教育的新鲜"血液"。教育部组织行业专家制定了专业目录，将护理专业确定为83个重点建设专业之一，并于2003年列入教育部技能型紧缺人才培养培训工程的4个专业之一，在国内首次采用了生命周期模式，开始推进行动导向教学；2018年高职护理专业教学标准（征求意见稿）再次采纳了生命周期模式。客观地看，在一个历史阶段，因为教育理念和教学资源等差异，院校可能选择不相同的课程模式。

当前，全国正在落实《**"健康中国2030"规划纲要**》和《**国家职业教育改革实施方案**》，在人民群众对美好生活的向往和护理、职业教育极大发展的背景下，护理教育教学及教材的改革创新迫在眉睫。北京大学医学部是百余年前中国政府依靠自己的力量开办的第一所专门传授现代医学的国立学校，历经沧桑，文化厚重，对中国医学事业发展有着卓越贡献。北京大学医学出版社积极应对新时期、新任务和新要求，组织全国富有教学与实践经验的资深教师和临床专家，共同编写了本套高职护理专业教材，为院校教改与创新提供了重要保障。

教材支撑教学，辅助教学，引导学习。教学过程中，教师需要根据自己的教学设计对教材进行二次开发。现代职业教育不是学科化课程简版，不应盲目追求技术操作，不停留在零散碎片的基本知识或基本技能的"名义能力"层面，而是从工作领域典型工作任务引导学习领域课程搭建，以工作过程为导向，将知识和操作融于工作过程，通过产教融合和理实一体，系统地从工作过程出发，延伸到工作情境、劳动组织结构、经济、使用价值、质量保证、社会与文化、环境保护、可持续发展及创新等方面，培养学生从整体角度运用相对最佳的方法技术完成工作任务。这些职业教育需达成的基本能力维度与护理有着相近的承载空间，现代职教理念和方法对引导我国护理教育深化与拓展具有较大的意义。

本套教材主编、编者和出版社老师们对课程体系科学建构，教学内容合理组织，字里行间精心雕琢，信息技术恰当完善。本套教材可与情境教学、项目教学、PBL、模块教学、任务驱动教学等配合使用。新技术的运用丰富了教学内容，拓展了学生视野，强化了教学重点，化解了教学难点，提示了护考要点，将增强学生专业信心，提高学生学习兴趣。

教材与教学改革相互支撑，相辅相成，它们被人类社会进步不断涌现的新需求、新观念、新理论、新方法、新技术引导与推动，永远不会停步。它是朝阳，充满希望；是常青树，带给耕耘者硕果累累。

前 言

护理管理学是管理学的一个分支，是管理学基本理论和方法在护理管理中的具体运用，是一门研究护理管理活动基本规律与方法的应用型学科，是护理专业的重要必修课程。学习本课程的目的在于培养和拓展学生的护理综合素质，使学生在就业或创业的过程中更具有竞争性和灵活性。随着护理学科的发展，学习和运用现代管理理论、技术和方法，提高护理管理水平，实现护理组织目标，也是护理管理者的迫切需求。

本教材的编写是根据高职教育的培养目标，从专业知识的实际需求出发，结合护士执业资格考试大纲，坚持"以全面素质教育培养为基础，以职业能力为根本，以就业为导向"的指导思想，贯彻工学结合、学做一体的教学理念，坚持"整体性、综合性、思想性、科学性、先进性、实用性和启发性"的原则，尽可能汲取古今中外管理思想和管理理论的精华，把握护理管理的最新理论与知识，力求结构严谨、观点明确，着重体现高职高专护理管理教育的特色。

全书共十二章，系统介绍了管理基础、管理理论与原理、护理计划、护理组织、护理人力资源管理、护理领导、护理激励、护理管理沟通与冲突、护理控制、护理质量管理、护理服务、护理信息与法律管理。每章设有学习目标及管理案例、名人名言、管理故事，同时对相关知识、新进展、新观点等内容进行知识链接，以拓展学生的知识面，增加学生学习的兴趣；各章后附有小结、思维导图、自测题及案例分析，有利于学生对知识的理解、巩固与提高。

本教材编委既有临床经验丰富的护理工作者，又有理论基础扎实的医学院校教师，力求达到理论与实践的最佳结合。编者在编写过程中参考和引用了大量的书籍和文献资料,在此,向有关作者和译者表示诚挚的谢意。由于编者理论水平和实践经验所限,书中可能存在错误和不足之处,敬请广大读者批评指正,以便进一步提高与完善。

编 者

二维码资源索引

资源名称	资源类型	页码
何为管理？	音频	2
为什么说管理既是一门科学，又是一门艺术？	音频	3
何谓护理管理与护理管理学？	音频	9
护理管理者应该具备的角色与技能	音频	11
创新的含义	音频	14
创新的基本内容与原则	音频	15
第一章案例分析参考答案	下载资源	21
第二章案例分析参考答案	下载资源	37
第三章案例分析参考答案	下载资源	53
护考考点：临床护理工作组织结构——护理组织结构	音频	60
护考考点：临床护理工作组织结构——护理工作模式	下载资源	60
护考考点：医院护理管理的组织原则	音频	63
第四章案例分析参考答案	下载资源	76
第五章案例分析1参考答案	下载资源	99
第五章案例分析2参考答案	下载资源	99
权力性影响力与非权力性影响力	音频	105
第六章案例分析参考答案	下载资源	120
第七章案例分析参考答案	下载资源	137
第八章案例分析参考答案	下载资源	157
第九章案例分析参考答案	下载资源	175
知识拓展：标准及标准化的概念	下载资源	182
护考考点：医院常用的护理质量标准——护理质量标准	下载资源	182
护考考点：医院常用的护理质量标准——护理质量标准体系结构	下载资源	191
第十章案例分析参考答案	下载资源	200
第十一章案例分析参考答案	下载资源	215

资源名称	资源类型	页码
护考考点：医院护理质量缺陷及管理——相关概念	音频	229
护考考点：医院护理质量缺陷及管理——护理质量缺陷的预防和处理	音频	229
护考考点：医院护理质量缺陷及管理——护理质量缺陷的控制	下载资源	231
第十二章案例分析参考答案	下载资源	235

目 录

第一章 管理基础 ... 1

第一节 管理与管理学 ... 2
一、管理与管理学的概念 ... 2
二、管理的基本特征与基本职能 ... 3
三、管理的对象与方法 ... 5
四、管理学的研究对象与内容 ... 6

第二节 护理管理与护理管理学 ... 8
一、护理管理 ... 8
二、护理管理学 ... 9
三、护理管理者的角色与技能 ... 10

第三节 护理管理创新职能 ... 14
一、创新与创新管理的含义 ... 14
二、创新的基本内容与原则 ... 15
三、创新的过程 ... 16
四、护理管理者在创新中的角色功能 ... 16

第二章 管理理论与原理 ... 22

第一节 古典管理理论 ... 23
一、科学管理理论 ... 23
二、管理过程理论 ... 24
三、行政组织理论 ... 25

第二节 行为科学管理理论 ... 25
一、人际关系理论 ... 25
二、人性管理理论 ... 27
三、群体行为理论 ... 27

第三节 现代管理理论 ... 28
一、学习型组织理论 ... 28
二、团队管理理论 ... 29
三、经验主义理论 ... 29
四、系统管理理论 ... 29

目 录

第四节 现代管理基本原理与原则 ·········· 30
  一、系统原理与原则 ·········· 30
  二、人本原理与原则 ·········· 32
  三、动态原理与原则 ·········· 33
  四、效益原理与原则 ·········· 34

第三章 护理计划 ·········· 38
第一节 计划概述 ·········· 38
  一、计划的概念 ·········· 39
  二、计划的种类 ·········· 39
  三、计划的原则 ·········· 40
  四、计划的步骤 ·········· 40
第二节 目标管理 ·········· 41
  一、目标管理的概念 ·········· 42
  二、目标管理的特点 ·········· 42
  三、目标管理的过程 ·········· 42
第三节 时间管理 ·········· 43
  一、时间管理的概念 ·········· 44
  二、时间管理的过程 ·········· 44
  三、时间管理的方法 ·········· 45
第四节 管理决策 ·········· 47
  一、管理决策的概念 ·········· 47
  二、管理决策的类型 ·········· 47
  三、决策的影响因素 ·········· 48
  四、决策的原则与程序 ·········· 49

第四章 护理组织 ·········· 54
第一节 组织概述 ·········· 54
  一、组织的概念与要素 ·········· 55
  二、组织的分类与职能 ·········· 56
  三、我国卫生组织系统 ·········· 57
  四、我国护理组织系统 ·········· 59
第二节 组织结构与组织设计 ·········· 61
  一、组织结构与组织设计的概念 ·········· 61
  二、护理组织结构的常见类型 ·········· 61
  三、组织设计的原则 ·········· 63
  四、组织设计的程序 ·········· 65
第三节 组织文化 ·········· 66
  一、组织文化的概念与特征 ·········· 66
  二、组织文化的功能与构成要素 ·········· 67
  三、护理组织文化建设 ·········· 68
第四节 组织变革 ·········· 69
  一、组织变革的动力 ·········· 70

二、组织变革的阻力 …………………………………………………………… 71
　　三、组织变革的程序 …………………………………………………………… 72
　　四、组织变革在护理管理中的应用 …………………………………………… 72

第五章　护理人力资源管理 …………………………………………………… 77

第一节　护理人力资源管理概述 ……………………………………………… 77
　　一、护理人力资源管理的概念与特点 ………………………………………… 78
　　二、护理人力资源管理的内容 ………………………………………………… 79
　　三、护理人力资源管理的原则 ………………………………………………… 80

第二节　护理人力资源配置 …………………………………………………… 80
　　一、护理人力需求测算 ………………………………………………………… 80
　　二、护理人力需求配置原则 …………………………………………………… 82
　　三、护理人员的排班 …………………………………………………………… 83
　　四、护理人员岗位职责与任职资格 …………………………………………… 85

第三节　护理人员招聘与遴选 ………………………………………………… 87
　　一、招聘与遴选的原则 ………………………………………………………… 87
　　二、招聘与遴选的程序 ………………………………………………………… 88
　　三、招聘与遴选的方法 ………………………………………………………… 89

第四节　护理人员的培养与管理 ……………………………………………… 89
　　一、护理人员培养原则与方法 ………………………………………………… 90
　　二、护理人员绩效考核原则与方法 …………………………………………… 90
　　三、护理人员的分层管理体系 ………………………………………………… 92
　　四、护理人员的心理健康管理 ………………………………………………… 94

第六章　护理领导 ………………………………………………………………… 100

第一节　领导与领导者 ………………………………………………………… 101
　　一、领导与领导者概述 ………………………………………………………… 101
　　二、领导的作用与领导效能 …………………………………………………… 102
　　三、领导者的基本素质 ………………………………………………………… 103
　　四、领导者的职权与影响力 …………………………………………………… 104

第二节　领导理论 ……………………………………………………………… 106
　　一、特征领导理论 ……………………………………………………………… 106
　　二、行为领导理论 ……………………………………………………………… 107
　　三、权变领导理论 ……………………………………………………………… 109

第三节　领导艺术 ……………………………………………………………… 111
　　一、授权艺术 …………………………………………………………………… 112
　　二、领导执行力艺术 …………………………………………………………… 113
　　三、权力运用艺术 ……………………………………………………………… 114
　　四、创建高效能团队艺术 ……………………………………………………… 115

第七章　护理激励 ………………………………………………………………… 121

第一节　激励概述 ……………………………………………………………… 121
　　一、激励的概念 ………………………………………………………………… 122

目 录

　　二、激励的模式 ·· 122
　　三、激励的作用 ·· 122
　第二节　激励理论及其在护理管理中的应用 ······················· 123
　　一、内容型激励理论 ·· 123
　　二、行为改造型激励理论 ·· 125
　　三、过程型激励理论 ·· 127
　第三节　激励策略 ·· 131
　　一、概述 ·· 131
　　二、激励的原则 ·· 131
　　三、激励的方法 ·· 132

第八章　护理管理沟通与冲突 ·· **138**

　第一节　管理沟通 ·· 138
　　一、管理沟通概述 ·· 139
　　二、管理沟通的原则 ·· 140
　　三、影响沟通的因素 ·· 141
　　四、护理管理者有效沟通的方法与技巧 ·························· 143
　第二节　冲突及产生原因 ·· 145
　　一、冲突概述 ·· 146
　　二、冲突的类型 ·· 146
　　三、冲突的形成过程 ·· 147
　　四、护理管理中冲突的形成原因 ·································· 148
　第三节　冲突管理 ·· 149
　　一、冲突管理的含义 ·· 150
　　二、冲突管理的策略 ·· 150
　　三、冲突管理的方法 ·· 151
　　四、护理管理中的冲突处理策略 ·································· 152

第九章　护理控制 ·· **158**

　第一节　控制概述 ·· 158
　　一、控制的概念与作用 ·· 159
　　二、控制的类型与特征 ·· 160
　　三、控制的基本原则 ·· 162
　第二节　控制的过程与方法 ·· 163
　　一、控制的对象 ·· 163
　　二、控制的过程 ·· 164
　　三、控制的基本方法 ·· 165
　第三节　控制在护理管理中的应用 ································· 166
　　一、护理风险控制 ·· 167
　　二、护理安全控制 ·· 168
　　三、护理成本控制 ·· 170
　　四、医院感染控制 ·· 171

第十章　护理质量管理 …… 176

第一节　质量管理 …… 176
一、质量管理的概念 …… 177
二、质量管理的发展 …… 177
三、质量管理的过程 …… 178
四、质量管理的标准 …… 179

第二节　护理质量管理概述 …… 180
一、护理质量管理相关概念 …… 180
二、护理质量管理的任务 …… 181
三、护理质量管理基本原则 …… 181
四、护理质量管理标准化 …… 182
五、护理质量管理体系的运行 …… 183

第三节　护理质量管理方法 …… 184
一、PDCA 循环 …… 184
二、追踪方法学 …… 185
三、六西格玛管理 …… 186
四、临床路径 …… 188
五、品管圈 …… 189
六、根本原因分析 …… 190

第四节　护理质量评价 …… 191
一、护理质量评价的内容与指标 …… 191
二、护理质量评价的形式与方法 …… 192
三、护理质量评价结果分析 …… 193
四、护理质量评价的注意事项 …… 196

第十一章　护理服务 …… 201

第一节　护理服务概述 …… 202
一、护理服务的概念及分类 …… 202
二、护理服务的特质 …… 203
三、护理服务标准 …… 203

第二节　护理服务需求与供给 …… 204
一、护理服务需求与供给概述 …… 204
二、护理服务与满意度 …… 205

第三节　优质护理服务 …… 206
一、优质护理服务概述 …… 206
二、优质护理服务的内容 …… 207
三、优质护理服务理念 …… 208

第四节　护理服务创新 …… 209
一、护理服务创新的必要性 …… 209
二、护理服务创新的内容 …… 210
三、护理服务创新的途径 …… 211

第十二章　护理信息与法律管理 ······ 216

第一节　信息概述 ······ 216
一、信息的概念 ······ 217
二、信息的特征 ······ 217
三、信息管理 ······ 217
四、信息在护理管理中的作用 ······ 218

第二节　护理信息管理 ······ 219
一、护理信息管理的特点与分类 ······ 219
二、护理信息收集原则与方法 ······ 221
三、护理信息系统与信息管理类别 ······ 221
四、护理信息管理方法 ······ 223

第三节　护理管理与法律法规 ······ 224
一、卫生法体系 ······ 225
二、我国与护理管理相关的法律法规 ······ 225

第四节　护理管理中常见的法律问题 ······ 227
一、依法执业管理 ······ 227
二、执业安全管理 ······ 228
三、护理不良事件管理 ······ 229

附录　自测题参考答案 ······ 236

中英文专业词汇索引 ······ 238

主要参考文献 ······ 241

第一章 管理基础

学习目标

1. 识记：复述管理、管理者和管理学的概念；护理管理和护理管理学的概念；创新、创新管理的含义。

2. 理解：归纳管理的基本特征与基本职能、管理的对象与方法；了解护理管理者应具有的角色与技能；描述管理学的研究对象和内容、护理管理的特点与作用、护理管理学的对象与方法；解释创新的原则和基本内容、创新的过程与策略、护理管理者在创新中的角色功能。

3. 运用：结合临床护理工作实践，理解护理管理的特点；联系实例叙述管理基本职能在护理管理中的运用，并营造促进组织创新的氛围。

名人名言

> 如果你理解管理理论，但不具备管理技术或运用管理工具的能力比较低，你还不是一个有效的管理者；反过来，如果你具备管理技能、能力，而不掌握管理理论，那么你充其量是一个技术员。有效的管理者＝理论掌握＋技巧运用。
> ——［美］彼得·德鲁克（Peter F. Drucker），现代管理学之父

管理学是一门系统研究管理过程的科学。管理作为人类的一种社会实践活动，同人类社会一起产生，并伴随人类社会的发展而发展。在现代社会中，管理普遍存在于各个领域的各项工作中，不仅代表了人们在社会中所采取的有目的、有意义的活动，而且成为人类追求生存、进步和发展的一种途径和手段。护理管理学是管理学在护理工作中的具体应用，是构成护理教育和指导护理实践的重要学科之一。

第一节 管理与管理学

> **案例 1-1**
>
> **袋鼠与笼子**
>
> 有一天,动物园管理员们发现袋鼠从笼子里跑出来了,于是开会讨论其原因,一致认为是笼子的高度过低。所以他们决定将笼子的高度由原来的 10 公尺加高到 20 公尺。结果第二天他们发现袋鼠还是跑到外面来,所以他们又决定将高度加高到 30 公尺。没想到隔天居然又看到袋鼠全跑到外面,于是管理员们大为紧张,决定一不做二不休,将笼子的高度加高到 100 公尺。一天长颈鹿和几只袋鼠在闲聊,"你们猜,这些人会不会再继续加高你们的笼子?"长颈鹿问。"很难说,"袋鼠说,"如果他们再继续忘记关门的话!"
>
> 思考:这个故事中蕴含着哪些管理学知识?

管理起源于人类的共同活动,自古有之,是人类社会发展不可缺少的一项重要活动。而管理学则是在 20 世纪初发展成为一门独立的科学。

一、管理与管理学的概念

(一)管理的概念

管理(management)活动历史悠久,有关管理的概念,从不同的角度出发可以有不同的理解(表 1-1),不同的管理理论和学派有不同的定义(表 1-2)。

表 1-1 不同角度对管理的理解

不同角度	解释
功效角度	管理是通过一系列有效的活动,提高系统功效的过程
职能角度	管理就是计划、组织、人员配备、指导和领导以及控制
资源利用角度	管理是有效地分配和利用组织中的人力、物力、财力、时间和信息资源,以达到组织目标的过程
决策角度	管理就是决策

表 1-2 不同管理理论和学派对管理的定义

管理理论或学派	创始人或代表人物	定义
科学管理理论	费雷德里克·温斯洛·泰勒	管理是"确切地知道你要别人干什么,并注意他们用最好最经济的方法去干"
经营管理理论	亨利·法约尔	管理就是计划、组织、指挥、协调和控制
管理过程学派	哈罗德·孔茨	管理就是设计和维持一种环境,使集体工作的人们能够有效地完成既定目标的过程
经验主义学派	彼得·德鲁克	管理是一种以绩效责任为基础的专业职能
决策管理学派	赫伯特·西蒙	管理就是决策与领导

音频:
何为管理?

综上所述,目前国内外管理学界比较公认的管理定义是:管理是管理者协调他人及其组织资源,通过计划、组织、人力资源管理、领导和控制职能,实现组织目标的活动过程。这个定义包含以下 3 层含义:第一,管理者要有效地协调人、财、物、时间、信息和技术等资源;第二，管理者要通过计划、组织、人力资源管理、领导和控制等管理职能来实现管理；第三，管理目的是实现组织目标。

（二）管理学的概念

管理学（science of management）是系统研究管理过程的普遍规律、基本原理和一般方法的综合性应用性科学。它是自然科学和社会科学相互交叉产生的一门边缘学科，不仅是一门具有规范意义的理论科学，也是一门对管理实践具有直接指导意义的科学。管理学来源于人类社会的管理实践活动。随着社会生产力的不断发展，人们越来越认识到，在社会的各种组织中、在日益丰富的管理活动中，都存在着一定的规律性。管理学是运用科学方法整理出来的关于管理的一般原理、理论、方法和技术的知识，反映了管理的规律性，是一门科学。管理实践需要依据实际情况开展，是一种"技巧"，是艺术；而指导这种实践活动需要有条理的知识，即管理科学。运用条理有序的管理学知识，管理人员会更好地完成管理工作。

管理学总结出来的基本规律，适用于各行各业不同的组织。管理人员懂得的管理理论越多，越能理解管理中的各种现象，越能采取措施，有成效地开展活动，也可把各种不利因素减少到最低限度。因此，学习护理管理学，要学习一般管理学的基础知识。

二、管理的基本特征与基本职能

（一）基本特征

1. 管理的二重性 包括管理的自然属性与社会属性。自然属性指管理所具有的有效指挥共同劳动、组织社会生产力的特征，它不因生产关系、社会制度的变化而变化，只与生产力发展水平相关。社会属性指管理所具有的监督劳动、维护生产关系、巩固其相应社会制度的特征，反映了一定社会形态中生产资料占有者的意志。不同的生产关系、社会文化、经济制度都会使管理思想、管理目的及管理方式呈现一定的差别，从而使管理具有特殊性和个性。

管理的二重性相互联系、相互制约。一方面，管理的自然属性不可孤立存在，它总是存在于一定的社会制度与生产关系中；管理的社会属性也不可能脱离自然属性而存在，否则管理的社会属性就会成为没有内容的形式。另一方面，管理的自然属性要求具有一定社会属性的组织形式和生产关系与其相适应；管理的社会属性也必然对管理的科学技术等方面有影响或起到制约作用。

2. 管理的科学性与艺术性 科学性指管理在实践的推动下，形成了一套由许多概念、原理、基本原则组成的系统知识体系，反映了管理过程的客观规律性，构成了管理学的基本框架。如果不承认管理是一门科学，不按照客观规律办事，违背管理原则，在实践中随心所欲地进行管理，必然会发生错误，最终导致管理失败。艺术性是指管理活动需要有一系列根据实际情况行事的经验、诀窍、方式和方法，强调在原则基础上的灵活性。管理没有一成不变的模式，在不同的环境下，管理者处理同样的问题必须采取不同的方法，才能取得满意的效果。管理的科学性和艺术性是统一的，科学性是艺术性的基础，艺术性是科学性的发挥。

音频：
为什么说管理既是一门科学，又是一门艺术？

3. 管理的普遍性与目的性 普遍性指在人类活动的领域内，管理活动无处不在。从人类为了生存而进行集体活动的分工和协作开始，管理就随之产生，并与人类的社会、家庭活动息息相关。管理的原理在各行业、各组织中普遍适用。目的性指管理是人类一种有意识、有目的的活动，表现为社会劳动或社会团体的共同目的。管理活动都是为了实现既定目标而进行，管理目标既是管理的出发点和归宿，又是管理活动中进行指导和质量评价的基本依据或标准。

4. 管理的共同性与创新性 共同性指在管理活动中，虽然管理人员的地位、权力、责任不同，但却具有相同的管理任务、基本职能和管理目标，只是不同层次的管理者在执行职能时各有侧重。创新性指管理活动的管理对象具有独特性。管理没有一成不变的模式和方法，需要人们通过创新找到针对具体事物的有效管理方法。所以，任何管理活动本身都具有一定的创新性。通过管理的创新，既可以推动社会和经济的发展，又可以在一定的条件下，创造新的生产力。

（二）管理基本职能

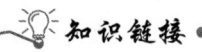

> **天鹅、狗鱼和虾**
>
> 有一次，天鹅、狗鱼和虾，想一起拉动一辆装东西的货车，三个家伙套上车索，拼命用力拉，可车子还是不动。车上装的东西不算重，只是天鹅拼命向云里冲，虾向后倒拖，狗鱼径直向水里拉拽。
>
> 管理启示：因为没有统一的指挥，天鹅、狗鱼和虾都按自己的方向用力，结果只能是这辆货车原地不动。员工之间不协调，工作就开展不好，引起痛苦和烦恼。领导者的智慧即能妥善分配员工的工作，并协调他们之间团结协作。员工有序工作，组织高效运作，都需要有效的管理。

管理职能是管理者为实施有效的管理必须担负起的基本职责以及要完成的任务，是管理过程中各项活动的基本功能，也是管理原理和管理方法的具体体现。管理通过管理职能发挥作用。

1. **计划职能**（planning function） 计划是管理的首要职能。计划职能包括选定组织目标和实现目标的途径。计划的中心任务是确定组织目标和实现组织目标的具体方案，包括目标和为实现目标制定的策略、政策、方案以及程序等。

2. **组织职能**（organizing function） 指为了实现组织目标，设计和维持合理的组织结构并使组织结构有效运行的活动过程。组织工作的主要内容是：①根据组织的规模和任务设计合理的组织结构；②明确相应的职责、任务和权利；③建立健全各项规章制度，形成组织文化等，保证工作顺利开展。

3. **人力资源管理**（human resource management） 人力资源管理是管理的核心职能，是对组织结构规定的不同岗位进行恰当而有效的人员配备，包括人员的规划、开发、选择、培训、使用和考评等。

4. **领导职能**（leading function） 指运用领导者的个人影响力和法定权力，指挥和引导组织成员实现特定目标的活动过程。领导职能是实施计划与实现组织目标的手段，它的发挥依赖于三个条件：①管理者必须具有领导其工作小组成员朝着组织目标努力的能力；②管理者必须了解个人和组织行为的动态特征，激励员工进行有效沟通和团队合作；③领导者必须富有创新意识和创新精神。

5. **控制职能**（controlling function） 是管理者为保证组织执行结果与计划一致，对工作过程与成效进行监督、检查、评价和纠正偏差的过程。控制工作的主要内容是：①识别计划与实际运行的偏差；②找出产生偏差的原因；③采取纠正偏差的行动。控制工作是一个连续不断、反复进行的过程，目的就是保证组织的实际活动及成果与预期的目标相一致。

6. **创新职能**（innovation function） 指人们在改造自然和改造社会过程中方法、手段和结果质的飞跃。创新首先是一种思想以及在这种思想指导下的实践，是一种原则以及在这种原则指导下的具体活动，是管理的一项基本职能，是各项管理职能的灵魂和生命。创新职能主要表现为：①发明——新颖性、创造性和实用性的科学技术的创造；②发现——对未知事物或规律的揭示；③革新——渐进式技术发展；④开发——技术发明的推广和应用。

管理的各项基本职能是一个统一的有机整体，在管理工作中是一种相互交叉的循环过程，它们相互联系、相互制约，其中任何一项职能出现问题，都会影响其他职能的发挥乃至组织目标的实现。创新职能在这个管理循环中处于轴心地位，与其他管理职能结合发挥作用，是推动管理循环的原动力。

三、管理的对象与方法

（一）管理对象

管理活动中存在实施对象，实施对象即管理对象，是管理的客体。管理的目的是通过对系统资源的合理调配、组织，提高系统效率，从而实现组织既定目标。

1. **人力资源** 人是管理的最主要因素，是管理的核心。管理对象中的各个因素和管理过程的各个环节，都需要人去掌握和推动。如何使人的积极性、主动性和创造性得以充分发挥，提高组织的工作效率，是管理者面临的挑战。人力资源管理注重人力资源的开发和利用，要做到人尽其才，才尽其用。

2. **财力资源** 指按照经济规律办事，对资金的分配及使用进行管理，保证以有限的资金资源获取最大的经济效益和社会效益。

3. **物力资源** 指对仪器、设备、材料、能源及物资的管理，包括保证供应、物美价廉、物尽其用、合理配置、检查维修、监督使用、资源共享等，旨在充分发挥物资的功效，提高对物资的利用率。

4. **时间资源** 时间是最珍贵的资源，它没有弹性，没有替代品。对于管理者来说，在时间层次的管理上处于被动位置，因此管理者要善于安排时间，抓住机遇，充分利用好组织系统和自己的时间，使系统和个人在最短的时间内完成更多的事情，创造更多财富。

5. **信息资源** 信息是最重要的资源，是管理活动的媒介，是提高管理效能的关键。信息管理包括广泛收集信息，精确加工与提取信息，快速准确传递信息，利用和开发信息。管理者应保持对信息的敏感性，保证信息迅速、及时、精确的传递与处理，提高管理的有效性。

6. **技术资源** 科学技术是第一生产力。技术资源管理包括新技术与新方法的研发、引进、保管和使用，以及各种技术标准、使用方法的制订与执行等。在知识经济高速发展的社会，技术资源管理在一定程度上决定了一个组织的核心竞争力，对组织的兴衰成败有直接影响。

> **知识链接**
>
> **分　粥**
>
> 有七个人住在一起，每天共喝一桶粥，显然粥每天都不够。一开始，他们每天轮流抓阄决定谁来分粥，于是每周下来，每个人只有自己分粥的那一天可以吃饱。后来大家推选出一个道德高尚的人出来分粥，然而强权就会产生腐败，大家开始挖空心思去讨好他、贿赂他，整个团体乌烟瘴气。然后大家开始组成三人的分粥委员会及四人的评选委员会，每次分粥互相攻击扯皮下来，粥吃到嘴里全是凉的。最后众人想出来一个办法：轮流分粥，但分粥的人要等其他人都挑完后拿剩下的最后一碗。为了不让自己吃到最少的，每人都尽量分得平均，大家快快乐乐，和和气气，日子越过越好。
>
> 管理启示：一套好的管理机制对领导者来说比自己事无巨细、事必躬亲要有效得多。就像分粥一样，很多事情不是没有办法，而是我们一时没有想到。

（二）管理方法

管理方法是指为执行管理职能和实现管理任务所采取的各种措施和手段。管理者应根据具体对象、环境、时机采取恰当的管理方法，以产生应有的效果。管理方法有很多，主要有以下几种。

1. **行政方法**　指行政机构通过命令、指示、规定、指令性计划、制定规章制度等行政手段，按照行政系统和层次，以权威和服从为前提，直接指挥下属行动的管理方法，是最基本、传统的管理方法。特点：①强制性：以组织的行政权力为基础，下级必须服从上级，个人必须服从组织；②范围性：只能在行政管辖范围内作用；③不平等性：以组织权力为基础，以服从为原则，以下级在执行中不能提出利益或其他方面的要求为代价。

2. **经济方法**　指以人们的物质利益需要为基础，依据客观经济规律的要求，运用各种经济手段，调节各方面之间的经济利益关系，以获取较高经济效益，实现管理目标的管理方法。特点：①利益性：利用人们对经济利益的需求来引导被管理者；②交换性：以一定的交换为前提，运用一定的报酬手段，使被管理者完成所承担的任务；③关联性：人们的需求不仅仅只有物质利益，决定人们行为积极性的也并非只有对经济利益的追求。管理者要防止"金钱至上"倾向的发生。

3. **法律方法**　指通过制定和实施法律、法令、条规进行管理的方法。它不仅包括广义的法律，还包括由国家的各级机构以及各个管理系统所制定和实施的各种类似法律性质的社会行为规范。特点：①强制性：法律规范同其他社会规范不同，它是由国家强制实施的、人人必须遵守的行为规则，具有普遍约束力和强制性；②规范性：法律规范规定人们在什么情况下可以做什么、应当做什么或不应当做什么，同时法律规范指引、评价人们的行为标准，根据这些规范可以知晓自己或他人的行为是合法还是违法、违法有什么后果等；③概括性：法律规范制约的对象不是具体的人，而是概括的人，故具有普遍适用性和相对稳定性。

4. **教育方法**　指运用沟通、宣传、说服和鼓励等方式，按照人的思想、行为活动的规律进行教育，以预防问题、及时发现并解决问题为目的，调动员工的积极性、创造性，实现既定目标的方法。它是管理过程的中心环节，也是做好管理工作的基本方法和重要保证。特点：①启发性：是启发人们自觉地为了共同的目标而采取行动，重在说服教育，以理服人；②针对性：人的思想感情千差万别，在外界环境变化时，反应也各不相同，教育应针对不同问题、不同的人，采取灵活的方式方法；③互动性：在教育过程中，教育者和受教育者都在提高，是一个相互学习，相互影响的过程；④缓慢性：教育以提高人的素质为目的，过程缓慢，是一个循序渐进的过程。

5. **数量分析方法**　指建立在现代系统论、信息论和控制论等科学基础上的一系列数量分析和决策的方法。特点：①模型化：指在假定的前提条件下，运用一定的数理逻辑分析，针对需要解决的问题建立一定的模型；②客观性：在使用这些方法时，除了假定前提条件和选择分析的数量分析方法之外，在建立模型和进行推导过程中，基本上不受人为因素的影响，具有较强的客观性。

6. **社会心理学方法**　指运用社会学、心理学知识，按照群体和个人的社会心理活动特点及规律进行管理的方法。特点：①综合性：是将多种理论如激励理论、人际关系理论综合应用于管理实践的方法；②自觉性：是通过被管理者内心受激励，而自觉自愿去实现目标的方法，不带有任何强制性；③持久性：因建立在被管理者自我觉悟和自觉服从的基础上，故其作用持久。

四、管理学的研究对象与内容

（一）管理学的研究对象

从管理的二重性出发，管理学的研究对象包括生产力、生产关系和上层建筑。

1. **生产力**　主要研究如何充分利用和合理分配组织中的人、财、物、时间和信息，使生产力诸要素之间相互协调，发挥其最大作用，获得最佳经济效益和社会效益。如病房护士长在护理管理中，要根据护理人员不同的知识层次、工作能力，与患者、病房的仪器、设备、物资等劳动资料进行有效的组合，达到最佳的护理效果。

2. **生产关系**　主要研究如何建立和完善组织结构和管理体制，处理组织中人与人之间的相互关系，以最佳的状态，最大限度地调动组织成员的积极性和创造性，实现组织目标。如护理管理中的人际关系包括护理管理者与护理人员的关系、医护关系、护患关系、护理群体与其他相关人员的关系。护理管理要研究如何促进这些人际关系平衡、协调发展，调动护理人员、患者及相关人员的积极性。

3. **上层建筑**　主要研究如何使组织内部环境与外部环境相适应，使组织的各项规章制度、组织成员的行为规范符合社会政治、法律、道德、经济的要求，以维持正常的生产关系，促进生产力的发展。如随着人们健康观念的改变，护理管理要研究如何以人的健康为中心，使护理组织内部环境适应人类对护理的要求，从而促进护理工作发展。

（二）管理学的研究内容

1. **管理原理**　主要研究管理的基本规律，即研究适用于人类社会或某一特定社会形态的一般原理、理论、原则以及基本规律。例如：管理的目的、过程、原理和原则等。

2. **管理职能**　管理原理的作用是在管理者履行各项职能的过程中体现出来的。管理职能研究主要探讨"管理者做什么"，例如：计划、组织、领导、人力资源管理、控制、人际技能、管理者角色等。

3. **管理技术与手段**　管理职能的履行是靠管理方法、技术和手段来实现的。因此，技术与方法的研究主要是探讨"管理者如何做"这一问题。例如：人员测评技术、计划评审技术、关键事件分析法等。

4. **管理者**　管理者是管理的主体，管理者是能否实施有效管理的关键因素。管理者研究主要是探讨"什么人来做"这一问题。例如：个体层面的价值观、知识、能力、技能，群体层面的结构、关系等。

5. **管理环境**　任何组织都生存在一定的外部环境中。管理环境研究主要是探讨"管理的外部条件如何"这一问题。例如：利益相关者、社会文化、政治法律、经济技术、人口地理等。

6. **管理效果**　管理活动是否有效的主要标志是效率和效果。管理效果是对管理目标实现程度的衡量，它所探讨的问题是"做得怎样"。

7. **管理历史**　管理历史研究主要是对管理史上各种观点、主张、思想理论进行梳理和提炼，目的在于继承和发展管理学研究成果。

随着科学技术水平和人类认知能力的提高，在管理实践的推动下，管理学研究的范围正在不断扩大，具体内容也在不断更新，这有助于管理学基础理论体系的继续发展与完善（图1-1）。

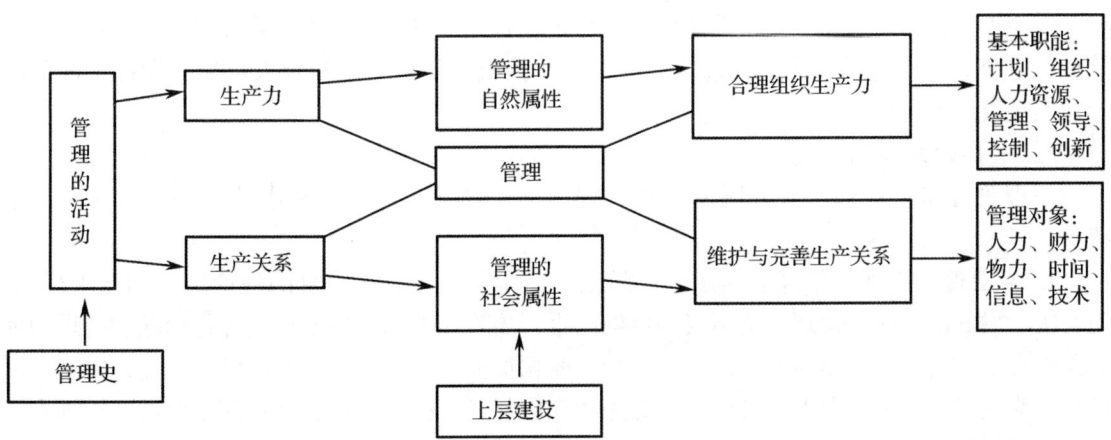

图1-1　管理学研究对象与内容示意图

第二节 护理管理与护理管理学

> **案例 1-2**
>
> 某二甲医院，病房护士长因病需要休息治疗3个月，科主任安排一名高年资的张护士暂时管理科室护理工作。张护士在代理护士长期间，每天非常忙碌，任劳任怨，工作认真负责，但由于她护理管理经验不足，日常护理管理工作忙乱无序，基础护理难以落实，护理质量下降，护患纠纷发生增多。
>
> 张护士感到身心疲惫，十分感慨地说："我原以为护士长的工作只是每月排班，没有想到还有这么多事情要管，不仅要安排科室护士值班，还要组织科室业务学习，召开座谈会征求意见，检查护理质量，联系设备科维修仪器等，与护士沟通交流还要注意方式方法。"看来，护理管理不仅是一门科学，还是一门艺术，没有经过系统的护理理论学习和实践锻炼，是很难搞好护理管理工作的。
>
> 思考：1. 什么是护理管理？
> 2. 护理管理的作用是什么？
> 3. 护士长如何扮演好管理者的角色？

护理管理学是将管理学理论和方法应用于护理实践并逐步发展起来的一门应用学科。它主要研究护理管理现象和规律，包括护理理论、护理实践、护理教育、护理科学和护理管理等方面的内容，同时通过计划、组织、人力资源管理、领导和控制等管理职能，达到提高护理管理质量的目的。

一、护理管理

（一）护理管理的概念

世界卫生组织（WHO）指出：护理管理是为了提高人们的健康水平，系统地利用护理人员的潜在能力和其他有关人员、设备、环境以及社会活动的过程。它的任务是研究护理工作的特点，对护理工作诸要素进行科学管理，是以提高护理质量和工作效率为主要目的的活动过程。

护理管理既是一门科学，也是一门艺术。科学性体现在其管理方法和原则是依照科学的管理方法而形成的行为知识；艺术性体现在执行护理管理的方法上，护理管理者要"人性化、有效化"管理，运用组织才能，通过合理的分工与授权，使每一位护理人员充分发挥自己的潜能，实现组织的目标。

（二）护理管理的特点

护理管理作为护理专业领域的一种管理活动，除具有管理的基本特征外，还具有以下特点。

1. 专业性 护理学是医学领域中一门独立的学科，具有其自身的理论知识和技术规范。随着医学模式的转变，护理人员不仅要协助医生开展诊疗工作，还要独立进行诊断和处理护理对象现存的和潜在的健康问题，帮助、指导、照顾他们，使其达到身心健康。因此，护理人员已经成为人类健康的教育者、参与者、促进者和恢复者。护理管理者在管理中要遵循护理专业的特点及规律，在管理体制及管理方法上要适应专业的要求，表现在适应护理工作的服务性和科学性要求，适应护理工作的个体性及协调性要求，适应护理工作的连续性及不规律性要求，适应护理人员性别特征和工作性质的要求。

2. **广泛性** 护理管理的广泛性体现在护理对象管理范围广和参与护理管理的人员多。护理管理是一项复杂的系统工程,对护理专业工作所涉及的范围及所需要的资源都要进行管理,包括人员管理、经济管理、物资管理、组织管理、业务管理、质量管理、病区环境管理、教学和科研管理等领域。参与护理管理的人员有护理副院长、护理部主任及副主任、科护士长、护士长等不同层次的护理管理者,此外,各个部门、各个班次、各个角色的护理人员也要参与护理管理。也就是说,不同角色在不同护理岗位都担负着一定的管理责任,这就要求广大护理人员认真学习管理知识并具备一定的管理能力。

3. **综合性** 管理学是一门综合了多学科知识和研究成果的应用科学。护理学是将自然科学和社会科学紧密联系起来为人类健康服务的综合性应用科学。护理管理既要综合利用管理学的理论和方法,又要考虑护理工作的特点和影响因素,不断吸取现代科技与医学科学发展的新理论、新知识,以提高护理质量。

4. **实践性** 护理管理活动广泛存在于护理实践活动中,具有很强的实践性。实践性即为可行性,可行性标准是通过经济效益和社会效益来衡量的。在护理实践中,护理管理者必须综合应用有关的理论知识,应用管理原理原则,建立适合于我国护理临床实际情况的管理理论和管理模式,从而达到最佳的经济效益和社会效益。

名人名言

管理是一种实践。其本质不在于"知",而在于"行";其验证不在于逻辑,而在于成果;其唯一权威就是成就。

——[美]彼得·德鲁克(Peter F. Drucker)

(三)护理管理的作用

1. **预测与计划** 即在对护理工作现状调查的基础上,提出存在的问题,总结成功经验,分析发展趋势,制定备选方案,选择最佳方案,实现护理工作目标。

2. **组织与指挥** 即对护理工作按照"责、权、利相统一"原则,建立有效的指挥、执行系统,构建并维持良好的运行机制,将护理工作各要素、各环节组织起来,进入常规运转状态,确保护理工作的正常运行。

3. **监督与控制** 即制定护理管理规范,包括制度、常规、规程和程序以及突发事件的应急预案等,根据质量标准进行监督、检测和检查,对偏离目标的情况及时协调控制,纠正偏差。

4. **挖掘与创新** 即不断开发护理系统潜力,进行科学研究,努力开展护理新项目、开发新技术,完善和发展护理管理学科体系。

此外,护理管理还具有放大、增效和枢纽等重要作用,直接关系到组织目标的实现和护理质量的保证。

二、护理管理学

(一)护理管理学的概念

护理管理学是管理学的一个分支,是护理专业领域的管理学,是将管理学的一般原理和方法在护理管理中的具体应用,是在护理工作特点的基础上,研究护理管理活动基本规律和方法的一门科学。

学习护理管理学的目的是组建和控制护理系统,优化护理程序,协调与其他部门的关系,

音频:
何谓护理管理与护理管理学?

最大限度地激励护理人员发挥潜能，不断提高护理人员的素质及能力，为服务对象提供良好的护理服务，保证并提高护理质量。

（二）护理管理学的研究对象

凡护理学研究的领域或护理活动所涉及的范围，都是护理管理学研究的范围，一般包含护理内容、管理过程和护理资源三个方面。

1. **护理内容** 包括护理理论、护理实践、护理教育、护理科研等。
2. **管理过程** 包括护理计划、护理组织、护理领导、护理控制工作等。
3. **护理资源** 包括护理人力资源、护理物质资源、护理空间资源、护理信息资源等。

（三）护理管理学的研究内容

护理管理学主要研究护理领域里护理管理活动的基本规律和一般方法。根据管理的基本职能，护理管理学研究内容主要是护理计划、护理组织、护理人力资源管理、护理领导、护理控制等。

1. **护理计划** 主要研究如何根据对组织内外环境的评估，确定一个时期内组织的发展目标，制定实现组织目标所需要的方针、政策、措施、方法、途径等。
2. **护理组织** 主要研究如何确定护理管理的组织结构，划分不同部门和层次，确定护理工作模式，明确不同岗位护理人员的职责要求等。
3. **护理人力资源管理** 主要研究如何甄选、配备各个岗位的护理人员，制定并实施各岗位护理人员的考核、晋升、奖惩、调动等条例，建立积极有效的绩效考核与激励措施等。
4. **护理领导** 主要研究护理管理者如何建立个人威信，并运用其影响力和法定权力，带领护理人员努力实现组织目标。
5. **护理控制** 主要研究如何进行护理质量管理、护理安全控制、护理风险防范等。

护理管理与护理事业同步发展，护理事业兴盛时，也正是护理管理充分发挥其功能的时期，二者互相促进、共同进步。近些年来，随着医学模式的转变、现代科技和医学科学的飞速发展，人类新健康观形成，护理工作的内容和范围逐渐扩大，护理管理工作的内容也在拓宽，必将促进护理管理学向更深层次、更广范围发展。

三、护理管理者的角色与技能

（一）管理者的概念

管理者（manager）是管理活动的主体，是在管理活动中起主导作用，拥有制度化的权力，并以此为基础指挥协调他人的行动以促进组织目标实现的人。管理大师彼得·德鲁克曾说："如果一个企业运转不动了，我们当然是要去找一个新的经理，而不是另雇一批工人。"由此可见，管理者对组织的生存和发展起着至关重要的作用。

管理者都是在组织中产生。组织中的成员可分为管理者和操作者，二者是相对而言的。管理者是在组织工作中指挥别人活动的人；操作者是直接从事某项工作或任务的人，不具有监督其他人的工作职责。作为一名管理者，一定要有下属，如护士长作为管理者，其下属是护士。

按照管理者在组织中所处的层次，可将管理者分为高层管理者、中层管理者、基层管理者，不同层次管理者的任务、责任、权限和所发挥的作用不同。

1. **高层管理者**（top-line managers） 即对整个组织的管理负有全面责任的人，如主管护理的副院长、护理部主任、副主任均属高层管理者。主要职责：制定组织的总目标、总战略，把握组织的大政方针，统筹安排组织的各种资源，评价整个组织的绩效等。
2. **中层管理者**（middle-line managers） 即处于高层与基层管理者之间的管理人员，如内、外、门诊等各科护士长。主要职责：贯彻执行高层管理者的决策，将具体任务分配给所管辖的中、基层管理者，监督、检查与协调基层管理者完成各项任务。

3. 基层管理者（first-line managers） 即负责管理基层组织日常活动的人员，如病房的护士长。主要职责：接受上级指示并落实到基层，按计划开展工作，直接组织、指挥、监督和协调现场作业活动，保证各项任务按时、保质保量地完成。

管理者都要履行计划、组织、领导和控制基本职能，但不同层次的管理者工作的侧重点和履行各项职能花费的时间并不相同。管理者在管理层次中所处的位置越高，用于计划和组织资源以保持或提高组织绩效的时间就越多，因为这两个职能对组织的长远绩效起着至关重要的作用；管理者在管理层次中所处的位置越低，用于领导和控制下属的时间就越多，因为他们关系到具体任务的完成，每天直接领导下属，布置任务、协调下属的行为，保证计划的履行（图1-2）。

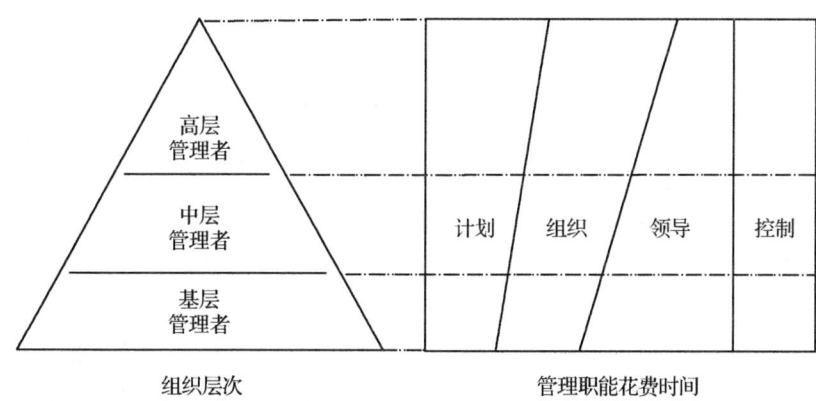

图 1-2　不同层次管理者在四种管理职能上所花费的相对时间

（二）护理管理者的角色

角色是描述一个人在某位置或状况下被他人期望的行为规范和行为模式的总和。20世纪70年代，哈佛大学教授、管理学大师亨利·明茨伯格（Henry Mintzberg）（图1-3）提出管理者角色理论，他认为管理者是一个复杂的，由人际、信息和决策三类角色交织而成的总体（表1-3）。

表 1-3　亨利·明茨伯格的管理者角色理论

人际关系方面	信息传递方面	决策制定方面
代表人	监督者	专业领军
领导者	传播者	协调者
联络者	发言人	资源分配者
		谈判者

图 1-3　亨利·明茨伯格

音频：
护理管理者应该具备的角色与技能

随着医疗护理服务模式的转变，护理专业职能被赋予新的内涵，护理管理者在医疗卫生机构管理中起着举足轻重的作用。

1. 人际角色　人际角色通常是指管理者处理与组织成员和其他利益相关者的关系时，他们在组织中履行礼仪性和象征性的义务。管理者所扮演的三种人际角色是代表人角色、领导者角色和联络者角色。

（1）代表人角色：挂名首脑，作为单位的领导，管理者必须履行有关法律、专业、社会和礼仪等方面的责任。护理管理者，不可避免要作为本部门、本单位或专业的代表，参加所在单位或专业内组织举办的各种活动、会议、仪式，扮演一些具有礼仪性质的角色。例如参加工作会或护理学会的各种活动、协助工作部门的领导协调事务、代表科室接待来访者等。

（2）领导者角色：是指通过领导者自身的影响力和创造力营造一个和谐的组织环境。护理管理者运用谋划、激发、沟通、指导、培训和个人魅力等各种方式，充分调动护理人员的工作积极性，并和他们一起努力工作，以确保组织目标的实现。

（3）联络者角色：护理管理者无论是与组织内个人或小组一起工作时，还是与外部利益相关者建立良好关系时，都扮演着联络者的角色。例如在组织内部护士长要与医师、行政、后勤等相关人员联系协商工作有关事宜，共同营造和谐的工作环境，保证各项工作任务顺利完成。

知识链接

马 蝇 效 应

1860年，林肯竞选美国总统，萨蒙·蔡斯是他最大的竞争对手。林肯当选总统后不仅没有对他处处设防，反而任命他为财政部长，令大家十分不解。为了消除大家的疑惑，林肯总统讲了这么一个故事："小时候我和我兄弟在肯塔基州老家的一个农场上犁玉米，那匹犁地的老马十分懒惰，一步一歇，把我们折磨得精疲力竭。正当我们不知如何是好时，那马竟然飞快地跑了起来。原来，有一只很大的马蝇正叮在它的屁股上，我随手就把它打落了。没想到我兄弟却大声惋惜道：'哎呀，你怎么把它打死了，正是这家伙才让我们的马跑得这么快啊。'"然后，林肯解释道："现在，对于我来说，蔡斯先生也像是一只马蝇，他离我越近，就越能督促我快跑。"后来，人们将林肯总统的这段话归纳为"马蝇效应"。

管理启示：竞争是走向成功的催化剂。一个人只有被竞争对手"叮咬"着，才不敢心存懈怠，才会不断拼搏进取，发展壮大。

2. 信息角色 护理管理者负责确保和其一起工作的人具有足够的信息，从而能够顺利完成工作。护理管理者既是所在部门的信息传递中心，也是部门间信息传递的渠道。

（1）监督者角色：护理管理者持续关注内外环境的变化以获取对组织有用的信息。护理管理者通过接触下属或从个人关系网获取信息，依据信息识别工作状况和组织潜在的机会和威胁。

（2）传播者角色：护理管理者把他们从各种途径所获取的大量信息，如上级的指示、指令和意图，下级的意见与建议，同级的经验和建议，组织外部的各类信息传递出去。把重要的信息传递给下属，以保证护理人员掌握必要的信息，切实完成工作。如护士长将与患者有关的资料传达给各护理人员，主持各种会议，学习、传达上级文件和政策等。

（3）发言人角色：护理管理者必须把相关信息传递给组织内外的个人，让利益相关者了解并感到满意。例如向本医疗机构领导人或政府卫生行政主管部门的主管人员汇报本单位、本系统的工作状况与发展方向，以便使本系统的上级领导随时掌握本单位护理服务的状态。

3. 决策角色 护理管理者在处理信息过程中不断进行着决策，保证各护理单元和护理工作小组按照既定的计划和目标行事，同时考虑和谋划长远的发展。

（1）专业领军角色：护理管理者必须密切关注组织内外环境的变化和专业的发展，及时掌握护理专业的新动向，开发新业务、新技术，并积极争取上级管理部门对新技术、新业务的开发、准入的支持，以便推进本部门专业的发展和向服务对象提供优质的护理服务。

（2）协调者角色：护理管理者必须善于处理组织运行过程中遇到的冲突或问题。例如对员工之间的争端进行调解，同不合作的服务对象进行解释，对工作中各类问题与有关人员进行交谈。护理管理者协调的对象包括服务对象、护理人员、本系统各层次管理人员、医技人员、后勤人员和其他工作小组人员。

（3）资源分配者角色：护理管理者决定护理组织资源包括财力、设备、时间、信息等用于哪些项目。例如护理人力资源的配置，管理者的时间安排以及信息获取上是否为他人提供便利等。

（4）谈判者角色：护理管理者需要花费时间，与医院有关部门人员进行必要的沟通与协商，及时反映问题，以确保本小组朝着组织目标迈进。例如护理管理者向上级申请调整护理人员、增加医疗仪器设备、改善病区环节等问题。

（三）护理管理者的技能

有效的管理者应当具备三种基本技能：技术技能、人际技能和概念技能。

1. **技术技能** 指管理者运用自身所掌握的某些专业领域内有关的工作程序、技术和知识来完成一项特定工作任务所具备的能力。如医院护理管理者必须具备熟练的护理专业技能，除护理学基础外，还要掌握各专科护理，包括手术室、供应室的专业知识等。

2. **人际技能** 指管理者处理人事关系及人际关系的技能，包括理解、激励他人并与他人沟通和共事的能力。护理管理者面对的人际关系包括上下级关系，护理组织系统与其他职能部门、其他专业领域的关系，有时还涉及组织外的相关组织关系。

3. **概念技能** 指管理者面对纷繁复杂的环境，通过分析、判断、抽象和概括，洞察事物，分辨各种因素的作用，认清主要矛盾，抓住问题实质，形成概念，从而作出正确决策的能力，包括对全局性、战略性、长远性的重大问题的处理与决策能力，对突发事件、危机处境的应变能力等。

显然，各个层级的管理人员都需要在一定程度上掌握这三种技能。但是，这三种技能的重要性是相对的，对不同层级的护理管理者的三种技能要求不同（图1-4）。对于基层管理者（如护士长）来说，技术技能非常重要。随着管理层次的上升，对技术技能的要求逐渐减弱，对概念技能的需求则逐渐增强。对于需要把握组织方向、制定发展战略、进行重大决策的高层管理者（如护理部主任）来说，概念技能最为重要。人际关系技能是每个层级的护理管理者都需要的，但是侧重点不同。基层管理者主要是取得部门护理人员、其他相关人员及服务对象的合作，高层管理者侧重于组织内外部门之间人员的沟通与联络，中层管理者（科护士长）侧重于本部门内外的联系与沟通。

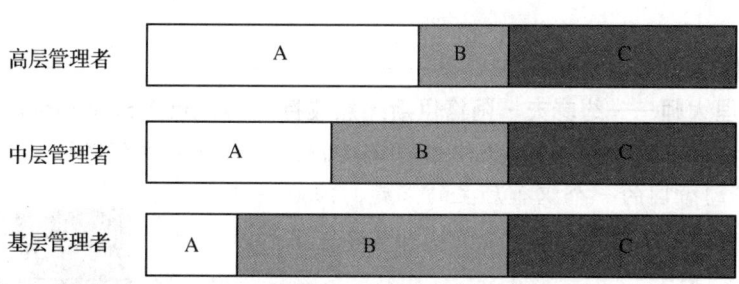

图1-4 不同层次管理者所需要的管理技能比例

A: 概念技能；B: 技术技能；C: 人际技能

第三节 护理管理创新职能

> **案例 1-3**
> 上海华东医院护理部副主任、糖尿病足整合门诊的主诊护士白姣姣,为了解决消化科急性胰腺炎患者腹部皮硝外敷的难题,经过多次试验改革,发明了腹部皮硝外敷袋,既经济又简便实用,在临床应用过程中取得了良好的效果。由于肝硬化腹水晚期需行腹穿术,为了更好地固定引流管和穿刺点,根据腹水患者的腹部特征,她设计了固定稳妥且舒适的新型腹带,杜绝了导管滑脱的风险。对于上消化道大出血抢救需要安放三腔二囊管牵引压迫装置的患者,为增强牵引装置的稳定性、准确性和安全性,她进行了跨学科的合作,设计了一种新型的牵引装置。2017年9月,白姣姣带领团队发明的《多功能糖尿病足护理装置》专利项目,荣获上海市护理学会第五届护理器具创新一等奖。
>
> 思考:1. 什么是创新?
> 　　　2. 创新的基本内容有哪些?

人类社会的发展史是一部不断创新的历史,创新是人类社会永恒的主题,创新更是组织生命的无穷源泉。放眼世界,人类的进步、社会的发展、科学技术的更新,都依赖于人们不断的创新活动。因此,创新管理是管理者的一项重要职能,是社会组织为达到科技进步的目的,适应外部环境和内部条件的发展变化而实施的管理实践和行为。

一、创新与创新管理的含义

(一)创新的含义

音频:
创新的含义

美国哈佛大学教授约瑟夫·熊彼特于1912年在著作《经济发展概论》中首次提出创新(innovation)的定义:创新指建立一种新的生产函数,即把一种从来没有过的关于生产要素和生产条件的"新组合"引入生产体系。此概念包含以下五种情况:①采用一种新产品;②采用一种新的生产方式;③开辟一个新的市场;④获得一种新的供给来源;⑤实现一种新的组织形式。

> **知识链接**
>
> **管理大师——约瑟夫·阿洛伊斯·熊彼特(Joseph A.Schumpeter)**
>
> 约瑟夫·阿洛伊斯·熊彼特(1883—1950),当代西方著名经济学家,美籍奥地利人,出生于奥匈帝国的一个织布厂主的家庭,1960年肄业于维也纳大学,攻读法律和经济,是奥地利学派主要代表人物庞巴维克的关门弟子。
>
> 《财富增长论》一书是熊彼特早期成名之作,著作里首次提出"创新理论"(innovation theory),在整个西方经济学界引起轰动。1919年,他短期出任奥地利财政部长,1925年重新回到学术界,改赴德国任波恩大学教授。1932年迁居美国,任哈佛大学经济学教授,直到1950年初逝世。
>
>

创新是形成一种创造性思想并将其转换为有用产品、服务或作业方法的过程，具有新颖性和适用性。创新包含两类情况：一类是在旧事物的基础上进行改良革新，另一类是通过创造灵感产生独特的新事物。

（二）创新管理的含义

创新管理是组织的管理者在完成观念和理论超前跨越的基础上，辅以组织结构和体制的创新，确保组织采用新技术、新设备、新物质、新方法成为可能，通过运用计划、组织、领导、控制等管理职能，为社会提供新产品和新服务的管理活动。创新管理有三种互有联系的不同含义：①管理的创新，②对创新活动的管理，③创新型管理。创新型管理不同于守旧型管理。它把创新体现在管理过程中，而且要求整个组织和成员是创新型的。著名的国际创造性和领导学基金会创始人、瑞士的戈特利布·冈特思博士指出："我们所需要的是一个建设性的而不是破坏性的领导，并且不仅是简单地只对传统的管理起补充作用的领导。我们今天所需要的是一个创造性的领导。"

二、创新的基本内容与原则

（一）基本内容

1. **目标创新** 护理工作在不同的时期有着不同的服务目标，需要适时根据社会环境和服务对象需求的特点及变化趋势进行调整，每一次调整都是一种目标创新。护理目标创新是各级组织护理改革的重中之重，也是加强护理队伍建设，提高护理质量，改善服务态度的标志。如探索建立针对老年、慢性病、临终关怀患者的医疗护理服务模式，扩大护理服务领域，提高护理服务的连续性、协调性和整体性。

2. **技术创新** 表现在要素创新与要素组合方法的创新。要素创新如材料、设备等，要素组合方法的创新如生产工艺、生产过程等。护理技术创新体现在护理技术方法改进、护理用具的研制与改良等，如多功能助行器的使用、桡动脉采血固定器的应用等。

3. **制度创新** 主要包括产权制度、经营制度和管理制度3个方面。强调通过制度设计和安排，降低成本费用，引导人们通过合作而提高经济效益，制度创新需要新旧制度和上下制度的协调。护理管理制度创新主要体现在护理管理模式、护理质量检查、护理工作流程、护士排班方法等方面的创新。如2009年卫生部医政司在"医疗质量万里行"活动督导检查中，对差错事故提出了新的管理规定。

4. **组织创新** 目的在于使组织适应内外环境的变化，有效地发挥组织管理人员的作用，提高管理效率，保证组织目标的实现。组织创新涉及组织机构和组织结构的创新。如护理组织中开展临床护士分层管理、建立机动护士库等，有效利用现有的人力资源，形成护理人员结构梯队，以满足不同患者、不同疾病及病情的需要，提高护理工作质量。

5. **环境创新** 指组织通过积极的创新活动改造环境，引导环境朝着有利于组织经营的方向发展。

6. **文化创新** 是对构成组织文化的各种要素进行必要的创新，从而推动组织发展。护理文化创新包括表层物质文化创新、中层制度文化创新和深层精神文化创新。

7. **管理创新** 是组织形成一种创造性思想并将其转换为有用的产品、服务或作业方法的过程。由于目标、技术、组织、制度、环境、文化的创新都是在一定的管理环境和条件下进行的，其创新效益又必须通过管理职能来实现，因此，创新管理是实现其他各方面创新的关键。

（二）创新的原则

彼得·德鲁克认为："创新并不需要天才，但需要训练；不需要灵光乍现，但需要遵守纪律，即创新的原则和条件。"

创新的原则指开展创新活动所依据的法则和判断创新构思所凭借的标准，体现了创新的规

音频：
创新的基本内容与原则

律和性质。在创新活动中须切实遵循创新原则，才能使创新活动安全、可靠，快速运行。

1. **遵守科学原理** 创新必须遵循技术原理，不得违背科学发展规律。任何违背科学技术原理的创新都是不能获得成功的。

2. **市场评价原则** 爱迪生曾说："我不打算发明任何卖不出去的东西，因为不能卖出去的东西都没有达到成功的顶点。能销售出去就证明了它的实用性，而实用性就是成功"。创新设想要取得成功，必须经受市场的严峻考验，而实现商品化和市场化要按照市场评价的原则来分析。在分析评判各种创新方案时应注意避免轻易否定的倾向。在两个事物之间包括非常相近的创新，不要随意以简单的方式比较其优势。

3. **相对较优原则** 创新不可盲目追求最优、最佳、最美、最先进，创新产物不可能十全十美。在创新过程中，利用创造原理和方法，获得许多创新设想，它们各有千秋，需要人们按相对较优的原则，对设想进行判断选择。

4. **机理简单原则** 在现有科学水平和技术条件下，如不限制实现创新方式和手段的复杂性，所付出的代价可能远远超出合理程度，使得创新的设想或结果毫无使用价值。因此，在创新过程中须始终贯彻机理简单原则。

5. **构思独特原则** 我国古代军事家孙子在《孙子兵法》中指出："凡战者，以正合，以奇胜。故善出奇者，无穷如天地，不竭如江河。"所谓"出奇"，即"思维超常"和"构思独特"，创新贵在独特，也需要独特。

三、创新的过程

创新的过程是遵循一定的程序完成的，总结众多组织的经验，成功的创新需要经历以下 4 个步骤。

1. **寻找机会** 管理者必须清醒地看到，不同领域、不同来源的机遇在不同的时间有着不同的重要性。创新是从发现和利用原有秩序中出现的某种不协调开始的，是一个积累的过程，需要密切关注、系统分析组织运行中出现的不协调，广泛地探索、研究与问题有关的一切事物，从中寻找创新契机。

2. **提出构想** 构想的提出与优化依赖于多看、多听、多问。管理者要透过不协调现象探究其原因，并分析和预测这种不协调可能的积极和消极后果，将不利威胁转化为机会，提出多种解决问题、消除不协调的方案，将其发展为创新思想并进一步充实和完善，形成更高层次的创新构想。

3. **迅速行动** 创新成功的秘诀主要在于迅速行动。构想只有行动才有意义，只有在不断尝试中才能逐渐完善，只有迅速行动才能抓住机会。

4. **坚持不懈** 构想需要经过尝试才能成熟，而尝试就意味着有失败的风险。因此，创新活动一旦开始，就要坚定不移地继续下去，不能半途而废。这就要求创新者要有足够的自信心、较强的忍耐力，正确对待失败并从中总结经验教训，以获得最终的成功。

在实践中，创新过程是一个不太规则的过程，各个阶段并非是截然分开、刻板的固定模式。作为新时期的管理者，理解创新过程既有助于充分发挥自身的创造性，又有助于激励他人的创新能力。

四、护理管理者在创新中的角色功能

1. **正确理解和扮演"管理者"角色** 有学者指出：人人都能发明创新，人人都有创造力，创造力应该开发出来；并且处处是创造之地，时时是创造之时，应该树立全方位创新理念，鼓励创新。护理管理者要充分理解创新的作用，自觉带头创新，努力为护理人员提供和创造有利于创新的环境，鼓励、支持和引导护理人员进行创新活动。

2. **学习提升创新技能** 创新需要知识、才干和独创性,更需要努力和专心致志。创新是一项艰苦的、专注的、有目的的工作,需要持之以恒和责任心,更需要勤奋学习和训练,注意培养问题意识,经常设想、实践、运用创造力。管理者促进组织创新的最好方法是广泛宣传创新,激发创新,引进创新人才,加强护理人员培训,组织创新队伍,使每位护理人员都努力进取,大胆尝试,认识并提高自己的创造力。

3. **制订有弹性的工作计划** 创新有首创型、改仿型、仿创型。首创型创新是创新度最高的一种创新活动,其基本特征是首创性,即创造出前人没有过的新事物;它是高成本、高风险和高报酬的创新活动。改仿型创新是对已有的首创型创新事物进行改造和再改造,即充分利用自己的实力和条件,经过再创新使首创型事物提高环境适应性;它是中度创新型的活动。仿创型创新是一种创新度最低的创新活动,其基本特征是模仿性。既可以模仿首创者,也可以模仿改仿者。一般来说,仿创者承担的成本和风险都比较小。仿创有利于推动创新的扩散。因此,仿创型创新也具有十分重要的意义。在制订创新计划时,应根据实际情况选择适当的创新度。创新意味着打破原有的秩序,意味着可能出现各类资源的计划外占用,因此,创新要求组织的计划必须有弹性,能够为勇于创新者提供资金、信息、时间、物质、试验场所等条件。

4. **正确对待失败** 创新的过程伴随着失败,护理管理者要允许冒险和犯错,宽容失败,要采取措施集思广益,帮助创新者从失败中汲取教训,为今后活动的开展奠定基础。

5. **建立合理的奖酬制度** 创新的努力除了个人成就感的需要外,也需要组织或社会的认可,需要组织给予公正的评价和合理的奖酬,否则创新会失去动力。

本章小结

管理是管理者协调他人及其组织资源,通过计划、组织、人力资源管理、领导和控制等手段,结合人、财、物、时间、信息和技术等资源,以实现组织目标的活动过程。护理管理是以提高护理质量和工作效率为主要目的的活动过程,其任务是研究护理工作的特点,对护理工作诸要素进行科学管理。护理管理学是管理学的一个分支,是护理专业领域的管理学,是管理学的一般原理和方法在护理管理中的具体应用。护理管理者要自觉带头创新,努力为护理人员提供和创造有利于创新的环境,鼓励、支持和引导护理人员进行创新活动。

思维导图

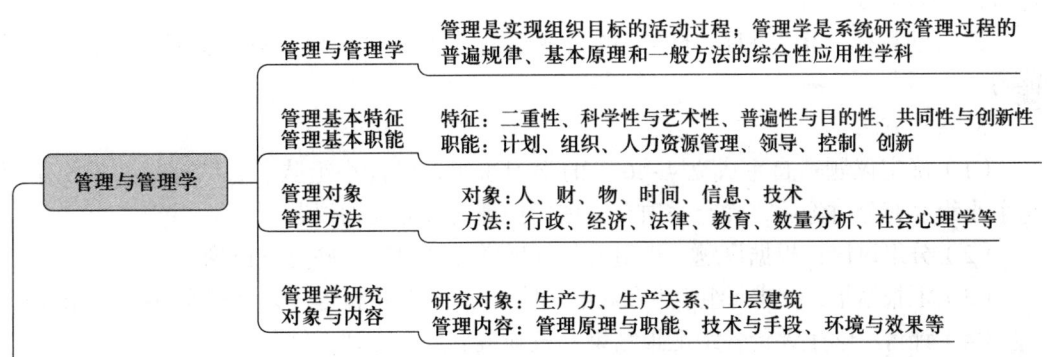

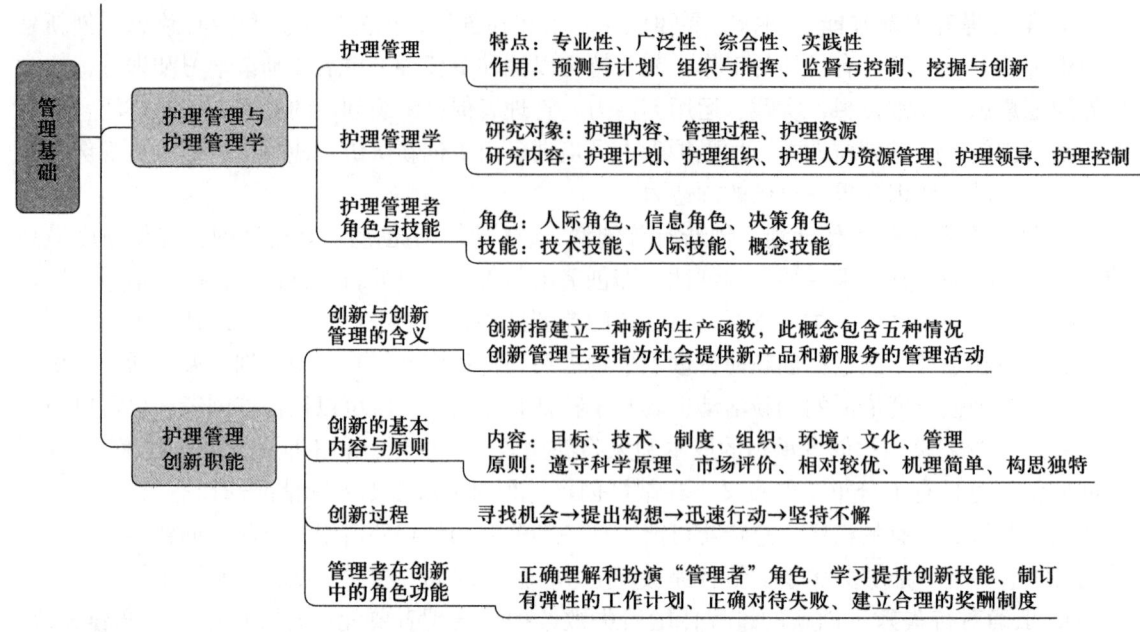

实践活动

（一）访问组织与管理者

1. 活动内容　要求学生了解护理管理的内容和特点，分析护理管理者必须具有的角色和技能。

2. 活动目标　培养学生关注管理者和学习护理管理学的兴趣，以及参加社会实践活动的主动性和积极性。

3. 活动方法

（1）医院调查：学生确定分组人选并选择调查医院，根据调查的结果形成调查报告。

（2）调查内容：了解护士长对护理管理的认识、护理工作的基本业务和管理特点。了解护士长的岗位职责、分析胜任该职务所需的管理技能。按时间顺序记录护士长某一天的工作内容，按照护理管理角色对护士长的活动进行分类，并对分类结果进行比较，总结启示。

（3）汇报结果：要求每组学生在规定的时间内写出访谈报告，交给教师批阅，开展全班交流。

（4）评价：学生评价各组汇报结果，教师最后进行点评总结。

（二）开展创建学习型班级活动

1. 活动内容　开展创建学习型班级活动，提出现代护理管理热点问题，共同学习和讨论，营造良好的学习氛围。

2. 活动目标　培养和提升学生的自我学习能力和对护理管理的关注，提升分析问题的能力。

3. 活动方法

（1）确定议题：自主成立4~6人的学习小组，设计小组队名、队标，并提出学习口号。每个小组经充分讨论后，确定一项有关现代护理管理方面的议题。

（2）分组讨论：根据议题，小组成员开展学习和研究，并进行讨论。

（3）汇报结果：要求每组学生在规定的时间内写出讨论报告，交给教师批阅，开展全班交流。

（4）评价：学生评价各组汇报结果，教师最后进行点评总结。

自测题

一、选择题

A1/A2 型题

1. 在管理活动中排在第一位的基本职能是
   A. 领导 B. 控制 C. 组织
   D. 计划 E. 创新

2. 管理的二重性包括
   A. 管理的普遍性与目的性 B. 管理的科学性与艺术性
   C. 管理的自然属性与社会属性 D. 管理的科学性与目的性
   E. 管理的普遍性与艺术性

3. 管理者必须因地制宜地将管理知识与具体管理活动相结合，这里强调的是
   A. 管理的科学性 B. 管理的艺术性
   C. 管理的有效性 D. 管理的实用性
   E. 管理的普遍性

4. 管理对象中的人是指
   A. 被管理的下属 B. 被管理的劳动者
   C. 社会系统中所有的人 D. 被管理的劳动者及下属管理人员
   E. 与之有关的人

5. 管理的基本方法不包括
   A. 行政方法 B. 经济方法 C. 考核方法
   D. 法律方法 E. 教育方法

6. 护理管理者需要具备一些基本技能，对于高层管理者最重要的技能是
   A. 专业技能 B. 人际技能 C. 概念技能
   D. 创造技能 E. 管理技能

7. 护理管理对象范围广，参与管理的人员多，反映了护理管理的
   A. 广泛性 B. 实践性 C. 专业性
   D. 独特性 E. 综合性

8. 护理管理主要指
   A. 医院管理
   B. 是对护理人员的管理
   C. 以提高护理质量和工作效率为主要目的的活动过程
   D. 是对患者的管理
   E. 是对家属的管理

9. 护士长在处理行政、业务工作中，代表科室参加院里或护理部召开的各种会议，代表科室接待来访者等，体现了护理管理者的
   A. 传播者角色 B. 监督者角色 C. 联络者角色
   D. 代言人角色 E. 领导者角色

10. 在临床护理管理中，护士长规范护理操作流程，强化护理质量意识，反映了护理管理的
    A. 广泛性 B. 实践性 C. 创新性
    D. 专业性 E. 重要性

11. 护理管理主要指
    A. 是医院管理的组成部分
    B. 是对护理人员的管理
    C. 是对护士的管理
    D. 是对患者的管理
    E. 是以提高护理质量和工作效率为主要目的的活动过程
12. 最先提出"创新"定义的人是
    A. 约瑟夫·熊彼特
    B. 罗纳德·科斯
    C. 哈罗德·孔茨
    D. 彼得·德鲁克
    E. 马克斯·韦伯

A3/A4 型题

（13~15 题共用题干）

关于管理的概念，各管理学派均有不同的解释。如科学管理理论学派认为，管理就是"确切地知道你要别人干什么，并注意他们用最好最经济的方法去干"；经营管理理论学派认为"管理就是计划、组织、指挥、协调和控制"；决策管理学派认为"管理就是决策与领导"。

13. 提出"管理就是决策"这一管理观点的管理学家是
    A. 彼得·德鲁克
    B. 西蒙
    C. 费雷德理克·泰勒
    D. 马克斯·韦伯
    E. 乔治·梅奥
14. 提出"确切地知道你要别人干什么，并注意他们用最好最经济的方法去干"这一管理观点的管理学家是
    A. 彼得·德鲁克
    B. 西蒙
    C. 费雷德理克·泰勒
    D. 马克斯·韦伯
    E. 乔治·梅奥
15. 法国管理学家亨利·法约尔提出的管理观点是
    A. 管理就是领导
    B. 管理就是决策
    C. 管理是一种社会活动
    D. 管理是一种文化
    E. 管理就是计划、组织、指挥、协调和控制的活动过程

二、简答题

1. 何谓管理？管理的基本特征有哪些？
2. 为什么说管理既是一门科学又是一门艺术？
3. 管理的基本职能有哪些？
4. 简述护理管理与护理管理学。
5. 简述创新的内容与原则。
6. 护理管理者在创新过程中应扮演什么角色？

三、案例分析

孔子的学生子贱有一次奉命担任某地方的官吏。当他到任以后，却时常弹琴自娱，似乎不管政事，可是他所管辖的地方却治理得井井有条，民兴业旺。这使那位卸任的官吏百思不得其解，因为他每天即使起早摸黑，从早忙到晚，也没有把地方治理好。于是他请教子贱："为什

么你能治理得这么好？"子贱回答说："你只靠自己的力量去治理，所以十分辛苦；而我却是借助别人的力量来完成任务。"

思考：通过本章的学习，你从这个案例中悟出什么道理？

（陈秋云）

下载资源：
第一章案例分析
参考答案

第二章 管理理论与原理

学习目标

1. 识记：复述西方古典管理理论和行为科学理论的代表人物及其主要管理思想；系统原理、人本原理、动态原理、效益原理的对应原则。
2. 理解：列举现代管理理论的主要管理学派的贡献；正确解释现代管理的基本原理；正确分析系统原理、人本原理、动态原理、效益原理的基本含义。
3. 运用：应用相应管理原理及原则、管理理论解决护理工作中的实际问题。

名人名言

> 管理原理阐明了管理的实质及基本任务。管理原理蕴涵着管理的基本观念和基本指导思想。管理原理突出了管理的关键和重点。管理原理提供了管理的基本手段和途径、基本方法和技巧。
>
> ——[中]周三多，南京大学国际商学院首任院长

管理是人类社会存在的一种方式。在人类历史进程中，自从出现了有组织的活动，就有了管理，也就萌发了管理思想。早期人们对管理活动的规律进行研究和探索，形成了零散的管理经验。但随着资本主义生产关系和市场经济方式的确立，社会化大生产的形成，生产过程中的问题和矛盾暴露出来了。在这一历史背景下，现代意义上的管理思想和管理理论应运而生。到19世纪末20世纪初管理科学成为一门独立的学科后，经历了3个发展阶段：古典管理理论阶段、行为科学理论阶段、现代管理理论阶段。

第一节 古典管理理论

案例 2-1　某社区卫生服务中心通过统计发现该社区高血压患者人数占该社区总人数的 19.7%，中心负责人准备开展高血压预防的健康教育宣传，宣教的形式有一对一、小组学习、现场授课等多种方式，但效果始终不理想。目前该中心可以支配的资源包括 5 名社区护士和 1 间可以容纳 35 人的会议室。

思考：该社区卫生服务中心的负责人应该如何设计一个可行的工作方案？

西方古典管理理论（classic management theory）形成于 19 世纪末至 20 世纪初，侧重于从管理职能、组织方式等方面研究工作效率问题，其注重的是管理的科学性、精确性、法理性和纪律性，对人的心理因素考虑很少。这一阶段以泰勒的科学管理理论、法约尔的管理过程理论和韦伯的行政组织理论为代表，也被称为经典管理理论。

一、科学管理理论

（一）概述

科学管理理论（scientific management）的创始人是弗雷德里克·温斯洛·泰勒（Frederick Winslow Taylor，1865—1915）。他出身于美国一个富有的律师家庭，中学毕业后考上哈佛大学法律系，但不幸因眼疾而被迫辍学。1875 年泰勒进入一家机械厂当学徒工，后逐步被提拔为车间管理员、小组长、工长，最后到总工程师。在此过程中，他针对美国工厂中管理落后、工人劳动生产率低下的状态，进行了一系列的探索和研究并首次提出了科学管理的概念。1911 年出版了《科学管理原理》一书，逐渐形成科学管理的管理体系，泰勒也因此被公认为"科学管理之父"。

（二）科学管理理论主要内容

1. **工作定额与效率至上**　泰勒通过对工人工作的基本动作进行科学的观察和分析，找出最节约时间的操作方法，制定科学的操作方法，用以规范工作活动和工作定额。

2. **劳动方法标准化**　泰勒通过选择使用标准化的工具、机器和材料，确定标准化的操作程序，并使作业环境标准化，从而提高工人的劳动生产效率。

3. **挑选一流员工**　细致地挑选工人，并培训他们使用标准的操作方法进行工作，实现人的能力与工作岗位相匹配。

4. **差别计件工资制度**　是指计件工资率随完成定额的程度而上下浮动。泰勒通过制定科学的定额标准，根据标准提出新的报酬制度——差别计件工资制，按照工人的实际工作表现支付报酬，其目的是调动工人劳动积极性，提高产量。

5. **计划职能与执行职能分离**　为了采用科学的工作方法，泰勒主张明确管理者和工人各自的工作和责任，由专门的计划部门承担计划职能，对工人发布命令、进行控制；由所有的工人和部分工长承担执行职能，按计划规定的标准执行，以科学的方法取代经验方法。

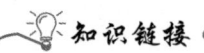

搬运生铁块试验

1898年，泰勒受雇于伯利恒钢铁公司期间，进行了著名的"搬运生铁块试验"。该公司有五座高炉生产的生铁，由75名工人搬运，每块约重92磅，一名工人平均每天搬运12.5英吨。泰勒对搬运操作进行研究，利用改进操作方法训练工人，结果一名工人每天可搬运47.5英吨。研究结果指出，由于改进了操作方法，训练了工人，使生铁块搬运量提高3倍，工人工资由1.15美元/日，增加到1.85美元/日，极大地提高了工人的积极性。

（三）科学管理理论在护理管理中的应用

在长期的护理工作中，为了提高护理服务工作效率，节约护理人力，护理管理者运用科学管理理论的观点，逐步形成了工作内容分工为基础的功能制护理模式，按照护理工作内容分配护理人员的工作，发挥每位护士的特长，分工明确，工作效率大大提高。同时，在护理服务中，护理管理者制定护理技术的操作标准和规范，并对护理人员进行操作标准和规范的培训和监督，也通过提高护理人员护理技术操作的标准化，提高护理工作效率。

二、管理过程理论

（一）概述

管理过程（process approach）学派的代表人物是法国杰出的经营管理思想家亨利·法约尔（Henry Fayol，1841—1925）。在1860年从圣埃蒂安国立矿业学院毕业后，法约尔进入一家采矿冶金公司，早期即参加了管理企业的最高决策层，随后担任了公司总经理，并在法国多个机构从事管理和教学工作。法约尔对组织管理进行了系统、独创的研究，特别是管理组织和管理过程的职能划分理论，把管理的概念、原则、理论和方法加以理性概括，从而形成一种"一般性"的管理理论。1916年发表的《工业管理与一般管理》是其最主要的代表作，标志着一般管理理论（general management）的形成，这对于后来管理理论的研究影响深远，后人称他为"管理过程之父"。

（二）管理过程理论主要内容

1. **明确提出管理的基本职能** 法约尔认为企业的基本活动有6项，包括技术活动、商业活动、财务活动、安全活动、会计活动和管理活动。其中管理活动是核心和关键活动，包含了5大基本职能，即计划、组织、指挥、协调、控制。

2. **管理的14条基本原则** 法约尔提出的14项基本原则包括分工、严明的纪律、权力与责任的统一、统一指挥、统一领导、报酬合理、集权与分权、个人利益服从集体利益、秩序、等级制度、人员稳定、公平、创造精神、集体精神。

3. **倡导管理教育** 法约尔认为缺少管理教育是由于没有管理理论，管理能力是可以通过教育来获得的。

（三）管理过程理论在护理管理中的应用

根据管理过程学派的主要观点，强调护理管理者必须承担管理活动中计划、组织、协调和控制等各种事宜；同时，在医院设立的正式护理管理组织系统中，应明确不同层级管理者各自的主要职责，权力与职责对等，分工与责权相结合；此外，管理活动中护理管理者还应该注意要有统一的领导、严明的纪律、统一的指挥、奖罚分明、个人利益服从集体利益等，才能达到良好的管理效果。

三、行政组织理论

（一）概述

马克斯·韦伯（Max Weber，1864—1920）是德国著名的社会学家，他侧重于行政管理组织理论（theory of bureaucracy）的研究，从行政管理的角度对管理的组织结构体系进行深入探讨，提出了"理想的行政组织体系"理论，被誉为"行政组织理论之父"。

（二）行政组织理论主要内容

1. **建立理想行政组织体系** 韦伯认为管理就意味着以规则为依据进行控制，理想的行政组织体系至少应具备以下特征：①明确的组织分工：组织中的人员应该有固定和正式的职责，组织应有明确的目标，依靠完整的法律制度、组织规范的成员行为达到组织目标；②等级系统：组织内各个职位按照等级原则进行法定的安排，形成自上而下的指挥链或等级体系；③人员任用：根据正式考核或教育培训而获得的技术资格来选拔员工，每个职位上的人员必须称职；④组织成员间关系：管理人员在组织中的职务活动应该与私人事务区别开，公私事务之间应有明确的界限；⑤成员的工资及升迁：按职位支付薪金，并建立奖惩与升迁制度，使成员安心工作。

2. **等级、权威、行政制是一切社会组织体系的基础** 韦伯认为权力与权威有3种类型。①法定的权力与权威：理性的、由法律规定的权利；②传统的权力与权威：由传统惯例或世袭得来；③超凡的权力与权威：来源于别人的崇拜与追随。组织应该以法定的权力与权威作为组织体系的基础。

（三）行政组织理论在护理管理中的应用

结合行政组织理论，在临床护理管理中，根据医院的规模，要建立不同层级的护理管理的组织结构，三级医院多采用护理部主任、科护士长、护士长三级管理，二级医院则采用二级管理，即不同的管理层级结构中，每一层次分工明确，职责与权力对应，形成自上而下的护理管理的等级系统。

西方古典管理理论在传统管理积累经验的基础上，分析了管理过程，明确了管理的各项职能，提出了实现管理职能所需要的行政组织结构体系，形成了一系列科学管理的理论和原则，在实践中极大地推动了当时的工业和企业的发展，并对现代管理思想产生了重大影响。但它也存在着一定的历史局限性：把管理的对象视为被动的受支配者和理性经济人、机器的附属物，却忽视了人的其他需求；把组织看成是一个封闭的系统，忽视了外部环境的影响；其管理方法倾向于独裁式管理，忽视了人的主观能动性。

第二节　行为科学管理理论

20世纪30年代，传统的科学管理理论开始受到批判和挑战，管理学家开始采用相关的学科研究成果，来研究管理过程中人的行为和人与人之间关系的规律，有效地调整生产关系，缓和社会矛盾，行为科学管理理论（behavioral science theory）逐渐形成。行为科学管理理论研究个体行为、团体行为与组织行为，重视研究人的心理、行为等因素对高效率实现组织目标的影响。其代表包括梅奥的人际关系理论、麦格雷戈的人性管理理论、勒温的群体行为理论等。

一、人际关系理论

（一）概述

人际关系理论的代表人物是美国哈佛大学教授乔治·埃尔顿·梅奥（George Elton Mayo，

1880—1949）。作为一位心理学家和管理学家，梅奥应邀到芝加哥西方电气公司所属的霍桑工厂进行一项研究，探讨工作环境、工作条件对工人工作效率的影响。这项研究就是美国历史上闻名的长达8年之久的"霍桑试验"，该试验分为4个阶段。

1. **第一阶段：工厂照明试验（1924—1927）** 该试验选择一批工人分为两组：一组为"试验组"，先后改变工厂照明强度，让工人在不同强度下工作；另一组为"控制组"，让工人在照明度始终不变的条件下工作。试验者希望得出照明度对生产效率影响的结果，却发现照明度的变化对生产效率几乎没有影响。试验看似以失败告终，但也得出两条结论：①工厂照明只是影响工人生产效率的一个微不足道的因素；②由于牵涉因素太多，难以控制，其中任何一个因素都足以影响试验结果，所以照明对生产效率的影响无法准确测量。

2. **第二阶段：继电器装配试验（1927—1928）** 旨在试验各种工作条件的变化对小组生产率的影响，以便能够更有效地控制影响工作效率的因素。通过材料供给、工作方法、工作时间、劳动条件、工资、管理作风与方式等各个因素对工作效率影响的试验，发现无论各个因素如何变化，产量都会增加。这说明其他因素对生产效率没有特别的影响，但由于督导方法的改变，使工人工作态度有所变化，因而产量增加。

3. **第三阶段：大规模的访问与调查（1928—1931）** 在上述试验的基础上，梅奥团队利用2年时间在全公司范围内开展了进一步的普查与访问，调查了2万多人次，发现所得结论与上述试验所得相同，即任何一位员工的工作绩效，都受到其他人的影响，于是研究进入第四阶段。

4. **第四阶段：接线板接线工作室试验（1931—1932）** 以集体计件工资制作为刺激条件，试图形成"快手"对"慢手"的压力以提高效率。试验发现，工人既不会为超定额而充当"快手"，也不会因完不成定额而成为"慢手"，当他们达到自认为是"过得去"的产量时，就会自动松懈下来。其原因在于：①担心标准再度提高；②害怕失业；③为保护速度慢的同伴。这一阶段的试验发现，对于新环境的好奇和兴趣，足以导致较佳的成绩。

（二）人际关系理论主要内容

1. **工人不仅是"经济人"，还是"社会人"** 梅奥认为影响人们生产积极性的因素，除物质条件外，还有社会环境和心理因素，即追求人与人之间的友情、安全感、归属感和受人尊重等。因此，不能单纯从技术和物质条件着眼，必须首先从社会心理方面考虑合理的组织与管理。

2. **企业内部存在着非正式组织** 梅奥通过霍桑试验发现，企业中不仅有正式组织，还存在着非正式组织。它们是工人在共同工作之时因相同情趣、爱好、利益等而结成的自发性群体组织，具有群体成员自愿遵从的不成文规范和惯例，对成员的感情倾向和劳动行为具有很大的影响力。因此，管理者应充分重视非正式组织的存在，并利用它来影响人们的工作态度，为正式组织的活动和目标服务。

3. **新型领导应重视提高工人的满意度** 传统理论认为生产效率主要取决于工作方法、工作条件等，但梅奥则认为还应注重工作场所中的工作士气和对工人各种需求的满足程度，满足程度越高，士气就越高，劳动生产率也就越高。故新型领导应尽量满足工人的需要，最大可能地提高工人士气，进而从根本上提高生产效率。

（三）人际关系理论在护理管理中的应用

人际关系学说修正了古典管理理论的缺陷，开辟了管理理论研究的新领域，为现代行为科学奠定了基础，也为护理管理者提供了多方面的启示。霍桑效应提示，在护理管理中，试点、总结经验再进一步推广的模式，是护理管理中的创新或改革的工作得以顺利推进的重要手段。护理管理者要重视医院护理组织中的各种非正式组织的存在，采用积极引导的方式；还要重视护士的作用，采取积极措施调动护士的积极性和主动性，高效地完成护理组织目标。

二、人性管理理论

（一）概述

道格拉斯·麦格雷戈（Douglas McGregor,1906—1964）是美国著名的行为科学家，是人际关系学派最具有影响力的管理学家之一。1957年他在著作《企业的人性面》中提出了两大类可供选择的人性观，即影响颇大的X理论和Y理论，该理论侧重对个体行为的研究。

（二）人性管理理论主要观点

1. **X理论** 麦格雷戈将传统管理观念总结为X理论，是一种关于人性消极的观点。内容包括：①人生来好逸恶劳，经常逃避工作；②人不求上进，宁愿听天由命，不愿承担责任；③人生来以自我为中心，淡漠组织需要；④人坚持保守，反对变革，将个人安全置于一切之上；⑤只有少数人具有解决问题所需要的想象力和创造力；⑥人都缺乏理智，不能克制自己，容易被煽动者挑拨是非，做出不适宜的举动。

基于以上假设，以X理论为指导思想的管理工作要点为：①管理者应该以利润为出发点来考虑对人、财、物等资源的运用；②严格的管理制度和法规、处罚和控制是保证组织目标实现的有效手段；③管理者要把金钱当作人们工作的最主要激励手段。

2. **Y理论** 这是一种关于人性积极的观点，其内容包括：①人并非天性懒惰厌恶工作，要求工作是一种本能，是一种满足；②人在适当的鼓励下不但能接受责任而且愿意承担责任后果；③外力的控制和处罚不是促使人们达到组织目标的唯一手段，人们愿意通过实行自我管理和自我控制来完成相应目标；④个人目标和组织目标可以统一，有自我实现要求的人往往以达到组织目标为个人报酬；⑤一般人都具有相当高的解决问题的能力和想象力，只是一般人的智力潜能没有得到充分发挥。

基于以上假设，以Y理论为指导思想的管理工作要点为：①管理者要通过有效地综合运用人、财、物等要素来实现组织目标；②人的行为管理任务在于给人安排具有吸引力和富有意义的工作，使个人需要和组织目标尽可能统一起来；③鼓励人们参与自身目标和组织目标的制订，信任并充分发挥下属的自主性和参与意识。

（三）人性管理理论在护理管理中的应用

护理管理的本质在于通过对护士人性的正确认识而采取适宜的组织行为，以提高护理组织绩效。护士的行为依存于其选择、动机、价值观、态度、效用评价、行为准则等，要了解护理组织中护士的行为，需要对管理活动中护士的观念和需要进行深入细致的分析。人性管理理论成为护理管理绩效的人性论基础，不同人性假设对提高管理绩效具有不同意义。因此，护理管理者应掌握和了解人性假设对提高管理绩效的意义，结合护士不同人性特点，采取有针对性的激励手段，从而调动护士的工作积极性、发挥护士的能动性和创造性，提高护理组织绩效。

三、群体行为理论

（一）概述

该理论的代表人物是德裔美国心理学家库尔特·勒温（Kurt Lewin，1890—1947）。他认为个体的行为是由个性特征和场（指环境的影响）相互作用的结果。该理论重点研究组织中的群体行为，即组织中的非正式组织以及人与人之间的关系问题。

（二）群体行为理论主要内容

1）群体是一种非正式组织，是由活动、相互影响以及情绪3个相互关联的要素组成。

2）群体的存在和发展有自己的规范和目标。

3）群体处于一个不断相互作用、相互适应的运动过程，其内聚力可能要高于正式组织的内聚力。

4）群体的结构包括群体领袖、正式成员、非正式成员和孤立者。

5）群体的领导是自然形成的，领导方式有3种：专制式、民主式和自由放任式。

6）群体的规模一般较小，以利于内部沟通信息和情感。

7）群体中的行为是各种相互影响力的结合，包括团结、消除紧张、同意、征求意见、提出建议、确定方向、制造紧张、不同意、对立等。

群体理论为管理活动因势利导，发挥非正式组织的协同和补充作用提供了依据。

第三节　现代管理理论

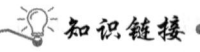

管理理论丛林

1961年美国管理学家哈罗德·孔茨（H.Koontz）认为管理学形成了六大学派，而后1980年他在发表的《再论管理理论的丛林》中提出，现代管理学派林立，形成了"管理理论丛林"，可划分为11个学派：社会系统学派、决策理论学派、系统理论学派、权变理论学派、管理科学学派、管理过程学派、经验主义学派、行为科学管理学派、人际关系学派、经理角色学派、经营管理学派。

第二次世界大战以后，随着高新技术的发展和社会格局的重大变化，社会学家、心理学家、经济学家和数学家等对管理产生了浓厚的兴趣，从不同角度和不同领域，运用不同的方法对管理开展深入的研究，形成了各种各样的管理学派。这些管理学派研究方法众多，管理理论不一，各个学派都有各自的代表人物，各自所主张的理论内容和方法。

一、学习型组织理论

（一）概述

圣吉（Peter M.Senge）是学习型组织理论的奠基人，他用了近十年的时间对数千家企业进行研究和案例分析，于1990年完成其代表作《第五项修炼——学习型组织的艺术与实务》，学习型组织理论就此诞生。在学习组织中，有五项新的技能逐渐汇集起来，这五项技能被他称为五项修炼，包括自我超越、改善心智模式、建立共同愿景、团体学习和系统思考。

学习是组织得以较好生存的一种条件，是组织可持续发展的重要条件。学习型组织通过培养整个组织的学习气氛，充分发挥组织成员的创造性思维能力，建立起一种有机、高度柔性、扁平化、符合人性、能持续发展的组织。这种组织具有持续学习的能力，具有高于个人绩效总和的综合绩效。

（二）学习型组织理论的主要观点

学习型组织理论认为，当组织面临剧烈的外在环境变化，组织应力求精简、扁平化、弹性应对、终生学习、不断自我组织再造，以维持竞争力。

1. **学习型组织的内涵**　①学习型组织基础：团结、协调及和谐；②学习型组织核心：在组织内部建立完善的"自我学习机制"；③学习型组织精神：学习、创新和思考；④学习型组织的关键特征：系统思考；⑤组织学习的基础：团队学习，团队是现代组织中学习的基本单位。

2. **建立学习型组织的技能——五项修炼**　①建立共同愿景：愿景可以凝聚公司上下的意志力，透过组织共识，大家努力的方向一致，个人也乐于奉献，为组织目标奋斗；②团队学习：团队智慧应大于个人智慧的平均值，以作出正确的组织决策，透过集体思考和分析，找出个人弱点，强化团队向心力；③改变心智模式：组织的障碍，多来自于个人的旧思维，唯有透过团队学习以及标杆学习,才能改变心智模式,有所创新;④自我超越:个人有意愿投入工作、专精工作技巧的专业、个人与愿景之间"创造性的张力",正是自我超越的来源;⑤系统思考:应透过资讯搜集,掌握事件的全貌,以避免见树不见林,培养纵观全局的思考能力,看清楚问题的本质,有助于清楚了解因果关系。

因此,如何变革组织中的人力资源,充分训练员工、培育员工、启迪员工,挖掘组织内的知识,创新知识,促进知识的流动和共享,提高组织员工的适应与变革能力,成为当今组织的首要任务。

二、团队管理理论

(一)概述

当代美国著名管理学家斯蒂芬·P.罗宾斯(Stephen P.Robbins)认为"团队是指一种为了实现某一目标而由相互协作的个体所组成的正式群体"。所有团队都是群体,但只有正式群体才是团队。

(二)团队管理理论的主要观点

团队(team)的基本要素包括:规模、目的、目标、技巧、方法和责任心。所以作为一支高效团队必须具备以下8项基本特征:明确的目标、基本的技能、相关的技能、共同的语言、良好的沟通、谈判的技能、合适的领导、内部与外部的支持。从以上特征可以看出,团队管理是以情感、归属、社交等心理需要为前提,以目标、责任、真诚、合作、友好、绩效为宗旨的。

著名的《团队的智慧》的作者卡曾巴赫(Jon R.Katzenbach)和史密斯(Douglas K.Smith)认为,如果一位主管人员的目的在于领导充满活力的组织,那么,他就必须放弃事必躬亲的方式,应该建立起允许进行自我管理、自我控制的经营结构和系统,即团队。他们还提出团队有效运转的4个相互关联的必备条件:①团队内必须充满活力,表现为员工创造性的主动发挥、员工作出成就的高度热情、员工和睦相处的精神氛围;②团队内必须有一套控制系统以确保达到目标;③团队必须拥有完成任务所需的专业知识;④团队要有一定的影响力,特别是要有在团队内部和外部较大范围内都有较强影响力的成员。

三、经验主义理论

(一)概述

经验主义管理理论是以大企业的管理经验为主要研究对象,或是将这些经验加以概括和理论化,或是将这些经验直接传授给企业实际管理工作者。主要代表人物是原籍奥地利的美国管理学家彼得·德鲁克(Peter F. Drucker)。

(二)经验主义理论的主要观点

经验主义理论的主要观点和贡献有:①提出经理的两项基本职责:造就企业整体和在决策及行动时要把当前利益和长远利益协调起来;②创造出目标管理的方法;③将组织结构划分为五种类型:职能制结构、矩阵结构、联邦分权制结构、模拟分权制结构和系统结构;④归纳出四种管理技能:作出有效决策,在组织内外进行信息联系,正确运用控制和衡量,正确运用运筹学工具;⑤研究了高层管理的任务、战略和组织结构等。

四、系统管理理论

(一)概述

系统管理理论是与传统的机械观点看待管理相对立的。此处的系统管理学说包括了巴纳德的合作社会系统学说、卡斯特等人建立于系统科学理论基础之上的管理学说和特里斯特等人的社会-技术系统学说。

（二）系统管理理论的主要观点

切斯特·巴纳德（Chester I. Barnard）创立了合作社会系统理论。他的管理理论成熟于近代管理时期，但其管理思想属于现代的。主要观点和贡献包括：①认为组织是一个包括管理者、员工、顾客、物资供应者、投资者等人在内的、相互之间具有协作关系的社会系统，且有协作意愿、共同目标和信息沟通三个基本要素；②创立了"组织平衡论"和权威的"无差别圈"概念；③强调决策是管理工作的重要内容，提出了战略要素理论和复合决策过程的观念。他的思想对现代系统管理理论的形成和现代决策组织理论的建立产生了直接影响。

第四节 现代管理基本原理与原则

> **案例 2-2**
> 刘英最近被聘任为护理部主任。为了提高全院护理管理水平，她带领护理部全体成员以及各病区护士长到某三甲医院参观学习。通过这次学习她了解到该医院在护理管理方面的一些具体做法。比如理顺管理层次，明确各级各类各岗位人员的职责权限，做到责权利相结合；实施量化管理，建立激励机制，激发护士潜能；畅通沟通渠道，体现以人为本，调动护士参与管理的积极性；加强护理人力资源管理，注重护理人员的选聘与培养，实行弹性排班。
> 思考：1. 案例中哪些地方体现了管理思想与管理原理的应用？
> 　　　2. 如果你是刘英，你在医院护理管理中还将采取哪些措施？

管理学的原理是从管理学中抽象出来，作为管理理论的基础，着重研究管理学的基本理论、基本原理、基本原则。管理学的基本原理是对管理工作的本质及其规律的科学分析和概括。管理原则是根据对管理原理的认识和理解而引申出的管理活动中所必须遵循的行为规范。管理原理和管理原则是进行管理活动的行动指南，是实施管理职能的理论依据。现代管理的基本原理包括：系统原理、人本原理、动态原理和效益原理等。

一、系统原理与原则

系统论是美籍奥地利理论生物学家L.V.贝塔朗菲（L Von Bertalanffy）创立的，管理的系统原理（systematic principle）是现代管理学中最基本、最重要的原理，是指运用系统的思想和方法去解决和处理管理实践中的实际问题。

（一）概述

1. 系统的概念 系统（system）是由若干个相互区别又相互联系、相互作用的要素组成的具有特定功能的有机整体。在整个宇宙中，即自然、社会和思维领域中均存在着各种各样的系统，如教育、医疗等。许多系统可以组成一个大系统，许多大系统又可以组成一个更大的系统，而系统又是由许多子系统所组成，每个子系统可以看成是系统中的要素，每一个要素都是系统不可分割的部分。所以系统只是相对概念，而没有绝对的界限。具体来讲，系统的各要素之间、要素与整体之间，以及整体与环境之间，存在着一定的有机联系，从而在系统的内部和外部形成一定的结构。要素、联系、结构、功能和环境是构成系统的基本条件。

2. **系统的特征**

(1)整体性：是系统的最基本特征，表现为系统是由两个或两个以上相互关联的要素按照一定的方式和目的，有次序地排列而成。所以系统的功能并不是各个要素功能的简单相加，而是大于各要素的功能之和。

(2)相关性：系统的相关性是指组成系统的各要素之间相互作用、相互联系、相互依存，一个要素的变化，会引起另一个要素的变化，从而引起系统的变化。反之，系统的作用和变化，也会对各要素产生影响，引起相应的变化。因此，分析系统必须分析系统内部存在的各种联系。

(3)目的性：每个系统都应有明确目的，不同系统有不同目的。系统的一切活动都是为了实现这一目的而开展的。管理系统的目的就是提高绩效，创造价值，实现经济效益和社会效益。

(4)层次性：层次性是系统的本质属性。各个系统属于更大系统的子系统，这是系统层次性的一方面表现；另一方面，系统内部各组成要素的排列组合，也是按照一定的层次进行的，处于不同层次的系统要素，其功能和作用也不一样。

(5)动态平衡性：系统是不断运动、发展、变化的，以维持动态平衡，并通过反馈来控制动态平衡。系统的平衡性是指系统要处于一个相对稳定的状态，其功能才能正常发挥；系统的动态性是指系统的生存发展需要根据内外环境的变化进行必要的调整和变化，但这种变化是在保证系统相对稳定的前提下进行的。然而系统的动态和相对稳定并不是相互排斥的，而是相辅相成，维持系统的高效率良性运转。

(6)环境适应性：环境适应性是指系统要适应环境的变化。任何系统的状态都不是一成不变的。系统要存在，就必须适应外界环境中的不断变化，必须不断进行能量、物质、信息的交换。系统对环境的适应能力直接影响系统的生存和发展。

(二)对应的原则

1. **整分合原则** 管理就是在整体规划下明确分工，在分工基础上有效地综合。整分合原则在实施过程中，应注意3个环节：①把握整体，整体可以是一项工作、一个部门、一个行业、一个产品，等等。要详细了解整体的功能目的、历史现状、作用地位及运动规律等。②科学分解，即明确各个局部，也就是明确分工。③组织综合，进行强有力的组织管理，使各个方面的环节同步协调、综合平衡地发展，在纵向的分工之间建立起必要的横向联系。例如护理管理者从整体出发，把年度计划和总目标按照护理组织的层次和职责分解，最后分工到人，责任明确，形成一个目标系统，各目标间相互关联，动态地进行严密有效的合作，在总目标指导下，个人按质、按量完成分目标，最后实现总目标。

由此可见，管理者的责任在于从整体要求出发，制订系统的目标，进行科学的分解，明确各子系统的目标，按照确定的规范检查执行情况，处理例外和考虑发展措施。

2. **反馈原则** 反馈是控制论中一个极为重要的基本概念。反馈是指控制系统把信息输送出去，又把其作用结果返送回来，并对信息的再输出产生影响，起到控制作用，以达到预定的目的。其本质就是根据过去的情况调整未来的行为。如护理部下达任务后，管理者要定期检查各科室的执行效果，及时发现问题，进行反馈汇报，根据存在的问题，积极纠正弥补，保质保量地完成任务。因此，要做到管理高度有效，就必须建立起一个灵敏、准确、有力的反馈系统。反馈的基本要求有：①灵敏，必须要有敏锐的感受器，即加强信息的接收和处理工作，必须及时发现管理与客观实际之间的矛盾和变化；②准确，必须有高效能的分析系统过滤和加工感受到的各种信息，达到"去粗取精、去伪存真、由此及彼、由表及里"的效果；③有力，必须把分析过的信息转化为指挥中心强有力的行动，以修正原来的管理行动，使之更符合实际情况，获得更大效益。

（三）系统原理在护理管理中的应用

护理本身就是一个系统，包括各个病区、手术室、供应室、门诊室等子系统，并且与外界其他系统发生联系。所以系统原理在护理管理中被广泛应用，它要求护理管理者用系统的观点和方法，分析和解决护理管理中的实际问题。

1. 具有全局观念 拥有全局观念是充分发挥护理管理系统整体功能、实现整体效应的前提条件。护理系统的总目标和总效率是各个护理人员和单个护理部门独立活动所无法达到的，各级护理部门必须分工协作，并需要有明确的权力范围和责任制度来保证。同时，护理部门还是医院大系统中的一个子系统，护理部门的各项工作应与医院目标一致，并且与相关部门协调一致，而不能过分强调护理的独立性，只有与其他部门协调发展、通力合作，才能更好完成医院的工作目标。

2. 关注护理系统结构的状况 护理系统结构在护理管理系统中发挥着重要的作用。护理管理应根据面临的不同环境、任务和内部条件，适时、适当地进行结构调整，这既是保证护理管理系统整体性能优化的重要条件，也是指导护理管理系统合理运用所需的各种要素和资源。

3. 处理好管理宽度与管理层次之间的关系 系统的层次性特征表明，管理系统必须划分管理层次，逐级进行管理。护理管理需要合适的管理层次和管理宽度，以保证组织的正常运转。例如我国国家卫生健康委规定，县和县以上及300张床位以上的医院都要设护理部，实行在护理副院长领导下的护理部主任、科护士长、病房护士长三级负责制；300张床位以下医院实行总护士长、护士长二级负责制。

二、人本原理与原则

人本原理（human principle）是管理学四大原理之一，是以人为本的原理。它要求人们在管理活动中坚持一切以人为核心，以人的权利为根本，强调人的主观能动性，力求实现人的全面、自由发展。

（一）概述

人本原理认为，一切管理均应以调动人的积极性、做好人的工作为根本。该原理要求每位管理者做好整个管理工作，包括管好资金、技术、时间、信息等，就必须紧紧抓住做好人的工作这个根本，使全体人员明确整体目标、自身职责、相互关系，主动、创造性地完成任务。

人本原理要从以下3个方面来理解：第一，人是管理活动的主体，只有人才能担当管理活动中领导者的角色；第二，在各种管理要素中，人的因素、人的主观能动性的发挥最重要；第三，现代管理活动必须以最大限度地调动人的工作积极性和创造性为根本。人本原理要求人们在管理活动中坚持一切以人为核心，以人的权利为根本，强调人的主观能动性、积极性和创造性的发挥，在实现组织目标的同时，力求实现自我的全面、自由发展。

（二）对应的原则

1. 能级原则 能级原则是指管理的组织结构、组织成员和规章制度必须具有不同的能级，按能级使用人和安排人，也就是把人放在相应的岗位和职位上，因材施用，同时建立各级不同的工作规范和标准，使管理的内容能动态地处于相应的能级之中，以利于进行有效的管理。如医院护理系统中护理部主任、科护士长、护士长、护士作为不同的能级，有着不同的职责任务、权力地位和待遇，分别建有不同的工作标准和行为规范。但在管理中绝对的对应能级是不可能的，应当允许人们在各个能级中不断实践、锻炼、施展才能。因此，实现能级原则的措施主要有：①必须按层次进行能级管理。现代管理中的"级"不可随便分设，各个级之间不可随意组合。管理工作中稳定的组织结构应当是正三角形，即理想的管理三角。②不同能级权责利要匹配，权力、职责、物质利益和精神荣誉是能级的一种外在体现，只有与能级相对应，才符合其位置。管理中的能级是着眼于工作效果，着眼于调动人们的工作积极性，使每个人达到相应能级的权力和机会均等。③各类能级必须动态对应，现代科学管理必须使具备相应才能的人处在相应能级的岗位上，做到人尽其才、各尽所能，这样管理体制才能具有稳定的结构，持续而高效运转。

2. 动力原则 管理活动必须有强大的动力，管理动力是管理的能源。动力原则要求管理者正确地运用动力，激励组织成员发挥主动性和创造性，使管理活动持续有效地进行。管理中的动力主要有三种：物质动力、精神动力和信息动力。物质动力是指员工获得的利益以及组织内部的分配机制和激励机制，是基本动力，如必要的奖金、适时的升职加薪、合适的福利待遇等。精神动力是人自我实现需要的源泉，包括理想、追求、情操、目标成果的实现等，在特定情况下，精神动力可以成为决定性动力。管理者应该及时掌握组织成员的工作情况和精神状态，采取适当有效的鼓励来提高下属的工作效率。信息动力是指组织应为员工提供大量的信息，让员工通过信息资料的收集与整理，得到科研成果。信息动力为人在组织中的发展和职业生涯规划提供了前提条件，是当今人们提高竞争力的关键。

（三）人本原理在护理管理中的应用

护理管理是对人的管理，在管理活动中重视人的因素的决定性作用。把人作为管理的中心，需要很高技巧和艺术。在护理管理中，引入激励机制，建立以人为本、科学合理的绩效考评制度。管理中应注意：①要注意解决护理人员生活和工作中的困难，最大限度地调动护理人员的积极性；②要注意个人与组织利益的协调，适度的分权与授权，使责任与权力相适宜；③要注意支持和帮助护理人员满足自我实现的需求。

三、动态原理与原则

世界上的一切事物都在不断发展和变化。管理是一个复杂、多因素的系统，各因素之间及因素内部始终处于不断发展变化之中。常言道"计划赶不上变化"，人们对问题的认识会随着系统内外条件的变化而变化。所以，管理者不能一成不变地看问题。

（一）概述

管理的动态原理（dynamic principle）是指组织和管理处于动态变化的社会大系统之中，管理者在管理活动中，注意把握管理对象运动、变化的情况，不断调整各个环节以实现整体目标，体现在管理主体、管理对象、管理手段和方法的动态变化上。同时，组织的目标以及管理的目标也是处于动态变化中。因此，有效的管理是一种随机制宜、留有余地、因情况而调整的管理。动态管理原理要求管理者应不断更新观念，避免僵化的、教条的、一成不变的思想和方法，不能凭主观臆断行事。

（二）对应的原则

动态原理对应的原则是弹性原则。弹性原则指任何管理活动都要有适应客观情况变化的能力，都必须留有余地，以便及时适应系统内部因素和外部因素的各种变化。它要求管理者科学、客观、全面地考虑问题，对工作实行动态调整，以及时应对系统各因素可能的变化。具体包括：①管理遇到的问题不是单因素的，而是众多因素有机地联系在一起。人不可能完全掌握所有因素，管理者必须如实承认自己认识上的缺陷，留有余地。②管理工作受客观规律制约，随着客观规律的变化而变化，因而具有很大的不确定性。管理者与被管理者都应具有积极思维活动，处于运动和变化中。若管理方法僵化，没有弹性，在另外情况下可能就不起作用。③管理是行为的科学，管理因素多变，一个细节的疏忽都可能产生巨大的影响，管理从开始就应保持可调节的弹性。

管理弹性分两类：①局部弹性，是指在一系列管理环节上保持可调节的弹性，尤其在重要的关键环节要保留足够的余地。②整体弹性，是指整体管理系统的可塑性或适应能力，而一个系统的适应能力关键在于整体弹性的强度。如护理人员专业水平及知识结构必须不断提高，重视全体护理人员的在职学习和终身教育，以适应现代护理工作的需要。

（三）动态原理在护理管理中的应用

随着现代护理的不断发展，新的管理制度、管理方法不断涌现，护理人员的思想、观念、行为方式、知识结构不断更新变化，护理服务对象和范围也不断扩大。护理管理者必须及时把握上述变化，在工作计划制订、组织设计、人力资源管理、决策、控制、改革创新等方面，准确收集信息，及时反馈，因地、因人、因时、因事不同而采取不同的管理手段和方法，对管理目标及管理方式进行及时调整，以适应社会环境的变化。

四、效益原理与原则

管理工作的根本目的在于创造更多、更好、有形的经济效益和社会效益，能为社会提供价值。管理者在任何系统的管理中，都应讲究实效，从社会和经济效益出发，为实现系统的总目标而管理好系统的各个部分。

（一）概述

效益原理（efficiency principle）是指组织的各项管理活动都要以实现有效性、追求高效益作为目标，即以最少的投入获得最大的产出。最少的投入是指最小的消耗和代价，而最大的产出体现在经济效益和社会效益两方面。经济效益是指人们经济活动所取得的收益性成果。社会效益是指人们的社会活动对社会发展所起的积极作用和所产生的有益效果。而影响效益的因素是多方面的，如科学技术水平、管理水平、资源消耗和占用的合理性等。管理的目标就是追求高效益。有效地发挥管理功能，能使资源得到充分利用，带来组织的高效益。落后的管理会造成资源损失和浪费，降低组织活动的效率，影响组织的效益。

（二）对应的原则

效益原理对应的原则是价值原则。价值原则是指在管理工作中通过不断完善自己的结构、组织与目标，科学、有效地使用人力、物力、财力、智力和时间资源，为创造更大的经济效益和社会效益而尽心工作。在管理中贯彻价值原则，常用的方法是"价值工程"。价值工程是以高效能、低成本作为目标的技术和经济相结合的一种管理方法。

医院是救死扶伤、治病救人的场所，这体现了医院的社会价值。同时医院的运行必须适应市场经济体制的变化，讲究经济效益，这又体现了经济价值。在护理管理的活动中，护理管理者要把大价值、高效益、低成本作为管理的目标，落实到每一个环节和每一项工作中；要以提高社会效益为最高准则，同时兼顾经济效益，不能过分地追求经济效益，忽略社会效益。

（三）效益原理在护理管理中的应用

效益原理要求护理管理者不能做一个只讲动机不讲效果的"原则领导者"，或忙忙碌碌的"事务工作者"。护理管理者既要以追求良好的效益为根本目标，又要树立成本-效益观念，避免各种资源的浪费，避免盲目投项目、购设备；要从科学决策、合理使用和开发人才、合理配置管理资源、有效控制管理成本等多方面入手，提供高质量的护理服务，以获取社会效益为最高准则，同时也要讲求经济效益。

◆ 本章小结 ◆

本章主要介绍了管理的理论，即古典管理理论、行为科学管理理论、现代管理理论的代表人物及其主要观点；同时又对现代管理的基本原理及对应原则进行了阐述。通过本章的学习，学生应该掌握古典管理理论和行为科学理论的代表人物及其主要管理思想、系统原理、人本原理、动态原理、效益原理的对应原则，并且能够运用相应管理原理及原则、管理理论解决护理工作中的实际问题。

思维导图

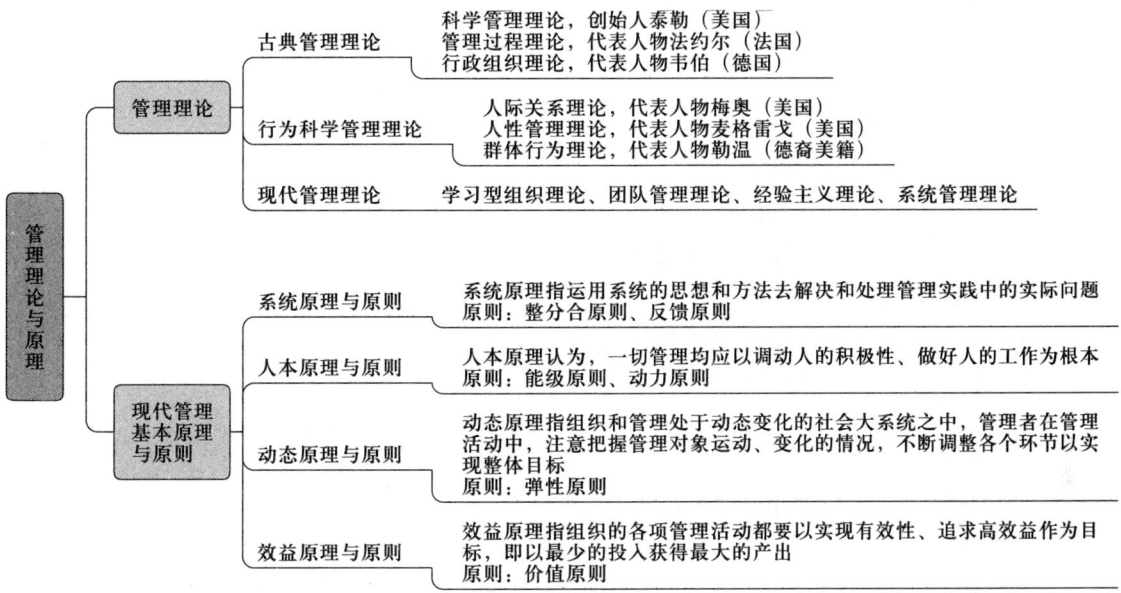

实践活动

1. 活动内容　查阅管理理论文献。
2. 活动目标　通过查阅文献资料，了解管理理论在护理管理中的应用情况，加深对管理理论的理解，提高应用能力。
3. 活动方法　选择一个管理理论，查阅该理论在护理管理中应用的相关文献，并组织一场课堂讨论。

自测题

一、选择题

A1/A2 型题

1. 下列管理学家被公认为"科学管理之父"的是
   A. 梅奥　　　B. 泰勒　　　C. 法约尔　　　D. 韦伯　　　E. 麦格雷戈

2. 管理的能级原则强调在人员使用时要做到
   A. 统一指挥   B. 合理搭配   C. 人员流动
   D. 因才施用   E. 公平、公正

3. 梅奥的人际关系学说着重研究
   A. 生产过程中工人的劳动效率   B. 一般管理原理和高层管理效率
   C. 组织理论   D. "社会人"的观点
   E. "经济人"的观点

4. 首次强调管理中人的因素的理论是
   A. 人的基本需要层次论   B. 人际关系学说
   C. 群体动力学说   D. 科学管理理论
   E. 管理过程理论

5. 说明管理的动态原理的是
   A. 管理过程有统一的目标   B. 管理的各要素间相互联系
   C. 管理中有系统分析的方法和观点   D. 管理过程中要适应各种变化
   E. 要把人的因素放在第一位

6. 法约尔的管理过程理论着重研究的是
   A. 生产过程中工人的劳动效率   B. 一般管理原理
   C. 组织理论   D. 人际关系
   E. 权变理论

7. 与现代管理人本原理相对应的原则是
   A. 整分合原则   B. 价值原则
   C. 弹性原则   D. 随机制宜原则
   E. 能级原则

8. 韦伯的行政组织理论着重研究
   A. 生产中工人的劳动效率   B. 一般管理原理和管理效率
   C. 理想的行政组织理论   D. 生产过程中的人际关系
   E. 标准化管理

9. 护士小刘，女，27岁，泌尿外科工作，能歌善舞、能写会画，组织沟通能力强。护士长安排她负责本科室宣传工作是根据
   A. 整分合原则   B. 价值原则   C. 弹性原则
   D. 反馈原则   E. 能级原则

10. 医院护理部主任在某科室进行常规护理查房中发现许多问题，当即提出整改措施。该行为符合
    A. 整分合原则   B. 价值原则   C. 弹性原则
    D. 反馈原则   E. 能级原则

11. 某医院病区护士长，在工作中关心爱护护士及患者，尽量满足护士和患者的合理需求，因此该病区护士之间团结合作，护患关系和谐融洽。该护士长的行为符合
    A. 人本原理   B. 系统原理   C. 效益原理
    D. 动态原理   E. 价值原理

12. 小刘规定全年本科室无差错事故者可额外享受外出学习机会1次，该项规定运用的护理管理原则是
    A. 整分合原则   B. 动力原则   C. 弹性原则
    D. 随机制宜原则   E. 能级原则

A3/A4 型题

（13～14题共用题干）

某三级甲等医院护理部主任在制定全院护理工作"十三五"规划时，既结合当地医疗卫生现状、医院护理工作实际，又充分考虑护理工作在医院的地位和作用。

13. 这符合管理的
   A. 人本原理　　　　　B. 系统原理　　　　　C. 效益原理
   D. 动态原理　　　　　E. 价值原理

14. 这主要体现了管理基本原则中的
   A. 整分合原则　　　　B. 价值原则　　　　　C. 弹性原则
   D. 反馈原则　　　　　E. 能级原则

二、简答题

1. 简述泰勒科学管理理论的主要观点。
2. 法约尔的14项基本原则在日常生活中有哪些应用？
3. 简述人际关系学说的主要观点。
4. 简述系统的特征。
5. 列表说明管理原理对应了哪些管理原则？
6. 举例人本原理在护理管理中的应用。

三、案例分析

王护士长，副主任护师。她科研能力强，护理技能比赛在全院名列前茅，工作一丝不苟，任劳任怨，严格按规章制度管理，但不喜欢与护士交流，不喜欢听取护士的需求与心声，不喜欢下属提出反对意见，管理中以指令性方式为主。所以在今年的护士长竞聘中，她落选了，被调离科室。

思考：
1. 从管理者角度看，王护士长在管理中有什么问题？
2. 如果你是该科室新任的护士长，面对科室局面，该如何开展工作？

下载资源：
第二章案例分析
参考答案

（刘珈利）

第三章 护理计划

学习目标

1. 识记：复述计划的概念、种类和制订原则；叙述目标管理的概念、特点及过程；叙述时间管理的概念、过程及方法；描述管理决策的概念、类型、影响因素、原则及程序。
2. 理解：说明计划在护理管理中的意义；比较目标管理、时间管理在护理管理应用中的异同。
3. 运用：能按照计划制订的步骤制订合理的计划；能够应用目标管理的方法实施目标管理；能够应用时间管理的方法合理安排工作时间；能够按照管理决策的程序针对实际工作问题作出科学决策。

名人名言

虽然计划不能完全准确地预测将来，但如果没有计划，组织的工作往往陷入盲目或者碰运气。计划工作是一座桥梁，它把我们所处的这岸与我们要去的对岸连接起来，以克服这一天堑。

——［美］哈罗德·孔茨（Harold Koontz），管理过程学派主要代表人物

第一节 计划概述

案例 3-1

某三甲医院肿瘤科为强化护士的基本理论与技能，提升专科护理水平，制订了本年度护理培训计划：①培训目标：护理"三基"考试合格率100%、护士急救技术掌握率100%、规范化培训护士结业考试合格率100%；②培训原则：全员参与、多形式培训、分层级培训；③培训要求：针对N0、N1、N2、N3、N4各级护士提出了不同的要求；④培训安排表：包括每月培训项目（如理论、操作、护理查房、疑难病例讨论）、培训内容（如临终关怀、康复指导、PICC锻炼操）、培训对象、培训时间、培训地点、责任人等。

思考：1. 按计划作用的时间分类，该护理培训计划属于哪一类？
2. 该护理培训计划包含了"5W2H"的哪些内容？

"凡事预则立，不预则废。"出自《礼记·中庸》，意思是：凡事有准备就可以成功，没有准备就要失败。旨在强调计划的重要性。在计划、组织、人力资源管理、领导和控制这五项管理职能中，计划是最基本的职能，也是首要职能。计划是管理的基础，可以为组织的管理活动提供重要的指导，科学而周密的计划是实现组织目标的重要保证。

一、计划的概念

计划（plan）是指为实现组织目标而对未来行动进行设计的活动过程。计划是经优选后的未来行动方案，其核心问题是择优，实质是确定目标和实现目标的途径。计划有广义和狭义两种：广义的计划包括制订计划、实施计划和检查评价计划三个过程；狭义的计划仅仅指制订计划这一活动过程，即根据组织实际情况，权衡客观的需要与主观的可能，通过科学的预测，提出在未来一定时期内组织所要达到的目标以及实现目标的方法或途径。

一项完整的计划，通常需要回答"5W2H"的问题，其具体内容包括：

1. what——做什么 即明确计划的任务和要求。
2. why——为什么做 即明确计划的宗旨和目标。
3. when——在什么时间做 即明确计划中各项工作开始与完成时间以及时间进度。
4. where——在什么地方做 即明确计划实施的地点或场所。
5. who——由谁来做 即明确计划中各项工作的执行者及其任务要求。
6. how——如何做 即明确计划的具体措施与途径。
7. how much——做多少 即做到什么程度？数量如何？质量水平如何？费用产出如何？

二、计划的种类

（一）按计划作用的时间分类

1. **长期计划（long-term plan）** 又称长远计划或规划，一般指 5 年以上的计划。其特点是：时间跨度长，不确定因素多，具有战略性意义，一般由高层管理者制订。如《全国护理事业发展规划（2016—2020 年）》《"十三五"卫生与健康规划》等。

2. **中期计划（medium-term plan）** 介于长期和短期计划之间，一般指 1~5 年的计划。其特点是：时间跨度较短，对未来的预测相对容易，具有战役性特点，一般由中层管理者制订。如医院开展优质护理的工作计划、医院创建三级甲等医院达标工作计划等。

3. **短期计划（short-term plan）** 一般指 1 年或 1 年以下的计划。其特点是：时间短，具有战术性，多由基层管理者制订。如医院年度工作计划、年度护理质量与安全管理工作计划等。

（二）按计划的规模分类

1. **战略性计划（strategic plan）** 是关于整个组织总体目标和战略方案的计划，具有长远性、全局性和稳定性等特点，通常由高层管理者制订。一般为长期计划，如国家"十三五"规划。

2. **战术性计划（tactical plan）** 是为实现战略计划，针对具体工作问题、在较小范围和较短时间内实施的计划，具有阶段性、局部性和灵活性等特征。一般是中期计划或短期计划，通常由中层或基层管理者制订。如医务人员年度继续教育计划。

（三）按计划的约束程度分类

1. **指令性计划（mandatory plan）** 是由主管部门制订，以指令的形式下达给执行部门，除了规定计划的方法和步骤外，还要求严格遵照执行，是具有强制性的计划。如国家的各项政策、法规等。

2. **指导性计划（guidance plan）** 是由上级管理层下达给下级各执行部门，以宣传教育及经济调节等手段来引导其执行的计划。指导性计划一般只对任务完成的方向、目标及指标进行规定，而对完成任务的具体方法、步骤不作强制性规定。如医院各科室的业务学习计划。

> **知识链接**
>
> 计划的形式多种多样，从作为管理基本职能的角度出发，计划的表现形式有宗旨、目的或任务、策略、目标、政策、程序、规则、规划和预算等。

三、计划的原则

（一）系统性原则

计划的目的是为了实现组织的整体目标，因此制订计划要从组织的整体效益出发，全面考虑系统中各构成部分的关系以及它们与环境的关系，并根据这些关系特点进行统筹规划。

（二）重点性原则

在制订计划时既要考虑全局，又要分清主次、轻重，抓住关键及重点，着力解决影响全局的重点问题，切忌眉毛胡子一把抓。

（三）创新原则

在制订计划时，应结合实际需要和现有条件，充分发挥创造力，科学提出新思路、新方法、新措施。

（四）弹性原则

在计划执行过程中难免会出现一些变化和偶然或突发事件，因此，制订计划时必须要有一定弹性，留有一定的调节余地，尽可能多地预见在实施过程中可能出现的变动，以预防或减少各种变化对组织活动产生的冲击及影响，提前作出反应，以确保计划目标的实现。

（五）可考核性原则

制订计划时，目标必须是具体的、可测量、可考核的，以作为计划执行和评价过程中的标准和尺度，而笼统的、无时间限制的、无法测量的目标毫无意义。如某护理部年度工作目标为"本年度患者对护理工作满意度保持在98%以上"，该目标既有时间要求，又有可考核的具体指标。

四、计划的步骤

制订计划的步骤可分为7个阶段：分析评估、确定目标、拟定备选方案、比较方案、选定方案、制订辅助计划、编制预算。

（一）分析评估

分析评估是计划的第一步。此阶段需要管理者对组织现存的形势和内、外环境进行全面评估，需要重点评估的内容包括：①社会需求、社会经济、社会环境等对组织产生的影响；②社会竞争情况，如行业状况、竞争者的威胁和战胜竞争对手的机会等；③组织的资源情况，包括组织自身的优势和劣势等；④服务对象的需求。管理者在全面调查的基础上，进行预测和分析，以发挥优势，克服劣势，有效利用机会，化解威胁。

（二）确定目标

目标是指组织预期在一定时间内要达到的数量和质量指标。目标明确了组织的工作方向，既可以激励组织成员，又可以作为组织绩效考核的标准。目标的确定一般遵循自上而下的原则，在确定总目标后，组织中各部门根据总目标拟定各部门的分目标，以总目标控制分目标。明确的目标应包括时间、空间、数量三要素，即目标的优先次序、达到目标的时间安排和目标的结构。如某医院护理部提出的工作目标为"在本年度100%的护士长要运用目标管理方法制订科室护理工作计划并组织实施"。

（三）拟定备选方案

实现目标的途径是多种的，管理者可以根据目标提出多个备选方案。备选方案的提出需要认真听取组织成员的想法，集思广益，充分激发组织成员的创造性思维。拟定备选方案时，管理者应充分考虑方案与组织目标的相关性、可预测的投入与效益之比、公众的接受程度、下属的接受程度、时间因素等。

（四）比较方案

根据计划的前提条件和目标，管理者将所有备选方案进行分析、比较，评估每一种方案的优、缺点，并按优先次序进行排列。在进行优先次序排列时，应考虑以下因素：①所期望的社会效益和经济效益；②是否符合相关政策规定；③公众的接受程度；④社会关系的相关因素；⑤时间安排的可行性。

（五）选定方案

选定方案是制订计划中最为关键的一步。经过对多种方案的利弊权衡，从中选择出可行性强、低投入、高收益的最优、最满意方案予以实施。选择方案也是确定计划的过程。在选择方案时可能会有两个或多个可行性方案，这种情况可以综合各个方案的优势项，对其进行优化和完善，作为备选方案。

（六）制订辅助计划

选定基本方案后，一般要制订辅助计划，也就是总计划下的分计划，如人、财、物等单项计划，以辅助该方案的落实。辅助计划是总计划能否按时、有效地执行并达到预期目标的必要保证。

（七）编制预算

预算是一种数字化的计划。选定方案后，管理者要将计划和决策转换成预算的形式。编制预算实质上是对人员、设备、材料、经费、时间、空间等资源的计划分配。通过编制预算，管理者对各类资源进行汇总和综合平衡，以合理配置和有效利用资源，保证计划目标的实现。

第二节 目标管理

> **案例 3-2**
>
> 某医院为持续改进护理质量，保障患者安全，制订了患者安全管理总目标：全院全年跌倒/坠床发生率≤0.115‰；非计划拔管发生率≤0.075%；给药错误≤20例；自杀/自伤≤5例；杜绝严重差错。护理部拟通过医院、科室两级管理来实现总目标，制订的具体工作目标为：①组织开展目标管理知识培训；②统计近3年跌倒/坠床、非计划拔管、给药错误、自杀/自伤4类不良事件的发生情况；③指导各科室制定相应的安全管理目标；④监督各护理单元目标完成情况，纳入年度考核，对未完成任务的护理单元和项目进行原因分析。
>
> 思考：1. 什么是目标管理？
> 　　　2. 目标管理包括哪几个过程？

目标是指在宗旨和任务指导下，组织要达到的可测量的、最终的具体成果。在确定目标之前，组织必须明确其宗旨和任务。目标在组织管理中起着主导作用，它决定着整个组织的工作方向，对组织的管理活动、发展规划和成员努力方向都起着导向性的作用。目标是评价和衡量组织成员工作结果的重要尺度；目标是激励组织成员，实现组织目标和个人潜能共同发展的动力；目标还能有效统一和协调各部门及成员的思想和行动，提高工作效率。因此，每个组织都必须设立明确而又切实可行的目标。

一、目标管理的概念

目标管理（management by objectives，MBO）是由美国管理学家彼得·德鲁克（Peter F.Drucker）于1954年在其著作《管理实践》中最先提出的，后经管理学家们不断完善和实践检验，已发展成为一种先进的管理思想和管理方法。目标管理是组织中的管理者与被管理者共同参与目标制订，在工作中实行自我管理、自我控制，努力实现工作目标的一种管理方法。

二、目标管理的特点

与传统的管理方法相比，目标管理具有以下特点。

（一）管理者和组织成员共同参与管理

目标管理是一种系统化管理，它是以组织目标为核心，管理者和组织成员共同参与管理，共同制订总目标，然后将总目标分解，制订各部门及成员的分目标，用分目标保证总目标，使组织各部门、各成员都能明确自己的任务、内容和考评方式，促进相互之间协调配合，为实现组织目标而共同努力。

（二）强调自我管理

目标确定后，组织中各部门、各成员对照目标进行自我检查、自我控制、自我管理。目标管理者的职责主要是制订和分解目标，最后依据目标进行考核。自我管理是以目标激励组织成员，用"目标管理"替代"压制性管理"，有利于提高组织成员的积极性与创造性，增强责任感。

（三）强调自我评价

目标管理在确定分目标后，就明确了目标的考评方式、内容和奖惩措施。管理者应定期检查和考核目标的实际进展情况，并及时反馈，同时指导组织成员按照目标考核要求进行自我检查和控制，自我评价目标的完成情况。

（四）重视工作效果的评价

传统的管理方法更倾向于对工作态度、劳动付出等工作过程的评价，而目标管理的评价重点是在工作成效上，更加重视对实际工作效果的评价。目标管理按照目标考核体系对组织成员进行客观、公正的评价，使评价更具有建设性，避免了传统管理方法中根据个人印象、态度等进行评价的弊端。因此，目标管理又称效果管理。离开了对工作效果的评价，就不能称为目标管理。

三、目标管理的过程

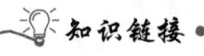

山田本一的成功秘诀

山田本一是日本著名的马拉松运动员，曾在国际马拉松比赛中两次夺得世界冠军。对于为什么取得如此惊人的成绩，山田本一在自传中写道：每次比赛之前，我都先乘车把比赛的路线仔细看一遍，并把沿途醒目的标志画下来，比如第一个标志是银行、第二个标志是一棵古怪的大树、第三个标志是一座高楼……这样一直画到赛程的终点。比赛开始后，我以百米的速度奋力向第一个目标冲去，到达第一个目标后，我又以同样的速度向第二个目标冲去。40多千米的赛程，被我分解成几个小目标，跑起来就轻松多了。

目标管理的过程一般被分为三个阶段，它们相互制约，形成循环周期，周而复始，呈螺旋式上升，以不断达到更高目标。

（一）制订目标

实施目标管理的第一步是制订一套完整的目标管理体系，也是目标管理中最重要的一步。如果制订的目标合理、明确，则有利于客观、有效地进行后阶段目标的管理和评价。

1. **制订组织总目标** 高层管理者根据组织的长期发展规划和环境条件，与下级充分讨论、研究后制订组织总目标。

2. **审议组织结构和职责分工** 目标管理要求每一个目标都有明确的责任主体。在制订总目标后，管理者需要重新审查现有的组织结构，根据目标要求进行调整，明确各项职责分工。

3. **制订下级和个人的分目标** 在总目标的指导下，管理者制订下级和个人的分目标，形成目标分解体系。分目标要与总目标保持一致，个人目标要与总目标协调。在制订分目标时，要注意重点突出，数目不宜过多；目标应具体、可测量、便于考核；目标的要求应恰当，既符合实际又具有一定的挑战性。

4. **协议授权** 上级和下级就实现目标所需要的资源及目标实现后的奖惩事宜达成协议，并授予下级实现目标所需的资源配置权力，实现责、权、利的统一。

（二）组织实施

目标管理中执行者采取自我管理的办法，即按照目标总体要求，自主、自治、自行决定实现目标的方法和手段，充分调动各种积极因素，在自己的权责范围内全面组织目标的实施。管理者对实施工作定期检查、指导，及时反馈，对实施者提供良好的工作环境和信息情报。

1. **咨询指导** 管理者在目标实施过程中提供咨询指导，帮助解决实施过程中的问题，为目标实施者提供必要的支持。

2. **调节平衡** 在目标实施过程中，管理者对人、财、物、信息等资源进行横向协调，合理安排使用，为目标管理活动的正常开展创造条件。

3. **反馈控制** 管理者要建立信息反馈制度，定期检查目标的实施情况，及时发现问题，纠正计划和目标之间的偏差，以确保目标的实现。

（三）检查评价

检查评价属于目标考核阶段。检查和评价可以采取从下而上的方法，即由下级主动向上级提出问题和报告，上、下级定期检查双方协议的目标执行情况。

1. **考评成果** 当预期评价期限达到后，管理者要对目标实现情况及时进行考核和评价。

2. **实施奖惩** 根据考评结果，按照预先制订的奖惩协议，对目标责任单位、部门和个人实现奖惩措施，如发放奖金、晋升和降免等，以达到激励先进、鞭策后进的目的。

3. **总结经验** 总结工作中的经验教训，找出存在的不足，同时共同制订下一轮的工作目标，开始新的目标管理循环。

第三节 时间管理

> **案例 3-3** 小何是某三甲医院肿瘤科的一名护士长，具有丰富的工作经验和较强的管理能力。在她的管理下，科室各项护理工作有条不紊、忙而不乱地开展。她根据护理部的总体要求，制订相应的科室工作计划，并进行任务分解，将工作任务合理分配给科室不同级别的护士。在实施过程中她主要进行监督和指导，但在遇到一些特殊情况如危重患者抢救、复杂技术操作时她也会亲力亲为。她认为通过有效

的时间管理，不仅可以充分调动下属的工作积极性，同时也可以留出更多时间，以保障科室的行政、临床、教学等工作顺利完成。

思考： 1. 什么是时间管理？
2. 你对该护士长的时间管理如何评价？

时间是宝贵的，而时间对每个人又是公平的，一天24小时，人人都一样。有的人能很好地利用和计划时间，获得成功；而有的人却浪费时间、虚度年华。护理工作繁杂，瞬息万变，常常需要应对意外情况的发生，甚至需要争分夺秒地抢救生命。因此，科学而有效地管理时间显得尤为重要。如何管理有限的时间，提高时间的利用率和有效性，是每位护理管理者必须掌握的一项技能。

一、时间管理的概念

从古至今，人们从不同的角度概括了对时间的认识。有人说时间是财富、是生命、是知识。马克思主义的时空观认为："时间是运动着的物质的存在形式。"时间是物质存在的一种客观形式，时间不能脱离物质而独立存在，没有物质也就没有时间；同时，物质也不能脱离时间而存在，运动着的物质也只有在时间内才能运动。时间是不可再生的无形资产，具有客观性、恒常性、无替代性、无存储性等特点。

时间管理（time management）是指在同样时间的消耗下，为提高时间的利用率和有效率而进行的一系列的活动。时间管理包括对时间进行有效的计划和分配，以保证重要工作的顺利完成，并留出足够的余地处理突发事件或紧急变化。

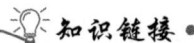

猜　谜　语

法国思想家伏尔泰曾出过一个意味深长的谜语：世界上哪样东西最长又是最短的，最快又是最慢的，最能分割又是最广大的，最不受重视又是最值得惋惜的？没有它，什么事情都做不成；它使一切渺小的东西归于消灭，使一切伟大的东西生命不绝。

二、时间管理的过程

时间管理是一个由"评估—计划—实施—评价"组成的动态过程。

（一）评估

首先需要评估时间的使用情况，分析各项活动的时间消耗情况。管理者可以按照时间顺序列出活动目录，记录一段时间内所从事的所有活动及其花费的时间，计算每一项活动所消耗的时间占整个工作时间的百分比，分析时间分配与实现目标的重要程度是否相匹配，如果不匹配，则需要重新调整时间分配方案，以提高时间使用的效率，同时还需要分析时间浪费的原因。在此基础上，还需评估个人的最佳工作时间。根据人体生物钟学说，每个人都有自己最佳的工作时间，管理者应充分了解个人的最佳工作时间。在最佳工作时间段内安排需要集中精力及创造性思考的工作；在精神体力较差的时间段内可安排从事团体性活动，通过人际关系中的互动作用，提高时间利用率。

（二）计划

根据评估结果，管理者确定工作目标及工作的优先顺序。管理者需要明确在单位时间内要完成的工作目标，以及为实现目标所进行的各种活动，并分清主次，确定重点，根据重要性来排列先后顺序，以优先保证重要工作的完成。管理者按照有效利用时间的策略，根据工作目标及实现目标所需开展的活动、预订的完成时间、工作的重要性等合理安排时间，制订每日时间安排计划表。同时要注意每天预留一定的"弹性时间"，以应对意外情况的发生。

（三）实施

时间管理的关键在于制定计划后的实施。实施过程中应注意：

1. **学会一次性处理或及时处理**　研究证明，当人在集中精力从事某项工作时，最好不要中途间断该工作，因为中断后再回到原工作时，往往需要一定的时间才能重新集中注意力。因此，在制订时间计划时，尽可能将重要工作安排在无干扰时集中完成，以减少时间浪费。

2. **集中精力**　工作中需要集中精力，这样有利于提高工作效率，节省工作时间。

3. **有效控制干扰**　对于重要且必须完成的工作，工作中应尽量控制各种干扰。

4. **关注他人时间**　工作中需要会见某人时，最好事先预约，以减少拜访次数，同时提前准备好谈话提纲，以迅速进入正题。

5. **处理好书面工作**　公文书写应尽量简明、扼要、易懂。文件、案卷要及时整理后入卷、入柜，并编写目录。及时清理文件，丢弃无用文件。

6. **提高沟通技巧**　管理者要有计划、有选择性地参加各种会议和社交活动，以提高沟通技巧，保持上下级沟通畅通。

（四）评价

时间管理评价是指根据人们运用时间管理的实际情况，通过定向和定量的方法进行鉴别与测定，对时间管理的效果进行分析和评价，从而将管理与效果有机结合起来，以提高工作效率的过程。在时间管理评价过程中应明确：

1. **时间管理评价是对成果的评价，而不是对活动的评价**　成果大小是衡量时间管理水平的标志。

2. **评价对象不同，时间管理评价的重点也不同**　对有形劳动的时间管理通过效率和质量来进行评价；对无形劳动的时间管理通过效能，即有效性和共享性来进行评价。

3. **时间管理评价讲求效果**　追求效果是一切管理活动的中心，也是时间管理的目的。分析"投入-产出"是时间评价的关键，评价是否使用最少的时间获得最大的效益和效果。

三、时间管理的方法

（一）ABC 时间管理法

ABC 时间管理法由美国管理学家艾伦·莱金（Lakein）提出，其核心内容是工作中要抓住主要问题、解决主要矛盾、做好重点工作、有效利用时间、提高工作效率。他建议每个人都需要制订三个阶段的工作目标：长期目标（5 年内要达到的目标）、中期目标（半年内要实现的目标）、短期目标（现阶段要达到的目标）。将各阶段的目标分为 ABC 三个类别：A 类是最重要、最迫切且必须完成的工作；B 类为较重要、一般迫切的工作；C 类为不重要、可以暂时搁置的工作（表 3-1）。ABC 时间管理法的实施步骤如下。

表 3-1 ABC 时间管理法的特征及管理方法

分类	占工作总量的比例	特征	管理方法	时间分配
A类	20%~30%	最重要 最迫切 对目标实现影响大	必须做好 必须现在去做 必须亲自去做	占工作总时间 60%~80%
B类	30%~40%	较重要 一般迫切 对实现目标影响不大	一般管理 最好亲自去做或授权 下属做	占工作总时间 20%~40%
C类	40%~50%	无关紧要 不迫切 对实现目标影响小或无影响	不必管理 有时间就做，也可延 迟或授权下属完成	可以不占工作时间

1. **列出清单** 每日工作前列出全天的工作清单。
2. **目标分类** 对清单上的工作进行分类，对于常规性、固定的工作，如召开交班会、核对医嘱等，按程序办理。
3. **排列顺序** 根据工作的重要性、紧急程度确定 ABC 顺序。
4. **分配时间** 按 ABC 顺序列出相应的工作内容以及各项工作计划分配的时间，制定工作分类表（表 3-2）。

表 3-2 ABC 工作分类表（示例）

类别	工作项目	时间预分配	实际完成时间
A类	（1）…… （2）…… ……		
B类	（1）…… （2）…… ……		
C类	（1）…… （2）…… ……		

5. **实施** 按照工作分类表进行工作，首先全力投入 A 类工作，在 A 类工作全部完成后再进行 B 类工作。对于 C 类工作，应大胆减少工作量或暂时搁置，也可委派他人去完成，以节省时间，若被人催问 C 类工作，可将其纳入 B 类工作完成。各项工作实施后要在工作分类表中记录其实际完成的时间。
6. **评价** 在工作分类表中记录各类工作实际消耗的时间，将计划完成时间和实际工作时间进行对比，自我评价时间使用效率及目标完成情况，并及时作出调整。

（二）四象限时间管理法

由美国管理学家科维提出，将工作按重要性和紧迫性两个不同的维度进行划分，分为四个"象限"，把所有工作纳入四个象限，按照四个象限的要求灵活而有序地安排工作（图 3-1）。

1. **第一象限** 指既紧急又重要的工作。这类工作需要马上处理，具有时间的紧迫性和内容的重要性，无法回避且不能拖延，必须优先处理，如抢救患者、物质缺乏、人员短缺等。在工作中，应尽量减少此类事件的发生，避免陷入"救火队员"模式。
2. **第二象限** 指重要但不紧急的工作。这类工作时间要求上不紧迫，不需要立刻去处理，但具有重大的影响，如质量安全检查、护理人员培训等。管理者需要把主要精力和时间重点放在此

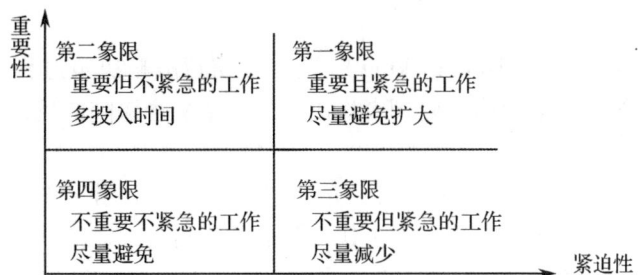

图 3-1　时间管理的四个象限

类工作上，做到未雨绸缪，避免此类工作发展为重要且紧急的事务，从而浪费紧急状态下的时间。

3. **第三象限**　是指不重要但紧急的工作。这类工作常导致认识上的误区，即紧急的事情都很重要，而将大量的时间都花费在处理此类事务上，结果忙而无功。因此，管理者要善于运用委托或授权的艺术处理此类事务，如家属到护士站询问病情等。

4. **第四象限**　是指既不重要也不紧急的工作。这类工作通常是些琐碎的杂事，既没有时间的紧迫性，也没有重要性，因此，要尽量放弃处理或留到空闲时间处理，如处理重复性文件等。

第四节　管 理 决 策

> **案例 3-4**　某医院护理部为了提高护理质量和水平，针对护理队伍现状，决定将进一步加强护理队伍内涵建设，并制订了护理队伍人才培养规划。其内容为：①分层级培训，包括护士规范化培训、专科护士培训、护理师资队伍培训、护理管理队伍培训、护理专家队伍培训；②分层级考核，包括护士长及高年资护士考核、低年资护士考核、护理师资及专科护士考核；③分层级管理，落实学分制管理，将培训考核成绩纳入年度考核等。
> 思考：1. 什么是管理决策？
> 　　　2. 你对护理管理者的该项决策有何评价？

美国著名管理专家西蒙（Herbert A.Simon）指出：决策贯穿管理的全过程，管理就是决策。决策是科学管理的前提，它渗透于管理的所有职能，贯穿整个管理活动。决策的正确与否会直接影响到组织活动的生存与发展。护理管理者必须充分认识决策的重要性，掌握管理决策的方法，作出科学、合理的决策。

一、管理决策的概念

管理决策（decision-making）是指管理者在领导过程中，为实现预定的目标而作出的各种选择和决定。广义的管理决策是决策者制订、选择、实施行动方案的整个过程；狭义的管理决策是指决策者对行动方案的最终选择。

二、管理决策的类型

按照不同的分类方法可将决策分为不同的类型。

1. 按决策的作用范围分类

（1）战略决策（strategic decision making）：是指有关全局性重大问题的决策，一般由高层管理者作出。如医院的机构改革等。

（2）战术决策（tactical decision making）：是指在执行战略决策过程中，为解决组织内部具体问题而作出的决策，一般由中层管理者作出。如为了配合医院的机构改革，护理部制订了护理人才队伍的建设规划。

（3）业务决策（business decision making）：是指为了解决日常工作和作业任务中的问题所作出的决策，一般由基层管理者作出。如工作日程的监督与管理。

2. 按决策的重复性分类

（1）常规决策：又称程序化决策（programmed decision making），指按预先规定的程序、处理方法和标准来解决管理中经常出现、重复性问题所作出的决策。如常见病、多发病的护理常规。

（2）非常规决策：又称非程序化决策（nonprogrammed decision making），指为解决不经常出现、非例行的新问题所作出的决策。如医院新项目的开发。

3. 按决策的时间分类

（1）短期决策：是指为实现长期战略目标而采取的短期策略，一般在5年以内。

（2）中长期决策：指有关组织今后发展方向的长远性、全局性的重大决策，一般在5年以上。

4. 按决策的主体分类

（1）个人决策（individual decision making）：是由管理者个人作出的决策。特点是决策迅速，责任明确，能充分发挥领导个人的主观能动性。

（2）群体决策（group decision making）：是由管理者集体所作出的决策。特点是耗时、复杂，但可集思广益，弥补个人决策的不足。

5. 按决策问题具备的条件分类

（1）确定型决策（decision making under certainty）：指在决策所需要的各种情报资料已完全掌握的条件下所作出的决策。决策者明确知道自然状态的发生，每种方案只有一个确切的结果，决策者通过对各种方案的评估和比较，容易选出最佳方案而作出决策。如医院某科室制订月工作计划。

（2）风险型决策（decision making under risk）：指在可供选择的方案中，存在两种或两种以上的自然状态，决策者不知道会发生哪种状态，但对有多少种状态以及每种状态所发生的概率是可以估测的。如投资银行理财产品就属于风险性决策，决策者需要权衡利弊，择优作出选择，并作好应对措施，以防不测。

（3）不确定型决策（decision making under uncertainty）：指在决策所需要的各种情报资料无法掌握，而每种方案发生的概率也无法估测，但客观形势又要求必须作出决定的情况下所作出的决策。如新药品投放市场等。不确定性决策需要决策者广泛收集信息资料，灵活应对。

三、决策的影响因素

（一）决策者因素

决策者拥有决策权，具有对众多方案的选择决定权，负责整个决策过程的决定、组织、检查与控制等领导工作。因此，决策者个人价值观、对问题的感知方式、处理信息的能力等都将直接影响决策的正确性和有效性。

（二）组织因素

组织因素即决策背景，是对管理者的决策行为可能产生影响的因素。组织本身的目标及所从事的业务构成了决策背景，组织既提供决策资源，又对决策进行限制。

（三）社会经济因素

决策者和组织的决策态度受社会经济等因素的影响，其中社会规范、经济体制、法律制度等都会影响决策的制定与执行。

（四）信息因素

信息是决策的基础，准确的信息是正确决策的前提。只有全面掌握信息，并对其进行系统的整理、归纳、比较、选择以及由表及里的思考，管理者才会作出科学的决策。信息的可靠性、及时性、适用性以及信息量的多少都会影响管理决策的质量。

> **头脑风暴法**
>
> 头脑风暴法又称智力激励法，是由美国创造学家亚历克斯·奥斯本首创的一种激发创造性思维的方法。它是通过小型会议的组织形式，让所有参加者在自由愉快、畅所欲言的气氛中，自由交换想法或点子，并以此激发与会者的创意及灵感，使各种设想在相互碰撞中激发大脑的一种创造性"风暴"。它适合于解决比较简单、明确的问题，如研究产品名称、广告口号、销售方法以及需要大量构思、创意的行业，如广告业等。

四、决策的原则与程序

（一）决策的原则

1. **目标原则** 决策要有明确的目标，任何一项决策都应围绕组织预定的整体目标而进行。如果决策中目标不明确，就不能正确判断和分析决策的结果。管理者要根据所处的环境条件，围绕组织目标作出符合实际的决策。

2. **科学性原则** 决策必须尊重科学，遵循客观规律，实事求是，用科学的方法分析，才能降低决策风险，提高决策质量。

3. **可行性原则** 可行性是指决策在现有主、客观条件下能够实施的程度。可行性原则是衡量决策正确性的重要标志。管理者需要从实际出发，分析组织的人力、物力、财力、科技水平等条件，分析组织发展过程中可能出现的各种变化以及决策实施后产生的影响和效果，进行周密论证，慎重评估决策是否具有可行性，以保证决策的成功实施。

4. **对比选优原则** 一项正确的决策必须建立在对多种方案对比选优的基础上，如果只有一种方案则无法进行比较，也显示不出决策的优势。因此，任何一项决策，尤其是重大决策，管理者应制订多个可供选择的方案，进行对比，权衡利弊，以便选出最优方案。

（二）决策的程序

决策是一个提出问题、分析问题、解决问题的动态的过程，需要按照一定的程序进行，一般包含8个步骤。但在实际工作中，不一定经过所有的步骤，可以适当简化，但逻辑顺序和基本要求是一致的。

1. **调查研究、发现问题** 调查研究、发现问题是科学决策的前提。决策是为了解决问题而作出的选择和决定，因此，只有发现问题，弄清问题的本质，找出产生问题的主要原因和影响因素，管理者才能作出正确的决策。

2. **系统分析、确定目标** 目标是决策所要达到的预期结果。明确目标是一切决策的起点，是决策中重要的环节。明确的目标是有效决策的前提。合理的目标应当内容明确，有时间规定，有责任人和可操作性指标，并符合实际情况。

3. **收集信息、科学预测** 决策是对未来行动所作出的决定。管理者只有充分估计决策对象及所处的环境可能发生的变化，搜集与决策有关的社会、经济、技术等各方面的资料，进行归纳、整理、全面分析，才能作出科学决策。

4. **拟订方案、采取对策** 拟订可供选择的多种方案是决策的基础，也直接决定了决策的质量。因此，备选方案应该有多个，且方案之间必须要有原则性区别，而不只是细节差异。拟订方案要从多方面寻求实现目标的途径。除了借鉴经验外，还需通过创造，拟订一个新颖、适应未来发展趋势的方案，这就需要丰富的想象力、创造力和知识储备。

5. **全面比较、评价方案** 根据所要解决问题的性质，采用定性和定量分析的方法，分析或论证各种预选方案的可行性、实用性、有效性及可能产生的问题和影响，综合全面地进行评价，为选择方案作好准备。

6. **总体权衡、选定方案** 这是决策过程中最为关键的一步。是在各备选方案中合理选择，选出最优方案，或者在多种方案的基础上，归纳出一套最优方案。

7. **实施决策、及时反馈** 实施决策是领导活动的最终目的。方案只有付诸实践，才能达到预期目标，决策才有意义。为确保决策的顺利实施，有时还需在普遍实施前进行局部试点，进行可靠性验证后，再进入普遍实施阶段。实施方案的过程中应进行及时有效的控制与监督，及时发现问题，纠正偏差。

8. **检查评价、检验结果** 在决策实施过程中，由于主、客观情况的变化，即使是一个优化的方案，也可能出现与目标偏离的情况。因此，应检验和评价实施的结果，检查是否达到预期目标，总结经验教训，为今后的决策提供信息和经验。

本章小结

计划是组织管理中最基本的职能。计划包含"5W2H"的内容。计划有不同的类型，制订计划应按照一定的原则和步骤来进行。目标管理主要讲述了目标管理的特点及过程。时间管理包括评估、计划、实施和评价的过程。时间管理的方法主要介绍了ABC时间管理法和四象限时间管理法。管理决策主要包括决策的类型、影响因素、原则和程序。

思维导图

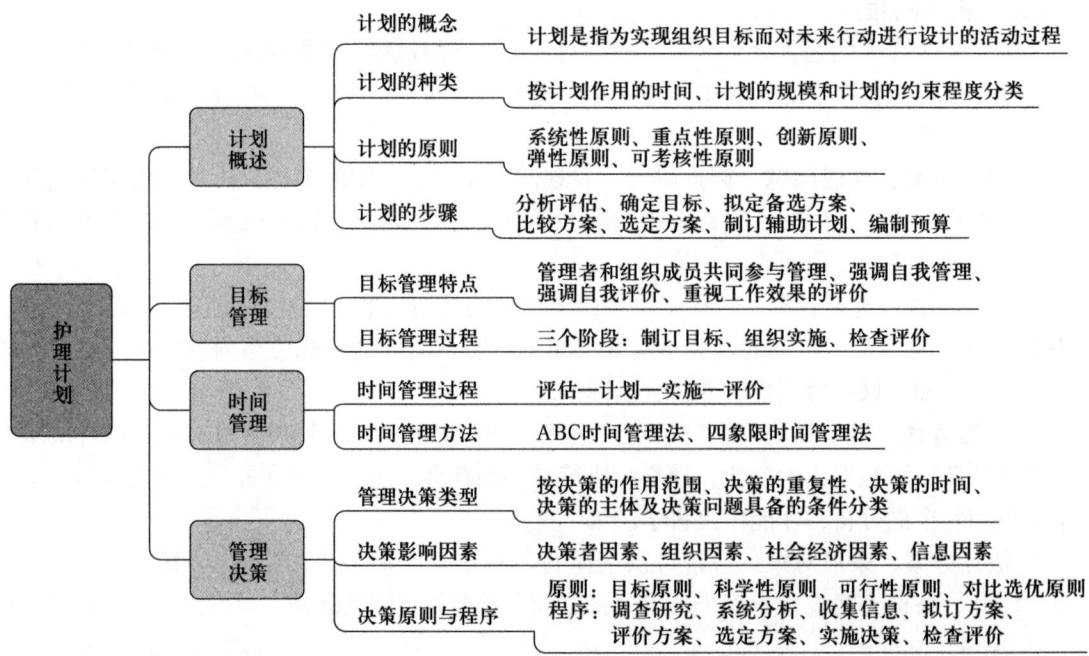

实践活动

1. 活动内容　组织学生讨论如何进行有效时间管理。
2. 活动目标　加强学生对时间管理方法的理解，学生能够运用时间管理的方法合理安排时间。
3. 活动方法

（1）课前布置学生学习任务，要求学生对下周某一天的活动内容及消耗的时间进行计划。

（2）学生以小组为单位进行讨论，评价小组成员时间管理是否合理、有效，并分析时间浪费的原因。

（3）由小组代表汇报小组讨论结果。

（4）教师点评，对学生的时间管理进行评价及指导。

（5）布置课后作业，要求学生按照时间管理的方法，制订下周的时间安排计划表，以指导其合理安排时间，及时完成学习任务。

自测题

一、选择题

A1/A2 型题

1. 在管理的职能中，最基本的职能是
   A. 计划职能　　　　　　　B. 组织职能　　　　　　　C. 控制职能
   D. 领导职能　　　　　　　E. 人力资源管理职能
2. ABC 时间管理法中，A 类工作是指
   A. 较重要的工作　　　　　　　　　　B. 可以暂时搁置的工作
   C. 可以授权或委托他人完成的工作　　D. 较重要、一般迫切的工作
   E. 最重要、必须优先完成的工作
3. 制订计划时尽可能预见可能发生的情况，并留有余地，此原则体现了计划的
   A. 灵活性　　　　　　　　B. 经济性　　　　　　　　C. 复杂性
   D. 可行性　　　　　　　　E. 系统性
4. 用数字表示预期效果的一种数字化的计划是
   A. 宗旨　　　　　　　　　B. 预算　　　　　　　　　C. 目标
   D. 策略　　　　　　　　　E. 规划
5. 长期计划一般由高层管理者制订，其计划作用的时间一般为
   A. 10 年以上　　　　　　　B. 5～10 年　　　　　　　 C. 5 年以上
   D. 1～5 年　　　　　　　　E. 1 年以下
6. 计划工作的核心步骤是
   A. 评估形势　　　　　　　B. 制订目标　　　　　　　C. 拟订方案
   D. 作出决策　　　　　　　E. 预算

7. 护士长小张，凡事亲力亲为。她经常跟护士一起参加晨间护理，为患者输液，到药房领取药品，核对医嘱等，常常需要加班到很晚才能回家。该护士长不能按时完成工作的原因是
   A. 无效沟通　　　　　　　　B. 突发事件干扰　　　　　　　C. 文书工作繁忙
   D. 未能充分授权　　　　　　E. 决策能力差

8. 某医院护理部在制订年度工作目标时要求"本年度患者对护理工作满意度保持在98%以上"，这体现了目标的
   A. 明确性　　　　　　　　　B. 可测量性　　　　　　　　　C. 现实性
   D. 相关性　　　　　　　　　E. 重点性

9. 按ABC时间管理法，属于病房护士长A类工作任务的是
   A. 为危重患者安排特护　　　　　　　　B. 与新护士谈话
   C. 领取办公物品　　　　　　　　　　　D. 为入院患者输液
   E. 写年度工作总结

10. 某医院为了提高护理质量，增强患者的健康意识和自我保健水平，提出了"健康教育覆盖率100%"的目标，进行该目标管理的基本过程为
    A. 制订目标—考核目标—实施目标
    B. 考核目标—实施目标—制订目标
    C. 制订目标—实施目标—考核目标
    D. 实施目标—考核目标—制订目标
    E. 计划—实施—反馈

11. 患者李某，男，40岁。因车祸导致脾破裂、失血性休克急诊入院。急诊科护士立即对患者进行急救。按照四象限时间管理法，该工作属于
    A. 重要但不紧急的事务　　　　　　　　B. 不重要且不紧急的事务
    C. 重要且紧急的事务　　　　　　　　　D. 不重要但紧急的事务
    E. 影响不大的事务

12. 某医院按照目标管理的要求对护士进行考核，并将考核结果与护士的绩效奖励挂钩。这属于目标管理步骤的
    A. 授权阶段　　　　　　　　B. 评价阶段　　　　　　　　　C. 制订目标阶段
    D. 组织实施阶段　　　　　　E. 控制阶段

A3/A4型题

（13～14题共用题干）

某医院护理部结合护理队伍现状及工作目标，制订了护理人才招聘计划，拟在本年度新聘护士80人，以充实护理队伍，保障护理人力资源配置。

13. 护理部制订护理人才招聘计划的第一步是
    A. 分析形势　　　　　　　　B. 设立方案　　　　　　　　　C. 确定目标
    D. 评估资源　　　　　　　　E. 计划预算

14. 该招聘计划属于
    A. 长期计划、战略性计划　　　　　　　B. 长期计划、战术性计划
    C. 短期计划、战略性计划　　　　　　　D. 中期计划、战略性计划
    E. 短期计划、战术性计划

二、简答题

1. 制订计划的步骤包括哪些？
2. 目标管理的特点有哪些？
3. 阐述如何进行目标管理。
4. 阐述如何进行时间管理。
5. ABC 时间管理法的步骤有哪些？
6. 护理管理者如何作出科学的决策？

三、案例分析

某三级甲等医院为了进一步贯彻《医疗质量管理办法》，持续提高护理质量，制订了本年度护理质量管理工作计划，并下发了目标管理任务书，制定了质量控制标准，要求各科室按照要求积极改进护理质量。

思考：如果你是该院消化内科的护士长，你将如何贯彻执行该计划？

下载资源：
第三章案例分析
参考答案

（吴文君）

第四章 护理组织

学习目标

1. 识记：复述组织的概念、分类和设计原则，我国卫生组织系统的管理机制；叙述组织设计的概念和程序；描述组织变革的动力、阻力及程序。
2. 理解：说明组织文化的意义。
3. 运用：能按照组织设计的步骤设计组织；能够运用组织文化的建设要求，营造良好的组织文化氛围。

名人名言

为了使人们能为实现目标而有效地工作，就必须设计和维持一种职务结构，这就是组织管理的目的。

——［美］哈罗德·孔茨（Harold Koontz），管理过程学派代表人物

组织一方面是为了实施计划而建立起来的一种结构，另一方面是为了实现目标所进行的组织过程。组织职能是管理的基本职能之一，是管理过程中对人员进行配备、领导、控制的重要前提。组织工作是根据组织的任务和目标，设计及维持合理的组织结构，将组织各项资源进行最有效的安排，并通过完善的组织运行，实现既定目标的工作过程。组织管理的目的是建立一个适合组织成员相互协作、发挥各自才干的组织环境系统，使组织成员能够在各自的岗位上为实现组织目标而作出应有的贡献。

第一节 组织概述

案例 4—1　小李是某大学护理专业硕士，在校品学兼优，毕业后被某医院护理部录用。上班的第一天她就下定决心要好好工作，于是，她积极主动地承担了大量工作，给部门其他同事减轻了许多压力，主任经常在会上表扬她。可小李发现，随着表扬次数的增多，大家对她越来越冷淡，她百思不得其解，就将情况反映给了另外一个部门的老师，该老师认为是其他同事有"枪打出头鸟"的想法所致。从此，

小李就学"乖"了,即使一天能干完的事情至少要拖上2～3天,办公室从此恢复了平静与和谐,但小李的苦恼却因主任的不满而增加了。

思考: 1. 上述案例中有哪几种组织类型?
2. 在护理管理中如何消除非正式组织的消极影响?

一、组织的概念与要素

(一)组织的概念

组织(organization)具有动词和名词两方面含义。组织的动词性概念,是指通过组建机构并调配资源,使人、财、物等得到合理使用,从而更有效地实现目标。组织的名词性概念,是指为达到共同目标,而建立起来的集团和权力系统。如大学、医院、红十字会、妇女联合会等都是组织。管理学中的组织是指按照一定目的、程序和规则组成的一种多层次、多岗位以及具有相应人员隶属关系的权责角色结构,它是职、责、权、利四位一体的机构。

组织包含了以下几层含义:①组织是实现目标的工具;②组织必须是由两人及两人以上组成的集合;③组织必须有共同的任务或目标,如医院的目标是以患者为中心,满足大众健康的需求;④组织必须有不同层次的分工与协作,如医院工作主要有医疗护理服务和后勤保障两大系统,前者有诊疗和护理两大业务主体,主要完成以患者为中心、提供优质服务的任务;后者由支持、扩展部门组成,主要任务是保障诊疗和护理工作正常运行;⑤组织要有不同层次的权力与责任制度,如医院各部门医护人员具有行使医疗护理的权力和救死扶伤、防病治病的责任。

(二)组织的要素

组织主要包括以下五大要素。

1. 目标与任务 组织目标是组织自我设计与自我维持的依据,也是组织成员进行活动的行为指南和工作的努力方向。组织目标必须与社会需求相适应,组织才有生命力。如医院的组织目标就是"以人的健康为中心,满足大众的健康需求"。组织任务是组织实现组织使命、履行社会责任的基础。组织目标确立后,围绕组织目标的实现分配工作任务,使各部门成员明确自身的工作内容与职责。组织工作就是分配任务的过程。如医院组织工作可分为两大类:一类是提供满足患者和大众健康需求的服务,相应的部门有门诊部和急诊科、住院部等;另一类由所有支持和保障工作部门构成,相应的部门有总务后勤部、辅助检查部、财务部等,他们的主要任务是保证服务部门的工作正常有序开展。

2. 职权与职责 职权是指组织内由一定的正式程序所赋予某项职位的权力,是履行岗位责任的重要手段之一。职责是某项职位应该完成某项任务的责任。组织中职权和职责应相对应和统一,即组织根据各成员所承担的责任情况,赋予相应的职位权力,使各级管理人员能够采取一系列行动完成本部门工作任务,最后实现组织目标。例如:护理部主任、科室护士长因管理岗位不同行使职权、承担的职责也不同。

3. 物质与精神 物质要素是指组织内为保证组织目标实现所需的必要资源,包括组织内的人、财、物等。例如护理组织内有护理部主任、科护士长、护士长和护士等专业技术人员,有开展各项工作所需的经费预算与支出,有护士站、办公室及病房等场所,以保证护理工作的正常运行。精神要素是组织内成员的权利、职责、工作规范、生活准则、服务精神、认同感与归属感等,如医院的服务宗旨、护理人员的奉献精神、护理团队文化和护理人员的价值观等。

4. 技术与质量 技术与质量是组织实现目标、满足社会需求的根本保证。医院必须拥有德才兼备、业务精良的护理人员队伍，才能为社会提供高质量的医疗服务，满足大众的健康需求。持续并加强进行护理组织质量管理，是组织生存发展的基础，是管理的核心，是实现医院总体目标和自身发展的关键。

5. 适应与发展 受内外环境的影响，组织也会成长、发展、衰落、消亡。所以为了生存和发展，组织必须不断获取信息，根据环境变化调整组织目标和工作内容，才能在市场竞争中立于不败之地。如随着医学模式向"以人的健康为中心"转变，医院的医疗与护理模式也应作出相应调整，才能满足社会及人们对健康的需求，才能适应社会不断发展的需要。

二、组织的分类与职能

（一）组织的分类

根据组织的特点，组织可分为正式组织和非正式组织。

1. 正式组织（formal organization） 是指为了实现组织目标而按一定程序建立、具有明确职责和协作关系的群体。正式组织的组织结构和成员的权力、义务由上级管理部门规定。正式组织成员的活动必须服从所属机构的规章制度与组织纪律，如医院的护理组织就是正式组织。正式组织一般有组织系统图、组织章程、职位及工作标准说明等文件。

2. 非正式组织（informal organization） 最早由美国管理学家梅奥通过"霍桑实验"提出，是人们通过共同工作，自然形成的以感情、喜好等情绪为基础的松散的、没有正式规定的群体。其重要功能是为了满足个人的需要，进行相互帮助，又被称为心理社会体系。如医院内的同乡、同学、棋友、球友等形成的小圈子。

正式组织与非正式组织特点见表 4-1。

表 4-1　正式组织与非正式组织特点

正式组织	非正式组织
1）组织目标具体	1）具有一定的群体目标，不一定有明确的规章制度
2）正式组织的权力由组织赋予，具有强制性、正统性、合法性和稳定性等特点	2）成员有共同的思想和兴趣
3）正式组织的结构一般具有层级式的等级特点	3）成员间有较强的内聚力及行为的一致性
4）正式组织的信息沟通渠道是由组织规章提供的	4）有不成文的行为规范控制成员的行为和奖惩方法
5）讲究效率	5）没有法定的组织机构和职位，存在不稳定性
	6）组织领袖没有法定领导的权力，但具有较大的个人影响力

正式组织中一般都存在着非正式组织。通常组织管理是针对正式组织而言，但非正式组织对管理工作也起着不可忽视的作用。非正式组织对组织目标的实现既可能产生积极作用也可能产生消极作用。作为管理者要认识到非正式组织存在的客观性和必要性，通过建设正确的组织文化去影响非正式组织成员的行为，发挥非正式组织的积极作用。尽可能使非正式组织同正式组织协调起来，相互补充，尽最大可能提高正式组织的运作绩效，才能有利于正式组织目标的实现。

（二）组织的职能

组织的职能是管理者为实现组织目标而进行的结构设计、岗位设置、人员分工、职能划分等工作。包括以下内容。

1. 组织设计 确定组织工作目标，根据组织目标，设计并建立一套特定组织机构和职位系统。主要包括：个体工作设计、群体工作设计和组织结构设计。

2. 组织分工 将业务工作进行分组归类，并把工作细化成各种具体任务，使组织中的每个成员有明确的工作责任。按各种职务的不同组成部门,确定各部门机构的职责范围,赋予相应的职权,并为组织成员提供工作环境。

3. **组织联系** 通过横向与纵向联系组织内各部门单位,明确各层次、各单位之间分工协作关系,确保组织成员了解自己在组织中的工作关系和隶属关系。

4. **组织运作** 建立组织内的信息沟通渠道,并与其他管理职能配合,保证组织内各项职能正常有效地发挥作用

5. **组织变革** 根据组织内外环境和要素的变化,适时调整组织目标、结构、职权、制度和人员等,使组织不断与外界交换能量,确保组织持续生存与发展。

三、我国卫生组织系统

我国卫生组织系统以行政体制建立为基础,在不同行政地区设置不同层次和规模、大小不一的卫生组织机构。每个层次的卫生组织机构都按医疗、预防、保健、教育和科研等主要职能配置。

(一)卫生组织的分类及其功能

按照性质和职能,我国的卫生组织可分为三类:卫生行政组织、卫生事业组织、群众性卫生组织。

1. **卫生行政组织** 是行使卫生管理职能的国家公务机关,负责贯彻执行国家卫生工作方针、政策,编制卫生工作计划,制定卫生法规,领导国家和地方卫生工作,行使管理职能。

卫生行政机构随中央、省(自治区、直辖市)、地(市)、县(区、市)各级人民政府设立,在各级地方政府及上级卫生行政机构的双重领导下负责所管辖区域内的卫生行政工作。国家设国家卫生健康委员会,是国务院综合管理全国卫生健康工作的职能部门,是我国最高卫生行政机构。省(自治区、直辖市)、地(市)、县(区、市)分别设卫生健康委员会,乡镇或城市街道办事处设卫生专职干部,负责所辖地区的卫生工作。

> **知识链接**
>
> 2013年3月,国务院机构改革和职能转变方案出台:将卫生部的职责、国家人口和计划生育委员会的计划生育管理和服务职责整合,组建国家卫生和计划生育委员会(简称卫计委);将国家人口和计划生育委员会的研究拟定人口发展战略、规划及人口政策职责划入国家发展和改革委员会;不再保留卫生部、国家人口和计划生育委员会。随后各省、自治区、直辖市卫生与计划生育委员会陆续挂牌成立。
>
> 2018年3月,国家撤销卫计委。将国家卫生和计划生育委员会、国务院深化医疗卫生体制改革领导小组办公室、全国老龄工作委员会办公室的职责,工业和信息化部的牵头《烟草控制框架公约》履约工作职责,国家安全生产监督管理总局的职业安全健康监督管理职责整合,组建国家卫生健康委员会,作为国务院组成部门。

卫生行政组织的主要任务包括贯彻国家卫生工作方针、政策,结合各地的实际情况,制订卫生事业发展规划和工作计划,并督促检查,调查了解实际情况,总结推广交流经验。

2. **卫生事业组织** 是具体开展卫生业务工作的专业机构。按工作性能可分为:

(1)医疗预防机构:包括综合医院、专科医院、医疗保健所、门诊部、疗养院及康复医院等,主要承担诊疗和预防疾病的任务。

(2)卫生防疫机构:包括各级卫生防疫站,寄生虫病、地方病、职业病防治机构及国家卫生检疫机构等。主要任务是防治疾病,并对危害人群健康的影响因素进行检测、监督。

(3)妇幼保健机构：包括妇幼保健院、产院、儿童医院以及计划生育专业机构等，主要承担妇女、儿童的保健任务和优生优育工作。

(4)药品、生物制品、卫生材料的生产、促销及管理、鉴定机构的业务机构：包括药品鉴定所、生物制品研究所等，主要承担发展我国医药学和保证用药安全的任务。

(5)医学教育机构：包括各类医学院校，主要承担发展医学教育、培养医药卫生人才、对在职卫生人员进行培训的任务。

(6)医学科研机构：包括各种研究所，主要承担医药卫生科学研究任务，推动我国医学科学和卫生事业的发展。

3. 群众性卫生组织 是由专业和非专业人员在行政部门领导下，按不同任务所设置的机构可分为三类。

(1)国家机关和人民团体代表组成的群众卫生组织：包括爱国运动委员会、血吸虫病或地方病防治委员会。这种组织由各级党政组织负责人参加，组织有关单位、部门，支持并共同做好工作。

(2)卫生专业人员组成的学术性团体：包括中华医学会、中医学会、中华护理学会等。这类组织的主要任务是组织会员学习，开展学术活动，提高医药卫生技术，交流工作经验，对提高学术水平尤为重要。

(3)广大群众卫生积极分子组成的基层群众卫生组织：中国红十字会是此类组织的代表机构。在它的统一组织下，遍及全国各地的红十字会是基层卫生工作的主要力量。其主要任务是发动群众开展卫生工作、宣传卫生知识、组织自救互救活动、开展社会服务活动和福利救济工作等。

（二）医院组织系统

根据医院组织的不同职能作用，医院组织系统一般分为以下五个组织系统。

1. 党群组织系统 由党组织书记、党委办公室、工会、共青团、宣传、纪检等部门构成。

2. 行政管理组织系统 包括院长、院长办公室、医务、科教、防保、护理、设备、信息、总务、门诊等部门。

3. 临床业务组织系统 包括内、外、妇产、儿、眼、耳鼻喉、口腔、皮肤、麻醉、中医、传染等科室。

4. 护理组织系统 包括病房、门急诊、供应室、手术室及有关医技科室的护理岗位。

5. 医技组织系统 包括药剂、检验、放射、理疗、超声、心脑电图、核医学、中心实验室、营养等部门。

（三）医院的分类

根据不同划分标准，可将医院划分为不同类型（表4-2）。

表4-2 医院不同类型

划分条件	类型
按收治范围	综合医院、专科医院
按特定任务	军队医院、企业医院、医学院校附属医院
按所有制	全民、集体、个体、中外合资医院
按经营目的	营利性医院、非营利性医院
按分级管理	一级医院（甲、乙、丙等）、二级医院（甲、乙、丙等）、三级医院（特、甲、乙、丙等）
按地区	城市医院（市、区、街道医院）、农村医院（县、乡、镇医院）

从1989年开始，我国医院实行标准化管理，进行分级管理。目前我国医院的机构设置已逐步形成规模，分为三级（一级、二级、三级）、十等（每级分甲、乙、丙等，三级医院增设特等）（表4-3）。

表 4-3　三级医院的特点

医院级别	一级医院	二级医院	三级医院
床位数	20~100 张	101~500 张	>500 张
服务范围	直接向一定人口（≤10万）的社区提供社区初级卫生保健服务	向多个社区（半径人口在 10 万以上）提供综合医疗卫生服务	跨地区、省、市，向全国范围提供医疗卫生服务，是医疗、预防、教学和科研相结合的技术中心
工作内容	主要提供预防、医疗、保健、康复等卫生服务	在综合性医疗服务的基础上，提供专科服务，并承担一定的临床教学、科研任务	提供全面、连续的医疗、护理、预防、保健、康复服务和高水平的专科服务，接受下级医院的转诊，诊治和护理疑难危重患者；对一、二级医院进行业务指导和培训；承担教学和科研任务
常见类型	包括农村、乡镇卫生院，城市街道社区医院等	如一般市、县医院和省辖市的区级医院	如国家、省、市直属的市级大医院及医学院校的附属医院

注：实际执行中，一级医院不分甲、乙、丙三等。等级的划分是按医院的技术力量、管理水平、设备条件、科研能力等按 1000 分计分而划分出来的。企事业单位及集体、个体开办的医院的级别，可比照划定。

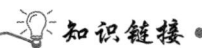

国外卫生服务体系

目前国际上主要有以英国为代表的福利国家型、以日本为代表的社会参与型、以美国为代表的市场主导型三种模式。

1. 英国的卫生服务体系设立了三级管理体系，分别是：①社区医疗系统：主要职能是为社区居民提供广覆盖的医疗保健。②全科诊所：根据城市内的行政区属设立全科诊所，接受行政区内市民的就诊及向辖区内居民提供家庭私人保健医生。③综合性全科医院：政府兴办的具有一定规模的综合性全科医院，为市民提供更为专业、全面的医疗服务。

2. 日本的卫生服务体系特点是：①日本公立医院少，民营医院占日本医院总数的近 70%；除了许多医疗集团和大学的附属医院外，还有很多私人诊所。②普通病症一般在诊所就能解决；如果在诊所无法解决，医生会写推荐信，建议患者到某个医生处或大医院就诊。

3. 美国的卫生服务体系特点是：①医疗机构以私立为主，医疗消费以个人为主，医生以家庭医生为主，保险以私人保险为主。②政府提供部分医疗保障资金，主要确保老年、病残、穷困或失业人口的就医。

四、我国护理组织系统

（一）护理行政组织管理系统

1. 国家卫生健康委员会医政医管局护理与康复处　是国家主管护理工作的最高领导机构，其护理工作的主要职责为：制定并组织实施全国护理工作发展和学科建设规划；制定护理管理相关政策、法规和规章制度等，组织实施并进行监督管理；制定护理技术操作标准及流程，对护理质量进行控制；监督护理职业管理工作，指导护理职业考试，实施护士注册；规范对护理人员的管理，建立护士信息管理系统；对全国护理人员配置情况进行统筹，制定护理人员配置标准；进行护理技术指导、专业骨干培训，开展护理方面的国际交流与合作；并通过"卫生健康委员会护理中心"进行临床护理质量控制和技术指导、开展护理科学研究、国际合作交流、组织一定范围内的护理教学师资及在职护理骨干培训工作。

2. 各级护理行政管理机构 各省、自治区、直辖市政府的卫生行政主管部门均设有主管护理工作的领导岗位，负责管辖范围内的护理管理；大部分地（市）以上卫生行政主管部门在下设的医政处（科）配备一名护理管理干部，要求为主管护师以上职称，对本地区的护理管理工作全面负责；部分县卫生局也配备专职护理干部。以上护理管理机构及人员的职责和任务是：根据上级的精神，结合本地区实际情况，制定护理工作的具体方针、政策、法规和技术标准；制订护理工作发展规划和工作计划，对执行情况进行检查，并组织开展经验交流；负责听取护理工作的情况汇报，研究解决存在的问题；与本地区护理学会相互配合，共同做好工作，促进本地区护理事业的发展。

（二）护理学术组织系统

中华护理学会（Chinese Nursing Association）是全国护理科技工作者的学术性群众团体，受中国科协和卫健委的双重领导，是中国科学技术协会所属全国性自然科学专门学会之一。中华护理学会于1909年成立，1922年加入国际护士会。现出版学术期刊《中华护理杂志》《中华护理教育》和《国际护理科学（英文）》，并与河北日报社联合主办《现代护理报》。中华护理学会拥有内科护理、外科护理、妇产科护理等18个专业委员会，其中肿瘤科护理专业委员会已加入国际肿瘤护士协会。

中华护理学会在全国31个省、自治区、直辖市和香港和澳门特别行政区均设有地方护理学会，建立直接的业务指导关系。中华护理学会的主要任务是：组织护理工作者开展学术交流和科技项目论证和鉴定；编辑出版护理专业科技期刊和书籍；普及并推广护理科技知识与先进技术；组织开展对会员的继续教育；发动会员进一步发挥对国家重要的护理技术政策、法规的咨询作用；积极为会员服务，向政府有关部门反映会员的意见和要求，维护会员的权利。

（三）医院护理组织系统

1. 医院护理管理体制 目前，我国各地医院建立了健全的护理管理体系（表4-4）。护理部主任或总护士长由院长聘任；科护士长由护理部主任聘任，在护理部主任领导和科主任业务指导下全面负责本科的护理管理，有权在本科范围内调配护理人员。病房护士长由护理部主任聘任，在科护士长领导下，和病房主治医师共同配合做好病房管理工作。

表4-4 我国护理管理组织架构

医院规模	护理管理组织架构
三级医院	院长（副院长）领导下的护理部主任—科护士长—病房护士长三级负责制
二级医院	可实行三级负责制，或在医疗院长（副院长）领导下的总护士长—病房护士长二级负责制

2. 护理部的地位、作用和职能

（1）护理部的地位：护理部是医院护理工作专业管理职能部门，在护理副院长或分管护理工作的副院长领导下，负责医院的护理管理工作，与医院行政、医务、医技、科研及后勤等部门处在并列位置，相互配合共同完成医院的医疗、护理、预防、教学、科研等工作。

（2）护理部的作用：护理工作是医院工作的重要组成部分，护理部主要负责护理临床、护理教学、护理科研、预防保健的管理与组织工作。

（3）护理部的职能：护理部不仅负责制订全院护理工作的发展规划，按照上级主管部门的要求做好护理资料统计工作，加强对护士长的领导和培训，提高护理人员的业务水平和管理能力，而且协同人事部门做好各级护理人员的任免、考核、奖惩、晋升等工作，组织业务学习和开展护理查房，应用护理新技术，不断提高护理质量。

第二节　组织结构与组织设计

> **案例 4-2**
> 　　1976 年，退休眼科医生格文德帕·文卡塔瓦米博士创建了印度的阿拉温德眼科医院，医院在规模、范围、结构方面都作出了明智的选择。最初的时候，医院只是一家仅有 20 张床位的非营利性私人医院。当医院正常运转之后，文卡塔瓦米博士就开始将手术分为付费和免费两类，付费患者的住院环境好于免费患者，但是，他们都享受同样的医生和护士的服务。经过 25 年的发展，阿拉温德眼科医院成为世界上最大的眼科手术医院，每年进行 18 万例白内障手术，其中 70% 免费。
> **思考**：1. 这家医院最初的组织结构是什么类型？这种组织结构的优缺点分别是什么？
> 　　　　2. 这家医院正常运转后的组织结构有哪些类型？

　　管理的职责，就是要将目标或使命转化为组织机构的具体行动，这需要解决三方面的问题：首先是要划分组织机构的内部和外部；其次是要将组织内部划分成不同的工作部门，并使各部门间相互联系；最后就是使组织机构内部得以运作的权力。这些需要以合理的结构为前提，而合理的组织结构很大程度上取决于缜密的设计。

一、组织结构与组织设计的概念

　　1. **组织结构**（organization structure）　是整个管理系统的"框架（符号）"，是表明组织各部分排列顺序、空间位置、聚散状态、联系方式及各要素间关系的一种模式，是组织中建立起来的各部门或机构之间以及各部门或机构组织成员之间的权力和责任关系的结合方式。其本质就是组织职位、职权、职责的分割与分配。

　　2. **组织设计**（organization design）　是指根据组织目标与工作需要，确定组织内各个部门及所属成员的职责范围，明确组织结构，使之更有效地实现组织目标的过程。通过组织设计，可以协调组织内各成员及各部门之间的关系，明确组织中的沟通渠道，以减少组织中各部门与成员之间的摩擦和矛盾，使组织内各级目标、责任、权力等要素发挥最大效应，从而提高组织的整体功效。

二、护理组织结构的常见类型

　　1. **直线型结构**（linear structure）　又称单线型组织，是最简单的组织类型。它有一个纵向的权力线，从最高领导逐步到基层一线管理者，从而构成直线结构。这种结构的特点是，下属只接受一个上级的命令，管理人员在其管辖范围内有完全的职权。

　　直线型结构的优点在于组织内部关系简明，各部门目标清晰，个人责任和权限明确，联系简捷。缺点是所有的管理工作由一人承担比较困难，易造成掌权者主观专断、滥用权力等倾向，不适合规模较大、业务较复杂组织。例如，在规模较大的医院中，临床护理、教学、科研等多项复杂的管理活动都由一人负责管理就比较困难（图 4-1）。

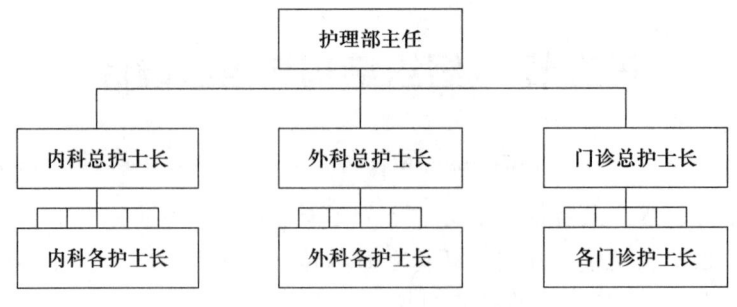

图 4-1 直线型护理组织结构图

2. **职能型结构**（functional structure） 又称多线型组织。职能部门或岗位是为分管某项业务而设立的单位，有一定职权。各职能部门在分管业务范围内直接管理和指挥下属。

这种组织结构的优点是管理分工较细，能充分发挥职能机构的专业管理作用，有利于提高专业管理的水平。缺点是容易造成多头领导，妨碍组织的统一指挥以及因为过分强调专业化，使管理人员忽视本专业以外的知识，不利于培养高层管理者，各职能机构横向联系少，配合差，当环境发展变化时适应性差。所以，在实际工作中，纯粹的此类结构较少（图 4-2）。

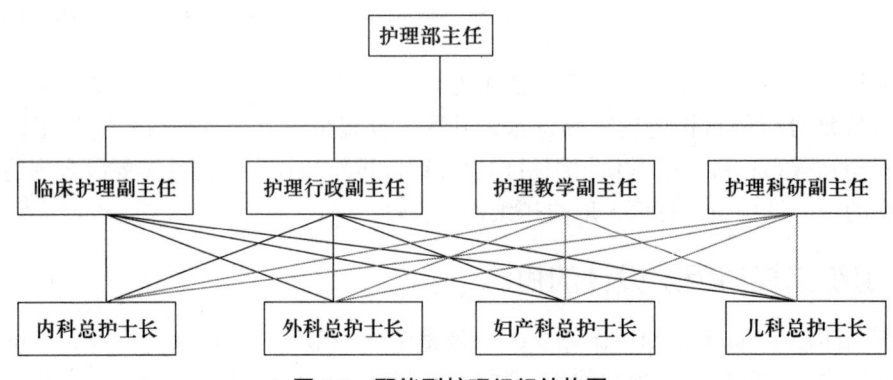

图 4-2 职能型护理组织结构图

3. **直线-职能型结构**（line and functional structure） 结合了直线型和职能型结构的优点，这种组织结构的特点是把组织管理机构和人员分为两类：一类是直线指挥部门和人员，在自己的职责范围内有一定的决定权，对其下属实行指挥和命令，并对自己部门的工作负全部责任；另一类是职能部门和人员，对下属直线部门可提供建议和业务指导，在特殊情况时可指挥下属，并对直线主管负责，以保证各项组织任务的完成。

这种组织结构的优点是既可统一指挥、严格责任制，又可根据分工和授权程度，发挥职能人员的作用。这种结构是实际工作中应用最多的一种类型（图 4-3）。

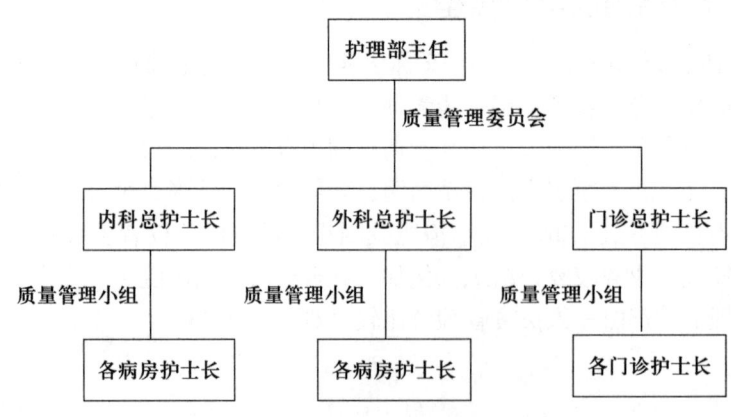

图 4-3 直线-职能型护理组织结构图

4. 矩阵型结构（matrix structure） 是一种把组织目标管理和专业分工管理相结合的组织结构。矩阵组织结构中的各小组人员既接受直线部门的纵向领导，又接受职能部门的横向领导。这种组织结构的优点是加强了纵向与横向部门的联系，不仅灵活性较强，便于沟通，而且发挥了专业人员的作用，具有较大的机动性和适应性；缺点是稳定性较差（图4-4）。

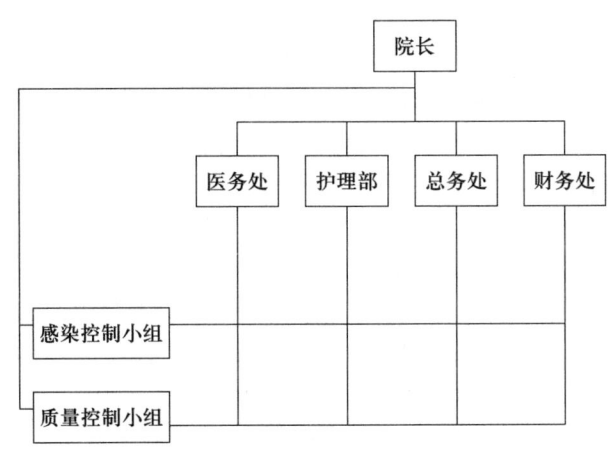

图4-4 矩阵型护理组织结构图

5. 委员会结构（committee structure） 常与上述组织机构相结合而发挥作用，主要功能是咨询、合作和协调。委员会成员由来自不同部门的专业人员组成，共同研究各种管理问题。如医院感染管理委员会、医院药事委员会、护理教育委员会、质量管理委员会、职称评审委员会等。

委员会的优点是利于沟通与协调、可以集思广益及利于集体审议与判断，能够代表集体利益，具有一定的权威性，可以防止权力过分集中，容易得到群众的信任，并且有利于促进管理人员的成长。缺点是费时间、职责分离、有些参与讨论的人不负责执行决议或责任少，以及对落实组织决定不利。

6. 团队结构（team structure） 是目前盛行的一种组织形式。团队由来自同一等级，不同工作领域的成员为完成一项任务而组成。这种组织没有从高层至基层间的管理职权链，员工团队可以以他们认为最好的方式安排工作，团队及其成员也对其所负责领域的所有工作活动及结果负责任，通过团队成员的共同努力而产生的积极协同作用完成任务。

团队的优点是能够促进成员参与决策，增添民主气氛，彼此高度信任，愿意为高绩效而努力工作。如为支持贫困地区治疗白内障患者而组成的"健康快车"团队，由各医院抽调的眼科医生、护士、麻醉、行政、后勤等人员组成，共同努力，高绩效地治愈大批患者。

组织结构经过合理的设计并设立后，并非一成不变。当今社会不断发展，这就要求组织及时调整自身，适应环境变化。我国的护理管理工作，也要随着组织内、外环境的变化作出适应性调整。

三、组织设计的原则

1. 任务与目标一致原则 组织的存在和发展是以任务和目标为核心的，组织的调整、改造也应以是否实现组织目标为依据。强调各部门的目标与组织的总目标保持一致，分目标必须服从总目标。只有目标一致，才能同心协力完成工作。如病房、门诊、手术室等部门护理管理目标必须服从护理部的总体目标。

2. 等级与统一指挥原则 等级是将组织的职权、职责按照上下级关系划分，形成上级指

音频：
护考考点：医院护理管理的组织原则

挥下级、下级服从上级指挥的垂直等级结构。如护理组织上划分为护理部主任－科护士长－护士长－护士的管理等级结构。只有在组织设计后，遵循统一指挥的原则，才有可能最大限度地防止政出多门、遇事互相推诿，才能保证有效地统一和协调各方面的力量及各部门的活动。统一指挥原则对于保证组织目标的实现和组织绩效的提高具有关键的作用。如果一个下属同时接受两个上级的指导，而这两个上级的指示并不总是保持一致，那么工作就会出现混乱。

3. **专业化分工与协作原则** 分工是指把组织的任务、目标分成各个层次、各个部门以及每个人的任务和目标。协作是指明确部门与部门之间以及部门内部的协调关系与配合方法。只有坚持分工与协作的结合，才能提高专业化程度和管理效率。

4. **最少管理层次原则** 管理层次是组织结构中纵向管理系统所划分的等级数量。在保证组织合理有效运转的前提下，应尽量减少管理层次，建立一条最短的指挥链。一般说来，组织越大层次越多，但从最高领导层到基层以 2～4 个层次（级）为宜。随着现代通讯设备的应用，出现了加宽管理宽度、减少层次，使组织趋于扁平结构的趋势。

5. **有效管理幅度原则** 管理幅度又称管理宽度或管理跨度，指一个管理人员直接有效监督、指挥、管辖其下属的人数。通常因工作性质、难易程度、类型、特点，下属人员的素质、技术水平、经验，管理者的能力、是否愿意授权等不同而异。一般而言，管理层次与管理幅度呈反比例关系，层次越高，管理下属的人数应相应减少，以保证有效管理。所以高层管理者与被管理者人数之比为 1∶4～1∶8，而在基层机构中为 1∶8～1∶15。在护理管理中，如果管理幅度过宽，管理的人数过多，任务范围过大，管理者则会感到工作压力大；相反，如果管理幅度过窄，管理不能充分发挥作用，容易造成人力浪费。所以，应根据具体条件确立适当的管理宽度，以确保有效的监督和管理。

6. **职责与职权一致原则** 职责是担任某个职位需履行的责任，职权是在管理职位范围内被赋予的权利。权利是完成任务的必要工具，职位和权利应对等。授权不应大于或小于其职责，下级也不能超越自身权利范围。上级掌管总的权限，其他权限分配给下级，既统一领导，又分级负责。如果有权无责会助长瞎指挥和官僚主义；有责无权或权力太小，会阻碍或束缚管理者的积极性、主动性和创造性，使组织缺乏活力，不能真正履行相应的责任。

7. **集权分权结合原则** 集权指是把权力相对集中在组织较高领导层中。集权能够强化领导作用，最大限度地发挥组织的权威，有利于协调组织的各项活动。分权是指组织结构中的权力分散到较低管理层，使他们在自己的岗位上就管理范围内的事情作出决策。分权能够调动管理者的积极性，使他们根据需要灵活有效地组织活动。分权后，不同层次管理者对日常例行性业务按照常规措施和标准执行，领导只需必要的监督和指导，下属定期向上级汇报工作。只有在特殊情况时，才向上级报告，由上级亲自处理。这种分权既有利于领导摆脱日常事务，集中精力研究及解决全局性管理问题，也有利于调动下级积极性。

8. **精干高效原则** 组织必须形成精简、高效的组织结构形式，以效益作为生存和发展的基础。精简要以能完成任务为前提，做到没有多余环节；部门划分要粗细适当，每个部门都应有明确的职责和适当的工作量，部门的规模应与其任务相适应。

9. **执行与监督分设原则** 组织运行过程中，必然会出现多种问题。保证这些问题得到及时发现和解决，需要监督机构的有效监督。监督力度及有效性取决于监督机构的独立性。

10. **稳定性与适应性相结合原则** 在组织结构相对稳定时，才能保证日常工作的正常运行。而建立起来的组织结构也不是一成不变的，可以随着组织内外环境条件的变化作出适当的调整。如随着社会人口结构和疾病谱的改变，医院工作重点从治疗急性病、传染病转向预防治疗癌症、慢性病和心身疾病。如近年来各医院开设的体检中心、康复中心及心理咨询门诊等部门就是组织结构的适应性变化。

四、组织设计的程序

组织设计是一个复杂的工作过程，基本过程包括以下步骤。

1. **确定组织目标**　在科学预测和决策的前提下，提出组织的总目标。该目标要以充实、完善的信息情报为基础。

2. **确认和划分业务工作**　在逐步分解组织目标的基础上，根据工作内容、性质及工作之间的联系，将组织活动组合成具体的管理单位，并确定其业务范围和工作量，进行工作划分。如医院护理任务按照呼吸、消化、内分泌等划分不同的病区，护理工作按照各病区的专业范围依次被分派到群体或个人。

3. **提出组织结构的基本框架**　是组织设计中至关重要的一步。按照组织设计的要求，决定组织的层次及部门结构，设计各个管理层次、部门、岗位及其权责，形成层次化的组织管理系统。在设计组织框架时，要认真处理好管理幅度以及管理层次的关系、横向与纵向的协调关系，以保证信息传递及反馈的灵活便捷。

4. **明确职责和权限**　按照所管辖工作内容，明确规定各管理层次、各管理部门以及每一职位的权限和责任。一般用职位说明书或岗位职责等文件形式表达。

5. **确定组织的运作方式**　包括以下三方面：

（1）联系方式的设计，以利于上下管理层、同级管理部门之间的信息交流、控制和协调方式等。

（2）设计管理规范，以确定各项管理业务的工作程序、工作标准和管理人员应采用的管理方法等，并使之成为管理层次、管理部门和管理人员的行为规范等。

（3）各类运行制度的设计，包括各部门中人员配备制度、绩效评价和考核制度、激励制度、人员培训制度等方面的设计。

6. **决定人员配备**　按照岗位和技能要求，选择并配备恰当的管理人员和员工。

7. **形成组织运作程序**　根据组织目标及设计要求，对组织设计进行审查、评价及修改，并确定正式组织结构及组织运作程序，颁布实施。

8. **调整组织结构**　为使组织高效运行，还需要根据组织运行情况及内、外环境的变化，及时对组织结构进行调整，使之不断完善。

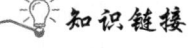

团队组织的应用

Whole Foods Market是美国最大的天然食品零售企业。公司将近200家食品店都是由自我管理的小组组成的，每个小组都有一名指定的负责人。每个商店内小组的负责人组成一个小组，每个区域内的商店经理们进一步构成一个小组，而公司的11个区域总裁还组成一个小组。

第三节 组织文化

> **案例 4-3** 美国城市年组织主要是将年轻的志愿者召集起来,参与为期一年的社区服务工作。他们在宣传自己的价值观、建立自己的核心文化方面,面临着特殊的挑战。城市年组织的文化从其他组织中借鉴了很多,如精锐部队的团队精神,企业的责任感、重视家庭等。
>
> 思考：1. 城市年组织为了形成自己的核心文化可能遇到哪些阻力或挑战?
> 　　　2. 面对这些阻力或挑战该如何应对?

组织机构的整体表现依赖于相互协作的团队精神,依赖于个人将自己的才能和努力倾注到集体利益中去。良好的组织文化可以作为黏合剂,解决好个人与集体之间的关系。

一、组织文化的概念与特征

(一)组织文化的概念

组织文化(organizational culture)是指组织在长期生存和发展过程中所形成的价值观、团队意识、管理风格、行为准则、思维方式、工作作风、传统习惯和团体归属感等群体意识的总和,属于管理的软件范围。

组织文化以思想观念的形式调控成员的行为,对组织运用结构和管理工作起着补充和强化作用。组织文化有广义和狭义之分,广义的组织文化也可称为硬文化和软文化。硬文化是组织的物质状态、技术水平和效益水平等,其主体是物。软文化是组织在发展过程中形成的具有自身特色的思想、意识、观念等意识形态和行为模式,以及与之相适应的组织结构和制度,其主体是人。狭义的组织文化是指组织所形成的具有自身个性的经营宗旨、价值观和道德行为准则的综合。组织和个体一样具有特定的性格和特征,可以用严格、友善、创新、保守等加以描述。

(二)组织文化的特征

1. **独特性**　每个组织都有其独特的组织文化,由不同的国家和民族、地域、时代背景,以及行业特点形成。每个组织都在特定的环境中生存与发展,所面临的历史阶段、发展程度,以及自身固有的文化积淀不同,每个组织在各具特色的实践活动过程中,建立起了区别于其他组织的思想意识、价值观念和行为准则,形成了自己的独特性,所以组织文化必然具有组织的个性特征。

2. **相对稳定性**　组织文化是逐渐积累而成的,具有在一定时期之内的相对稳定性,不会轻易变化,但也不是一成不变的,随着组织的发展以及组织生存环境的变化,组织文化也会发生改变。一个组织中,精神文化比物质文化更具有稳定性。

3. **融合继承性**　每一个组织都是在一定的文化背景之下形成的,组织的现象本身就是当时社会政治、经济与文化的折射。组织文化是历史的产物,带有历史的烙印,必然会接受和继承这个国家和民族的文化传统和价值体系。同时,组织文化在发展过程中,也应当吸收其他组织的优秀文化,融合世界上最新的文明成果,不断地充实和发展自我。这种融合继承性使得组织文化能够适应时代的要求,并形成历史性与时代性相统一的组织文化。

4. **发展性**　组织文化随着历史的更迭、社会的进步、环境的变迁以及组织的变革逐步演变和发展。强势、健康的文化有助于组织适应环境变化和变革，而弱势、不健康的文化则可能导致组织发展滞后。

5. **广泛性**　组织文化会渗透到组织的各个方面。一个员工的价值观和服务理念不一定是组织文化的内容，而大部分员工共同的价值观，共同的"以人为本"的服务理念就是组织文化的一种体现。组织文化以共识为基础，广泛影响群体成员的行为方式。以共同的价值观为基础才能达到激励员工的主动性和创造性，增强组织凝聚力、向心力和持久力的目的。

6. **集体性**　组织文化是长期发展过程中，依靠组织全体成员的共同努力才建立和完善起来的，具有集体性。

二、组织文化的功能与构成要素

（一）组织文化的功能

1. **导向功能**　组织文化能使全体员工的思想行为统一到组织发展的目标上来，使得组织中的个体目标与组织的总目标相一致，对个体和组织整体的价值取向和行为起导向作用。

2. **凝聚功能**　当一种价值观被该组织员工共同认可后，就会成为一种黏合剂，从各个方面使其成员团结起来，强化团体意识，促使每个成员对组织有强烈的归属感、使命感、责任感，将组织的生存与发展视为己任，从而产生巨大的向心力和凝聚力，形成相对稳固的文化氛围，凝聚成一种无形的合力与整体趋向。

3. **激励功能**　以人为中心的组织文化，使人的价值受到重视，人格得到尊重和信任，会激发组织内劳动者的积极性，从而更加自信自强和热爱本组织，团结进取，能够提高工作效率。通常具有良好组织文化与精神氛围的组织集体，组织内环境比较和谐，人们都有坚定的事业追求和高尚的道德情操。他们能把对组织发展的贡献与自己的成就密切连在一起而努力奋斗。

4. **约束功能**　组织文化可以通过无形的软性约束和制度约束，调控组织的经营活动和员工的行为，在共同的文化气氛中，让组织成员不仅注重自我利益和个人目标，更考虑组织利益与群体目标，并利用人们的从众和服从心理促进成员进行自我控制。

5. **效率功能**　组织文化一方面能通过增强组织成员个体的活力，来提高组织整体活力；另一方面要求组织内部的管理体制以开放型的体制代替传统僵硬、封闭的行政管理体制，以提高组织效率。

6. **辐射功能**　组织文化作为社会文化大系统的子系统，对外围的宏观社会群体具有辐射功能。组织文化通过塑造良好的社会形象，提高组织在社会大环境中的知名度和声誉，得到全社会的尊重与支持，从而收获良好的社会效益。例如，慈善组织已成为扶贫济贫的代名词，而全聚德、同仁堂等老字号则构成了中华民族文化的一部分。

（二）组织文化构成要素

1. **物质层**　是现代组织文化结构中最表层的部分。表层文化主要由组织的工作场所、办公设备、建筑设计、布局造型、社会环境以及生活环境等构成。它是形成组织文化精神层和制度层的条件。

2. **制度层**　是组织文化的中间层次，它使组织物质文化和精神文化有机地结合在一起。主要是指对组织和成员的行为进行规范和约束从而产生影响的部分，是具有组织特色的各种规章制度、员工行为准则和道德规范的总和。它集中体现了组织文化对成员和组织行为的要求，反映了人与人的关系。制度层规定了组织成员在共同的活动中应当遵守的行为准则，主要包括组织的领导体制、组织机构和管理制度三方面内容。

3. **精神层**　即组织的精神文化，是一种观念文化，属于深层组织文化，是全体成员共同信守的基本信念、价值标准、道德规范等因素的总和。它是组织文化的核心和灵魂，反映了人与自身角色的关系。它是物质文化和制度文化构成的体现。如组织的建筑设施、组织规章制度、管理机制等，他们本身并没有构成组织文化，从其中折射出来的精神面貌、价值观念，以及思想意识等才能反映出组织文化。

因此，组织文化的基本要素包括组织精神、组织观念、组织价值观、组织道德、组织素质、组织行为、组织制度、组织形象等。

三、护理组织文化建设

（一）护理组织文化的含义

护理组织文化是在一定的社会文化基础上，形成的一种具有护理专业自身特征的群体文化，是为全体护理人员共同接受的价值观念和行为准则，决定着护理经营管理的决策、领导风格以及全体护理人员的工作态度和工作作风。是全体护理人员在实践中创造的物质成果和精神成果的集中体现，能最大限度调动护理人员的工作积极性和潜能，凝聚护理组织内各种力量于共同的宗旨之下，齐心协力实现护理组织的奋斗目标。

（二）护理组织文化的内容

护理组织文化内容丰富，分为显性和隐性两大类。显性内容是以精神的物化产品和行为作为表现形式，通过直观的视听器官能感受得到，符合组织文化实质的内容，主要包括护理组织形象、组织制度等。隐形内容是组织文化最重要的部分，直接表现形式为精神活动，具有文化的特质，主要包括组织价值观、组织精神和组织理念等。

1. 护理组织价值观 价值观是人们对客观事物及其意义的总体观点和看法，是人们评价事物重要性和优先次序的标准。组织的价值观是组织运转过程中为组织获得成功而形成的基本信念及行为准则。价值观是护理组织文化的核心。不同组织有不同的价值观。护理组织信奉什么样的价值观，也就是护理组织的目标是什么，维护什么准则，什么是组织鼓励的，什么是组织反对的，这些问题的不同答案都会形成相应的工作作风和行为准则。

2. 护理组织精神 是经过组织成员长期奋斗和培养逐步形成的。它反映了组织成员对组织的特征、形象、地位等的理解认同，也包含了对组织未来发展和命运所抱有的理想和希望。它反映了一个组织的基本素养和精神风貌，成为凝聚组织成员共同奋斗的精神源泉。组织精神可以达到规范护理人员的行为，提高护理组织凝聚力的目的，是护理组织文化的象征。如护理组织提倡的救死扶伤、爱岗敬业、团结互助、乐于奉献、开拓进取、创新求实、科学严谨等精神。

3. 护理组织理念 是护理组织在提供护理服务过程中形成和信奉的基本哲理，是护理组织文化的重要内容。它决定了护理工作的价值取向和护理人员的奋斗目标。如医院的护理管理理念为：医院应致力于为患者提供高质量的护理服务和合理的资源分配，充分发挥和运用护理人员技术；医院的组织环境应能促进对护理人员专业知识、创新能力、开放思想、团队合作、伦理道德观念的培养；一个现代化的医院必须具备严谨的管理、精湛的技术、优质的服务和宜人的环境。

4. 护理组织形象 是社会公众和内部护理人员对组织的整体印象和评价，是护理服务质量、人员素质、技术水平、公共关系等在社会上和患者心目中总的印象，是护理组织文化的外貌。由外部特征表现出来的组织形象称表层形象，如组织环境、标志、服装、纪念物等，这些都给人以直观的感觉，容易留下印象。通过经营实力表现出来的形象称为深层次形象，它是组织内部要素的集中体现，如护理人员素质、护理服务质量、技术水平、管理水平等。表层形象以深层形象为基础。在护理工作中，应坚持质量、患者、利益与社会信誉并重的原则。成功的护理组织形象，有利于提高护理组织的凝聚力和竞争力。

5. 护理组织制度 是在医疗护理实践活动中所形成的，对人的行为带有强制性并能保障一定权利的各种规定。从组织文化的层次结构看，组织制度属于中间层次，它是精神文化的表现形式，是物质文化实现的保证。护理组织制度是医院文化建设的重要组成部分。切实可行、行之有效的各项护理规章制度是保证护理工作正常运行、协调各级各部门之间关系以及护理组织与其他组织关系的纽带，也是护理组织的宗旨、价值观、道德规范与科学管理的反映。

6. **护理团队意识** 指组织成员的集体观念，是组织内部凝聚力形成的重要心理因素。组织团队意识的形成可使组织的每个员工把自己的工作和行为都看成是实现组织目标的一个组成部分，把组织看成是自身利益的共同体和归属，自觉克服与实现组织目标不一致的行为。

（三）护理组织文化的建设过程

1. **分析诊断** 首先全面收集资料，对本院护理团队存在的文化系统进行分析、诊断。分析现有的组织文化中哪些是积极向上，有利于医院创造效益和与时俱进，并对社会发展有利的；哪些是保守落后，不利于开展工作和谋求发展，需要被摒弃和淘汰的，以确立护理组织文化建设的目标。

2. **归纳总结** 在分析诊断的基础上，进行整理、归纳和总结，保留优秀的组织文化内容并加以完善和条理化，用恰当严谨的文字表述出来，形成整个护理团队的制度、规范、口号及守则。

3. **自我设计** 在现有组织文化的基础上，动员组织护理团队成员共同参与组织文化设计。通过对各个设计方案的比较、提炼、归纳、融合，以组织成员的信念、意识和行为准则为基础，将共同理想、组织目标、社会责任和职业道德融合于一体，设计具有特色的医院护理组织文化，最终更好地服务大众。

4. **倡导强化** 大力提倡新文化，让新观念渗透到每个人。在管理过程中，通过各种手段强化新的价值观念，使之逐渐成为约定俗成，为广大护理工作者接受和认可。

5. **实践提高** 在护理活动中，把新的价值观应用于实践，进一步把感性认识上升为理性认识，更好地指导护理工作的开展。

6. **适时发展** 任何一种组织文化都会随着组织变革而不断改变，来顺应组织变革的需要。当组织的内外条件发生变化时，组织必须不失时机地丰富和发展组织文化，使组织文化在不断更新中得到完善和优化。

总之，组织文化建设是一种管理理念，它强调以人为本。只有尊重人，把人看成管理中最重要的因素，才能不断适应现代社会发展的要求。护理管理者可通过价值观、组织精神、组织理念等因素分析，以营造成功的护理组织文化为管理模式，将护理管理工作推向新的发展高峰。

第四节 组 织 变 革

> **案例 4-4**
>
> 从 20 世纪 80 年代开始，艾滋病的蔓延使血液安全成为人们首要考虑的问题。在新环境下，为了完成自己使命的美国红十字会不得不进行一些艰苦的转变。新的调整对血液管理提出了严格要求，美国红十字会被迫从外向里，确定了自己所要作出的一系列改变。
>
> **思考：** 1. 组织是不是一成不变的？若不是，哪些因素促使组织变革？
> 2. 当组织需要变革时，如何操作？
> 3. 在组织变革过程中，会遇到哪些阻力？如何处理？

随着时代的变迁，组织也需要调整以适应环境的变化。组织变革（organizational change）需要遵循一定的规则和方法，本节就组织变革的动力和阻力等进行介绍。

一、组织变革的动力

推动组织发展和变革的动力包括内部和外部两方面的因素。

（一）组织变革的内因

内因指组织的内部环境的变化，包括组织战略目标的选择与调整、组织成员价值观的改变、工作人员素质的提高、组织运行过程中产生的矛盾等因素。如病房内护理人员学习了现代护理的新概念，出现了观念的转变，而提出工作内容和对患者护理方式的变革要求。推动组织变革的内部环境因素主要包括：

1. **适时调整组织机构** 组织机构必须与组织的目标相一致。组织机构一旦需要根据环境的变化而被调整，新的组织机构职能必须能得以充分的保障和体现。

2. **保障信息交流畅通** 随着外部不确定性因素的增多，组织决策对信息的依赖性增强，为了提高决策的效率，必须通过变革保障信息沟通渠道的畅通。

3. **克服组织低效率的要求** 组织长期一贯运行极可能出现低效率现象，可能是由于机构重叠、权责不明，也有可能是因为人浮于事、目标分歧。组织只有变革才能制止组织效率的下降。

4. **快速决策的要求** 决策的形成如果过于缓慢，常常可能导致组织因决策的滞后或执行中的偏差而错失良机。为了提高决策效率，组织必须通过变革对决策过程中的各个环节进行梳理，以保证决策信息的真实、完整和及时。

5. **提高组织整体管理水平的要求** 组织在成长的每一阶段都会出现新的发展矛盾，为了达到新的战略目标，组织必须在人员的素质、技术水平、价值观念、人际关系等各个方面都进一步的改善和提高。

（二）组织变革的外因

组织是从属于社会大环境系统的一个子系统，它必须适应外部环境。当外部环境发生了变化，组织也要进行相应的改变。只有顺应时代的发展需要，组织才能获得新的发展机遇。如城镇职工医疗保险制度的改革要求各医院需要改变经营管理策略。推动组织变革的外部环境因素主要包括：

1. **整个宏观社会经济环境的变化** 政治、经济政策的调整、经济体制的改变，以及市场需求的变化等，都可能引起组织内部深层次的调整和变革，并且直接影响组织的发展方向和成员的行为。

2. **科技进步的影响** 知识经济的社会，科技的发展日新月异，新产品、新工艺、新技术、新方法层出不穷，对组织的固有运行机制构成了强有力的挑战。

3. **资源变化的影响** 组织发展所依赖的环境资源对组织具有重要的支持作用，如对原材料的过度依赖。要及时根据资源的变化顺势变革组织。

4. **竞争观念的改变** 基于全球化的市场竞争将会越来越激烈，竞争的方式也将会多种多样。组织若要想适应未来竞争的要求，就必须在竞争观念上顺势调整，争得主动，才能在竞争中立于不败之地。

5. **服务内涵不断丰富** 随着社会进步，医疗卫生服务内涵也由以往单纯治疗护理患者转向为全社会的人群提供健康服务。医疗卫生服务组织为了保持在竞争中的优势，就必须根据社会需求不断开发新业务，提高服务质量，同时还必须对服务成本进行有效控制。例如，随着脑血管意外、车祸等情况的发生率提高，医院应在康复治疗护理服务方面扩大服务范围。

二、组织变革的阻力

（一）组织变革的阻力来源

组织变革意味着打破原有状态，建立新的组织状态。在组织内，任何变革都会不同程度地遭遇组织和成员的抵制。一方面，这有一定的积极意义，如果没有阻力，组织行为会变得随意而混乱。另一方面，变革阻力还可成为一种冲突源。冲突发生有益于对变革优缺点的充分论证，使变革更为完善。变革的阻力来源于个体、组织自身和领导者三个方面。

1. **个体阻力** 变革中个体阻力源于人类的基本特征，如知觉、个性和需要等。变革导致个人对未来产生不安全感和恐惧感。个体抵制变革的因素有习惯、安全、经济、对未知的恐惧和选择性信息加工五个方面。

2. **组织阻力** 组织对变革的抵制主要有以下六个方面。

（1）结构惯性：指组织习惯于原有的结构与工作模式。例如组织的制度规范化了工作说明书、规章制度和员工遵从的程序，这些固有的机制保持了稳定性；组织变革时，结构惯性即成了反作用力。

（2）有限的变革点：组织由一系列相互依赖的子系统组成，一个子系统的变革必然会影响其他的子系统，其他子系统为维护其稳定性而成为阻碍因素。

（3）群体惯性：指组织中群体规范行为。当个体想改变群体的行动，群体规范就会成为约束力。

（4）组织中的变革可能会威胁到专业群体的专业技术知识：如分散化的个人计算机可以使管理者直接从主要的部门获得信息，对集中化的信息部门所掌握的专业技术构成了威胁。

（5）任何决策权力的重新分配都会威胁到组织长期以来形成的权力关系：如在组织中引入参与决策或自我管理的工作团队的变革，就常常被基层主管和中层主管视为一种威胁。

（6）组织中控制一定数量资源的群体常常视变革为威胁，变革时在资源分配中获利的群体，会因此而感到忧虑。

3. **领导者的阻力** 变革就要精简机构，这会影响某些领导者的地位和权力。采用民主选举，对那些由上级任命的终身干部，职位可能不好安排。他们害怕失去某些既得利益和手中的权力，因而会阻挠变革，对变革持消极态度。

（二）组织变革阻力的应对

为了确保组织变革的顺利进行，必须事先针对变革中的种种阻力进行充分的研究，并采取一些具体的管理对策。

1. **应对个人阻力**

（1）信任关系的建立：变革推动者耐心地让员工了解变革的理由，改变错误认识，员工就很少会感觉到变革推动者实施的变革会威胁到他们，并认识到变革给组织带来的益处，信任关系建立，则会降低阻力。

（2）共同参与：美国许多知名的公司都让员工帮助制订（共同制订）主要的变革项目，这样就可以避免成员对变革的抵制，因为员工不可能抵制那些自己参与决策的变革。因此，当那些可能会受变革影响的员工在变革的早期就参与进来，他们通常会对变革表现得非常积极而不是抵制。

（3）激励机制：用某种有价值的条件换取阻力减低。如阻力来自有影响力的个人，可经协商形成某一奖励方案使其个人需要得到满足。有些员工害怕自己不能胜任一项新的任务，变革推动者可提供给他们新技能的培训或者给他们一个短期的带薪休假，让他们有时间平静下来考虑，并最终意识到自己的担心是没有依据的。裁员措施对留下来的员工是机遇，工作可以被重新设计，从而提供给员工新的挑战和新的责任，提高员工福利待遇，如加薪、职务升迁、灵活的工作时间或者增加工作自由度，都能够成为减少员工抵制变革的措施。

2. 应对团体阻力

（1）了解阻力来源：管理层应当把组织中支持变革和反对变革的所有因素进行分析判断，了解弱点，采取有效措施，增强支持因素，削弱反对因素，进而推动变革的深入进行。

（2）解除阻力：为了避免组织变革可能会造成的重大失误，使人们坚定变革成功的信心，必须采用比较周密可行的变革方案，并从小范围逐渐延伸扩大。特别是要注意调动管理层变革的积极性，尽可能削减团体对组织变革的抵触情绪，力争使变革的目标与团体的目标相一致，提高员工的参与程度，同时创新组织文化并渗透到每个员工的行为之中，才能使露出水面的改革行为变得更为坚定，也才能够使变革具有稳固的发展基础。

总之，无论是个人还是组织都有可能对变革形成阻力。变革成功的关键在于尽可能消除阻碍变革的各种因素，缩小反对变革的力量，使变革的阻力尽可能降低，必要时还应该运用行政的力量以保证组织变革的顺利进行。

三、组织变革的程序

科学、完整、有计划的组织变革，应包括确定问题、组织诊断、实施变革、效果评价四个步骤。

1. **确定问题** 评估现存组织内外环境，提出组织结构改变的目标和问题。
2. **组织诊断** 收集相关资料和情报，进行变革因素分析，诊断组织现状，发现变革征兆。
3. **实施变革** 运用现有组织资源优势制定改革方案，通过寻找机会、提出构想、迅速行动、坚持不懈几个步骤具体实施变革计划。
4. **效果评价** 在变革完成后检查、分析、评论变革的效果和存在的问题，及时进行反馈。

四、组织变革在护理管理中的应用

1. **护理组织结构变革** 主要是对组织结构进行调整。一个组织的结构可能由多个结构要素构成，管理者可以对其中一个或多个结构要素加以改变，如合并部门职责、提高分权程度、重新设计工作安排、改变组织报酬制度、拓宽管理宽度、精简层次等，使组织扁平化，减少官僚机构特征。组织机构变革还包括提高管理的标准化程度，可以通过制定更客观、详细的规章制度，提高分权程度，加快决策执行的过程来实现。护理组织系统是医院组织系统的一个重要组成部分，在组织结构和规模、服务理念和行为规范、角色定位等方面都需要适应社会和医院的整体要求。如创新开展"扁平管理体制""责任制整体护理组模式""全程无缝优质护理""护理人员层级管理"等。在层级管理体制中，护理人员结构形成梯队，根据不同层级护理岗位，给予不同的工作权限，履行不同的岗位职责和工作任务，满足不同患者、不同疾病和病情的需要。通过临床护理组织结构的变革，创新管理机制；丰富护理人员角色和岗位，拓展护理服务领域，提高护理组织系统效能。

2. **护理技术变革** 当代科技发展迅速，技术变革通常涉及新仪器设备、新技术的使用，以及自动化与数字化的管理等。如许多医院的组织机构安装了复杂的管理信息系统，提供适时的管理数据，对数据的管理，使管理更标准、客观，属于组织的技术变革。技术变革在护理工作中主要体现在护理技术方法改进以及护理用具的研制、改良和应用方面，如"多功能助行器""桡动脉采血固定器""便携式脊柱侧凸多点牵引器具"等护理用具的研发和应用。

3. **物理环境变革** 一般来说，组织的建筑构造、内部设计、设备布局及其他事项均应考虑工作、生活和社会等多方面的需要。管理者应对建筑构造、室内设计、光线、冷暖等进行调整。现代化医院应充分考虑患者和医护人员的休息，考虑便于操作及信息交流通畅等。这些均属于组织的物理环境变革应考虑的范畴。

4. **护理人员变革** 组织变革中人的因素最为重要，若人的观念和态度没有变化，组织变革就无从谈起。作为管理者，应该注意组织变革对帮助个人和群体有效工作的作用。如护理管理者通过沟通与交流改变护理工作人员的态度和行为，从而更好地服务患者。

5. 护理组织文化变革 若某种文化已经不适应组织或妨碍其发展，它就可能变成管理的绊脚石，因此必须进行变革。组织文化变革是对文化进行调整，使其最终成为组织的发展动力。如开展护士礼仪表演、设置病区"心语墙"和"医患互动板"，完善护理制度、操作常规和行为准则等。创建或打造各具特色的标志性护理组织文化，可以提高护理团队的工作热情和士气。

有变革才会有发展，只有保持组织变革，培养这种开发性、灵活性的环境，护理事业才能更加充满生机与活力。

本章小结

本章介绍了组织的概念及组织设计、组织文化、组织变革等内容。学习本章内容，能够对组织、我国的卫生组织系统和医疗护理组织有更深刻的认识。组织设计、组织文化和组织变革这些内容比较灵活，需要结合实际情况加深理解才能更好地应用于实际工作。

思维导图

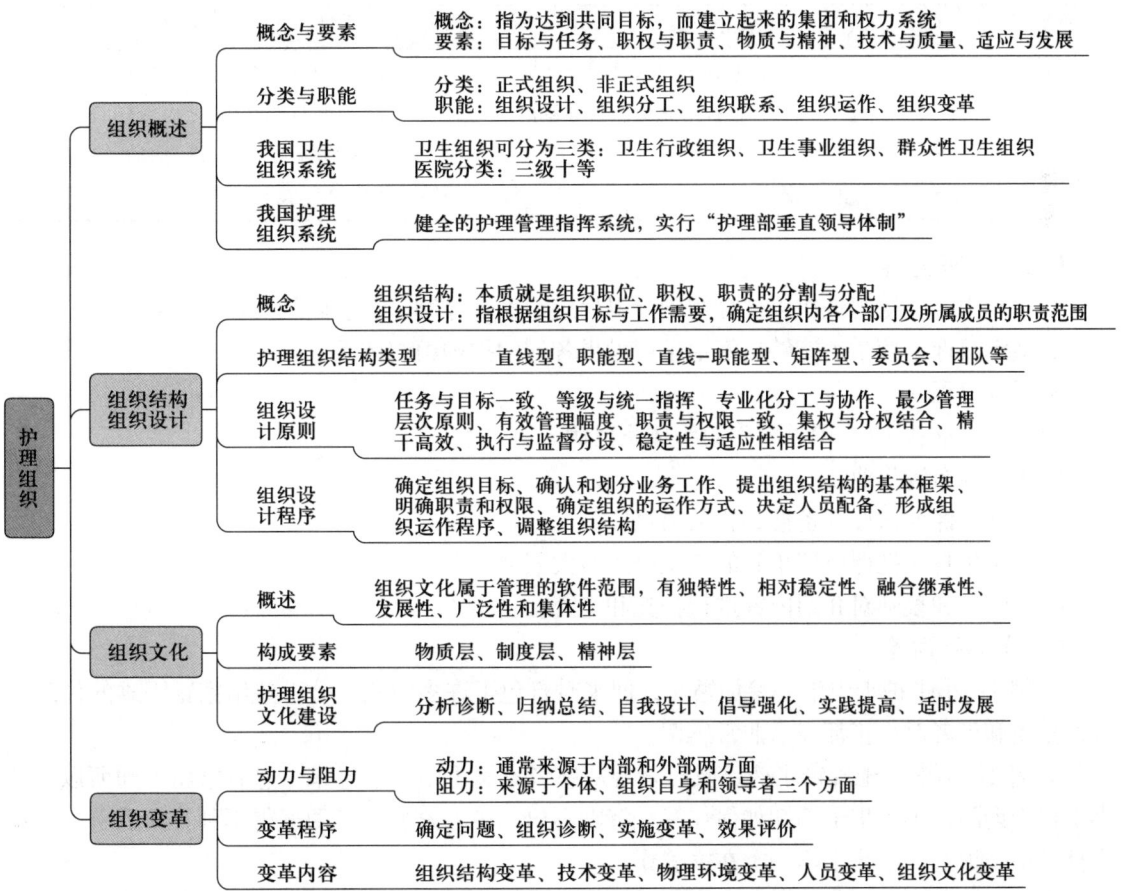

实践活动

（一）组织设计

1. 活动内容　根据需要设计组织与建立组织文化。
2. 活动目标　根据需要创建组织。
（1）了解组织的要素、结构和设计程序。
（2）学会创建组织文化。
（3）学会根据需要进行组织变革。
3. 活动过程　临床过程模拟及角色分工后，同学代表与教师进行评价。

第一情景　护办室：护士长带领护理工作者研究设计科室护理组织结构

科室目标	岗位	分工	制度	沟通
1. 共同制订科室总目标：提高整个科室患者对护理服务的满意度	1. 治疗室班 2. 管床 3. 办公室班 4. 外勤	管床护士每人负责5～6个患者，其他岗位均为1人	各岗位的职责与任务	确定沟通方式与途径
2. 提出个人目标	5. 夜班			
技能要求：掌握组织设计程序				
沟通技巧：护士长与护理人员的沟通				

第二情景　护理教研室：护士长、护理工作人员、患者和家属

物质层	制度层	精神层
病房设计	1. 护理工作人员的工作职责 2. 患者与家属的管理规范	1. 向患者与家属定期进行宣教活动 2. 节假日的安排 3. 护理工作人员教研活动
素质要求：熟悉组织文化的要素		

（二）问答竞赛

1. 活动内容　组织一次以"介绍国际卫生组织系统体制"为主题的交流会。
2. 活动目标　使学生能够更好地了解世界各国的护理组织体系。
3. 活动过程
（1）教师准备10个国外卫生组织体系案例。
（2）提前布置作业。
（3）学生课前做好准备搜集相关信息。
（4）学生自愿把课前搜集到的信息介绍给大家。
（5）学生和教师对介绍内容进行补充和交流。

（三）案例讨论

案例1：小张护士中午去参加婚宴，回来时打包了许多饭菜，分一些给家庭困难的住院患者，家属和患者对小张都表示非常感谢。

案例2：小李护士发错了药，及时发现从患者家属手中夺了过来，患者家属不知所以，向小李护士询问，小李护士不知如何作答，沉默不语，患者家属问了两遍得不到答案后着急，动手打了小李护士，于是小李护士在家养伤。

案例3：某医院的许多科室，在护士节、圣诞节及春节等特殊日子都会把病房布置得非常

具有节日气氛,护士们也认真工作,整个病房变得非常温馨、整洁、舒适。

1. 活动内容　组织学生讨论护理案例,思考如何建设"温馨病房"。
2. 活动目标　加深对护理文化的理解。
3. 活动过程

(1)通过 PPT 展示三个护理环境和氛围案例。
(2)以课堂提问的方式任意挑选学生回答。
(3)然后教师进行点评并分析案例。

自测题

一、选择题

A1/A2 型题

1. 我国医院的等级划分为
   A. 三级九等　　　　　　B. 二级六等　　　　　　C. 四级十等
   D. 三级十等　　　　　　E. 五级十等

2. 根据组织设计原则,建议组织的层次跨度应该在
   A. 1～3 个层次　　　　　B. 2～4 个层次　　　　　C. 3～5 个层次
   D. 4～6 个层次　　　　　E. 3 个层次以上

3. 三级医院要求床位数至少是
   A. 500 张　　　　　　　B. 300 张　　　　　　　C. 100 张
   D. 20 张　　　　　　　E. 1000 张

4. 中层管理幅度一般建议为
   A. 1∶4～1∶8
   C. 1∶6～1∶8
   E. 1∶8～1∶15
   B. 1∶4～1∶6
   D. 1∶8～1∶10

5. 基层管理幅度一般建议为
   A. 1∶4～1∶8
   C. 1∶6～1∶8
   E. 1∶8～1∶15
   B. 1∶4～1∶6
   D. 1∶8～1∶10

6. 组织文化除了包括表面的物质层和制度层之外,还包括
   A. 精神层　　　　　　　B. 表面层　　　　　　　C. 中间层
   D. 上层　　　　　　　　E. 下层

7. 某医院的床位数是 360 张,采取的护理组织结构合理的是
   A. 护理部主任、科护士长、病室护士长三级负责制
   B. 科护士长、病室护士长二级负责制
   C. 不设护理部主任,只设总护士长
   D. 护理副院长、护理部主任、科护士长、病室护士长的垂直管理制
   E. 总护士长、病室护士二级负责制

8. 某部门实行的是组长管理副组长,副组长管理组员的管理体制。则该部门属于
   A. 直线型组织结构　　　B. 职能型组织结构　　　C. 委员会
   D. 团队　　　　　　　　E. 矩阵型组织结构

9. 某医院有近千名工作人员，不适合该医院的组织结构类型是
   A. 直线型　　　　　　　B. 职能型　　　　　　　C. 直线-职能型
   D. 团队　　　　　　　　E. 矩阵型

10. 某医院因为面临省级领导的视察而需要作好准备，临时组成了视察准备小组，同时确保医院的工作顺利进行。面对目前遇到的情况，此家医院需要组建的组织结构是
    A. 直线型组织结构　　　B. 职能型组织结构　　　C. 委员会
    D. 团队　　　　　　　　E. 矩阵型组织结构

11. 某医院既有先进的技术和设备，也有严谨的制度，可是大家的工作氛围却很紧张。如果你是管理者，应该
    A. 改进制度　　　　　　B. 适当放松管理
    C. 加强组织文化建设　　D. 放假
    E. 进行组织变革

12. 某医院的护理部主任经常直接委任该院某护士一些工作，而该护士同时还要接受该科的护士长布置的一些任务。在这种管理状态中，出现的管理问题是
    A. 越权　　　　　　　　B. 多头管理　　　　　　C. 失职
    D. 疏忽　　　　　　　　E. 责任心差

A3/A4 型题

（13～14 题共用题干）

某医院的消化科收治的患者越来越多，逐渐被划分成了几个病房，并设置了科护士长。该护士长定期组织本科室的医护人员为红十字会捐款做慈善。

13. 根据案例可以得知该科室的病房至少有
    A. 2 个　　　　　　　　B. 3 个　　　　　　　　C. 4 个
    D. 5 个　　　　　　　　E. 10 个

14. 案例中的红十字会属于
    A. 卫生行政组织　　　　B. 卫生事业组织　　　　C. 群众卫生组织
    D. 医疗事业单位　　　　E. 护理组织

二、简答题

1. 组织的功能主要有哪些？
2. 常见的组织结构有哪些类型？
3. 我国医院内护理管理体制有哪几种情况？
4. 组织设计的程序分为哪几个步骤？
5. 建立组织文化需要经历哪几个步骤？
6. 我国的卫生服务体系分哪几类？

三、案例分析

某二甲医院，医疗技术和设备先进，经济效益很好，工作人员收入不菲，做事积极性也很高，但是各科室的学术氛围和人际关系差。医护关系和护患关系都很紧张，护士身心疲惫，患者也抱怨颇多，时不时有医疗纠纷出现。

思考： 建议采取哪些有效措施来改善当前的状况？

下载资源：
第四章案例分析
参考答案

（秦　颖）

第五章 护理人力资源管理

学习目标

1. 识记：复述护理人力资源管理的基本概念、基本原则和内容；描述护理人力需求的配置依据与配置原则。
2. 理解：归纳护理人员选聘的原则和程序；理解护理人员培养的原则和方法；理解护理人员绩效考核原则和方法；识别护理人员分层管理体系。
3. 运用：根据护理人力资源配置的原则和比例测算护理人力需求；在实践中正确运用护理人员的选聘和培养方法；合理进行护理人员的排班、配置。

名人名言

如果将我所有的工厂、设备、市场、资金全部夺去，但只要保留我的组织人员，四年之后，我仍将是一个钢铁大王。

——［美］安德鲁·卡耐基（Andrew Carnegie），卡耐基钢铁公司创始人

人才是最大的财富和资本，人力资源是组织中最重要的资源之一，是组织在激烈竞争中赖以生存和发展的特殊资源。人才也是组织活动力的首要因素，是组织的核心竞争力。一个组织的成败主要取决于人员的配备与管理。因此，护理人力资源管理是护理管理职能的核心任务，也是组织发展最为关键的问题。

第一节 护理人力资源管理概述

案例 5-1　某地级市一所三级甲等医院，历史悠久。但是自从2016年一位新院长上任后，组建新的领导班子，不重视护理队伍建设，使得该院护理质量逐年下降，护理纠纷不断出现，护士满腹牢骚。近半年，多个病房护士长向护理部反映护士人手不够，经护理部调查发现：部分优秀的编外护士都跳槽到本市一家新开的私立医院。分析护士跳槽的主要原因是：①工资待遇不理想，绩效分配不合理；②医护关系较差，护士身心疲惫；③年轻护士认为不被重视和培养，缺乏个人发展空间。

> 思考：1. 什么是护理人力资源管理？
> 2. 护理人力资源管理的内容有哪些？
> 3. 护理人力资源管理应遵循哪些原则？

美国管理学大师彼得·德鲁克曾说："企业只有一项真正的资源——人。管理就是充分开发人力资源以做好工作。"可见，人力资源管理在组织建设与管理中具有举足轻重的地位。

一、护理人力资源管理的概念与特点

（一）护理人力资源的基本概念

1. **人力资源**（human resources） 指以人的生命机体为载体的社会资源，是能够推动社会发展、具有劳动能力的人的总和。劳动能力包括知识、技能、经验、体力、品性与态度等。

2. **护理人力资源**（human resources of nursing） 指在医疗卫生服务机构从事护理工作，具有一定护理专业知识、技能和职业素养的各层次护理人员。

3. **人力资源管理**（human resources management） 是利用人力资源实现组织目标的过程，是对人力资源有效开发、合理配置、高效利用和科学管理的制度、法令、程序和方法的总和。

4. **护理人力资源管理**（human resources management of nursing） 指应用现代管理学的基本理论和技术，对护理组织的人才需求进行科学有效的规划、选聘、培训、配置、使用、开发与评价的过程。

（二）护理人力资源的特点

1. **主观能动性** 护理人力资源作用的发挥取决于护理人员个体在医疗卫生服务机构中的实际工作状况，一方面表现为个体对组织目标的认同和对护理工作的态度，另一方面表现为个体工作的努力程度和工作方式受本人的意志支配程度。

2. **可变性** 人的工作能力不是一成不变的。可变性指人力资源具有可塑性、再生性和可开发性的特点。在特定的时间和执业范围内，通过工作经验的累积和不同形式的培训及教育，能够强化胜任岗位的能力。对护理人员潜在的工作能力进行开发利用，也会使护理人员的职业素养和综合能力产生不同程度的变化。

3. **组合性** 科学合理的人员组合是人力资源管理的重要内容，组合性体现在人员协同作用所达到的效果。护理管理者在进行人员岗位安排时，如果注意人员之间个人能力的互补与协助，则出现1+1>2的效应，能充分发挥每个护理人员的潜能，提高组织对护理人力资源的使用价值。反之，由于人员安排不当而影响个人能力的发挥，或因此而产生人力的耗损，则出现1+1<2的现象，直接影响护理工作效率和人力资源的使用价值。

4. **流动性** 表现为人员的流动和人力派生资源的流动。护理人员的流动主要有跨部门、跨单位、跨地区、跨国度四种形式。人力派生资源的流动指由人创造的科技成果在不同空间上的流动，如资源共享和成果转让。中国加入世界贸易组织后，人力资源的国际市场化步伐加快，使护理人力资源及由人力派生的成果资源在空间的流动越来越频繁。

（三）护理人力资源管理的作用

实现组织目标和个人价值是人力资源管理的目标。通过人力资源的科学化管理，做到人尽其才，才尽其用，职得其人，人得其职，充分调动广大护理人员的主动性、积极性和创造性，取得最大的使用价值，为组织创造最大效益，提升组织的竞争力。同时，通过人力资源管理发现人才，培养胜任岗位、有发展空间的优秀人才，使个体潜能得到最大限度的发挥，为降低服务成本，提高服务质量提供有力保证。

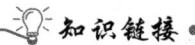
知识链接

人对了，世界就对了

一天早晨，一个牧师正在准备明天的讲道词。太太出去买东西了，儿子约翰哭着嚷着要去迪士尼乐园。为了转移儿子的注意力，牧师将一幅彩色的世界地图，撕成许多小碎片，对儿子说："约翰，你如果能把这张世界地图拼起来，我就带你去迪士尼乐园。"

牧师以为这件事会花费约翰大半个上午时间，但不到10分钟，约翰便拼好了。所有碎纸片都整整齐齐地排列在一起，整张世界地图又恢复了原状。

牧师很吃惊，问道："孩子，你怎么拼得这么快？"

约翰回答："很简单呀！地图的另一面是一个人的照片，我先把这个人的照片拼到一块，然后把它翻过来。我想，如果这个人拼对了，那么，这张世界地图也该是对的。"

牧师忍不住笑了起来，决定马上带儿子去迪士尼乐园，因为儿子给了他明天讲道的题目。

二、护理人力资源管理的内容

（一）人力规划

人力规划是人力资源管理的主要任务。一是对组织护理人力的总体规划，包括人力总体需求与供给预测、人力短缺与过剩预测、人力资源规划的定期评价与调整等。二是对护理人力子系统的规划，包括人员的更新、晋升、培养开发和配备规划等。

（二）识人

识人是指招聘和选拔人员的过程。人力资源和护理管理部门在工作分析和人力资源现状分析后，根据业务范围评估及工作岗位需求制订人力资源规划，明确所需护理人员的数量和质量要求。组织通过多种渠道和方法寻求足够数量具备相应岗位任职资格的申请人，以确保从众多申请人中选拔出最适合的人选与具体岗位相匹配。

（三）育人

人员培训是人力资源管理的核心内容。护理人员培训包括新护士岗前培训、入职后的持续岗位培训、结合职业生涯发展的培养等。通过对护理人员的工作指导、教育和专业核心能力训练，使其在职业道德、工作态度、知识水平、业务技能等方面得到不断提高和发展，实现护理服务产出的最大化。

（四）用人

用人是指管理者将护理人员分配到具体的岗位，赋予其具体的职责、权力，使之进入工作角色，完成组织任务的过程。应遵循以下原则：①人岗匹配原则；②用人所长原则；③用人不疑原则；④公平竞争原则。

（五）留人

保留优秀人员是人力资源管理必不可少的环节。留住人才的重要举措有：①建立合理的薪酬与绩效体系，实现同工同酬、多劳多得、优绩优酬，体现护理人才的市场价值；②制定护理人员职业安全与健康维护相关政策和措施；③按照国家劳动政策提供相应的医疗、养老、工伤保险和各种福利待遇；④做好心理环境建设，建立公平公正的工作氛围；⑤建立行为激励机制，制定合理的奖惩制度，同时根据个体需求采取不同的激励措施，提供个人发展空间；⑥重视人文关怀，从细节入手，关心护理人员个人生活。

（六）评人

素质评价意义在于：一是帮助护理人员检查工作中的不足，促进业务能力不断提高和持续改进，以提高个人竞争力和组织整体效率；二是评价结果作为组织和管理部门对护理人员作出关于奖惩、培训、调整、升迁、离退、解雇等人事决策的依据。

名人名言

今天的组织需要的是由一群平凡的人，做出不平凡的事。有效的管理者用人，是着眼于机会，而非着眼于问题。

——［美］彼得·德鲁克（Peter F.Drucker），现代管理学之父

三、护理人力资源管理的原则

1. **系统管理**　护理管理者应将人员的选拔、使用、培训和考评作为紧密联系的整体，并在人力资源管理中加强培训和考评。

2. **人才开发**　组织间的竞争，实际是人才的竞争。要在竞争中获胜，须重视人力资源的开发，通过提高人员的工作动机和工作能力，增强组织的竞争优势。

3. **职责明确**　任何岗位均有相应的职责要求。在人力资源管理中，要求各级人员都要了解工作的重要性和任务，明确自身的责任与义务，才能保证护理工作的完成，也有利于开展培训与考核工作。

4. **公正平等**　平等的工作环境能够消除人员之间的地位和能力差异，进一步提高工作的积极性和满意度，增进合作和团队精神。因此，在人力资源管理的各个环节均要求一视同仁，遵循公平原则。

5. **扬长避短**　寸有所长，尺有所短，护理管理者应遵循扬长避短、知人善任的原则，才能充分发挥护理人员的才能，保证获得最佳的效果与效益。

第二节　护理人力资源配置

案例 5-2　某市一所三级甲等医院，近期招聘了10名新毕业的护理人员。ICU、消化内科、神经外科、儿科均向护理部提出申请，需要增加护理人力。ICU申请理由是工作繁重，压力大，上个月科室有2人辞职跳槽，故人手明显不足；消化内科申请理由是科室护士年轻者较多，正值生育年龄，备孕、怀一胎或二胎护士增多，完成不了正常的工作任务；神经内科申请理由是科室目前护理人员年龄结构分布不均，高年资的护士占多数，近一段时间夜班频繁，经常抱怨而影响工作情绪；儿科申请理由是科室知名度增加，已增加床位8张，故护理人力不足。

思考：1. 护理部应如何进行人员分配？

2. 根据什么原则方可满足各科室的用人需求？

护理人力资源配置是医疗卫生服务机构为满足社会对护理服务的需要，科学分配护理人力，使护理人员与护理服务活动合理匹配的过程，是护理人力资源管理的重要环节。

一、护理人力需求测算

医疗卫生服务机构内编配护理人员的基本方法是：在已确定的组织编制原则指导下，综合考虑影响人员编制的因素，通过测定护理劳动量，计算出人员编制数和编制比例。

(一)比例配置法

按原卫生部《综合医院组织编制原则试行草案》(下称《编制原则》),综合医院病床与工作人员之比,根据各医院的规模和担负的任务分为三类:300 张床位以下按 1:(1.3~1.4)计算;300~500 张床位按 1:(1.4~1.5)计算;500 张床位以上按 1:(1.6~1.7)计算。各类人员的比例见表 5-1。

表 5-1 综合医院各类人员的编制比例

卫生技术人员(70%~72%)						行政管理人员	工勤人员
医师中医师	护理人员	药剂人员	检验人员	放射人员	其他医技		
25%	50%	8%	4.6%	4.4%	8%	8%~10%	18%~22%

【例】某医院有病床 400 张,根据《编制原则》,其工作人员的编制约为多少人?其中,卫生技术人员最多可配备多少人?护理人员多少人?

【解析】根据《编制原则》,300~500 张床位医院工作人员的编制按 1:(1.4~1.5)计算,即 $400 \times 1.4 \sim 400 \times 1.5 = 560 \sim 600$ 人。

卫生技术人员占总编制 70%~72%,故最多配备 $560 \times 72\% \sim 600 \times 72\% = 403 \sim 432$ 人。

护理人员占卫生技术人员 50%,应为 $403 \times 50\% \sim 432 \times 50\% = 202 \sim 216$ 人。

1. 临床科室护理工作量与人员配备 根据病房每名护理人员承担的工作量计算,包含床位工作量、发药及治疗工作量,护理人员包括护士和护理员,护士与护理员比例为 3:1 为宜(表 5-2)。

表 5-2 临床科室护理人员的编配比例

科室	每名护理人员的床位工作量			发药及治疗工作量
	白班	小夜班	大夜班	
内、外、妇产、传染科	1/(12~14)人/张	1/(18~22)人/张	1/(34~36)人/张	每 40~50 张床位配护理人员 3~4 名
五官、皮肤、中医科	1/(14~16)人/张	1/(24~26)人/张	1/(38~42)人/张	
儿科	1/(8~10)人/张	1/(14~16)人/张	1/(24~26)人/张	

2. 其他科室/部门护理人员与助产士的配备 见表 5-3。

表 5-3 护理人员与助产士的编配要求

编配项目	编配比例	说明
门诊护理人员:医师	1:2	除特种科室外,各部门每 6 名护理人员,可增加机动护士人数 1 名
住院处护理人员:病床数	(1~1.2):100	
急诊室护理人员:病床数	(1~1.5):100	
观察室护理人员:观察病床数	1:(2~3)	
婴儿室护理人员:婴儿病床数	1:(3~6)	
注射室护理人员:病床数	(1.2~1.4):100	
供应室护理人员:病床数	(2~2.5):100	
手术室护理人员:手术台数	(2~3):1	
助产士:妇产科病床数	1:(8~10)	
特种科室(血液透析室、内镜室、高压氧舱、ICU 等)	按分级管理标准和实际需要配比	

（二）按实际工作量计算法

1. **适用范围** 住院部医疗技术人员的定编。
2. **编制依据** 各科室/部门工作岗位的实际工作量、员工的工作效率、工作班次及出勤率、床位多少及床位使用率。
3. **计算方法**

（1）根据分级护理的各级护理所需时间，计算应编护理人员数。实际工作量是以完成护理工作任务耗费的工时来确定。工时测定即对完成某项护理工作任务全过程的每一环节，必须进行的程序和动作所耗费时间的测定。护理工时测定可以利用国家规定的标准工时表，也可以在本医疗机构直接进行测定。

根据护理质量标准要求，各类服务对象所需护理项目分为直接护理和间接护理两类。直接护理即每日面对面直接为服务对象提供护理服务的护理活动，如晨间护理、肌内注射、输血、输液、测量生命体征等。间接护理则是为直接护理做准备的项目，以及沟通与协调工作所需要的护理活动，如晨间会议、交接班、书写记录、参加医师查房、抄写和处理医嘱、输液及注射前的准备工作、请领物品等。进行工时测定需要对直接护理和间接护理项目分别测定所需时间。

在对每项护理项目测定工时的基础上，还需依据分级护理要求的护理内容，测定各级护理中每位服务对象在24小时内所需的平均护理时数，依此来计算实际工作量。

公式一：应编护理人数=（各级护理所需时间总和/每名护理人员每日工作时间）×（1+机动数）

公式中，机动数包括公休假及婚丧假、探亲假、病假、事假、产假等因素，《编制原则》规定，机动数为17%~25%，一般以20%计算，也应按医疗机构实际情况计算机动数。

【例】某病房患者总数40人，其中：一级护理9人；二级护理16人；三级护理15人。经测定，各级护理中每位患者24小时内所需平均护理时数分别为：4.5小时、2.5小时、0.5小时。按病房40张床测算，一日间接护理项目所需时间13.3小时。

应编护理人员数=[（4.5×9+2.5×16+0.5×15+13.3）/8]×（1+20%）=15.19人，即该病房护理人员编制为15人。

（2）根据床位数及病床使用率，计算应编护理人员数。

公式二：应编护理人员数=[（床位数×床位使用率×平均护理时数）/每名护理人员每日工作时间]×（1+机动数）

平均护理时数=各级患者护理时数总和/病房患者总数

床位使用率=（占用床位/床位数）×100%

【例】某病房有床位40张，床位使用率90%，平均护理时数3.3小时，每名护士每天工作8小时，机动编制数占20%。

应编护理人员数=[（40×90%×3.3）/8]×（1+20%）=17.82人，即该病房护理人员编制为18人。

二、护理人力需求配置原则

优化配置人力资源是取得良好组织整体效益的关键。人力资源配置包含两项任务：一是人员在组织内各部门或单元间的分配，确保在一定职位上配备一定数量和类型的人员，有效促进组织目标的实现；二是人力资源在部门或单元内的科学排列和组合，侧重于对人力资源潜力的开发与利用。

在护理人力需求配置过程中，人员配置是否合理，比例是否恰当，直接影响到护理工作效率、护理质量、服务道德和成本消耗，进而造成护理人员的流动。因此，护理管理部门在进行人力需求配置时应遵循以下原则。

（一）科学配置与优化结构

为适应社会需要和专业发展，护理管理部门应在分析护理业务范围、种类和服务对象需求的基础上，科学确定护理人员配置数量及类别，合理设置人员结构比例。人员数量虽重要，但素质更重要，护理人员职称、学历和年龄梯队应由三角形向橄榄形结构比例发展，才能适应护理专业的科学性、服务性及连续性的特点。

（二）能级对应与人岗匹配

护理人员的个体素质包括年龄、性别、性格、气质、价值观、工作动机、专业知识、专业技术水平、职业认同感与工作经验等，而个体素质对护理工作有直接的影响。护理管理部门应在分析个体素质特点与岗位要求的基础上，实现个人与具体岗位的最佳组合，重视能级对应，做到人尽其才，才尽其用，有效利用护理人力资源，确保各级人员责、权、利相一致，以调动护理人员工作积极性和主动性，既提高工作效率，又节省人力。

（三）动态调整与成本效率

人力资源管理的出发点是以最合理的人力投入，获得最大的组织效益。伴随护理专业的发展，服务对象的变化，医疗体制、制度、机构等方面不断变革，客观上要求护理人员的配置实现动态管理。因此，在护理人力资源配置过程中，护理管理部门要重视对人力资源的合理排列和组合，根据护理工作任务和工作量的变化，不断对人员配置进行动态调整，确保人员能进能出、能上能下、合理流动，以提高工作效率，降低人力成本。

三、护理人员的排班

排班是护理管理者的一项常规工作，是在充分考虑护理工作任务、工作程序、人力、物力和时间等因素基础上，对护理人力需求作出系统、弹性、科学的安排。目的：①达到以满足服务对象需要为基础的管理目标；②使每位护理人员明确职责与任务，提高工作效率；③为合理应对各种突发、紧急情况作准备。因此，科学合理排班是有效利用人力资源，保证临床护理质量的关键。

（一）排班原则

1. **满足需求原则**　在排班过程中，护理管理者应首先考虑满足服务对象的需要，保证其获得全方位的优质护理服务。为适应24小时不间断护理的特点，要求各班次护理人力在质量和数量上，要能够完成所有当班护理任务，通过合理有效的人力安排，使各班次相互衔接，以保证护、教、研等工作顺利进行。

2. **结构合理原则**　根据护理人员不同层次结构，如学历、工作年限、职称及个人能力等合理搭配人力，做到各班次护理人员的专业能力和专科护理水平相对均衡，尽量缩小各班次人员在技术力量上的悬殊。从职业成长和发展的角度分析，既有利于新老人员的"传帮带"，保证护理人才的培养，也有利于更好地应对各种紧急、突发情况，避免因人力安排不当而出现护理薄弱环节，保证临床护理质量。

3. **效率至上原则**　护理管理者应掌握本部门或单元的工作规律，分清主、次、缓、急，全面掌握护理人员情况，按职上岗、能级对应。同时考虑群体中的智能因素，使不同个体的知识和能力水平充分发挥和相互配合，达到相互协调，取长补短，在保证护理质量的前提下，把人员的成本消耗控制在最低限度。

4. **公平原则**　护理管理者排班时应根据护理工作需要，按工作量安排人力，保持各班工作量均衡，合理安排各班次人员。针对节假日等特殊时期的排班，应以一视同仁的态度，爱护和体谅所有人员，使护理人员产生公平感和满意感。

5. **人性化原则**　护理管理者排班时应尽量满足护理人员合理的需求与特殊需要，提升个人满足感，达到人力运作的最大效果。同时在一定时间内保持人员的稳定性，保证护理人员休息及学习时间的相对固定。

6. **弹性原则** 指根据单位时间工作量的不同合理安排人力，即增加工作高峰时段人力，减少工作低峰时段人力，提高人员利用率，避免人力浪费。排班时配备机动人员，确保在遇到突发事件或紧急情况时，可随机调整。

（二）排班类型与方法

1. **排班类型** 依据排班权力的归属分为三种：

（1）集权式排班：指排班者个人决定排班方案，一般由护理部或科护士长负责所有部门或单元护理人员的排班。优点：排班者掌握全部护理人力资源，可根据各部门或单元的工作需要、服务对象的实际需求灵活调配人员。缺点：难以照顾所有服务对象的需求；降低护理人员的满意度。

（2）分权式排班：最常见的排班方式，指排班者依据护理工作实际需要和护理人员个人意愿排班。排班者一般为部门或单元的护士长。优点：排班者能充分了解人力需求状况进行有效安排，也能够照顾护理人员个别需要。缺点：护士长无法调派其他部门或单元人员；因需广泛征求护理人员意愿，故排班花费时间较长。

（3）自我排班：指由护理人员依据事先确定的排班原则进行自我协调排班，可自行选择自己想上的班次，以激励护理人员的自主性及提高其满意度。优点：护理人员自主性增高；护士长节省排班时间；人员调班次数减少；改善护理人员与护士长的关系，促进团体凝聚力。缺点：难以保证各班次护理人员层次结构的合理。

2. **排班方法**

（1）周期性排班：每隔一定周期使各个固定班轮回，使护理人员熟悉排班规律及值班与休假时间，以利于个人安排。适用于护理人员结构合理稳定、服务对象数量和危重程度变化不大的部门或单元。根据单位人力配置情况决定轮回周期，一般4周为一个周期。优点：①排班模式相对固定，护理人员预先知道值班及休假时间；②护理人员可公平地获得休假机会；③排班省时省力，上班人力固定；④班次变化少，调班少。

（2）传统三班制排班：每日按照白班、小夜班、大夜班安排，每班8小时。适用于病情复杂、护理工作量较重的护理单元。当服务对象多时可适当增加白班力量。

（3）两班制排班：每日按照日班、夜班安排，每班12小时，每周上满36~40小时即可，适用于病种单一、病情较轻、护理工作量不重的护理单元。

（4）APN排班：将24小时分为A、P、N三个班次，各班时间根据不同科室情况调整，如A班7：30—15：30、P班15：00—22：30、N班22：00—8：00。优点：①保证护理工作的连续性，减少交接班次数，降低交接班环节中的安全隐患；②加强P、N班薄弱环节中的人员力量；③由高年资护士担任A、P班责任组长，对疑难、危重患者护理工作进行把关，保障护理安全；④利于护理人员更好地安排工作和生活，避开上下班高峰。

（三）影响排班的因素

1. **组织政策** 排班与人力编制密切相关。如编制人数与群体结构合理，则排班顺利；若人力不足或新成员多，则不易搭配。

2. **护理方式** 护理方式不同，人力需求与人力安排方法亦不同。个案护理、责任制护理及整体护理需多用人，功能制护理则节省人力。

3. **单元特性** 由于不同的护理单元各有其工作的特殊性，因此在排班方法或人员编制方面均有差异性。

4. **工作时段** 全日各班次护理工作量不同，如白班、小夜班、大夜班的工作负荷依次减轻，在人员安排上也应依次减少。节假日的护理工作量可能会比非节假日少，但有危重患者时所需护理时数则增加，在排班时要考虑各种突发事件的应对。

5. 人员素质 护理人员的受教育程度、工作能力、临床经验、生理心理及家庭状况等因素均会影响其工作效率，护理管理者在排班时须考虑合理配置。

四、护理人员岗位职责与任职资格

岗位是组织要求个体完成的一项或多项责任以及为此赋予个体的权力的总和。岗位分类是指所有的工作岗位按其业务性质分为若干职位种类，按责任大小、工作难易、受教育程度及技术要求高低分为若干职位等级。

（一）护理岗位分类

1. 依据护理分工不同 分为护理管理岗位、临床护理岗位、其他护理岗位。护理管理岗位指从事护理管理工作的岗位，包含护理部管理岗位和护士长岗位；临床护理岗位指护理人员为服务对象提供直接护理服务的岗位，包括病区护理、重症护理、门急诊护理、手术室护理等岗位；其他护理岗位指护理人员为服务对象提供非直接护理服务的岗位，如供应室、医院感染控制、健康体检和医技科室等护理岗位。

2. 按责任大小、工作难易及技术要求 分为主任护师、副主任护师、主管护师、护师、护士。对应三个职称等级，主任、副主任护师为高级职称，主管护师为中级职称，护师、护士为初级职称。

3. 依据专业方向侧重点不同 分为急救护理、危重症护理、康复护理及社区护理等岗位。

（二）护理岗位设置原则

岗位设置指根据组织社会功能、任职资格、职责任务、工作需要和工作标准设置岗位的工作过程。护理岗位设置应遵循科学管理的原理及行业特点，结合组织情况、工作目标和任务，做到人、事、岗三者匹配，使护理人员的价值得到体现，组织运行效率得到提高。在进行岗位设置时应遵循以下原则。

1. 按需设岗原则 既保障服务对象安全和临床护理质量，又保证组织的高效与灵活。护理岗位的设置应根据组织的性质、规模、功能、任务和发展趋势等因素，从护理工作需求角度设置护理岗位类别和数量，以有效完成护理工作所需岗位的最低数为标准。坚持因事设岗，避免因人设岗，做到科学合理、精简效能，避免人力资源的浪费。

2. 能级对应原则 科学合理的护理岗位设置应注意能级与岗位的对应，做到将每位护理人员按其优势特长、能级高低分配到合适的岗位上，优化人力资源配置，最大程度发挥在岗护理人员的作用与潜能。

> **知识链接**
>
> **汉高祖刘邦用人之道**
>
> 汉高祖刘邦称帝后曾问群臣："吾何以得天下？"
>
> 群臣回答各有不同，但刘邦认为皆不得要领。
>
> 刘邦道："夫运筹策帷帐之中，决胜于千里之外，吾不如子房；镇国家，抚百姓，给馈饷，不绝粮道，吾不如萧何；连百万之军，战必胜，攻必取，吾不如韩信。此三者，皆人杰也，吾能用之，此吾所以取天下也。"

3. 权责利匹配原则 权责利是否对等，直接影响护理人员工作能力及积极性的发挥。在进行护理岗位设置时，应保证每个岗位权责利匹配，在其位，谋其政，担其责，实现同工同酬、多劳多得、优绩优酬。

4. 按岗聘用原则 按照岗位职责要求合理配置护理人员，用人所长，竞聘上岗，并进行动态调整，保证不同岗位护理人员的数量和能力素质能够满足工作需要。特别是临床护理岗位招聘时，应充分考虑到岗位工作量、技术难度、专业要求和工作风险等，以保障护理质量与安全。护理管理岗位除具备一定的业务素质外，还须具备一定管理知识、理论和技能。

（三）护理岗位说明书

岗位分析是指通过收集数据、工作要素分析、对特定护理工作的实质进行评价，确定工作的具体特征，由此形成工作描述，通过观察和研究，对某岗位性质进行全面评价获得确切信息的过程。包含4个要素：①分析岗位的工作内容；②确定职务固有的性质；③确定组织内职务之间的相互关系和特点；④确定组织成员在履行职务时应具备的知识、技术、能力与责任。

岗位分析的结果就是岗位说明书，包含工作描述和任职资格两个部分。工作描述是对岗位性质、工作内容、工作特征、岗位职责、岗位关系、协作关系等与工作相关的环节所做的书面说明。任职资格是根据工作描述拟订的工作资格，包括文化程度、工作经验、有关岗位的技术和能力要求、工作态度、生活经历、健康状况，以及各种特殊能力要求等。

护理岗位说明书是各级组织在充分做好岗位分析的基础上，根据岗位职责，结合工作性质、工作任务、责任轻重和技术难度等要素，明确岗位所需护理人员的任职资格后形成的，针对任职岗位的详细介绍。现以某综合医院主管护师的岗位说明书为例，说明岗位说明书的内容和格式（表5-4）。

表5-4 主管护师岗位说明书

一、基本资料				
岗位名称	主管护师	岗位关系	监督带教	护师、护士、见习及实习护士
所属部门	普外科		请示汇报	护士长
岗位编号			外部关系	各业务科室和相关职能科室
二、工作内容				

（一）岗位目标

在护士长领导下，负责普外科一定范围内的临床护理、教学、科研和预防工作。

（二）岗位职责

1. 在护士长领导下，在主任护师和副主任护师指导下工作
2. 对病房护理工作质量负有责任，发现问题及时解决问题，把好护理质量关
3. 解决本科室护理业务上的疑难问题，指导危重、疑难患者护理计划的制订和实施
4. 负责指导本科室护理查房和护理会诊
5. 对本科室发生的护理差错、事故进行分析鉴定，并提出防范措施
6. 配合护士长组织本科室护师、护士进行业务培训，拟定培训计划，编写教材，负责讲课
7. 配合护士长组织护理学院学生的临床实习和见习，负责讲课考核和评定成绩
8. 配合副主任护师和护士长制订本科室护理科研和技术革新计划，并组织实施，指导全科护师、护士开展护理科研工作
9. 协助本科室护士长做好行政管理和队伍建设

三、任职资格

（一）基本要求

性别：不限　年龄：不限

执业资格：执业护士，获主管护师资格

工作经验：具备五年以上护师工作经验和一定的管理经验

学历要求：大专及以上学历

专业要求：护理/助产专业

续表

（二）知识技能

1. 掌握：专科常见疾病的临床表现，主要护理诊断和护理措施；基础护理学、解剖学、病理生理学、临床药理学的相关知识

2. 熟悉：整体护理和护理程序，诊断学相关理论知识，本专科常用诊疗护理技术

（三）其他要求

1. 掌握一定的管理学知识和技能，有较丰富的教学和科研经验

2. 有较敏锐的病情观察能力和较强的应急处理能力

3. 工作认真负责、细心周到，有一定的创新性，具有较强的服务意识和奉献精神，具有良好的职业道德素质和团队协作精神

4. 知晓医疗护理相关的法律法规

四、绩效考核要点

1. 医院各种医疗规章制度执行、检查与落实情况

2. 本岗位护理工作量、护理质量与工作效率，护理差错与事故发生情况和任务目标完成情况，综合患者、医师和护士的评价情况

3. 对普外科护理专业知识和操作技能的掌握程度

4. 对下级护士的带教情况

5. 科研、课题、著作、论文、专利、成果发表情况

6. 具有良好的职业道德和敬业精神，严格遵守医德规范，认真履行岗位职责

第三节　护理人员招聘与遴选

案例5-3　某市一所三级甲等医院神经外科，有床位40张，床位使用率一直保持在90%。该病区原有护理人员编制13人，近半年内先后有3位高年资护理人员辞职离开医院。离开原因是忙于护理工作，没有培训进修学习，没时间开展科研，感觉无发展前途。现在科室护理人员多为年轻护士，其中已怀孕2人，还有3人表示有意愿怀二胎。对此，护士长很担心护理工作质量，急需增加护理人员。

思考： 1. 护理人员招聘与遴选时应遵循哪些原则？

2. 护理人员招聘与遴选的程序是什么？

护理人员招聘与遴选是指在护理空缺岗位分析的基础上，根据工作需要和应聘者条件，采取科学有效的方法选择并录用具备资格的护理专业人员的活动过程，是护理人力资源开发的关键环节，一般由人力资源部门与护理管理部门共同完成。合理选聘护理人员是增强组织核心竞争力，提高护理质量的前提和保证。

一、招聘与遴选的原则

1. **公开**　进行人员招募时，招聘单位要把职位的种类、数量、要求及考核方式等即时公开，创造一个平等竞争的环境，让应聘者充分展示自己的知识和才华。此外，还包括公开考试成绩、名次、是否录用等。

2. **平等** 从基本素质、心理特点、能力特长等方面进行遴选，对所有应聘人员一视同仁，提供均等的聘用机会，避免人为制造一些不平等条件，如对性别、身高、相貌、婚姻状况等提出特殊要求。

3. **竞争** 招募时应提供公平竞争的平台，制定客观公正的考核标准及流程，尽量做到多人及多个环节进行考核，实现优胜劣汰，防止论资排辈或只重学历不看能力等现象。

4. **择优** 通过科学考评择优录取实际工作能力强、理论水平高、具有真才实学的护理人才，量才、量职录用，做到职得其人、用其所长、人尽其才，满足组织用人需求。

5. **注重职业素养** 选聘时重视护理人员的政治素质和业务素质，尤其注重对护理事业的热爱和奉献精神，要求具备实干精神和毅力，有敏锐的观察能力和科学思维能力，善于思考和分析，有一定的应变能力。

二、招聘与遴选的程序

护理管理部门首先评估护理人力需求情况，综合考虑自然减员、辞职、病房扩充、专科发展等因素，根据岗位、学历和资历需求明确人员增补的种类与数量，拟订招聘计划。然后，与人力资源部门共同商议确定招聘人员的数量，成立招募遴选小组，由主管院长、护理部主任、科护士长及人力资源部门组成。最后，人力资源部门负责实施具体选聘计划。护理人员招聘与遴选的程序包括以下八个步骤。

1. **发布信息** 目的是为了吸引更多的应聘者以供挑选。信息内容：①医院简介；②招聘职位及其特点；③招聘职位的工资等报酬待遇；④应聘者的资格条件（性别、年龄、学历、专业、工作经历、身体条件、对知识与技能的特殊要求等）；⑤申请地点、时间、程序，以及其他有关信息。

2. **初步筛选** 人力资源部门和护理管理部门根据应聘者递交的简历及相关材料，对应聘者的个人情况和任职资格进行资格审查，初步筛选符合要求的人员，剔除不符合条件的应聘者。

3. **招聘考核** 目的是保证应聘者的质量能够满足护理工作岗位的需要，属于必要环节。考核方式包括：理论知识考核和相关技能考核。若是招聘护理管理者，除上述考核内容外，还需进行与管理相关知识的考核。

4. **招聘面试** 考核成绩符合要求者进入面试环节。面试是组织评价者与应聘者面对面进行考核的过程，具有直观性，目的是考察应试者对护理岗位的适合程度。面试内容根据招聘岗位的不同要求，可以选择不同的测试方式，具有灵活性。

5. **入围确认** 人力资源部门根据应聘者资格认定、理论知识、相关技能考核成绩及面试情况进行综合分析，比较应聘者与任职岗位的要求是否匹配，以及进行应聘人员之间的比较，确认应聘入围者人选并对外公示。

6. **录用体检** 由人力资源部门组织应聘入围者进行体格检查，属于必要环节，目的是确认其身体状况是否符合岗位要求，能否胜任岗位工作。

7. **试用考察** 指在实际工作中对拟聘人员进行真实工作能力的考察，以保证招聘的有效性。试用期一般为3个月，最长不超过6个月。试用期满，由具体试用部门针对拟聘人员在试用期的表现作出鉴定，以供人力资源部门和护理管理部门在招聘决策时参考，对不符合条件和不胜任工作的拟聘人员予以辞退。

8. **录用评价** 要求人力资源部门和护理管理部门对留用的拟聘人员所有资料进行全面审查，包括信用情况、护士执业资格证等，以保证为组织挑选合格的人员。在录用决策中，应尽量避免错误的录用和错误的淘汰。招聘小组与符合录用条件的拟聘人员在双方自愿的条件下，签订聘用合同。合同期限和具体岗位、待遇均由双方协商确定。

护理人员选聘的最后步骤是评价，包括测算获得的护理求职人员数量和质量情况，每位受聘人员的工作胜任和工作成功程度，以及招聘过程投入和产出效率的总结分析。

三、招聘与遴选的方法

1. **宣传途径**　一旦作出招聘决策,首要任务是如何吸引更多的应聘者供组织挑选。招聘宣传是传播招聘信息、动员潜在候选人员参与应聘的主要途径。可通过广播、电视、报纸、网络等媒介发布招聘信息。

2. **招聘途径**

(1) 内部招募与遴选:为满足人力资源需求,组织从内部进行招募,如护理人员的普通职位转换、含编外转编内及职位晋升。组织可调用护理人员的人事记录档案,从而考察候选人的资格。也可以由内部员工推荐,推荐人会根据被推荐人的业务水平及单位所需的职位空缺进行对比考量后推荐。

(2) 社会公开招募与遴选:渠道有如下5种。①校园招聘:获取人员最好的渠道,可以与医科类本专科院校毕业生管理部门保持长期的合作关系,每年定期到学校进行宣传和招募,应聘者可直接申请或由院校推荐;②专场招聘会:实质是集中供需见面会,一般在招募较多人员时采用;③职业介绍机构:拥有大量的求职者信息,同时提供专业的服务;④人才交流会:由政府有关部门或职业介绍机构组织的,多家组织参与的双向见面会;⑤网络招聘:一种快捷、有效的方式,多样化的网上招聘平台应运而生。

3. **遴选方法**　护理人员录用过程中最关键的环节,决定着录用的结果。

(1) 理论知识考核:最古老、最基本的遴选方法,通过笔试完成,能在较短时间了解大批应聘者对专业知识深度和广度的掌握程度,具有一定的公平性和客观性,但对应聘者的工作态度、口头表达能力、操作技能等方面难以进行全面的考察。一般情况下,应聘护理人员的理论考核重点是护理基础知识、专科护理知识、护理相关知识、必需的人文社会类知识和理论。

(2) 操作技能考核:通过基本操作完成,以了解应聘者实际操作水平和能力。护理人员属于实践性人才,在人员的招募中操作技能考核是不可或缺的,且占据较大权重。技能考核主要是基础护理操作和专科护理操作技能考核。

(3) 面试:应聘者用口述的方式现场回答问题,主要测评应聘者运用知识分析问题的熟练程度、思维判断能力、沟通与语言表达能力、应激能力和心理素质等,以考察应聘者对岗位的适合程度。

(4) 心理测试:指个性品质的测试,如职业态度、情绪、价值观、性格等方面的特性测试。

第四节　护理人员的培养与管理

案例 5-4

某市一所三级甲等医院一位王护士长刚刚被提拔为护理部主任,她十分珍惜这次机会,决心做出好成绩,于是提出"提高护理人员素质以提高护理质量"的年度工作目标。她认为基础理论和护理技能是十分重要的,所以组织了一次全院的护理操作比赛。之后她准备开展全院不同年龄阶段的理论考试,提高护理人员的理论水平。她的做法受到了一些护士们的批评,认为这种方法不适应现代护理发展的需要,护理人员想学一些新的护理知识而不是考试与比赛,并希望组织开展一些大家都感兴趣的活动,缓解工作压力。

思考:1. 王主任的做法是否正确?她应该如何改善自己的工作?
　　　2. 护理人员的培养任务是什么?

伴随医疗体系的改革与发展，护理队伍不断壮大，面临年轻化比例高、缺乏临床经验的局面，医学科学技术发展日新月异，护理人员只有不断学习，才能保持自身的专业能力适应发展的要求。在管理过程中，护理管理者必须将护理人员培养放在首位，发挥护理人员的潜在能力，满足医疗市场和服务对象的需求，提高工作效率和满意度，同时促进护理人员自身发展，推动护理人员个人职业的全面发展和自我实现。

一、护理人员培养原则与方法

（一）培养原则

护理人员的培养包括新护士岗前培训、规范化培训、专科人才培养、护理管理人才选拔和培养等方面。护理管理部门在制订护理人员培养计划时应遵循以下原则。

1. **长期规划与当前需要相结合** 护理人员培养必须从组织的发展目标和发展战略出发，着眼于组织及护理专业的发展，有计划、有目的、有组织地制订长期规划，做到按需施教，学用一致并持之以恒，为组织发展服务。同时从当前工作实际出发，制订短期计划，使人员的职业素质和工作效率不断提高，以满足现行需要。

2. **基础训练与专科训练相结合** 基础理论、基本知识、基本技能的教育是护理人员的基础训练，也是提高护理质量的先决条件。随着医学的发展及各专科新业务、新技术的发展，需要培养一批具有丰富的专科护理理论知识和熟练技能的护理专科人才，进一步提高专科护理水平。

3. **专业能力与综合素质培养相结合** 护理人员培养不仅要注重护理人员专业能力的提高，还需要与护理人员综合素质培养相结合，拓宽护理人员的视野和思维，使其职业素养、医德医风、文化知识、人际交往能力、信念、理想、人生观和价值观、科研和创新能力等方面不断提高，充分发挥人才的作用，为护理学科发展作出贡献。

4. **普遍培养与重点培养相结合** 组织中每位护理人员均有接受培训和教育的权利，护理管理部门要做好对整体护理团队的全员培训计划。在普遍进行一般训练及全面素质提升的基础上，抓好骨干队伍的建设，重点是对组织护理工作发展影响较大的护理技术骨干和护理管理者。重点培养对象不仅要熟练掌握护理技术，还要求掌握好难度大的新业务、新技术等方面的护理技术，在护理队伍中能起到示范及骨干作用。

（二）培养方法

1. **专科培养与科室轮转** 是建立护理人才库，作为培养后备力量的主要途径。护理管理部门制订计划，对护理人员进行分期、分批在内、外、妇、儿等主要科室轮转，通过实践扩大业务知识面，并选拔人才，有针对性地进行各专科技能培训。

2. **专家讲授与自主学习** 通过高年资护士指导、开展专题讲座等形式了解护理新业务、新技术及新理论，提高护理人员的整体水平。自主学习是培养护理人员养成学习习惯重要而有效的方法。护理管理部门根据护理工作的实际情况和发展需要规定学习内容，明确要求和示范辅导，通过个人自学达到学习效果。护理人员本人也可根据个人爱好自定学习内容。

3. **技能培养与素质教育相结合** 主要通过床边教学、护理查房、病例讨论、应急演练等方法，从护理实践中培养、提高运用护理程序的工作方法和实际工作能力。积极鼓励和允许护理人员通过各种形式如全脱产学习、业余大学学习、电视大学、自学考试、网络学院等提升学历。

4. **院内培训与院外交流相结合** 院内通过读书报告会等形式交流个人心得，参加理论与操作于一体的短期培训会等提高护理人员业务水平。院外通过参观考察、学术交流、国内外进修、访问学者以及不同形式的劳务输出等，这些也是提高护理人员业务水平的方法。

二、护理人员绩效考核原则与方法

绩效考核是指对各级护理人员工作中的成绩和不足进行系统调查、分析和描述的过程，是护理管理中常用于控制护理质量的工具，也是人才选拔、人事晋升、员工培训、薪酬分配等工作的有效载体。

随着医疗卫生事业的市场化、医疗改革的不断深入，建立客观系统、科学有效、便于操作的绩效考核体系，能对护理人员起到鼓励和激励先进、鞭策和指导后进的作用，有利于提高护理人员的工作满意度，提升护理工作质量，提高工作效率；护理管理者能通过绩效考核发现人才、培养人才、使用人才和提拔人才。

（一）绩效考核关键指标

包含工作量、护理质量、职业发展和基本素质四部分。

1. **工作量**　主要体现在护理操作、基础护理、健康教育、护理文件书写、护理级别和班次等方面。
2. **护理质量**　从岗位职责完成情况（工作效率）和服务对象满意度两方面考核。
3. **职业发展**　从教学能力、科研能力、奖励、成果或贡献等方面进行考核。
4. **基本素质**　包括：①能级管理，如职称、工作年限和学历等；②自身素质，如职业道德、劳动纪律、工作态度、沟通能力和协作精神等。

（二）绩效考核原则

1. **全面综合考核原则**　绩效考核内容不但要与聘任岗位要求相匹配，而且考核内容还应对政治思想、遵纪守法、道德品质、工作态度、专业知识水平、专业技术能力等进行全面、综合的评价。
2. **公正公开原则**　组织绩效考核必须走群众路线，将考核中各环节置于群众的监督之下，广泛听取各方面的意见。除本单位或部门人员外，还可聘请第三方或外单位专家参与，让群众及有关专家根据考核标准评议，最后由组织得出公正的考核结果。
3. **可靠性与有效性相结合**　可靠性即信度，指考核结果的可重复性。一种测量工具由同一考核人员或不同考核人员在不同时间和地点对同一目标进行测量，均得到相同的结果，则其考核结果真实可靠。有效性即效度，要求考核时根据考核目标选择合适的测量工具，包括考核内容、标准、方法等。技能考核通过观察技术操作和行为表现，理论知识考核通过试卷笔试等。考核不同职称、不同类别人员应使用不同的标准，使其有效地评定实际能力。
4. **定量考核与定性考核相结合**　即多用客观指标，少用主观指标。用客观数据反映岗位工作中的实际情况，防止考核人员考核中出现评分标准掌握过宽或过严，避免主观性和片面性。
5. **反馈与调节相结合**　及时将考核结果反馈给护理管理部门及考核对象，以便护理管理部门不断地调整对护理人员考核的标准，并及时修改各级护理人员培训计划，不断为提高护理管理质量提供依据。

（三）绩效考核方法

1. **行为特征评定法**　指按照护理人员的行为特征对其进行评价，包括被考核者的自我鉴定和考核者的评语。自我鉴定是被考核者通过书面或口头的形式对某一个阶段绩效进行评价，并提供获得的荣誉奖状、考核情况及成绩情况；评语是考核者对被考核者通过书面或口头语言进行评价。优点：简单易行。缺点：不能避免人为主观因素的影响。
2. **评分法**　指将相同岗位的工作实绩设计成不同的分数和等级，如5分—优、4分—良、3分—中、2分—差、1分—劣，由考核者对被考核者评出不同的分数或等级。优点：省时省力，容易测量。缺点：制定某些考核项目和区分等级时较困难。
3. **关键事件法**　是将被评价人员在工作中的有效行为和无效或错误的行为记录下来作为评价依据的方法。护理人员的某种行为对部门或组织的工作和效益产生积极或消极的重大影响，这样的事件称为关键事件，护理管理者应及时记录下来。使用这种方法的绩效评价应贯穿整个评价阶段，不能集中在工作的最后几周或几个月。在绩效评价后期，评价者应该综合这些记录和其他资料对护理人员业绩进行全面评价。

4. **量表评定法** 指通过对绩效考核内容逐一量化后对被考核者进行考核。优点：有统一的量化指标，较容易比较。缺点：对量表的信度和效度要求较高。主要包括图尺度考核法、行为锚定等级考核法等。

（1）图尺度考核法：是最简单、最普遍的绩效考核方法。该考核法需制定不同考核等级的定义、说明（绩效构成要素、指标等）和相应分数；考核者针对每一个绩效构成要素或指标，按照既定等级进行考核，得出与实际绩效相符的分数；将所得分数汇总即为最终的考核结果。

（2）行为锚定等级考核法：是关键事件考核法和考核量表相结合的方法，即用具体行为特征的描述来表示每一种行为标准的程度差异。

5. **比例分布法** 是按照事物正态分布的规律，事先确定好各考核等级人数，将所有人员分配到有限数量的类型中去的评价方法。如某部门先将考核等级分成"优秀、良好、一般、合格、较差"，所占总数的比例分别为5%、25%、40%、25%、5%，然后结合被考核员工数量，算出各等级人数，按照每人绩效的相对优劣排序，列入其中某一等级。

6. **目标管理法** 指考核者与被考核者共同制定行为目标和行为标准，定期总结阶段性经验，吸取教训，并再设计下一个目标和标准，是最有效的绩效考核方法。此方法较客观，被考核者参与其中可以激励自我认知与促进成长。

7. **全方位绩效考核法** 又称360绩效反馈评价法。指被考核者的上级、同事、下级以及被考核者本人从多角度对被考核者工作业绩进行全方位衡量并反馈的方法。此方法与传统自上而下评价方法的本质区别是信息来源多样性，能充分体现考核结果的准确性和客观性。

上述绩效考核方法各有优缺点，护理管理者需要综合运用，必要时采用复合测量的方式进行全面考核，即对同一领域的能力在可能条件下，采用几种考核方法同时进行测量，则一种考核方法的缺点可通过同时使用的其他方法得到弥补。只有这样，才能实现考核目的，对护理人员的成长起到积极促进作用。

三、护理人员的分层管理体系

为加强护理队伍建设，促进护理质量持续改进，目前多采用护理人员分层管理办法，实现护理人员由身份管理向岗位管理的转变。

分层管理是指根据各层次护理人员的准入标准、能力标准聘用不同层次人员，让其承担相应层级的岗位工作内容，并在此过程中配以相应的绩效考核制度、激励制度等，以期在现有的人员编制情况下，提高护理人员工作满意度，稳定护理队伍，同时为服务对象提供专业化、人性化的护理服务，保证服务对象安全和改善护理质量。

（一）分层管理的内涵

1. **分层培训** 依据能级对应原则，对不同年龄、职称、学历和工作能力的护理人员按照层级要求进行阶梯式培训，对履行不同岗位职责时所需的专业知识与护理技能，制订有针对性的培训与考核计划。

2. **分层使用** 根据护理人员的职称、学历、个人工作能力及年资将护理人员进行分层管理，不同层级护理人员承担相应层级的工作。

（二）分层管理的制度

1. **明确分层标准** 分层管理要求每一层级均有明确的划分标准、能力要求和工作职责，护理管理部门应科学设置护理岗位，并明确各级岗位的职责及标准、所应具备的能力和培训重点。

2. **确保质量与安全** 护理人员根据其所在层级要求参与分层培训与考核，使其具备该层级能力，并进行质量控制。建立个人技术档案，对各层级护理人员的理论水平、操作能力考核成绩记录档案。同一单位或同一班内各岗位层级、年资、职称、能力应互为补充，满足护理工作需要，确保优质护理服务质量与安全。

3. 严格提升制度　层级进阶一般从 N0 → N1 → N2 → N3 → N4 逐层进阶，各层级护理人员按其年资、经验和能力等择优上岗。但个别能力强、学历高者可采用跳跃式进阶，低职高聘以发挥护理人员的潜能。

4. 落实综合量化考核　按照层级不同制定不同的岗位薪酬体系，建立科学合理的绩效管理机制，为组织正确识别人才和合理使用护理人员提供客观依据。

（三）护理分层管理

根据护理人员所在的层级不同，对其能力的要求和培训内容也不同，层级越高，所应具备的能力也就越强。以某医院护理分级管理制度为例说明（表5-5）。

表5-5　护理分级管理制度

层级	资质要求	能力要求	晋级条件	专业能力培训重点
N0	新毕业临床工作未满1年的护士	1. 在上级护士指导下完成病情较轻患者的临床护理工作 2. 能正确执行基础护理操作 3. 掌握本岗位职责及各项护理工作制度	1. 取得护士执业注册证书 2. 理论考核、临床实践能力测试成绩达标 3. 完成N1临床专业培训，考核合格 4. 每年完成规定的院内培训学时 5. 绩效考核合格	1. 常见疾病诊疗、病情观察及护理 2. 临床常用护理技能 3. 常用药物的相关知识 4. 临床常用检验项目正常值及临床意义 5. 应急预案 6. 护理文件书写规范
N1	临床工作满1年以上的护士	1. 独立完成病情较轻患者的临床护理 2. 能参与重症患者的护理 3. 能正确熟练地执行基础护理操作 4. 能执行本科室常见专科护理及技术操作 5. 具备良好护患沟通能力	1. 在护士执业注册有效期内 2. 理论考核、临床实践能力测试成绩达标 3. 完成N2临床专业培训，考核合格 4. 每年完成规定的院内培训学时 5. 每月完成一例个案报告 6. 绩效考核合格	1. 临床专科护理和技能 2. 重症患者护理 3. 临床个案分析 4. 护理质量标准 5. 不良事件的报告、教育和培训
N2	1. 本科学历，临床工作满2年以上 2. 专科学历，临床工作满3年以上 3. 综合能力较强，工作2年以上护士	1. 具有护理病情较重患者的能力 2. 能参与重症患者的护理 3. 能正确熟练执行本科室常见专科护理及技术操作 4. 具有对低年资护士进行工作指导的能力并参与带教	1. 在护士执业注册有效期内 2. 理论考核、临床实践能力测试成绩良好 3. 完成N3临床专业培训，考核合格 4. 每年完成规定的院内培训学时 5. 每月完成一例重症个案报告 6. 每年完成规定的继续教育学分 7. 绩效考核合格	1. 危重症患者诊疗及护理 2. 护理质量管理及质量持续改进 3. 护理教学能力的培训

续表

层级	资质要求	能力要求	晋级条件	专业能力培训重点
N3	1. N2岗位满2年的主管护师 2. 综合能力较强，工作3年以上护师	1. 具有护理危重症患者的能力 2. 能够组织、实施危重症患者抢救，开展护理查房、疑难病例讨论及护理带教 3. 能承担本科室内高风险、高难度护理及技术 4. 能参与护理科研及病房管理工作	1. 在护士执业注册有效期内 2. 理论考核、临床实践能力测试成绩良好 3. 完成N4临床专业培训，考核合格 4. 每年完成规定的院内培训学时 5. 每月指导下级护士完成个案或重症护理报告 6. 每年完成规定的继续教育学分 7. 发表论文的数量和质量符合规定要求 8. 绩效考核合格	1. 特殊专科护理 2. 护理管理能力 3. 护理科研能力
N4	1. 副主任/主任护师，N3护理岗位满3年 2. 获得专科护士资格证书、N3护理岗位满3年的主管护师	1. 具备危重患者护理及全院专科会诊的能力 2. 具有独立、准确评估、判断、处理本专业疑难、复杂护理问题的能力 3. 具有修订并完善技术内涵、技术流程，不断提高专业技术水平的能力 4. 掌握本专业新技术、新业务，具有较强的讲课能力 5. 具有科研教学能力，能够运用科学的管理方法指导病房质量持续改进	1. 在护士执业注册有效期内 2. 理论考核、临床实践能力测试成绩优秀 3. 承担及指导院级以上课题1~2个 4. 每年完成规定的院内培训学时 5. 发表论文的数量和质量符合规定要求 6. 每年完成规定的继续教育学分 7. 绩效考核合格	1. 护理管理能力 2. 专业发展能力

注：专业能力培训重点是指各层级护理人员在承担相应级别护理工作期间，应接受下一级别护理人员的专业能力培训，以便在该层级期满以后顺利晋升到下一层级。

四、护理人员的心理健康管理

（一）护理人员心理健康状况

美国学者克里斯蒂娜·马斯拉奇提出"心身耗竭综合征"概念，认为这是"一种因心理能量在长期奉献给别人的过程中被索取过多而产生以极度心身疲惫和感情枯竭为主的综合征，表现为自卑、厌恶工作、失去同情心等"。我国学者研究表明，随着人类健康需求迅速增长，护理人员所承受的压力渐增，护理人员的心理健康状况不容乐观，其潜在危害普遍存在。

（二）影响心理健康的原因

1. **工作环境** 护理人员每天接触文化经济背景不同、性格特点各异的服务对象，既要处理各种治疗护理等常规工作，又要应对各种突发应激事件，使护理人员的心理处于应激状态中。

2. **职业风险** 随着人们法制观念及自我保护意识不断提高，服务对象对就医正当权益有了更深刻的认识，对护理质量及安全提出了更高的要求，稍有不慎就可能引发护患纠纷。服务对象病情变化复杂，不确定因素较多，必须时刻保持警惕；疾病对服务对象身体也可能造成危害。这些原因容易使护理人员心理处于高度紧张与不安的状态。

3. **工作强度** 我国人口众多，目前普遍存在护理人力资源配置不足，但工作量却日益增加的情况。护理人员长期处于高负荷工作状态，频繁的倒班使生活无规律、生物钟被打乱，造成机体生理功能失调，出现焦虑、失眠等诸多不适。长期无序的高强度工作会给护理人员带来持久的压力，严重影响身心健康。

4. **社会心理支持** 由于社会上依然存在着"重医轻护"的观点，不少护理人员职业认同感较低，收入与工作繁重程度不成正比，在职称晋升、职位晋升、进修深造等方面的机会较少。这些因素都可能使护理人员产生自卑、失望等不良情绪。

5. **人际关系** 工作相关的人际关系是造成情绪紧张的最主要原因。临床工作中，护理人员承担着多种角色，当角色转换不当时会发生心理冲突，并以躯体化、焦虑、抑郁、敌对等负性情绪表现出来。

6. **自身知识及能力** 护理人员自身专业成长产生的压力，也容易导致自卑、焦虑和抑郁等负性情绪的出现。

7. **应对方式** 自我情绪调节是一种重要的压力应对方式，但有研究表明：大多数护理人员并不善于运用心理学知识科学地进行自我心理调适。

（三）护理人员心理健康的维护与管理

心理健康维护和促进既是一个社会化工程，又是一个综合干预和管理的过程，需要全社会和组织的大力支持，高度重视护理职业人群的心理健康，把促进其心理健康贯穿在护理管理过程中。

1. **贯彻落实《护士条例》** 通过落实《护士条例》，维护护理人员合法权益，增强依法执业的法律意识，强化卫生行政部门和医疗卫生机构法定职责的有效落实，完善医疗卫生机构护士执业相关规范、配备标准，建立并实施护理人员培训和定期考核制度，使护理人力资源管理更加规范化和法律化。

2. **实施人性化管理** 护理人员个体年龄、教育层次及职业经历等客观因素，成就动机、兴趣爱好、能力特长等主观因素不同，可形成其多层次及多样性的职业心理需求。护理管理者在充分理解和尊重护理人员的基础上，认同护理人员职业心理需求的个体差异，重视人性化关怀，减轻护理人员的心理负担。

3. **开展专业心理辅导** 护理管理部门应邀请专业心理咨询师对护理人员实施团体心理辅导，指导有效应对各种压力，提供不良情绪宣泄渠道，鼓励其体验良好情绪，并给予情感支持，增加组织归属感。

4. **运用激励原则** 精神和物质是职业心理的主导需要。护理管理者需制定促使护理人员保持稳定职业心态的福利措施，通过给予物质与精神两方面的补偿，充分调动护理人员服务人类健康事业的内在积极性。

5. **重视自身心理调节** 护理人员要学会重视自身心理调节，尽可能调节情绪、悦纳自我、放松心情、保持平衡、乐于交往、融洽关系等。

6. **加强社会支持** 充分利用报刊、广播、电视、网络等途径加强宣传，让社会更多地理解和尊重护理人员。

本章小结

本章从介绍护理人力资源管理的基本概念出发，重点讲解了护理人员的编配、选聘、培养与管理。通过了解护理人力资源管理的各个环节，能够充分认识到做好护理人力资源管理是护理管理工作的重中之重。掌握护理人力资源管理的基本内容和方法，对于护理管理者合理使用、调配人员，调动人员积极性，更好地为服务对象提供优质的护理服务，起到一定的帮助、指导和保障作用。

思维导图

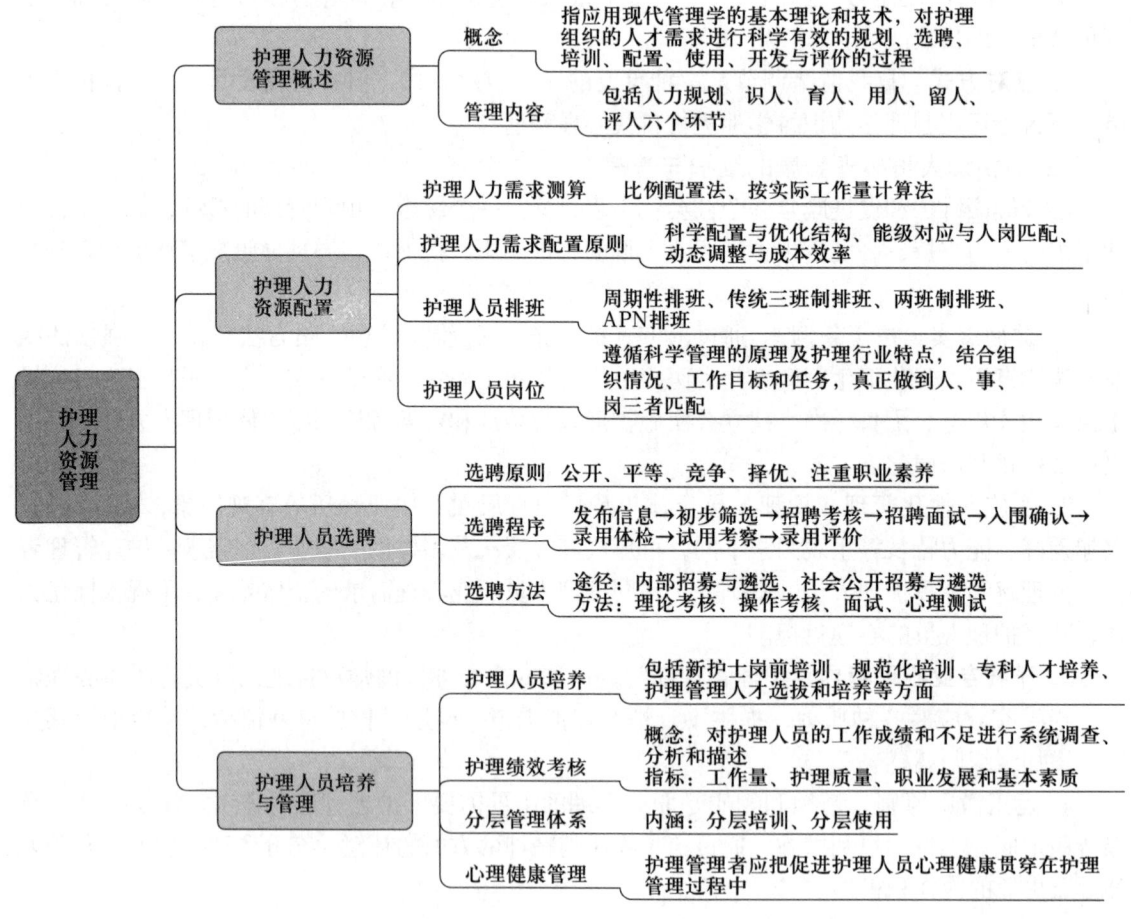

实践活动

1. 活动内容　组织一次护理人员招聘会。
2. 活动目标

（1）了解医院招聘流程。
（2）学会面试的礼仪与技巧。
（3）体验应聘者角色并学会心理调适方法
（4）学会与用人单位有效沟通。
  3.活动方法 临床过程模拟及角色分工后，同学代表与教师进行评价。

第一情景 招聘会场：用人单位发布招聘信息，应聘者投递简历

用人单位	应聘者A	应聘者B	应聘者C	应聘者D
1.介绍职位相关要求	1.应聘者咨询	1.应聘者咨询	1.应聘者咨询	1.应聘者咨询
2.回答应聘者咨询	2.投递简历	2.投递简历	2.投递简历	2.投递简历
3.初步审查应聘者简历				
技能要求：制作个人就职简历，填写报名表				
沟通技巧：应聘者与用人单位的初次沟通				

第二情景 医院会议室：应聘者参加招聘理论知识测试

用人单位	应聘者A	应聘者B	应聘者C	应聘者D
1.核实应聘者身份	1.提供有效证件	1.提供有效证件	1.提供有效证件	1.提供有效证件
2.安排座位	2.按要求就座	2.按要求就座	2.按要求就座	2.按要求就座
3.发放试卷	3.认真作答	3.认真作答	3.认真作答	3.认真作答
素质要求：在无人监考下，培养护士的慎独精神				

第三情景 医院会议室：理论考试成绩前三名者进入面试环节（3分/人）

用人单位	应聘者A	应聘者B	应聘者C
1.面试考官随机提问	1.一分钟自我介绍	1.一分钟自我介绍	1.一分钟自我介绍
2.当场亮分	2.回答考官提问	2.回答考官提问	2.回答考官提问
礼仪规范：面试礼仪			
沟通技巧：考官与应聘者的有效沟通			

第四情景 医院护理操作室：面试成绩前两名者进入技能测试环节（1项/人）

用人单位	应聘者A	应聘者B
1.提供病例	1.分析案例	1.分析案例
2.提供操作用物	2.按要求实施操作	2.按要求实施操作
3.提供标准化患者		
4.当场亮分		
单项操作技能：外周静脉输液法		
沟通技巧：护士与患者的有效沟通		

自测题

一、选择题

A1/A2 型题

1. 以下人员招募方式中，属于最古老、最基本的方式是
   A. 面试　　　　　　　　　　B. 笔试　　　　　　　　　　C. 操作考核
   D. 心理测试　　　　　　　　E. 面试 + 笔试

2. 根据原卫生部《编制原则》，护理人员占卫生技术人员总数的
   A. 50%　　　　　　　　　　B. 75%　　　　　　　　　　C. 25%
   D. 30%　　　　　　　　　　E. 36%

3. 用尽可能少的人力成本，完成尽可能多的工作任务，体现了人力资源配置的
   A. 效率原则　　　　　　　　B. 公平原则　　　　　　　　C. 结构合理原则
   D. 满意原则　　　　　　　　E. 目标原则

4. 护理人员共同协作工作达到 1+1>2 的效果，体现了人力资源的
   A. 可塑性　　　　　　　　　B. 可变性　　　　　　　　　C. 组合性
   D. 主观能动性　　　　　　　E. 流动性

5. 根据原卫生部《编制原则》，医院开放床位 1000 张，工作人员最多编制数约为
   A. 1400 人　　　　　　　　 B. 1500 人　　　　　　　　 C. 1600 人
   D. 1700 人　　　　　　　　 E. 1800 人

6. 不属于 N1 级护士所必须具备的能力的是
   A. 业务工作　　　　　　　　B. 沟通与协作　　　　　　　C. 突发事件应急
   D. 健康教育　　　　　　　　E. 教学和科研

7. 在进行人员招募和遴选过程中，将笔试成绩、技能考核成绩、面试成绩及总成绩公布在医院网站上。该行为遵循的原则是
   A. 公开　　　　　　　　　　B. 竞争　　　　　　　　　　C. 平等
   D. 择优录取　　　　　　　　E. 量才而用

8. 某医院护理部对所有入职 2 年以上的本科护士每季度轮流进行全院教学查房，该院护理部采取的人才培养途径是
   A. 鼓励个人自学　　　　　　B. 学历教育　　　　　　　　C. 继续教育
   D. 护理实践培养　　　　　　E. 学术活动

9. 某医院在岗位设置时，根据核算可设置护理岗位 150～160 个，但人力部门在岗位公布时设定的护理岗位是 150 个。人力部门遵循的原则是
   A. 目标与任务　　　　　　　B. 最低数量　　　　　　　　C. 责权匹配
   D. 有效配合　　　　　　　　E. 最低岗位层次

10. 某医院制定的绩效考核方案中明确规定，一线医务人员每个月增加 500 元绩效工资，夜班费由原来的 50 元/次上调至 200 元/次。该医院在实施绩效考核时遵循的原则是
    A. 公平、公正、公开　　　　　　　　　　　B. 客观、科学、综合
    C. 重视提高一线医务人员待遇　　　　　　　D. 个性化
    E. 实事求是

11. 某医院普外科共有床位数 50 张，医院给该科室配备了 12 个医生，20 个护士。该医院配备护士的依据是

A. 医护比 1：2　　　　　　　　　B. 床位与病房护理人员比 1：0.4
C. 护医比例 0.6：1　　　　　　　D. 按照工作量计算
E. 按平均工时计算

12. 某医院护理部对入职 5 年的本科护士不间断进行科室轮转、外出学习、进修等培训，对表现突出的予以相应的专科培训。这属于人才培养原则的
    A. 长远规划与短期需要相结合
    B. 基础训练与专科训练相结合
    C. 普遍培养与重点培养相结合
    D. 临床实践能力与综合能力培养相结合
    E. 理论与实践相结合

A3/A4 型题

（13～14 题共用题干）

张护士长在排班时，根据科室工作量，每日安排 8 名护理人员在岗，新老搭配合理，还允许护理人员提出个人排班需求，适当进行人员调整，保证了科室护理工作有条不紊进行。

13. 张护士长的排班原则是
    A. 满足需要　　　　B. 结构合理　　　　C. 效率
    D. 按职上岗　　　　E. 公平

14. 张护士长把护士新老搭配，遵循的分配原则是
    A. 满足需要　　　　B. 结构合理　　　　C. 按职上岗
    D. 效率　　　　　　E. 公平

二、简答题

1. 什么是护理人力资源管理？
2. 护理人力资源管理的内容有哪些？
3. 护理人力资源管理的基本原则是什么？
4. 简述护理岗位设置原则。
5. 简述护理排班应遵循的原则。
6. 简述护理人员绩效考核的关键指标。

三、案例分析

1. 某医院胸外科共有患者 40 名，其中一级护理患者 10 人，二级护理患者 20 人，三级护理患者 10 人。经测定，各级护理的患者在一日内需要的平均护理时数是一级护理 4.5 小时，二级护理 2.5 小时，三级护理 0.5 小时。40 名患者一日内得到的间接护理时数是 13.3 小时。每名护士每日平均工作时间以 8 小时计，机动护士比例为 20%。

    思考：（1）病房每日护理时数的总和是多少？
    　　　（2）此科室应编护理人员的人数是多少？

下载资源：
第五章案例分析 1 参考答案

2. 某地一所三级乙等医院，曾稳步发展，但最近几年院长改变经营模式，经营状况不佳，医院效益明显下滑。由于不重视护理队伍建设，使护理质量逐年下降，护理纠纷不断，出现了护理人员流失现象，留不住优秀护理人才，护理工作犹如一盘散沙。

    思考：如果你是新上任的院长，你会如何进行护理队伍的建设？

下载资源：
第五章案例分析 2 参考答案

（林　锋）

第六章 护理领导

学习目标

1. 识记：掌握领导的定义、影响力分类及领导的作用；描述授权原则的含义及常用授权方法。
2. 理解：理解领导和管理异同点；识别领导者的影响力；区分特征领导理论、行为领导理论、权变领导理论代表人物和主要观点；识别常用的领导艺术。
3. 运用：根据领导的影响力分类，学会在护理管理中提升领导影响力的方法；能够在生活、学习、工作中实践运用领导理论和领导艺术。

名人名言

领导就是保证管理、计划、组织、指挥、协调和控制等基本职能能得以顺利完成的保证力量。　　　　　　　　——[法] 亨利·法约尔（Henri Fayol），管理过程学派创始人

领导就是创设一种情境，使人们心情舒畅地在其中工作。
　　　　　　　　——[美] 彼得·德鲁克（Peter F.Drucker），现代管理学之父

领导是一种影响力，是引导人们行为，从而使人们情愿地、热心地实现组织或群体目标的艺术过程。　　——[美] 哈罗德·孔茨（Harold Koontz），管理过程学派主要代表人物

领导是管理职能之一，在管理中占据非常重要的地位，大量事实证明，管理的效果很大程度上取决于组织的领导及其领导能力和水平。领导的任务是将组织中独立个体组织起来，有效地影响个体或群体实现组织目标。要发挥好领导职能，管理者就必须学习科学的领导方法和领导艺术，研究和掌握领导的规律，提高领导者的自身素养，在组织的生存和发展中发挥重要作用。

第一节　领导与领导者

> **案例 6-1**
> 马云是一位大家耳熟能详的杰出企业家和商业领导者。1995年，在他还是大学英语老师的时候，有机会带着一个团到美国去交流访问。当时他见识了美国互联网的神奇，虽然他对网络并不通晓，但是他意识到互联网、网络商业在中国还是空白。在杭州，他带领了一个团队——所谓的"十八罗汉"，创建了阿里巴巴公司，改变了传统商品销售模式，影响了广大普通中国人购物和消费方式，他也成为了家喻户晓的著名企业家。
>
> 思考：1. 马云的哪些素质使他成功抓住机会，成为一个有魅力又成功的领导者？
> 2. 搜集马云的成长经历，分析他的领导者地位是轻而易举就得到的还是不断积累、奋斗和提升而得到的？对你有什么启发？
> 3. 领导需要从哪些方面提升自己的影响力，成为一个优秀的领导者？

领导是增加有效管理的一个重要方面。明确领导的作用与效能、提高领导者自身素质和影响力，是现代管理者必须掌握的一项基本技能。

一、领导与领导者概述

（一）领导的概念

不同的学者对"领导"一词的解释不同。综合各方对领导定义的表述，作为管理职能之一的领导（leadership）是指管理者通过影响下属实现组织和集体目标的行为过程，其目的是使下属心甘情愿地为组织目标而努力。由此可见，领导过程由以下要素构成：①领导行为的主体：即实施领导行为的个体或集体，在领导行为中起关键作用；②领导对象：即领导者的下属、追随者或被影响者，可以是个体或是群体；没有被领导者，领导工作就失去了意义；③领导目的及实现目的的手段：目的是目标的预期，实现的手段主要有授权、领导执行力、权力运用等领导艺术；④领导力量：指领导者具有的影响下属的能力。正是由于影响力的存在，领导者才能对组织活动施加影响，并使下属跟随，使领导过程成为可能。

（二）领导与管理

领导与管理的含义非常接近，人们习惯将领导和管理当作同义词使用，似乎领导过程就是管理过程，领导者就是管理者。严格意义上领导和管理既有联系，又有区别。

两者的联系主要体现在以下三个方面。

1. **领导是管理职能之一**　在管理职能尚未清晰的时代，管理与领导没有明确的分离。随着管理科学的不断完善和发展，两者的关系得到明确，即管理是领导的母体。

2. **管理和领导具有复合性**　表现在主体身份复合，在组织中，管理者和领导者的身份往往重叠复合，两者都是一种在组织内部通过影响他人的活动，来实现组织目标的过程。

3. **领导与管理相辅相成**　领导活动的目标只有在有效管理活动的支持下才能实现，而管理活动的效益也只有在正确的领导决策指导下才能产生。

领导与管理两者的区别主要体现在以下五个方面（表 6-1）。

表 6-1　领导和管理的区别

区别	管理	领导
目标和意义不同	具体的、微观的工作目标；主要表现为战术性；使既定的方针得以落实	抽象的、宏观的社会目标；主要表现为战略性；意义在于对路线、方针、政策的引导和确定
基本职能不同	主要是管理人、财、物等资源，使各种资源得到合理配置，充分提高管理效能	主要是制定决策和推动决策的执行，实现最大的社会效益；重点是以人为中心，处理好人际关系，从而发挥人的积极性和创造性
活动方式不同	必须具备规范性、程序性和模式化的基本特点	不拘泥于程式化的领导方式，而具有一定的灵活性和随机性
实践对象不同	特定的规则程序	特定的组织成员
评价标准不同	一般是效率和效益，可以采用较为客观的、数据化的测评方法来评价	领导效能，既包括领导活动的效率和效益，也包括领导过程中的用人效能、时间效能和整体贡献效能等

综上比较可以认为，领导主要是依据和运用影响力，关注人的尊严、价值、潜能，以激励和发展来教化、凝聚人的心灵；管理主要依据法律和规则来规范、统一人的行为。管理是执行，是对某一计划活动的完成。领导是为实现远景目标制定变革战略，激励和引导团队或组织成员为实现目标作贡献的过程。

总之，领导和管理相互联系又有区别，两者结合得好，就会相得益彰；区别不好，又会相互混淆和干扰。

另外，在理想的情况下，管理者就是领导者。但实际情况并非如此，有时管理者并不是领导者，组织赋予管理者某些权力，但仅靠权力并不能保证他们实施有效领导。也有些人具有领导才能但并不是管理者。如医院中的护理部主任、科护士长、护士长都是护理管理者，但不一定是护士群体的领导者。要想成为高效的护理管理者，必须具备高水平的领导才能。

（三）领导者的概念

领导者（leader）是一种社会角色，是指在正式的社会组织中经合法途径被任用而担任一定领导职务、履行特定领导职能、掌握一定权力、承担某种领导责任的个人和集体。管理学家彼得·德鲁克认为："领导者的唯一定义就是其后面有追随者"。

领导者是一种特殊影响力的承载者，是领导行为的主体，在领导活动中起主导作用，在组织中占据核心地位。与之相对应的是被领导者，被领导者是领导者执行领导职能的对象，两者相互依存、相应影响，密不可分。在领导过程中，领导者通过指导、激励等影响被领导者，同时被领导者给领导者提供信息来修正其行为。领导职能的完成，需要领导者与被领导者交流和沟通，而且人的感受、能力和心态在不断变化，两者之间的关系也必须不断修正，行动不断调整，因此，领导是一种双向的动态过程。

二、领导的作用与领导效能

（一）领导的作用

领导在引导、鼓励和影响组织中个体和群体，为实现组织目标而努力的过程中，发挥以下作用。

1. **指挥作用** 在组织的集体活动中，领导者通过引导、指挥、指导，帮助组织成员最大限度地实现组织的目标。在整个活动中，要求领导者作为带头人引导组织成员开展实现目标的工作，识别并适应工作中可能发生的各种意外和变化，因此领导具有指挥作用。

2. **协调作用** 在组织运行中，由于组织成员的能力、态度、性格、价值观等不同，再加上外界因素的干扰，成员之间难以在思想、行动上保持高度一致。有效地领导可以促进成员之间的有效沟通，协调组织成员的关系和活动，增强组织凝聚力，使组织成员步调一致地朝着共同的目标前进。

3. **激励作用** 组织成员不仅对组织目标感兴趣，而且有着各自的目标和需求。领导的职能可以使领导者充分了解员工的需要，并通过一系列的激励手段尽可能满足组织成员的需要，从而调动组织中每个组织成员的积极性和创造性，实现组织目标。

（二）领导效能

1. **定义** 领导效能是领导者在实施领导过程中的工作结果、工作状态和行为能力，即所获得的领导效率、领导效果、领导效益和领导能力的综合体现。领导的效能是评价领导活动优劣的综合尺度。

2. **构成因素** 构成领导效能的主要因素有：①领导能力：是领导者行使权力、承担责任、胜任领导工作、完成领导任务必备的基本条件。它是以领导者的品德、知识、经验、心理等多方面素质为基础而形成的行为能力。②领导目标：是取得领导效能的前提。领导目标的实现程度是衡量领导效能的尺度。③领导效率：一般是指领导者从事领导工作的产出同所消耗的人力、物力、财力等资源之间的比率关系，主要受领导者的能力、工作态度、领导环境以及下属的素质和能力等条件的影响。④领导效益：是领导活动的最终效果，具有社会性、公益性和长远性。主要表现为社会效益、经济效益、文化效益、人才效益等，是一个综合性指标体系。

3. **测评** 领导效能的测评是对领导者实施领导活动的能力和效果进行综合测试与评价的过程。定期进行领导的测评，有助于增强各级领导者的责任感，鼓励先进，督促后进；有助于提高领导水平；有助于了解评价各级领导者的德、能、勤、绩。在测评过程中除遵循实事求是的总原则外，还要遵循以下原则：①主观测评与客观测评相结合的原则；②静态测评和动态测评相结合的原则；③直接测评与间接测评相结合的原则；④定性测评与定量测评相结合的原则；⑤整体测评和局部测评相结合的原则。

三、领导者的基本素质

领导者的基本素质是由领导工作的目标要求所决定的。领导工作的目标要求即"通过三个方面，达到一个目的"。"三个方面"指通畅组织内外的沟通联络渠道；运用适宜的激励措施与方法；不断改进和完善领导作风与领导方法。"一个目的"指创造一个有利于实现组织目标的氛围。具体工作包括：①不断鼓舞人们的士气；②把握人们的工作动机，了解人们变化中的期望；③注意社会环境对人的影响；④进行合理安排，促使下属全力以赴地工作；⑤综合运用经济、行政、法律方法。根据岗位目标，领导者应具备以下基本素质，才能实现岗位胜任力。

（一）政治思想素质

坚持四项基本原则，为人民服务；有事业心与责任感；为人正直，不谋私利；生活勤俭，不搞特殊化；有正确的工作作风和工作方法；作为一名护理队伍的领导还要热爱护理专业。

（二）业务知识素质

领导者的业务素质按行业特点确定，包括自然科学、社会科学的基础知识和本行业的专业知识。如护理管理人员不仅要具备与护理专业相关的医学基础知识和护理专业知识，还要具备与管理工作有关的社会学、心理学、行为学、领导科学、计算机应用等有关的社会科学、人文科学和行为科学的知识。

（三）工作管理能力素质

领导者工作能力素质主要体现在：预测决策能力、组织指挥能力、协调控制能力、灵活应变能力、培养下属能力、人际交往能力、语言表达能力、改革创新能力、应变适应能力和管理时间的能力。

（四）个人身体素质

领导者不仅要具有健康的身体、精力充沛，还要记忆良好、思路敏捷、判断迅速，这些都是领导者做到有效领导的基础。

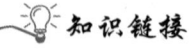

护理管理者提升领导力的七项修炼
1. 注重个人品格修养　2. 把握全局和长远　3. 科学决策　4. 沟通协调的艺术
5. 明确目标，提高效率　6. 勇于突破创新　7. 持之以恒，不断学习

四、领导者的职权与影响力

（一）领导者的职权

职位权力是指组织根据管理者所处的职位给予其影响下属和支配组织资源的权力，由组织正式授予，受制度保护。包括以下三类。

1. 法定权力　来源于组织中正式的管理职位，是正式授予的权力，其内容包括决策权、指挥权、人事权、经济权等。其形式具有非人格性、制度性。法定权力通常具有明确的隶属关系，从而形成组织内部的权力等级关系。

2. 奖赏权力　是履行有形奖励（如增加报酬、发奖金、晋升等）和无形奖励（如口头表扬、赞许、尊重等）的权力。

3. 强制权力　建立在惧怕基础上，对不服从要求或命令的人进行惩罚的权力。组织中强制权力的实施手段主要有口头谴责、减少报酬、解雇等。

另外，作为一个领导者，还需要具有个人权力，包括专家权力、参照权力。

（二）领导者的影响力

影响力（power）是一个人在与他人交往的过程中，影响和改变他人心理行为的能力。领导者的影响力根据其性质可以分为权力性影响力和非权力性影响力。

1. 权力性影响力（authority power）　指领导者运用上级授予的权力强制下属服从的一种影响力。这种由外界赋予领导者的影响力对被领导者具有强迫性和不可抗拒性。权力性影响力由传统因素、职位因素和资历因素所构成。

（1）传统因素：传统因素指长期以来人们对领导者所形成的一种历史观念，认为领导者不同于普通人，他们有权力、有才干，比普通人厉害，使人们产生了对他们的服从感。这些观念逐步成为某种社会规范，不同程度地影响着人们的思想和行为。这种影响力在领导者还没有确定之前就已经存在了，只要一个人有了领导头衔就自然地获得了这种影响力。

（2）职位因素：是权力因素的核心，因组织授权，使其具有强制下级的力量。职位越高，权力越大，下属对他的敬畏感就越强，其影响力就越强。如护理部主任的影响力要比科护士长的影响力大，科护士长要比护士长的影响力大。任何人只要处于领导职位，都能获得这种影响力。

（3）资历因素：资历指领导者的资格和经历。资历的深浅在一定程度上决定着领导者的影响力。如一位有多年经历的护士长在一线管理职位上的影响力较刚上任的护士长要大。

以上三种因素构成的影响力都是由外界赋予的，而不是由领导者的自身素质和现实行为所产生的，其核心是权力的拥有，所以称之为权力性影响力。其特点是：对他人的影响具有强制性，以外推力的形式发挥作用；在这种影响力作用下，被影响者的心理和行为主要表现为被动服从。因此，权力性影响力对下属的心理和行为的影响是一种外在的因素，其影响程度是有限的。

> **名人名言**
>
> 领导就是影响他人实现目标的能力和过程。
> ——[美] 斯蒂芬·P. 罗宾斯（Stephen P.Robbins），管理学家

2. 非权力性影响力（non-authority power） 指由领导者自身素质和现实行为形成的自然性影响力。它既没有正式规定，也没有合法权力形式的命令与服从的约束力。在它的作用下，被影响者更多地表现为顺从和依赖。这种影响力由以下四种因素构成：

（1）品格因素：一个人的品格主要包括道德、修养、品行、个性特征、工作生活作风等方面。领导者的品格反映在他的一切言行中。高尚的道德品质会使领导者有较大的感召力和吸引力，对被领导者起到榜样的作用。例如，近代护理事业创始人——南丁格尔，她拥有超越国家和时代的影响力，这和她自身的美好品格是密不可分的。在实际领导工作中，无论职位多高，如果道德品质得不到下属的认可，其影响力就会大打折扣。因此，各级护理管理者都应具有良好的品格，并且不断地修炼自身品格。

（2）能力因素：领导者的能力主要反映在工作成败和解决实际问题的有效性方面。一个才能出众的领导者，不仅为成功达到组织目标提供了重要保证，领导者成功的经历还能增强下属达到目标的信心，以此自觉接受领导者的影响。

（3）知识因素："知识就是力量"。知识丰富的领导者掌握时代发展的信息越多，成功的可能性越大，对下属的指导也有较大自由度，更易取得下属的信任和配合，由此具有较大影响力。例如，一位护士长在病房管理活动中，会遇到行政管理或业务技术方面的许多问题，当他拥有丰富的知识，就能够对各种问题作出相对正确的决策，获得下属更多的信任，护士长也因此具有较高的威信。这种威信会与护士长职权协同作用，大大提升工作效能和个人工作成就感。所以，提高业务知识水平是提高护理管理者影响力的有效途径。

（4）感情因素：感情是指人们对外界事物的心理反应。领导者与被领导者之间有良好的感情基础，就能使下属产生亲切感，使下属与其心心相印，并甘愿为之奋斗。与下属有良好感情关系的领导者，其影响力不是来自于强制性因素，而是来自下属一种发自内心的服从和接受。

非权力性影响力具有以下特征：具有自然性、非强制性，往往潜移默化地起作用；激励作用大，下属信服、尊敬领导者；影响力稳定而持久，不随领导者职权地位的改变而变化；对下属态度和行为的影响起主导作用。

在领导者的影响力中，非权力性影响力占主导地位，起决定作用。非权力性影响力影响着权力性影响力。当领导者的非权力性影响力较大时，其权力性影响力也会随之增强。因此，提高领导者影响力的关键在于不断提高其非权力性影响力。

音频：
权力性影响力与
非权力性影响力

第二节 领 导 理 论

> **案例 6-2**
>
> 苹果公司现在已经成为市场估值过万亿美元的公司,它生产的苹果智能手机风靡全球,在世界各地拥有忠实的粉丝。提到苹果手机就一定会提到和苹果手机紧密关联的一个名字——乔布斯。
>
> 当苹果遇到了狂妄的乔布斯,一切命运就已注定,既有失败的折磨,又有极致的辉煌。乔布斯的性格是一把双刃剑。他偏执、不合群、要求绝对服从、时刻想当老大、独裁、缺乏民主作风、只关心自己感兴趣的事情。由于产品的失败,狂妄的乔布斯在1985年9月被他请来的CEO赶出了苹果电脑公司。
>
> 当他再次回归公司,仍然脾性不改,自私的让人无法忍耐,任何人妨碍了他的权力,都没有好下场。逐渐大权独揽的乔布斯,再也听不到反对声音了。他要向人们证明自己,他还能改变世界。
>
> 事实证明,当苹果智能手机发明后,他真的改变了世界!
>
> **思考:** 1. 根据领导理论,分析乔布斯的领导风格。
> 2. 你认为乔布斯是合格的领导者吗?请给出你的理由。

领导理论是管理学理论研究的热点之一。从20世纪40年代起,西方管理学家和管理心理学家对领导者的特征、领导的行为和领导环境因素等方面做了大量的研究,归纳概括形成了领导理论。按照理论的时间和逻辑顺序,传统的领导理论大致分为3种类型:特征领导理论、行为领导理论和权变领导理论。

一、特征领导理论

20世纪20—30年代,有关领导的研究主要针对能够把领导者和非领导者区分开来的个性特征。特征领导理论(trait leadership theory)的出发点是:领导效率的高低取决于领导者的特质,找出好的领导者和差的领导者在个人特征方面有哪些差异,由此确定优秀的领导者应具备的特质。本节我们只介绍其中一个理论:领导条件品质论。

美国的经济学家威廉·鲍莫尔(William Jack Baumol,1922—2017)提出的领导条件品质论认为,作为一名领导者应具备以下10项品质才是合格的:①合作精神:即愿意与他人同事,能赢得他人合作,对人不是压服而是感动和说服;②决策能力:能根据客观实际情况而不是凭主观臆断作出决策,具有高瞻远瞩的能力;③组织能力:能发掘下属的潜能,善于组织人、财、物、时间、信息等资源;④精于授权:能大权独揽,小权分散;⑤善于应变:机动灵活,积极进取,不墨守成规;⑥敢于创新:对新事物、新环境和新观念有敏锐的感受能力;⑦勇于负责:对上下级及整个社会抱有高度的责任心;⑧勇担风险:敢于承担组织发展不景气的风险,有努力开创新局面的雄心和信心;⑨尊重他人:虚心听取他人的意见和建议,不盛气凌人;⑩品德高尚:被组织中和社会上的人所敬仰。

另外,还有领导个人因素论、领导品质论等很多特征领导理论。进入20世纪中期,特征领导理论受到质疑,人们并未从中找到一些特质因素总能对领导者与下属以及有效领导者与无效领导者进行区分。大量研究只能得出这样一个结论:具备某些特质确实能提高领导者成功的可能性,但没有一种特质是成功的保证。特征理论有3方面的缺点:第一,它忽视了下属的需要;第二,它没有指明各种特质之间的相对重要性;第三,它忽视了情境因素。尽管有很多不足,领导特征理论对于挑选、培养和考核领导者仍然有重要的指导作用。

二、行为领导理论

20世纪50—60年代,行为科学和心理学家将研究的重点转向了领导行为的研究,着重研究和分析领导者在工作过程中的行为表现及其对下属行为和绩效的影响,以确定最佳的领导行为。行为领导理论（behavioral leadership theory）主要代表人物有勒温、布莱克和莫顿等。他们以领导行为为对象,对领导活动进行动态的研究。认为领导的本质是一种影响力,领导者的领导行为与领导风格对组织行为及领导绩效有影响。这一阶段的主要成果有三种:领导方式理论、领导行为四分图理论和管理方格理论等。

（一）领导方式理论

美国著名心理学家库尔特·勒温（Kurt lewin,1890—1947）和他的同事们进行了关于团体气氛和领导风格的研究。研究发现,团体的领导并不是以同样的方式表现他们的领导角色,领导者们通常使用不同的领导风格,这些不同的领导风格对团体成员的工作绩效和工作满意度有着不同的影响。他们力图科学地识别出最有效的领导行为。研究最终提出了领导风格理论,确定出3种极端的领导风格。

1. 独裁型领导风格 独裁型领导又称专制型领导。领导者把一切权力集中于个人,靠权力和强制命令让人服从。其特点是:领导者倾向于集权管理,所有工作开展的步骤和技术都由领导者发布;独断专行,作决策时不与他人商量,下级没有任何参与决策的机会,只有服从;主要依靠行政命令、纪律约束、训斥和惩罚使人服从;领导者很少参加群体的社会活动,与下级保持较远的心理距离。这种领导行为,权力高度集中,管理的重心主要落在工作任务和技术方面。

2. 民主型领导风格 是指领导者以理服人,权力定位于群体,靠鼓励和信任使下属积极主动工作,下属分工合作,各尽所能。其特点是:发动下属讨论,共同商量,集思广益,然后决策,要求上下融洽,合作一致地工作。分配工作时尽量照顾个人能力、兴趣和爱好,不具体安排下属的工作,使其有选择性和灵活性,主要运用非权力性影响力使人服从,谈话时多用商量、建议和请求的口气;领导者积极参加团队活动,与下级无任何心理距离;领导者和下级有较为协调的双向沟通。领导者的工作中心在协调人际关系,认为下级只有在受到激励后才会主动工作并富有创造力。

3. 放任型领导风格 放任型领导是一种放任自流的领导行为,权力定位于组织中的每个成员,工作事先无布置,事后无检查,依靠充分授权让下属受到最少的监控。其特点是:领导者极少运用权力,给下属高度的独立性,由下属确定他们的工作目标以及实现目标的方法;领导者只为下属提供信息,充当群体和外部环境的联系人,以此帮助下属完成工作任务。

在实际管理工作,三种极端的领导行为并不常见,多数领导方式为混合型。勒温等人的最初研究发现,民主型领导风格的工作效率最高,不仅可以完成工作目标,而且成员间关系融洽,工作积极主动,有创造性。独裁型领导风格虽然达到了工作目标,但成员没有责任感,士气低落,情绪消极;放任型领导风格工作效率最低,只达到社交目标而达不到工作目标。进一步的研究发现,3种领导风格各具特色,适用于不同的环境。领导者需要根据所处的管理层次、工作性质和下属的条件等因素灵活选择主要的领导风格,并辅之其他领导风格。

（二）领导行为四分图理论

1945年,美国俄亥俄州立大学的研究人员弗莱西曼（E.A.Fleishman）和他的同事们根据领导行为研究出了领导行为四分图理论。研究人员收集了大量下属对领导行为的描述,罗列了1000多种刻画领导行为的因素,经过高度概括,最终将领导行为归纳为以下两类。

1. 任务型领导 以工作任务为中心,领导者通过设计组织结构、明确职权、明确相互关系和沟通渠道，确定工作目标与要求、制定工作程序、工作方法和制度，来引导和控制下属的行为表现。

2. 关心型领导 以人际关系为中心，关心和强调下属的需要，尊重下属意见，给下属较多的工作主动权，体贴下属，乐于与下属建立相互信任、相互尊重的关系。

上述2种不同的领导行为，相互结合形成4种基本的领导风格，即高任务低关心人、高任务高关心人、低任务高关心人、低任务低关心人，称为领导行为四分图，也称二维构面理论（图6-1）。许多研究发现，高任务高关心人的领导风格，相对于其他3种领导风格更能使员工在工作中取得高效绩效并获得工作满足感。

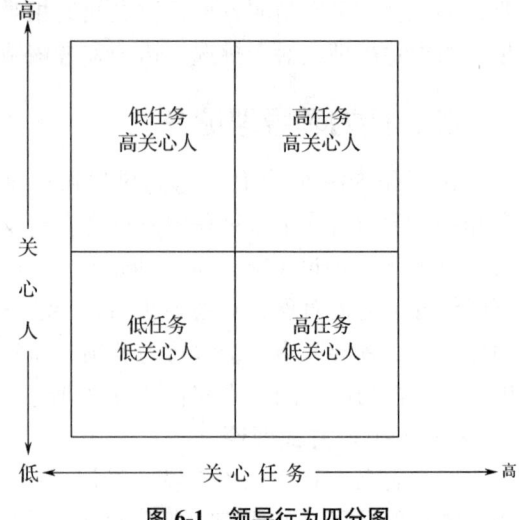

图6-1 领导行为四分图

（三）管理方格理论

在领导行为四分图的基础上，美国得克萨斯大学的管理心理学家罗伯特·布莱克（Robert R.Blake，1918—2004）和简·莫顿（Jane S.Mouton）提出了管理方格理论，并构造了管理方格（图6-2）。每一方格代表一种领导风格，其中有5种典型的领导风格。

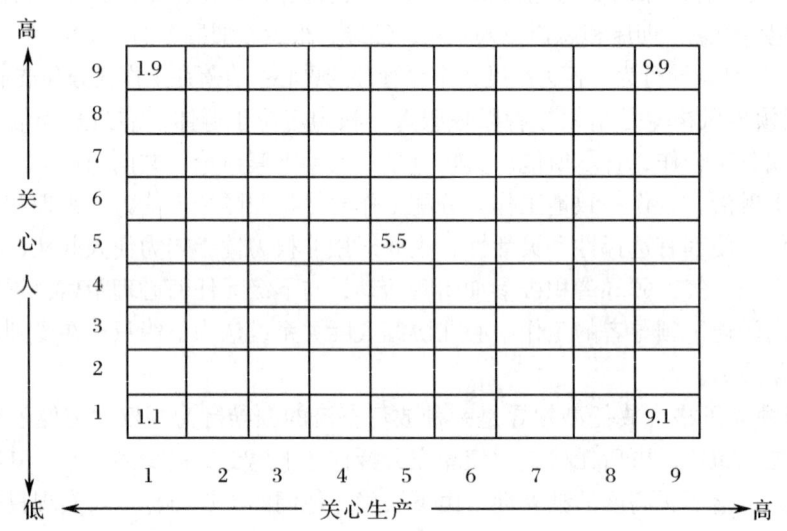

图6-2 管理方格理论模型

1. 协调式管理 即9.9型管理。领导者对生产和人都极为关心。这种管理方式的领导者能使组织目标和个人需求有效结合，既重视组织的各项工作任务，又能通过激励、沟通等手段，使成员在相互信任、相互尊重的基础上合作，使工作成为组织成员自觉自愿的行为，从而获得高的工作效率。布莱克和莫顿认为这是最理想有效的领导类型，但较难做到，应是领导者努力的方向。

2. 贫乏式领导 即1.1型管理。领导者对工作和人都不关心，只是以最小的努力来完成一些维持自己职务的工作，最低限度地完成组织工作和维系组织人际关系。

3. 中庸式领导 即5.5型管理。领导者对工作和人都有适度的关心，保持工作与满足人的需要之间的平衡，维持一定的工作效率和士气。这类领导者往往缺乏进取心，满足于维持现状。

4. 权威式管理 即9.1型管理。领导者全力关注任务完成，很少注意下级的发展和士气，虽然能达到一定的工作效率，但不注重人的因素，不关心人。

5. **俱乐部式管理**　即 1.9 型管理。领导者对人高度关心，关心组织成员的需求是否得到满足，重视人际关系，强调自己和下属的感情，努力创造友好的组织气氛，但对生产很少关心，其理由是只要员工心情舒畅，自然会提高生产绩效。

布莱克和莫顿认为，5 种典型的领导风格中，贫乏式管理效果最差，其次为俱乐部式管理，协调式管理效果最佳。中庸式管理和权威式管理在不同情境下效果不同，权威式管理在短期内工作效率较高，在任务紧急和员工素质较低时可以应用中庸式管理，但不利于组织长期发展。管理方格理论为领导者正确评价自己的领导行为，培训发展管理人员，掌握最佳的领导方式提供了有效的指导。

行为领导理论虽然在特征理论的基础上有了较大的发展，但忽视了环境因素对领导有效性的影响。

三、权变领导理论

权变领导理论（contingency leadership theory）认为，领导是动态的过程，领导的有效性不仅取决于领导者的特征和行为，还取决于领导者所处的具体环境。不可能有一种适用于任何环境的领导方式，任何领导方式都可能有效，关键要与环境相适应。许多理论家提出了影响领导有效性的关键情境因素。以下介绍 3 种经典的权变理论。

（一）权变理论

美国华盛顿大学心理学家和管理学家弗莱德·费德勒（Fred Fiedler）在大量研究的基础上提出了有效领导的权变模式。他提出，任何领导方式均可能有效，其有效性完全取决于是否与所处的环境相适应。

费德勒将领导方式归纳为任务导向型和关系导向型，并开发了"最难共事者（LPC）"调查问卷（见本章实践活动），用以鉴别不同的领导方式，并将影响领导有效性的情境因素归纳为 3 个方面。

1. **上下级关系**　是指下属对领导者的信任、尊重、喜爱和愿意追随的程度。如果双方高度信任、相互支持，属于相互关系好，反之则属于关系差。这是最重要的因素。

2. **任务结构**　是指工作任务明确程度和下属对所承担职责的明确程度。当任务是常规、具体、明确、容易理解、有章可循时，属于任务结构明确性高，反之，当任务复杂、无先例、没有标准程序时，则属于任务结构明确性低或不明确。这是次重要因素。

3. **领导者职权**　是指与领导者的职务相关联的正式权力，以及领导者在整个组织中从上到下所取得的支持程度。如果领导者对下属的工作任务分配、职位升降和奖罚等有决定权，属于职位权力强，反之，则属于职位权力弱。这是最不重要的因素。

费德勒将 3 种情境因素组合成了 8 种环境类型，3 个条件都具备是最有利的环境，3 个条件都不具备是最不利的环境。不同的环境类型适合的领导方式不同，只有两者匹配良好，才能取得有效的领导。当环境条件处于最有利和最不利两个极端时，都适宜采取任务导向型领导方式。而中间状态的环境，则适宜采取关系导向型领导方式（表 6-2）。

表 6-2　费德勒权变理论模型

对领导的有利性	有利			中间状态				不利
上下级关系	好	好	好	好	差	差	差	差
任务结构	明确	明确	不明确	不明确	明确	明确	不明确	不明确
领导者职权	强	弱	强	弱	强	弱	强	弱
领导方式	任务导向型			关系导向型				任务导向型

费德勒将领导方式认定为领导者的一种人格特质，具有持久且不容易改变的特征。因此，提高领导效率可通过两种途径来实现，一是选择领导者以适应环境，二是改变环境条件以适应领导者。

（二）领导生命周期理论

领导生命周期理论（life cycle theory of leadership）也称情境领导理论（situational leadership theory）。最初由俄亥俄州立大学心理学家科曼（A.korman）于1966年提出，后由管理学家保罗·赫塞（Paul Hersey）和肯尼斯·布兰查德（Kenneth Blanchard）发展完善。该理论的主要观点是：成功的领导要选择合适的领导方式，而领导方式的依据是下属的成熟度。

成熟度（maturity）是指个体对自己直接行为负责任的能力和意愿的大小，包括工作成熟度和心理成熟度。工作成熟度是指一个人从事工作所具备的知识和技术水平。工作成熟度越高，在组织中完成任务的能力则越强，越不需要他人的指导。心理成熟度是指从事工作的动机和意愿。心理成熟度越高，工作的自觉性越强，越不需要外力激励。根据工作成熟度和心理成熟度的水平，下属的成熟度划分为4个等级。

（1）M1（不成熟）：工作能力低，动机水平低。下属缺乏接受和承担任务的能力和意愿，既不能胜任工作，心理又缺乏自信。

（2）M2（初步成熟）：工作能力低，动机水平高。下属初知业务，愿意承担任务，但缺乏足够的能力，有积极性但没有完成任务所需要的技能。

（3）M3（比较成熟）：工作能力高，动机水平低。下属具备了工作所需要的技术和经验，但没有足够的动机和意愿。

（4）M4（成熟）：工作能力高，动机水平高。下属不仅具备了独立工作的能力，而且愿意并具有充分的信心来主动完成任务并承担责任。

该理论将领导行为分为工作行为和关系行为两方面，又将这两方面分为高低2种情况，从而组合成了4种领导风格。

（1）命令型（高工作—低关系）：强调直接指挥，与下属采取单向沟通的方式，明确规定工作目标和工作规程，告诉他们做什么，如何做，何时做，在何地做等。适用于不成熟（M1型）的下属。

（2）说服型（高工作—高关系）：领导者除了向下属布置任务外，还与下属共同商讨工作如何进行，以双向沟通的方式对员工的意愿和热情加以支持，并向员工说明决定，通过解释和说服获得下属的认可和支持。适用于初步成熟（M2型）的下属。

（3）参与型（低工作—高关系）：上级与下级共同决策，领导者给下属提供支持，加强交流，鼓励下属参与决策，对下属的工作尽量不作具体指导，促使其搞好内部的协调沟通。适用于比较成熟（M3型）的下属。

（4）授权型（低工作—低关系）：领导者充分授权下属，鼓励下属自己作决定并承担责任。适用于成熟（M4型）的下属。

下属成熟度和领导风格的匹配见图6-3。

领导生命周期理论主要强调对于不同成熟度的员工，应采取不同的领导方式，才能做到最有效的领导。这就启发领导者必须创造条件帮助员工从不成熟逐渐向成熟转化，将使用人和培养人结合起来，注重人才开发。

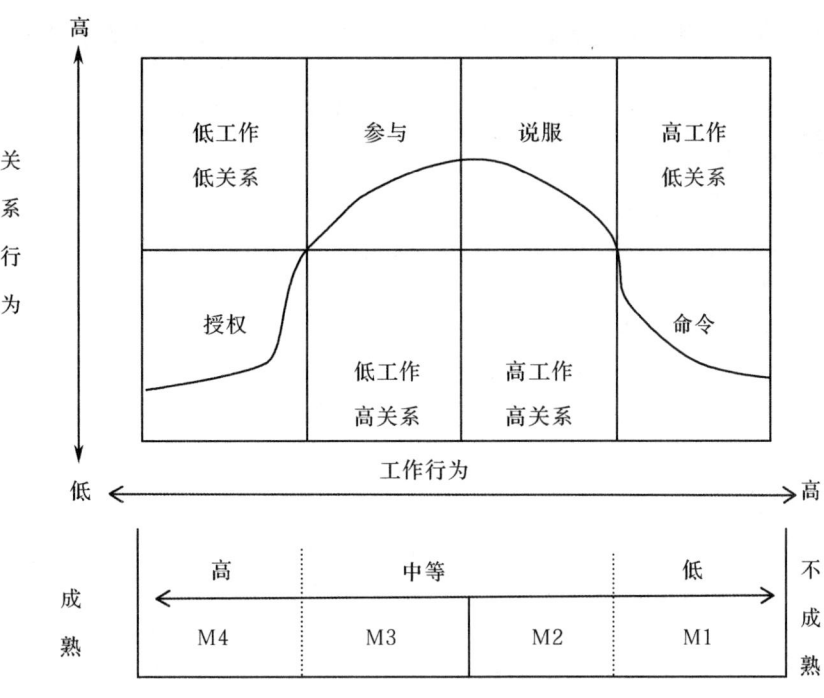

图 6-3 领导生命周期理论模型

第三节 领导艺术

> **案例 6-3**
>
> 为提升护理人员参与发明变革与创新实践的积极性，彰显护理人员的专业价值，上海市护理学会将在 2017 年 9 月第三届上海国际护理大会期间举办"上海护理创新发明展"。本次展览共征集到 118 个项目，范围涵盖护理领域的仪器、设备、器械、工具、材料信息化及各种技术方法的发明或创新，旨在为护理人员提供创新成果展示和交流平台，通过展评结合的方法，推进护理创新成果进一步转化与推广。本次展览将以实物展示、壁报展示、多媒体呈现、发明者现场讲解相结合的方法，全方位展现创新发明成果；通过融合视觉、听觉感受的现场展示和互动交流，让参与者体验发明人创新经历与创新发明成果，激发其创新灵感与智慧火花。同时，活动开设现场投票，届时将邀请护理人员和相关设计人员等共同参与评比。
>
> **思考**：1. 作为一名护士，你有兴趣参加这样的创新发明展吗？
> 2. 如果你是一名护士长，你可以运用哪些领导艺术，鼓励科室护士作出创新成果？
> 3. 如果你是一名护理部主任，你可以运用哪些领导艺术，提升医院护士的科研创新？

合格的领导者在运用领导的方式方法上表现出来的创造性和有效性，是领导者个人素质的综合反映，具有随机、非模式化的特征。领导者需要注重提高个人的素质和才能，掌握常用的领导艺术，在实践中不断创新，才能提高领导工作的有效性。领导者学习一些领导艺术，对做好领导工作具有很好的指导作用。领导艺术是凝聚人心的艺术。常用的领导艺术包括授权艺术、权力运用艺术、创建高效能团队艺术、提升领导执行力艺术以及用人、处事、协调、理财等领导艺术。

一、授权艺术

（一）授权的概念及意义

授权（authorization）是指不影响个人原来工作责任的情形下，将某些特定的任务改派给另一个人，并给予执行过程中所需要的权力。授权者对被授权者有指挥权、监督权，被授权者对授权者有汇报情况及完成任务的责任。

护理管理者适当授权有助于其从日常事务中解放出来，专心处理重大问题；可以提高下属的工作积极性，增强其责任心，并增进工作效率；可以增长下属的才干，有利于后备管理人员的培养；可以充分发挥下属的专长，弥补护理者自身才能的不足。

（二）授权的原则

1. **明确目标** 授权者需要向被授权者阐明所授任务需要达到的目标，使被授权者能够在清晰地目标指引下开展工作。没有明确目的的授权会让被授权者无从下手，无所适从。

2. **合理授权** 管理者要根据工作任务的性质、难度，兼顾下属的工作能力等条件，选择将适当的任务进行授权，即选定合适的任务给合适的人。要充分了解下属的才能，避免用人不当造成的损失。

3. **以信为重** 管理者授权是否有效，很大程度上取决于对下属的信任程度。要充分信任下属，放手让下属工作，避免想授权又不敢授权，授权后又干涉下属行使权力，授权后又收回等不信任下属的表现。

4. **量力授权** 管理者向下属授权，应当依自己的权力范围和下属的能力而定。既不能超越自己的权力范围，又不能负荷过重或授权不足，更不能超越授权。管理者一旦授权不当，或造成大权旁落，或造成下级的权小责大，就会使组织的活动受到干扰，影响目标实现。

5. **带责授权** 管理者授权并非卸责，将权力下授，并不能减轻管理者的责任。同时，也必须明确被授权者的责任，让其明确责任、目标、权力范围，即明白自己对哪些资源具有多大程度的管辖权和使用权，需要达到什么目标及自己的责任大小，要做到权责对等。这样不仅可以有力地保证被授权者积极主动地完成所承担的任务，而且可以避免上下推卸责任。

6. **授中有控** 管理者授权不是完全放权，授权之后，必须进行控制。授权者必须能够有效地对被授权者实施指导、检查和监督，真正做到权力能放、能控、能收。

7. **宽容失败** 管理者应该宽容下属的失败，不过分追究下属的责任，并同下属共同承担责任，分析原因，总结教训。需要注意的是，宽容不是迁就，不能不讲原则，降低工作标准。

（三）授权的过程

1. **确定授权对象** 管理者必须考虑授权对象的能力和意愿，以保证授权对象有能力和动力做好所授予的工作。通常授权对象应具有高尚的职业道德，头脑敏锐，善于灵活机智地完成任务，精通业务，有创新能力及合作精神。

2. **明确授权内容** 管理者必须明确授予的权力范围，通常根据任务的性质、环境条件和下级的状况而定。一般情况下，管理者应保留事关本部门的重大决策权力，直接下属和关键部门的人事任免权力，监督和协调下属工作的能力，对直接下属的奖惩权力。

3. **选择授权方式** 常用的授权方式有：①模糊授权：管理者明确规定下属应达到的目标，但不规定实现目标的手段，被授权者在实现目标过程中有较大的自由空间和创造余地。如护士长让有经验有能力的护士进行科室实习生的带教管理；②惰性授权：管理者因某些事务性工作简单琐碎，或不了解某些岗位工作的细节，而将工作交给下属处理。如护士长将处置室的物品摆放交给处置室护士负责；③柔性授权：管理者对被授权者不作具体工作的指派，仅指示大纲或轮廓，被授权者有较大的余地动用有限资源做他们认为有必要的事情。比如科室主任允许护士长动用一定数额范围的资金用于病房发展，而不过问资金的去向。

授权应该是一种法定合约行为，管理者和下属都应该了解和同意授权行为以及附带的条件。管理者赋予下属特定的权力之后，要以书面通知的形式向其他相关人员说明该员工已被授权，可以运用必要的资源、发出必要的指示、实施必要的管理、提出必要的报告等。

（四）授权的方法

1. **目标授权法** 是管理者根据下属所要达到的目标而授予下属权力的一种方法。管理者将组织目标进行分解，由各层次各部门成员分别承担，并相应地授予权力和责任。这种授权可以避免授权的盲目性和授权失当，使下属齐心协力，共同努力。

2. **充分授权法** 管理者将完成任务所必需的组织资源交给下属，并准许其自行决定行动方案。充分授权能极大地发挥下属的积极性、主动性和创造性，并能减轻主管的工作负担。通常用于工作重要性较低，工作完成效果对全局影响不大的任务授权。

3. **不充分授权法** 管理者要求下属就重要程度较高的工作，做深入细致的调查研究并提出解决问题的全部可能方案，或提出一整套完整的行动计划，经过上级选择审核后，批准执行，并将部分权力授予下属。采用不充分授权时，上下级需要在方案执行前，统一认识，保证授权的有效性。

4. **弹性授权法** 当工作任务复杂，管理者对下属的能力、水平没有把握，或环境条件多变时，适宜采用弹性授权法。管理者可根据实际需要，对授权的时间和范围给予变动。授权变动时，管理者要给予下属合理的解释，以取得理解。

5. **制约授权法** 当管理者的管理跨度大，任务繁重，精力不足时，将某项任务的授权，分解成若干部分，分别授权不同的个人或部门，并使之相互制约，可以有效地防止工作中的疏漏。

6. **逐渐授权法** 授权前应对下属严格考核，充分了解下属的品德和才能。当管理者对此不完全了解时，就可以逐步授权，先在小范围内授权，根据工作成效逐步扩大，避免不当授权造成较大的损失。

7. **引导授权法** 管理者在授权时，要充分肯定下属行使权力的优点，充分激发其积极性，同时，也要指出他的不足，给予适当的引导，防止偏离目标。特别是下属出现失误时，管理者更应当善于引导，提供支持，帮助纠正失误，尽可能减少损失。

（五）授权的注意事项

1. **授权规范化** 授权前将下属需要的职、权、责、利规范化、制度化，既要保持其相对稳定，也要根据形式的变化和工作需要适当调整，防止下级越权和滥用职权。

2. **充分调动下属的积极性** 授权后管理者要引导下属树立上下级共同对工作负责的观念，鼓励下属大胆用权，充分发挥自己的能动性，积极主动地工作，最大限度地发挥人才优势。

3. **保持沟通渠道畅通** 授权后要及时监督、指导、反馈下属的工作状况，保证信息传递渠道通畅，使下属明确要求、责任和权力范围，上级能及时得到下级的意见和想法，使工作顺利开展。

4. **积极承担责任** 授权不等于推卸责任，在充分信任下属的基础上勇于承担责任，解除下属的后顾之忧，才能让下属放心大胆地工作。

二、领导执行力艺术

执行往往是领导工作最艰苦的环节，需要能力、信心、耐心，更需要解决问题的艺术。执行力是衡量领导力水平的一个标尺，护理管理者要了解有效执行的规律，掌握有效执行的科学方法，提高领导的执行力。

（一）领导执行力的定义

领导执行力是指领导者带领被领导者在实现组织目标的行为过程中，借助组织自由的运行机制，有效整合多方力量之间的积极因素，化解多方力量之间的消极因素，最大限度实现组织目标的能力。领导执行力是以组织的执行机制为基础，离开了组织的执行机制，领导的执行力就无从表现；领导者的执行活动就是围绕组织目标整合积极因素，化解消极因素，促成组织的有效执行程序；领导执行力与有效执行之间相互促进。

（二）提高领导执行力的措施

1. **明确目标** 在领导实践中，并不是所有的决策都能指明一个确切的目标，需要领导者努力解决多重目标间的冲突，明确并坚持执行目标。建议管理者采用以下方法：首先，将所执行的项目目标记录下来，并以此为基础写出一份详细陈述，内容包括本项目的重点是什么，为什么开展这个项目，怎么实现项目目标。其次，把陈述交给参与的人员或公众讨论，列举出可能出现的与预期不一致的结果，并评价这些可能的结果会带来的消极影响。最后，把项目预期目标与讨论结果进行价值比较和评判，通过比较完成对目标的分解，将大项目分解为小项目，使目标更清晰。

2. **有效整合资源** 执行中的资源短缺问题始终摆在领导者面前，领导者需要集思广益、多方寻求，动员组织内外一切可能的资源参与其中，尽可能降低资源缺乏或不均衡带来的执行风险。

3. **消除制度缺陷** 制度执行的过程是一种履行契约的过程，因此要保证制度的权威性、一致性和合理性，可以通过树立民主法制意识、健全民主集中制、广泛推行目标责任制、建立科学的执行评价标准来消除制度缺陷。

4. **提高领导者素质** 领导者的文化水平，道德意志、个性爱好等都对领导执行力有着深刻的影响。领导者个人的执行力取决于其本人是否有良好的工作方式和习惯，是否熟练掌握管理人和事的相关工具，是否有正确的工作思路和方法，是否具有促进执行力提高的领导风格与性格特质等。

5. **形成执行文化** 领导者首先要认识到"执行"涉及每一层级，要从自身做起，严格执行组织规定，坚决执行自己决定的事，对一些规定之外的工作，要按照组织的文化和价值观，以组织利益最大化为目标开展工作，对任务负责的同时也对结果负责。除此之外，领导者还要训练出一批一流的执行人才，给予下属指导，提供锻炼机会，为下属的进步喝彩。

三、权力运用艺术

运用权力是护理管理者实施管理的基本条件。权力运用艺术是护理管理者在用权的方式、方法上所表现出来的创造性和有效性。

1. **法定权的运用** 为了减少下级的对抗，领导者运用法定权力时应注意：①礼貌地提出要求；②以坚定的语气提出要求；③提出的要求简单明了，确保下属理解；④确定提出的要求在自己的权限范围内；⑤向下属解释提出这些要求的理由；⑥选择正确的下达指令渠道；⑦定期行使权威强化下属的服从意识；⑧坚持要求下属执行合法要求并跟踪要求的执行情况；⑨对下属的诉求作出回应。

2. **奖酬权的运用** 有条件的奖酬会让下属服从组织的规定或领导者的特定要求。许诺奖赏可以是明白告知，也可以隐约暗示。在下列情况下，行使奖酬权最可能使下属服从：①下属服从的行为表现能够被有效评估，能准确衡量工作绩效；②向下属提出要求时兼顾任务的性质及下属的技能、自信心以及提供的支持等，使下属感觉要求是可以达到的；③奖赏要有吸引力；④奖赏要保证兑现；⑤工作要求合理合法。

3. **强制权的运用** 成功的领导者应尽量避免使用强制权，以免引起下属的反感，甚至攻击。在使用强制权时要注意以下几点：①告知下属工作要求和处罚规定，让下属知道违纪的严重后果；②行使处罚要迅速而一致；③在处罚前有足够的劝诫，最好采取逐步的方式，先口头提醒，再书面警告，最后才采取正式的处罚，除非非常严重的违纪；领导者在警告的同时，应明确指出对下属的期望；④在处罚前充分调查了解事实真相；⑤调整情绪，从帮助下属的角度真诚地提出期望和建议;⑥维持处罚威信,有错必罚;⑦处罚程度必须与组织的规定、政策一致,要与违纪的严重性相匹配;⑧尽量避免公开处罚。

4. **专家权的运用** 建立和运用专家权时应注意:①建立专家形象:领导者应让下属、同事和上级了解自己的教育经历、相关工作经验和显著成就,以增加专家影响力;②维持形象:要精心维护专家形象,不随意评论不熟悉的事情;③果断而自信地处理危急事件:在危急时刻,领导者要能挺身而出,提出正确的处理意见,即使不确信能有效应对危急事件,也要冷静而自信地处理;④保证信息准确:领导者掌握学科发展的相关信息,通过理性的说服而行使专家权;⑤重视下属感受:说服下属的过程中,要重视下属感受,避免伤害下属的自尊心,虚心听取下属意见并加以考虑。

5. **参照权的运用** 参照权来自下属对领导者的忠诚、敬仰和个人情怀,这种参照需要长时间培养。建立和使用参照权应采取以下方式:①关心下属:领导者应关心下属的需求和感受,公平对待每个人,做他们的代言人和利益维护者;②角色塑造:领导者应为下属树立适当的角色行为范例。领导者应机智地执行任务、聪明地履行职责,保持积极的工作态度,言而有信,使下属愿意追随;③适当采用个人名义向下属发出呼吁,请求下属的支持,告诉下属这项工作对自己非常重要。但这种请求不能频繁采用,否则会透支信用,降低领导者的影响力。

四、创建高效能团队艺术

(一)团队的定义
团队(team)由两人或两人以上组成,通过彼此协调各自的活动最终实现共同的目标。团队是一种特殊的工作组合,通过其成员的共同努力产生积极协同作用,使团队的绩效远远大于单个成员绩效的总和。团队强调集体的绩效、共同的责任、积极的合作和相互补充的技能。

(二)高效能团队的定义
高效能团队是指发展目标清晰、完成任务前后对比效果显著增加的团队,工作效率相对于一般团队更高。团队成员在有效的领导下相互信任、沟通良好、积极协同工作。

(三)高效能团队需要具备的特征
1. **目标明确** 高效能团队成员都必须明确将要为团队完成哪些工作以及如何完成。
2. **成员具有相关工作技能** 高效能团队成员都有实现目标所必需的技术和能力,并且在能力上优势互补,每位成员都在团队中体现价值。
3. **相互信任** 团队成员对彼此的品行和能力深信不疑,这种信赖成为提高工作绩效和决策质量的心理基础。
4. **高度忠诚** 成员对团队具有认同感,表现出高度忠诚,愿意为团队的目标实现发挥自己最大的潜能。
5. **沟通良好** 成员在团队中通过畅通的渠道交流信息,获得心理支持。
6. **化解冲突** 团队成员以高超的技能克服和化解冲突,达到充分的理解和信任。
7. **有效领导** 拥有可以为团队提供指导和支持、为团队引进变革和激励、帮助团队度过艰难时期的优秀领导者。
8. **良好的支持环境** 团队的内部环境具有合理的基础机构,包括适当的培训、公平的评价和奖励机制以及有效的人力资源系统。外部环境则能够提供完成工作所需要的各种资源。

(四)创建高效能团队的工作步骤
1. **准备工作** 管理者要明确团队的目标、任务、职权和性质,据此建立高效能团队。
2. **创造条件** 将创建团队所需要的组织内部环境条件、外部资源准备齐全。
3. **形成团队** 首先认真考量成员的年龄、经验、教育背景等因素,挑选合适的团队成员;其次向团队成员贯彻团队使命和目标,获得认同;最后公开团队职责和权力,确保团队的自主管理，实现高效。

4. **提供持续支持** 团队运行需要各种条件的配合，管理者要提供持续性支持。

（五）创建高效能团队的工作要领

1. **科学地设定目标** 这是团队建设的首要任务。团队目标既是团队建设的起点与归宿，又是凝聚团队成员、合作协调的纽带。

2. **打造团队文化** 共同的团队文化是团队建设的灵魂。要通过多种文化手段建设团队所需要的特有的团队文化。

3. **促进跨部门整合和技能互补** 团队需要多部门、多技能人才的整合，需要注意各成员的技能优势，实现互补，以形成团队整合优势。

4. **维持最佳团队规模** 高效能团队一般规模较小，经验认为应控制在12人以内。规模过大，人数过多会对团队需要的建设性沟通形成障碍，很难达成一致性意见，难以形成凝聚力和相互信任，成员参与管理和决策的程度会降低。

5. **重新设计信息系统** 信息沟通系统的工作效率与团队绩效密切相关，没有有效的沟通，就没有团队的合作与协调。因此，要根据团队建设要求设计与完善新的信息系统，实现团队内有效沟通。

6. **重新设计奖酬制度** 打破传统的奖酬理念和机制，以员工的知识和技能为决定奖酬多少的主要依据，把团队绩效与团队整体奖酬结合，实现团队利益与风险共担，成为真正的利益共同体。

本章小结

领导是管理工作中一个非常重要的职能，管理的效果很大程度上取决于组织的领导及其领导能力和水平。领导者和管理者既有区别又有联系，领导者的影响力来源于权力性和非权力性，每一个领导者均需要合理科学地应用和发挥自己的影响力，有效地影响个体或群体实现组织目标。

提高领导力，需要掌握一定的领导理论，理论决定我们能看到什么、有什么样的思维和视野。本章介绍了三种领导理论：特征领导理论、行为领导理论和权变领导理论。领导是一门科学也是一门艺术，本章介绍了四种领导艺术：授权艺术、领导执行力艺术、权力运用艺术和创建高效能团队艺术。

这些现代领导理论的学习和实践，结合自身素养的提高，可促进护理管理者在组织中做好领导职能，提升自己的领导才能。

思维导图

领导与领导者
- 领导与领导者概念：领导是指管理者通过影响下属实现组织和集体目标的行为过程；领导者的唯一定义就是其后面有追随者
- 领导者素质：政治思想素质、业务知识素质、工作管理能力素质、个人身体素质
- 领导者职权与影响力：
  - 职权：法定权力、奖赏权力、强制权力
  - 影响力：权力性影响力（传统、职位、资历）
  - 非权力性影响力（品格、能力、知识、感情）

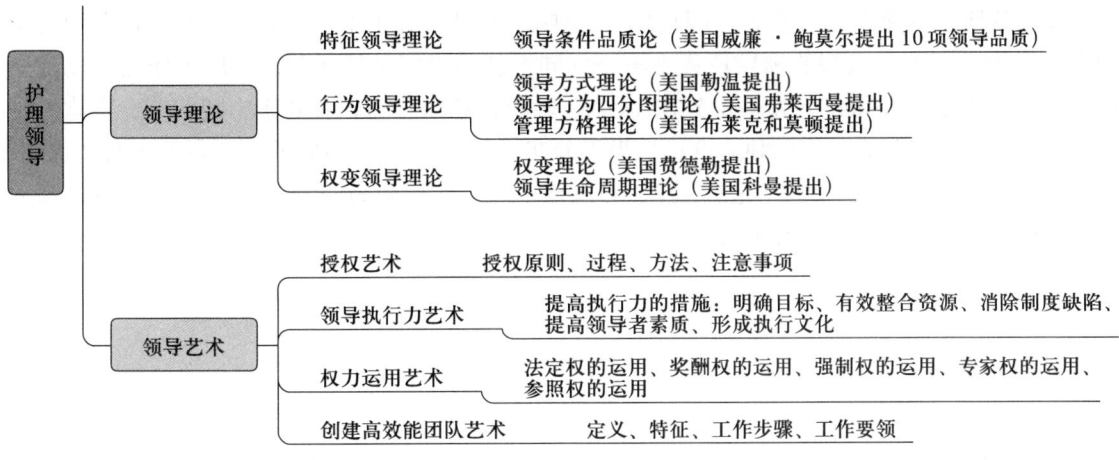

1. 活动内容 测试自己或者周围熟人的领导风格。
2. 活动目标 学生应用费德勒最难共事者（least-preferred coworker，LPC）调查问卷，通过实践练习，进一步加深对自己或他人领导风格的认识。
3. 活动方法 学生自测或给他人进行测量评价。

填表说明：回想一下自己最难共事的一个同事（同学），他（她）可以是现在和你共事的，也可以是过去和你共事的。他（她）不一定是你最不喜欢的人，只是你在工作中相处最为困难的人。下面有16组形容词，在你认为最准确描述他（她）的等级上打勾。不要空下任何一组形容词。

费德勒最难共事者调查问卷

										得分
1. 快乐的	8	7	6	5	4	3	2	1	痛苦的	
2. 友善的	8	7	6	5	4	3	2	1	敌意的	
3. 排斥的	1	2	3	4	5	6	7	8	接受的	
4. 紧张的	1	2	3	4	5	6	7	8	轻松的	
5. 疏远的	1	2	3	4	5	6	7	8	亲近的	
6. 冷漠的	1	2	3	4	5	6	7	8	热情的	
7. 支持的	8	7	6	5	4	3	2	1	反对的	
8. 厌恶的	1	2	3	4	5	6	7	8	喜欢的	
9. 争吵的	1	2	3	4	5	6	7	8	和谐的	
10. 阴沉的	1	2	3	4	5	6	7	8	鼓舞的	
11. 开放的	8	7	6	5	4	3	2	1	防备的	
12. 诋毁的	1	2	3	4	5	6	7	8	忠诚的	
13. 不值得信任的	1	2	3	4	5	6	7	8	值得信任的	
14. 体贴的	8	7	6	5	4	3	2	1	不体贴的	
15. 卑鄙的	1	2	3	4	5	6	7	8	正派的	
16. 令人不愉快的	1	2	3	4	5	6	7	8	令人愉快的	
17. 不直率的	1	2	3	4	5	6	7	8	直率的	
18. 仁慈的	8	7	6	5	4	3	2	1	苛刻的	
									总得分：	

得分说明：如果总得分在 57 分及以下，意味着测试者处于不利状态，他喜欢任务导向型的工作风格。任务导向型的领导任务中不是好同事就不可能是好朋友，完成工作任务比建立良好的人际关系重要得多；如果得分在 58~63 之间，意味着测试者处于中间状态，喜欢不受约束的领导风格，具有一定的独立性；如果得分在 64 分及以上，意味着测试者处于有利状态，喜欢关系取向型的领导风格。当然这种领导风格不一定能取得高的领导绩效，因为 LPC 高分领导者认为人际关系比工作要重要。

自测题

一、选择题

A1/A2 型题

1. 下列表述，不正确的是
   A. 领导者的影响力包括权力性影响力和非权力性影响力
   B. 管理能力的获得是一个学习的过程
   C. 领导与管理是可以学习的
   D. 科护士长以上职务的人才有领导及管理职能
   E. 在理想的情况下，管理者就是领导者

2. 在管理方格理论中，最有效的领导方式是
   A. 1.1 型管理　　　　　　B. 1.9 型管理　　　　　　C. 9.9 型管理
   D. 9.1 型管理　　　　　　E. 5.5 型管理

3. 以下属于领导者权力性影响力的因素是
   A. 传统因素　　　　　　　B. 能力因素　　　　　　　C. 品格因素
   D. 情感因素　　　　　　　E. 感情因素

4. 根据领导条件品质论，不属于合格领导者的特征描述的是
   A. 合作精神　　　　　　　B. 决策能力　　　　　　　C. 组织能力
   D. 善于应变　　　　　　　E. 盛气凌人

5. 领导者在建立和改善人际关系中的作用，下列描述不正确的是
   A. 加强自身建设
   B. 做细致的思想工作，因人施教
   C. 应用激励理论，满足下属所有的需要
   D. 组织群体成员参与管理
   E. 尊重下属，平等交流

6. 领导的素质要求不包括
   A. 政治思想素质　　　　　　　　　　　　B. 业务知识素质
   C. 工作管理能力素质　　　　　　　　　　D. 个人身体素质
   E. 人文关怀素质

7. 在领导影响力培训中，内科护士长小张认识到，为了提高领导水平，她应该多增加自身非权力性影响力，减少对权力性影响力的过多依赖。在她的实践中，做法错误的是
   A. 平等对待科室护士
   B. 毫无领导架子，认真做好本职管理工作
   C. 多学习专业知识

D. 练习专科高难度的技能操作，不脱离临床护理一线

E. 科室护士受到患者的责难后，一直责怪护士

8. 护士长小李在管理年轻的90后新护士时遇到了问题，之前自己的权威受到了他们的质疑和不配合，反而民主参与型的做法更受到他们的欢迎。原因不包括

A. 权威管理，护士在繁忙的工作中增加了压抑感

B. 90后不太喜欢权威的束缚

C. 民主参与型领导，有利于新护士表达自己的想法

D. 民主参与型领导成员参与度、满意度高

E. 时代变了，一代不如一代

9. 骨伤科护士长小江在领导和管理艺术培训中，对授权艺术非常感兴趣，她终于找到不用太累的工作方法了。她的实践中不正确的是

A. 充分调动下属的积极性，工作合理分工

B. 护士小张喜欢教学，鼓励她负责实习生带教工作

C. 和科室护士保持沟通，个人休假期间保持手机畅通

D. 护士小张教学和临床护理工作出现了冲突，都是她个人的责任

E. 授权前将下属需要的职、权、责、利规范化、制度化

10. 儿科护士长小肖发现科室有三个护士工作能力高，动机水平低。根据领导生命周期理论，对他们适合的领导风格是

A. 命令型　　　　　　　B. 说服型　　　　　　　C. 参与型

D. 授权型　　　　　　　E. 放任型

11. 外科护士长小杨发现内科护士长小张非常受领导、科室护士及患者的喜欢，她就去向小张请教她受欢迎的原因，小张告诉她，在护士长管理岗位上要创建高效能团队。以下描述和做法不正确的是

A. 做好沟通和准备

B. 明确团队完成哪些工作以及如何完成

C. 动员成员愿意为团队的目标实现发挥自己最大的潜能

D. 公平的评价和奖励机制

E. 减少自己的工作，困难的事情都交给团队成员解决

12. 大内科护士长被领导任命为护理部主任，在新的岗位，她感受到权力越大，责任越大。以下不属于她最迫切掌握的管理艺术是

A. 授权艺术　　　　　　　　　　　　B. 权力运用艺术

C. 创建高效能团队艺术　　　　　　　D. 休闲艺术

E. 协调艺术

A3/A4 型题

（13~14题共用题干）

某医院在春季招聘了30名新护士，经过岗前培训，他们开始了新工作。作为护理部主任，你认为

13. 根据领导四分图理论，对30名新护士最适宜采取的领导方式是

A. 高任务、高关系　　　　　　　　　B. 高任务、低关系

C. 低任务、高关系　　　　　　　　　D. 低任务、低关系

E. 权威性领导方式

14. 根据权变领导理论，30名新护士属于的员工类型是
    A. 成熟度低　　　　　B. 较为不成熟　　　　　C. 比较成熟
    D. 成熟度高　　　　　E. 无法判断

（15～16题共用题干）

某三甲医院要接受省级三甲医院标准检查，准备时间仅剩一个月。急诊科护士长小刘认为在这紧急时刻，授权和提高科室护士的执行力是关键。她把科室排班和科室护理实习带教工作权力授予护士小陈负责，把物品管理权力授予护士小李。在一个星期内开了两场全员动员大会。

15. 对于护士长小刘的做法，以下理解错误的是
    A. 有助于管理者从日常事务中解放出来，专心处理重大问题
    B. 可以提高下属的工作积极性，增强其责任心
    C. 可以充分发挥下属的专长，弥补护理者自身才能的不足
    D. 如果实习带教出现了问题，都是护士小陈的责任
    E. 对授权的小陈、小刘实施指导、检查和监督

16. 护士长小刘以下做法中，不属于提高执行力措施的是
    A. 明确本次检查本科室达标标准，有效整合资源
    B. 消除和标准不同的制度缺陷
    C. 工作口头指挥即可
    D. 护士良好的工作方式和习惯
    E. 形成执行文化

二、简答题

1. 请分析权力性影响力和非权力性影响力的区别。
2. 费德勒确定的三个情景变量是什么？如果它们都非常有利，最有效的领导风格是什么？
3. 简述领导生命周期理论中四种领导风格。
4. 选择本章中你最喜欢的领导理论，简述你对它的理解要点。
5. 简述提高领导执行力的措施。
6. 简述创建高效能团队的步骤。

三、案例分析

某病区内科李护士长在护理岗位工作了8年，具有丰富的管理经验。在医院迎接"三甲"医院评审准备过程中，她根据病区护理人员的工作能力及个人特点，将科室的部分管理工作进行分工。如病区治疗室药品的管理工作分给了骨干护士小张，病区护理人员的培训和实习生的带教工作分配给了主管护师王某，消毒隔离工作分给了医院感染控制兼职护士肖某。通过分工，她有更多的时间和精力从事病区护理质量的管理及其他工作，提高了管理效能，使病区的护理工作井井有条，在评审检查工作中取得了优异的成绩，获得领导和同事的一致好评。

思考：1. 李护士长采用的是何种管理方法？使用该方法的原则是什么？
　　　2. 该方法对护士长的实际管理工作有哪些指导意义？

（张志芳）

第七章 护理激励

学习目标

1. 识记：复述激励、激励策略的概念；归纳各激励理论的主要观点；描述激励的模式及原则。
2. 理解：识别内容型激励理论、行为改造型激励理论、过程型激励理论的主要观点及在护理管理中的应用。
3. 运用：根据激励的原则和方法，在学习、生活以及工作中实践并逐步学会正确运用激励策略。

激励概念用于管理，是指运用科学有效的方法激发员工的工作动机，促使他们将潜在的巨大的内驱力释放出来，努力去完成组织的任务，实现组织的目标。

名人名言

你所有的力量都来自于你的员工。你的职责是让所有人都能贡献出自己最大的力量。
——［美］艾伦·R.穆拉利（Alan Mulally）

第一节 激励概述

案例 7-1

某医院新上任的护理部主任在全院护理人员大会上说："护士的辛勤劳动和创造不能成为过眼烟云，要想克服干好干坏都一样的弊端，就必须把护士的功绩记录在案。各科室必须建立护士业务档案，将护士在业务方面的技术考核、竞赛、科研、创新以及患者满意度等方面的功绩记录下来。业务档案具有权威性，可以为今后护士晋升、提高工资、奖励提供翔实客观的依据，也是科室的财富。"各科室建立业务档案后，出现了护士奋发向上，大家相互比较贡献的局面。老护士焕发了青春，一些年轻护士当年就发表多篇论文。

思考：1. 新护理部主任为什么能激发护士的工作积极性？
2. 针对上述现象应选择何种类型的激励理论予以解释？

美国管理学家贝雷尔森（Berelson）和斯坦尼尔（Steiner）认为，"一切内心要争取的条件、希望、愿望、动力都构成了对人的激励。它是人类活动的一种内心状态"。人的一切行动都是由某种动机引起的，动机是一种精神状态，它对人的行动起激发、推动、加强的作用。

一、激励的概念

现代管理学中的激励（motivation）是指利用外部诱因影响人们的内在需求或动机，从而加强、引导和维持行为的活动过程，就是通常所说的调动人的积极性。激励的出发点是满足组织成员的各种需要，激励的最终目的是实现组织目标和个人目标的统一。在护理管理中，激励是护理管理者科学调动护理人员工作积极性，促使其提高工作效率，实现组织目标的过程。组成激励的五要素：①激励主体，即实施激励的组织或个人；②激励客体，即激励的对象；③激励目标，即激励主体期望激励客体的行为成果；④激励因素，即能激发客体努力工作的事物；⑤激励环境，即激励过程所处的环境，它会影响激励效果。

二、激励的模式

激励是通过外部刺激达到激发人的行为动机的一个持续的心理过程。激励模式是指波特（L.W.Porter）和劳勒（E.E.Lawler）以期望理论为基础的综合激励模式。这个过程的基本模式为：未满足的需要—动机—行为—目标—需要被满足或未被满足—新的需要或调整需要，通过反馈构成循环。激励的过程就是满足的过程，通过满足人的需要，激发人们发挥高水平的主观能动性，向既定目标奋斗。从护理管理的角度来理解，激励就是在科学地分析人员需要的基础上，不断激发、引导护理人员发挥高水平的主观能动性，向着组织所希望的方向发展，从而实现组织的预期目标。所以，有效的激励只有符合护士的心理和行为活动的客观规律，才能达到激励的目的。

> **知识链接**
>
> 美国哈佛大学的威廉·詹姆士教授在对职工激励的研究中发现，按时计酬的职工仅能发挥其能力的20%~30%，而如果受到充分的激励，则职工的能力可以发挥80%~90%，其中50%~60%的差距系激励工作所致。也就是说，同样一个人在通过充分激励后所发挥的能力相当于激励前的3~4倍。

三、激励的作用

激励是当代人力资源管理的一个重要内容，在人力资源管理中发挥着特有的功能。

（一）有利于提高护士工作积极性

护士工作积极性是由一种动机或需求而激发的自身内在动力，从而努力去实现某一目标。目标实现后，护士会权衡自己为实现目标所付出的努力是否值得，如果值得，这种行为则会得到巩固和强化。因此激励能够提高护士的工作积极性。

（二）有利于激发人的潜能

激励最显著的特点就是内在驱动，不仅可以提高护士的工作积极性，还能激发其对工作的热情和兴趣，挖掘自身工作潜能，将自己的全部精力投入到工作中。

（三）有利于增进组织的凝聚力

管理者运用多种激励方法，满足护士的多种心理需求，协调人际关系，促进组织的整体协调统一，增强组织的凝聚力和向心力。

(四)有利于形成良好的竞争氛围

科学的激励机制能够在组织中创建出良好的竞争氛围,进而形成良性的竞争机制,继而激发护士工作积极性和主动性,对良好竞争环境的形成起到强化作用。

第二节 激励理论及其在护理管理中的应用

> **案例 7-2** 某市一所三级甲等医院护理部对护理带教工作质量开展调研,结果发现护理带教工作质量滑坡,实习生意见较大,主要集中在科室带教老师人员不固定、专业理论水平不高、操作技能不规范、教学能力有待提高等方面。为了改变现状,提高带教工作整体水平,护理部决定开展实习带教人员遴选工作,对竞聘人员提出基本条件,制定竞聘上岗方案,并发布竞聘成功人员的奖励和考核政策。受此奖励政策的鼓励,报名参加的人员超过预期。经过竞争上岗,一批优秀的骨干护士走上带教老师的岗位,带教工作质量得到了明显提高,实现了护理管理目标。
>
> **思考:** 护理部针对护理带教工作质量滑坡现象采取的措施可运用哪些激励理论予以解释?

许多管理学家、心理学家和社会学家从不同的角度对激励问题进行了大量研究,提出诸多激励理论。按照研究层面的不同,激励理论可归纳为内容型激励理论、行为改造型激励理论和过程型激励理论。

一、内容型激励理论

内容型激励理论(content motivation theory)主要针对激励的原因和引起激励作用的因素,即激励内容进行论述。包括马斯洛的需要层次理论、赫茨伯格的双因素理论和麦克利兰的成就需要理论。

(一)需要层次理论

美国心理学家亚伯拉罕·马斯洛(Abraham H.Maslow)提出的需要层次理论(hierarchical theory of needs)。他认为每个人都有五个层次的基本需要,由低到高依次为生理的需要、安全的需要、爱与归属的需要、自尊的需要和自我实现的需要(图7-1)。各种需要之间是递进的,逐级上升的关系。

图 7-1 人类基本需要层次理论

1. 需要层次理论的主要观点

(1)人的行为动机是为了满足他们的需要,未满足的需要会激励人的行为。

(2)当某一层次的需要得到满足后,人会产生更高一层次的需要,获得满足的需要不再是激励因素,只有未满足的需要才具有激励作用。人在特定的时期,总有一种或几种需要优先得到满足,即优势需求。该理论强调激励的核心问题是满足人的需要。

2. 需要层次理论在护理管理中的应用

(1)护理管理者要了解不同文化背景、学历层次、年龄阶段、性格特征、健康状况护士的需求,也要考虑同一护士在不同时间和不同情况下的不同需求。尽量满足护理人员最迫切的需要。

（2）护理管理者应采用多种方式满足护理人员的需要，每个人的需要是不同的，激励方法及手段也要因人而异。对于低层次的需求可采用物质激励，如增加薪酬、改善劳动条件、给予更多的工间休息、提高福利待遇等。对于高层次的需求可采用精神与信息激励，如授予荣誉、外出学习培训等。

（3）护理管理者应该奉行"连续激励"的原则，使护理人员的潜能得以递进式地发挥。

（二）双因素理论

双因素理论（two-factor theory）也称激励–保健理论（motivation-hygiene theory），是由美国心理学家弗雷德里克·赫茨伯格（Frederick Herzberg）提出来的。赫茨伯格对员工进行了工作满意度方面的调查。结果表明：人们对工作满意时的回答和对工作不满意时的回答差别很大。员工倾向于把对工作满意的因素归于自己，而不满意的因素归于外部和组织。由此，赫茨伯格提出了双因素理论，并认为组织中引起人们工作动机的因素主要分为保健因素和激励因素两大类（图7-2）。保健因素是与工作条件有关的因素，主要包括组织管理政策、稳定与保障、工作条件、员工的薪酬、人际关系等，属于外在因素。良好的保健因素能安抚员工，消除员工的怠工与对抗；如果缺少这类因素会引起不满和消极情绪。这类因素并不能对员工起激励作用，只能起到保持人的积极性，维持工作现状的作用。所以保健因素又称为维持因素。激励因素是与工作任务有关的因素，主要包括工作成就感、工作业绩得到赏识、工作本身的挑战性、责任感、提升和发展等因素，属于内在因素。良好的激励因素能激励员工的工作热情，调动工作积极性，对职工产生直接的激励作用，因而称之为激励因素。

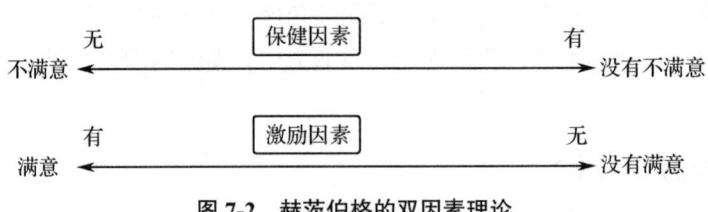

图7-2 赫茨伯格的双因素理论

1. **双因素理论的主要观点** 双因素理论将激励分为内在激励与外在激励两种，内在激励是从工作本身得到的满足，外在激励是指外部的奖酬或在工作以外获得的间接满足。调动积极性主要应用激励因素，即从工作本身来调动员工的内在积极性；保健因素的改善不能直接对员工产生激励，只能暂时提高工作的满意程度，效果十分有限，但必不可少。

2. **双因素理论在护理管理中的应用**

（1）护理管理者应从人性化管理的角度出发，预防和消除可能产生的不满情绪，尽量满足护士在保健因素方面的需要，使护士安心工作。如建立和谐的人际关系、创造良好的工作气氛、建立公平的分配制度等。

（2）护理管理者应从工作本身入手进行合理的工作安排和设计，以激发护理人员的工作积极性，使护士爱岗敬业。如肯定护士的工作成绩、适当的合理授权、提供培训晋升机会、完善评价制度、激励竞争机制等。

（3）注意两方面因素之间的转化作用。激励因素也有保健作用，保健因素同样也含有激励作用，有效管理还在于力求化保健因素为激励因素。如奖金分配与个人工作绩效挂钩，反对"平均主义"，这样，多拿奖金的护士会认为这是对自己工作业绩的认可，此时奖金就不只是防止护士不满意的保健因素，而成为调动护士工作积极性的激励因素。

（三）成就需要理论

成就需要理论是由美国心理学家大卫·麦克利兰（David McClelland）提出的。

1. 成就需要理论的主要观点 麦克利兰认为人在生存需要得到基本满足之后，还有三种重要的高层次需要即权力需要、归属或社交需要和成就需要。

（1）权力需要：权力需要是指想要影响或控制他人且不受他人控制的一种欲望。具有较高权力需要的人对影响和控制他人表现出极大的兴趣，喜欢追求领导者的地位，喜欢"负责"事情，喜欢竞争并喜欢能取得较高社会地位的工作，他们常常健谈善辩，喜欢揽权，强调部属顺从，以致产生强迫命令。

（2）归属或社交需要：归属或社交需要是指希望建立友好亲密的人际关系、寻求被他人喜爱和接纳的一种愿望。归属或社交需要者渴望友谊，喜欢合作而不是竞争的环境，希望彼此之间沟通和理解，通常容易从友爱、情谊、人与人之间的社会交往中得到欢乐和满足。他们把人际关系看得比权力和成就更为重要。在处理人际冲突时，往往倾向于协调和折中。

（3）成就需要：成就需要是指人争取成功、追求卓越、希望做得更好的欲望。成就需要高的人，对胜利和成功有强烈的要求，追求卓越，力图将事情做得更完美，使工作更有效率，以获得更大的成功；他们事业心强，敢冒风险，敢于承担责任；对他们正在进行的工作，喜欢得到明确而迅速的反馈；他们热爱工作，把个人成就看得比金钱更重要，从成功中得到的鼓励远高于物质的激励作用。与马斯洛等研究需要的学者不同，麦克利兰认为成就需要不是天生的，而是后天养成的，可以通过教育和培训造就出具有高成就需要的人才。

这三种需要在人们的需要结构中有主次之分，主需要得到满足后，往往会显示更大的满足感，也促使人追求更高层次的需要满足，也就是说拥有权力者更追求权力、拥有亲情者更追求亲情，而拥有成就者更追求成就。同时，麦克利兰认为，成就需要的高低对人的成长和发展起到特别重要的作用。

2. 成就需要理论在护理管理中的应用

（1）护理管理者一定程度上可以对权力需要比较强的护士适当授权，但应注意在进行授权之前，管理者要对授权对象的能力进行考核，以确定授权的范围和大小，并在工作中根据需要给予相应的指导。对亲和需要比较强的护士要积极营造良好的人际关系氛围，对成就需要比较强的护士，护理管理者应让其承担具有一定挑战性的工作，及时给予工作效果的反馈，认可其工作的进步与成就。

（2）营造具有良好人际关系的环境。良好的人际关系对于归属或社交需要较强的护士来讲非常重要。这类护士很在乎与他人的良好合作关系，不喜欢竞争，这对组织的稳定很有帮助。

（3）在不同的个体身上会体现出三种需要的不同强度组合，形成个体独特的需要结构。护理管理者应考虑三种需要在个体身上的组合情况，分析出每位护士独特的需要结构，协调三种需要，发挥更大的激励作用。

二、行为改造型激励理论

行为改造型激励理论（behavior modification theory）主要研究如何通过外界刺激来改造和修正人的行为。这种理论包括斯金纳的强化理论和海德的归因理论。

（一）强化理论

强化理论（reinforcement theory）是美国心理学家和行为科学家伯尔赫斯·弗雷德里克·斯金纳（Burrhus Frederic Skinner）首先提出的。

1. 强化理论的主要观点 斯金纳认为，个体为了达到某种目的，会采取一定的行为作用于环境，当这种行为的后果对他有利时，这种行为就会重复出现；当行为结果对他不利时，这种行为就会减弱或消失。

根据强化的性质和目的，强化可以分为正强化、负强化、惩罚和自然消退。

（1）正强化（positive reinforcement）：又称积极强化，指对某一行为进行鼓励和肯定，使其得到巩固、保持和加强的过程，从而有利于组织目标的实现。在管理中，正强化表现为认可、赞赏、增加工资、提升职位、提高奖金、提供满意的工作条件等。如护理管理者看到护士在安全护理操作方面表现出色，立即给予奖金、休假、认可、表扬等方式奖励，会进一步增强护士遵守护理操作安全规程的行为。

（2）负强化（negative reinforcement）：又称消极强化，也是一种增强行为的方法。指预先告知某种不符合要求的行为或不良绩效可能引起不愉快的后果，促使下属的行为符合要求。如护理部规定，护士在一个月内迟到、缺勤超过2次，将被降低奖金系数，连续3个月未迟到、缺勤，则可恢复奖金系数，就是采用了负强化手段。实施负强化的方式与正强化有所差异，应以连续负强化为主，即对每一次不符合组织的行为都应及时予以负强化，消除人们的侥幸心理，减少直至消除这种行为重复出现的可能性。

（3）惩罚（punishment）：是对不符合组织目标的行为给予否定或不良刺激，以期减少这种行为出现的可能性或消除该行为的方法。当有护理人员工作不负责任，如擅自离岗、经常出差错，或影响他人工作时，为了杜绝此类行为再次出现，护理管理者应对其施以警告、记过、批评、降职等惩罚。为了避免惩罚产生副作用，如激起护理人员的愤怒、敌意等，护理管理者最好尽可能采用其他强化手段。

（4）自然消退（extinction）：自然消退有两种方式。一种是某一行为出现后不予理睬，以表示对该行为的轻视或某种程度上的否定使其自然消退；另一种是指原来用正强化手段鼓励的有利行为由于情况发生变化，不再给予正强化，降低其出现可能性的过程。研究表明，一种行为如果长期得不到正强化，就会逐渐消失。如对于经常向护士长打小报告、背后说人坏话的护士，护士长采取"冷处理"，等待其行为消退，若不奏效，再适当地应用惩罚。

以上四种强化类型中，正强化和负强化是增强某种行为的方法，惩罚和自然消退是削弱或减少某种行为的方法。

2. 强化理论在护理管理中的应用

（1）护理管理者应根据护士的工作绩效公正地运用强化手段。对正确的行为、有成绩的护理个体或群体，给予适当的奖励，使其感受到自己的努力与成绩得到了肯定，从而更努力地工作，并能使周围的人有学习目标。对不良行为，应酌情给予惩罚，使受罚者吸取教训，使周围的人产生社会心理影响。同时，管理者应建立行为标准，让每个护士都知道怎么做才能得到奖励。

（2）在强化手段的应用上，护理管理者应尽量以正强化为主，引导护士的正性情绪，激励护士的行为向完成组织目标的方向发展。因为负强化、惩罚和消退都属于消极的行为改变手段，容易使护理人员产生抵触情绪，不利于组织目标的实现。

（3）巧妙地运用负强化和惩罚，在使用负强化和惩罚措施时，要让护士明白错在哪里，才有助于其改正错误。运用惩罚时，要注意场合和技巧，比如当众斥责护士会使护士感到屈辱，产生强烈的抵触情绪，并可能引起工作团队内成员对管理者的不满。管理者一定要私下进行并且让下属明白他错在哪里，否则护士会有迷惑不解的可能，甚至产生抱怨和抵触情绪。

（4）合理地、创造性地运用强化激励手段是领导艺术的体现，护理管理者要根据护士的年龄、性格、价值观、人生观以及需要的不同采用不同的强化手段，激励护士的工作动机，充分调动护士的工作积极性。如有的护士更重视物质奖励，有的更重视精神奖励，应区分情况，采取不同的强化措施。

（二）归因理论

归因理论（attribution theory）主要研究人们的行为及其行为结果、原因并进行推测、判断、解释。

1. 归因理论的主要观点 美国心理学家弗里茨·海德（Fritz Heider）认为，任何行为发生的原因可以分为内部原因和外部原因。内部原因是指人自身的因素，包括人格、情绪、兴趣、态度、信念、能力、努力程度等；外部原因是指个体自身以外的、导致其行为表现的条件和影响因素，包括工作环境条件、工作难易度、情境特征、他人的影响等。行为原因若归于内部因素，行动者就要对其行为结果负责，若归于外部因素，行动者对其行为不负责任。在管理学中，归因理论侧重于研究个人对行为成果与失败原因的认知过程，并力图通过改变人的自我感觉、自我认知来改变人的行为。

人们对行为的结果主要归结于 4 个因素：能力、努力、任务难度和机遇。根据"内外因""稳定性"和"可控性" 3 个维度，可作如下分类（表 7-1）。

表 7-1 成功与失败归因倾向表

	内外因	稳定性	可控性
能力	内部因素	稳定的	不可控因素
努力	内部因素	不稳定的	可控因素
任务难度	外部因素	稳定的	不可控因素
机遇	外部因素	不稳定的	不可控因素

归因理论特别强调成就的获得有赖于对自己的成败进行归因，不同的原因会引起不同的心理变化，进而影响以后的行动。将成功归因于能力强，会增强个人信心和对工作的胜任感；将成功归因于个人努力会激发人的工作积极性。将失败归因于个人能力不足或工作难度太大，会使人产生不胜任感，对工作丧失信心；将失败归因于努力不够，会使人产生羞愧从而努力工作。

2. 归因理论在护理管理中的应用

（1）护理管理者要引导护士对自己的行为进行积极的归因。引导护士将成功归因于个人努力与能力，有助于护士提高自信心，调动护士工作的责任心和积极性。

（2）护理管理者应引导护士将关注焦点集中于内部的可控因素上。内部的可控因素是个体能够通过自己的言行进行控制的因素。同时认真分析外部的不可控因素，管理者应能够帮助护士客观评估，并且帮助护士学会利用内在、可控的因素弥补外部、不可控的因素，避免由此造成的失败给护士带来过重的负性影响。

（3）护理管理者应巧妙利用归因产生的情绪反应，让护士体验到因努力而成功的愉快，不努力而失败的羞愧。对于付出努力而实际工作效果不佳的护士，应给予积极的肯定和鼓励，并协助其查找原因，期望能在今后的工作中进行弥补，提高工作绩效。

三、过程型激励理论

过程型激励理论（procedural motivation theory）着重从动机的形成到采取行动的过程进行论述。即研究人们的行为是怎样产生、怎样向一定方向发展、如何使这个行为持续下去以及怎样结束行为的发展过程。这种理论包括弗鲁姆的期望理论和亚当斯的公平理论。

（一）期望理论

期望理论由美国心理学家维克多·弗鲁姆（Victor H.Vroom）于 1964 年提出。期望是指一个人根据以往的经验在一定时间内希望达到目标以满足需要的一种心理活动。人们之所以采取某种行为，是因为他相信这种行为可以有把握地达到某种对他有足够价值的特定结果。

1. 期望理论的主要观点 期望理论（expectancy theory）主要预测一个人想做什么和他将投入多大的努力去做。该理论是关于激励研究的一个经典理论，护理管理者应从工作目标、个人需要、工作能力、奖励机制等多个环节入手，激发护理人员的工作潜能，从而提高管理的有效性。激励水平的高低取决于三个变量：期望值、关联性和效价。

（1）期望值（expectancy）：指个体对自己的行为和努力能够达到期望结果概率的主观判断。个人期望值的影响因素包括个体过去的经历、自信心、对面临任务难易程度的估计等。一个人如果相信自己有能力完成任务，他的期望值就高，反之就低。

（2）关联性（instrumentality）：是个体对于良好表现将得到相应报酬的信念，即工作绩效与报酬之间的联系。如工作绩效高，就应得到高报酬这样的一种相关性。

（3）效价（value）：反映了奖励对一个人的吸引程度，即个人在主观上对奖励价值大小的判断。如果一个人认为奖励有价值，那效价就高，反之则低。激励水平的高低可以由以下公式表达：

$$激励水平（M）= 期望值（E）\times 关联性（I）\times 效价（V）$$

从公式中可以看出，激励水平的高低，取决于期望值、关联性和效价乘积的大小。只有当三者都高时，才能真正达到高水平的激励。若三个变量中有一项为零，则激励水平为零。

例如：护士认为只要努力练习就能在护理技术操作大赛中取得好成绩，这是期望值的问题。然后，他认为如果在护理技术操作大赛中取得好成绩，年终就可以被评为优秀护士，这是关联性的问题。最后，他又会想：假如我被评为优秀护士又怎样呢？对我究竟有什么样的意义呢？这是效价的问题。

2. 期望理论在护理管理中的应用

（1）设置科学的激励目标：根据期望理论，人之所以努力工作，是因为他觉得经过努力可以完成工作任务、达到工作目标。如果护士认为确定的目标过高，通过努力也很难取得满意的绩效时，就会降低实现目标的内在动力，激励力量就小。科学的激励目标应既具有一定的挑战性，又具有良好的可行性；既能满足人们精神和物质需要，又要考虑到被激励者的能力，使护理人员觉得目标既非高不可攀，又非唾手可得，只要积极努力，就有实现的可能。这就提示护理管理者在制订工作目标时必须注意目标切实可行，并尽量排除可能会干扰职工完成任务的不利因素，即在管理过程中要处理好员工努力和工作成绩的关系，保证护士有能力完成分配的工作任务。

（2）提高护士的工作能力：护士对激励目标实现可能性即期望值的认可程度同护士的工作能力相关。为了激励护士积极提高自己的综合素质，对他们工作能力的要求要略高于他们的实际能力，以便最大限度调动他们的积极性和满足他们的要求。因此，管理者要相信人人都有工作的能力，帮助护士实现最佳岗位定位，并通过一套完善的竞争和培训机制促使护士积极参与岗位竞争，从而不断提高护士的工作能力。护士工作能力和素质的不断提高会带来目标效价与期望值的不断提高与更新。

（3）强调工作绩效与奖励的关联性：护理管理者应制定出按劳分配的工资体系和奖励制度，使职工多劳多得，并信守诺言，保持奖励政策稳定。让护士清楚工作结果与得到奖励的匹配关系，使护士看到奖酬和自己工作绩效之间的密切联系，可促使护士自觉评价自己努力的程度和绩效的结果，以调动工作积极性。

（4）重视护士的个人效价：任何奖励报酬只有对人产生足够大的吸引力时，才会激发积极性。报酬在激励中起作用的价值是被激励者的主观感受价值，而不是管理者心目中的价值，也不是奖励的客观价值。因此，奖励要从护士的角度来考虑，重视护士个人效价，提供多样化、个体化的奖励方式，最大限度地满足护士的需要，激发护士的工作潜能。如有的护士重视金钱、物质方面的奖励，在奖励方式上应侧重于奖金、纪念品等物质激励；而有的护士更重视领导的赞许和组织的认同等精神方面的鼓励，在奖励方式上可考虑从他们的发展需要出发，给予评先进、进修、培训等精神激励。这样，就可以使护理人员感受到满足和喜悦，自尊和自信，更好地实现对他们的激励。

（5）建立长效的沟通机制：在护士实现激励目标的过程中，护士的内心需要、目标期待、对管理者激励目标的信息反馈及工作能力等方面都会发生变化，管理者只有及时了解这些变化，才能为长期有效的护士激励提供帮助，而长效的沟通机制是保证护士激励措施有效运行的关键。管理者通过长效沟通机制有效地获取信息，整合情感要素，充分尊重护士合理的内心需求，使护士将心里话和内心情感尽量表达出来，同时也能把管理者对护士的关爱、尊重、赞美、信任等信息传达给护士，从而在护士内心深处激发起对组织的向心力、凝聚力和归属感，不断增强工作自信心。

（6）强调期望行为：护理管理者要让护士明确组织期望的行为表现，了解组织评价其行为的标准，以便护士自主调整自己的目标，向组织目标靠拢。例如护理部要求参与本科生教学的护士每年在国内核心期刊上至少发表一篇教学论文，作为教师选拔、考核的重要指标之一。

知识链接

公平比平等更重要

某医院的人事处处长因为不知该如何给出下属的人事考核成绩，因此决定给所有的人同样的成绩，并且辩解说："大家都很努力，工作都很出色。"很多单位在团体获得表扬时都是把所得奖金平均分配，这样每个人分到的钱就少得可怜。如果把这笔钱拿来增添员工的运动器材，维修公共设施的话，反倒公平些。把奖金平均分给大家，表面上看每个人都能公平地得到一份奖金，但若仔细推敲，难道每个人出力都一样吗？这显然是不公平的。当然，要判断每个人的贡献非常困难。因此可以用年资或薪资来调整分配的比例，这样做或许永远达不到真正的公平，但必须用一种既定的方式去调节平等。

（二）公平理论

公平理论（equity theory）是美国心理学家斯塔西·亚当斯（J. Stacy. Adams）于20世纪60年代提出来的。该理论通过社会比较探讨个人所作的贡献与他所得的奖酬之间的比值是否平衡，主要研究工资报酬分配的合理性、公平性对员工积极性的影响，故也称为社会比较理论。

个体要进行横向比较和纵向比较来确定自己所获得报酬是否合理，比较的结果将直接影响今后工作的积极性。如果得到了公平待遇，就会心情舒畅，保持旺盛的工作热情；反之，就会产生心理压力而影响工作情绪，即公平是激励的动力。横向比较是将自己获得的"报酬"（包括金钱、工作安排、获得的赏识等）与自己的"投入"（包括教育程度、所作努力、用于工作的时间、精力和其他无形损耗等）的比值和组织内其他人进行比较。纵向比较是将自己目前投入的努力与目前所获得的报酬的比值，和自己以往投入的努力与以往获得的报酬的比值进行比较。比较的结果将直接影响工作的积极性。

1. 公平理论的主要观点

（1）公平是指人们的贡献（投入）多少应与其所得报酬相当。公平理论认为职工在收到奖酬之后，积极性是否增加，受需要是否得到满足的影响。同时，在奖酬与满足感之间，还有一个中介因素，那就是奖酬公正性。报酬多少固然影响员工的积极性，报酬分配是否公平也同样影响着员工的工作积极性。也就是说，人们的工作态度和积极性不仅受其所得的绝对奖酬的影响，而且还受其所得的相对奖酬的影响。

（2）人们在衡量公平性时，一方面以自己过去做过的工作或担任过的角色为参考依据，把自己不同时间的情况进行比较，这是一种历史纵向的比较；另一方面还把自己的投入与产出，和有相同工作情况的他人的投入与产出进行比较，以他人作为参考依据，这是一种社会横向的比较。

（3）当员工感到不公平时，他们可能会采取以下几种做法：曲解自己或他人的付出或所得，采取某种行为使得他人的付出或所得发生改变，采取某种行为改变自己的付出或所得，往外选择一个参照对象进行比较，辞去他们的工作。

2. 公平理论在护理管理中的运用 护理管理者应用公平理论时应注意以下几点：

（1）正确认识和理解职工的比较和由不公平感产生的行为：职工之间相互比较是一种普遍的心理现象，在职工之间要杜绝比较是不可能的。职工对金钱、地位、荣誉等进行比较，感觉到不公平对待，因此而产生抱怨、怠工等行为，并不能由此认为职工贪婪、斤斤计较，并给以否定。

（2）在护理管理过程中遵循公正原则：护理管理者要公正地对待每一名员工，不管是工作任务分配，还是奖金分配方面，都应力争做到一视同仁，应当注意实际工作绩效与报酬之间的合理性，在工作中贡献较大的护士应该得到更多的奖励。公平、公开、公正地处理每一件事情，避免因感情因素导致管理行为不公。

（3）建立科学的激励机制：护理管理者应综合考虑多方面的因素，制定被大多数人认可的分配细则，奖惩应该明确、制度化，让护士清楚什么样的行为会得到什么样的奖励。只有这样，一个职工才能清楚地认识到自己的行为、绩效以及由此而带来的奖酬，减少因模糊操作而带来的不公平感。坚持物质激励、精神激励和信息激励相结合，在强调按劳取酬的基础上，应重视培养护士的奉献精神。采用表扬、鼓励、培训等方式使护士感到被重视，体验到成功的欣慰和自我实现的快乐，形成无私奉献的职业责任感。

（4）引导护士形成正确的公平感：公平和不公平感是个体的一种主观感觉，因为每个人的价值观不尽相同，对公平的理解也不同。在分配的过程中，不仅要考虑到报酬的绝对值，还应注意报酬的相对值，必须杜绝严重的不公平现象。护理管理者要了解和关心职工的心理状态，引导护士树立正确的公平观，客观公正地选择比较基准，确定恰当的比较范围，引导职工多看他人的长处，正确对待自己和别人，正确对待奖酬，把旺盛的精力用于组织目标的完成，避免盲目攀比。

总之，不同的激励理论各有其侧重面，没有一种单一的激励方法能最大限度地增加护士工作的满意度。学习领导理论的目的是增长激励方面的知识与能力，在实际运用中，我们应该根据具体工作情况而有所选择，从而激发护士完成各项工作任务，并且把工作做得更好。

> **知识链接**
>
> 科学管理之父——弗雷德里克·温斯洛·泰勒
> 管理过程之父——亨利·法约尔　　　　　行政组织理论——马克斯·韦伯
> 人际关系学说——乔治·埃尔顿·梅奥　　X-Y理论——道格拉斯·麦格雷戈
> 群体行为理论——库尔特·勒温　　　　双因素理论——弗雷德里克·赫茨伯格
> 公平理论——斯塔西·亚当斯　　　　　期望理论——维克多·弗鲁姆
> 需要层次理论——亚伯拉罕·马斯洛　　成就需要理论——大卫·麦克利兰
> 强化理论——伯尔赫斯·弗雷德里克·斯金纳　归因理论——弗里茨·海德

第三节 激励策略

> **案例 7-3**
>
> 小张是一位护理本科毕业生,毕业后就职于一家省级三甲医院。经过3年轮岗,最后定岗在呼吸科。为了尽快适应专科护理工作,她花费了大量时间进行业务学习,后成为科室的骨干力量。小张还不断钻研新业务、新技术,在《中华护理杂志》等核心期刊上发表多篇论文,成功申请专利5项,省级课题1项。然而,对于小张的表现,科室和护理部既没有精神奖励,也没有物质奖励。经过一番思考,小张辞去了医院的工作,跳槽到一家外商投资医院。2年后,小张成为了一名出色的科室护士长。
>
> **思考:** 如果你是小张原来所在医院的护理管理者,你会如何防止优秀护士流失?

研究和学习各种激励理论的目的是为了帮助管理者建立科学、合理的激励制度,激发员工的工作积极性,提高员工的工作满意度,从而更好地实现组织目标。现有的激励理论绝大部分是在西方现代企业中发展和完善起来的,而目前我国护理人员主要的工作环境为医院、社区等卫生事业单位,在人员管理、绩效考核等方面与企业存在一定的差异。因此,护理管理者在熟知各种激励理论的基础上,还要掌握一定的策略,才能最大限度地发挥激励的效果。

一、概述

激励策略又称激励机制,指在组织系统中激励主体通过激励因素或激励手段与激励客体之间相互作用的关系的总和,也就是指企业激励内在关系结构、运行方式和发展演变规律的总和。

二、激励的原则

(一)目标结合原则

在激励机制中,设置目标是一个关键环节。目标设置必须同时体现医院目标和护士需要,否则激励会偏离实现医院目标这个方向,也无法满足护士需要,达不到理想的激励效果。

(二)物质、精神、信息激励相结合原则

人的行为动力主要有物质动力、精神动力和信息动力,有效的激励措施应当将三者有机结合。护理管理者可以采用薪酬激励,也可以采用荣誉激励,还可以采用提供学习机会的信息激励方式。要根据护士需要的不同,灵活采用多种激励方式达到激励效果。

(三)引导性原则

引导性原则是激励过程的内在要求。激励措施产生的效果不仅取决于激励措施本身,还取决于被激励者对激励措施的认识和接受程度。因此,护理管理者要与激励对象进行有效沟通,将激励方案详细解读,使外部激励措施转化为被激励者的自觉意愿,才能达到激励效果。

(四)合理性原则

激励的合理性原则包括两层含义:其一,激励的措施要适度,要根据所实现目标本身的价值大小确定适当的激励量。其二,奖惩要公平,激励过大或过小都会影响激励效果。

激励过大，会使护士产生过分满足感，感到工作轻而易举，会丧失上升的动力；激励过小，则会使护士产生失落感，丧失继续努力的动力。取得同等绩效的员工，要获得同等程度的奖励。

（五）时效性原则

护理管理者要把握激励的时机，尽量做到"雪中送炭"，有效激发护士的工作激情，充分发挥其创造力。激励越及时，越有利于将人的激情推向高潮，使其创造力持续有效地发挥出来。

（六）正负激励相结合原则

正激励是对护士符合医院护理目标的期望行为进行奖励，负激励是对护士违背医院护理目标的非期望行为进行惩罚。正负激励都是必要而有效的，不仅作用于当事人，还会对周围其他人产生间接影响。

（七）按需激励原则

激励的起点是满足护士需要，但护士的需要因人、因时而异，满足最迫切需要的措施激励效果最好。因此，护理管理者要充分考虑护士的群体特点和个性特征，不断了解护士需要层次和需要结构的变化趋势，有针对性地采取激励措施，才能收到实效。如对有理想有抱负的年轻护士给予晋升和赞美激励可能比物质激励效果更好，而对一些家庭负担过重的护士，帮助其解决后顾之忧则更为恰当。

（八）明确公开直观原则

1. **明确** 明确激励的目的是需要做什么和必须怎么做。
2. **公开** 对护士关注的问题公开，如奖金分配、职称晋升等敏感问题。
3. **直观** 直观表达实施激励的指标、总结和给予奖励和惩罚的方式。直观性与激励影响的心理效应成正比。

三、激励的方法

在护理管理实践中，管理者应随时关注每一位护理人员的思想变化，有针对性地运用激励方法满足他们合理的需求，提高护理质量。

（一）强化激励

强化激励又称奖惩激励，主要是正强化激励和负强化激励的运用。强化榜样的力量和作用，结合必要的惩戒措施。在护理管理中，对于按要求高质量完成任务的护理人员应给予经济和物质奖励，如提高其工资和奖金，安排其休假；对于责任心差、工作失职造成不良后果的护理人员，采取必要的惩罚措施。

（二）感情与尊重激励

护理管理中运用感情、尊重激励法，可以维护护理人员的心理平衡，保持他们持续的工作热情。当护理人员工作中出现差错时，管理者应耐心倾听他们的诉说，并给予恰当的调节和疏导，共同研究解决的办法。如果他们工作确有过失，不应过分指责，要全力帮助他们寻找问题的症结和解决方法。此外，对他们的批评要注意场合，一般以单独开导和帮助为主。

（三）参与激励

护理人员适当参与决策与管理，可以激发护理人员的责任感和成就感，还能为护理质量的提高提供有价值的意见。在实际管理中，让护理人员参与决策，提高了护理人员的工作投入程度，增强了他们的责任感；护理部从中获取了日常工作的反馈意见，使护理工作朝着预期目标健康推进；护理人员从参与决策过程中感受到了自身价值的体现，感到自己是医院大家庭的一员，尤其是他们的意见被采纳时，心里的满足感和成就感极大增强；医院的民主气氛得到了增强，护理人员的向心力和内聚力大大提高。

（四）目标激励

在护理管理中，可通过设置目标激励护理人员的积极性，引导护理人员的行为方向。在运用目标激励时，注意目标要具体明确且有一定的价值，难度要适中，方向要正确，思想要统一，措施要落实，考核内容要具体。合适的目标能诱发人的动机，规定行为方向。只有目标正确才能引导人们走上正确的道路。因此，应在深入调查的基础上，结合医院的实际，反复论证，制定出以提高护理管理水平、护理队伍整体素质、基础及专科护理质量和护理科研水平等作为护理工作中的总目标。在总目标的前提下，提出争当优秀护士、争当文明科室的个人和单位奋斗目标。

（五）领导垂范

领导激励是在一定条件下，为实现既定目标，领导对所属组织和人员的活动施加影响。一方面领导者使用上级授予的权力进行严格管理；另一方面是领导者自身的素质和行为形成的非权力影响产生的管理作用。领导率先垂范，要求护理人员做到的，自己首先做到，才能激励护理人员的主动性和积极性。医院的护理管理人员，在业务水平、工作才干、管理方法和心态等方面要在一般护理人员中起表率作用，才能使护理人员心悦诚服。医院要从护理部管理者的行为影响力入手，举办护士长学习班，使护士长在工作上能充分发挥其信念影响力、能力影响力、感情影响力、气度影响力、品格影响力等，使他们在护士中获得较高威望。同时，建立护士长管理奖惩制度，每季度对护士长岗位职责进行检查考评，个别不称职者应调离护士长岗位，确保护理质量和文明服务水平稳步提高。

（六）分类激励

马斯洛人类基本需要层次理论告诉我们，人在不同阶段的需要是有不同层次的，从低级到高级可分为五种层次。因此，对护理人员要根据其年龄、个人经历、工作年限、工作的具体环境、家庭情况、职称情况、心理承受能力，认真分析他们的心理需求，运用不同的激励手段。对具体的某个护理人员的激励，一定要因人而异。通过分类激励，可大大激发全院护理人员对护理专业的光荣感和责任感。

（七）竞争激励

在护理管理中，我们正确地引入了竞争机制，护士长竞聘上岗，公平竞争，择优选用。通过竞聘，一批工作责任心强、业务娴熟的业务骨干，走上了管理岗位，担任护士长或在护士长不在时履行护士长的职责；部分责任心不强，又不加强学习的护士长下来了，成为一般护理人员；少数几个责任心差，经常出现责任事故的护理人员，被调整出护理队伍。这样上上下下，盘活了护理队伍，激发了护理人员积极进取的朝气。

本章小结

护理人员是从事特殊职业的群体，责任重大，他们的工作质量直接关系到患者的治疗和康复。随着社会的发展，人们对医院的护理质量提出了更高的要求。高标准的护理质量，要求护理人员要有健康、积极向上的心态和娴熟的基本护理技能。护理管理的主要职能就是调动护理人员的工作主动性和积极性，提高护理人员的思想业务素质，调节护理人员的心理，促使其健康积极向上。因此，护理管理者要充分了解、真正熟悉护理人员的具体情况，分析影响心理需求的因素，才能有针对性地采取激励措施，调动护理人员的主观能动性和积极性。

思维导图

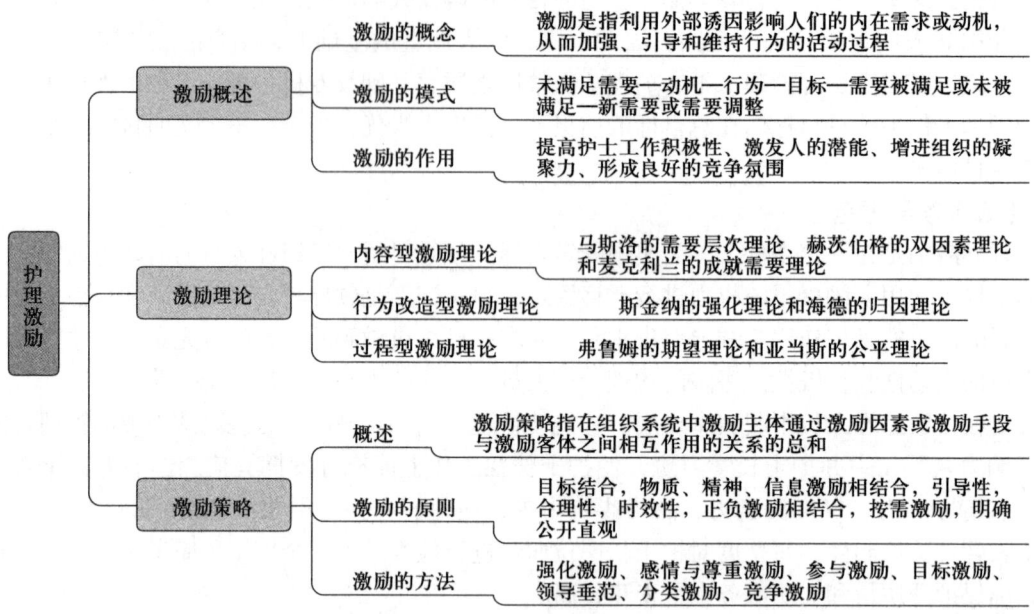

实践活动

1. 活动内容　组织学生讨论护理工作中的典型激励管理案例。
2. 活动目标　加深护理管理者掌握护理激励运用的技巧。
3. 活动过程

（1）教师将制定好的活动中的评价和给分标准发布到学习平台，布置课前作业，学生通过查阅资料等方式收集护理激励的相关案例，并上传至学习平台。

（2）教师从学生收集的案例中挑选出四个典型案例，课上进行 ppt 展示。

（3）将学生分为四组，组织学生针对 ppt 中的案例进行组内讨论。

（4）每小组派一名代表并将本组讨论结果进行全班汇报。

（5）其他小组同学进行提问和评价。

（6）最后，教师进行总评。

自测题

一、选择题

A1/A2 型题

1. 下列属于行为改造激励理论的是
   A. 需要层次理论　　　　B. 期望理论　　　　C. 双因素理论
   D. 强化理论　　　　　　E. 公平理论

2. 根据双因素理论，下列属于激励因素的是
   A. 人际关系 B. 工作条件 C. 组织政策
   D. 领导赏识 E. 工作环境

3. 提出公平理论的美国心理学家是
   A. 赫茨伯格 B. 马斯洛 C. 弗鲁姆
   D. 斯金纳 E. 亚当斯

4. 某病房的护士长是一名很有领导艺术的领导者，当护士工作表现出色时，护士长都会立即加以表扬。这实际上就是对护士行为进行
   A. 正强化 B. 负强化 C. 消极强化
   D. 惩罚 E. 消退

5. 护士长在早交班会上向病房护士口头传达了护理部的一项重要决定，要求大家从今天开始使用一种新的护理记录表格。但是在具体执行过程中，效果很差，大家都不清楚新表格具体的填写方法。这种沟通失败主要是因为
   A. 沟通渠道过长
   B. 护士对信息理解的偏差
   C. 护士长表达模糊，没有明确表达信息的内容
   D. 护士长对传送信息的时机把握不准
   E. 信息沟通渠道选择不当

6. 能否正确掌握和充分运用谈话的技巧，对管理者能否有效地进行科学管理至关重要。下列不属于谈话技巧的是
   A. 善于激发下级的谈话愿望
   B. 善于启发下级讲真情实话
   C. 善于抓住重要问题
   D. 运用倾听技巧
   E. 直接批评下属

7. 下列选项中，本质为解决各方面的矛盾，使整个组织和谐一致，使每一个部门、单位和组织成员的工作同既定的组织目标一致的是
   A. 沟通 B. 领导 C. 激励
   D. 协调 E. 组织

8. 某护士长在领导护士们完成病房护理工作的过程中，注意个人目标和组织目标协调一致，这样护士们的行为趋向统一，对实现组织目标并取得成效非常有益。这种领导方法遵循的领导工作原理是
   A. 指明目标原理 B. 协调目标原理
   C. 沟通联络原理 D. 激励原理
   E. 直接管理原理

9. 激励的基本模式为
   A. 需要—动机—行为—目标—需要被满足
   B. 需要—动机—行为—目标—需要被满足，通过反馈构成循环
   C. 需要—目标—需要被满足，通过反馈构成循环
   D. 需要—动机—要求—目标—需要被满足，通过反馈构成循环
   E. 需要—动机—行为—达到效果

10. 激励水平的高低与期望值、关联性和效价三者相关。即激励水平等于三者
    A. 之和　　　　　　　　B. 之商　　　　　　　　C. 之积
    D. 之差　　　　　　　　E. 之和的平方
11. 以下选项中，不属于赫茨伯格双因素理论中的保健因素的是
    A. 工资水平　　　　　　B. 工作的成就感　　　　C. 工作环境
    D. 福利待遇　　　　　　E. 年终奖金
12. 激励的起点是
    A. 动机　　　　　　　　B. 需要　　　　　　　　C. 行为
    D. 信念　　　　　　　　E. 理想

A3/A4 型题

（13～14题共用题干）

护士长让护士小张代表病房参加护士节的护理技术操作大赛，并许诺如果小张能在大赛上取得前三名的成绩，将有机会参加为期半个月的脱产学习。小张接到这个任务后，会考虑两个问题："经过努力练习，我能在护理技术操作大赛中取得前三名的成绩吗？""我是否非常需要得到脱产学习的机会？"这两个问题都会影响护士在完成任务中的努力程度。

13. "经过努力练习，我能在护理技术操作大赛中取得前三名的成绩吗？"属于哪一项问题
    A. 期望值　　　　　　　B. 效价　　　　　　　　C. 关联性
    D. 激励水平　　　　　　E. 激励强度
14. "我是否非常需要得到脱产学习的机会？"属于哪一项问题
    A. 期望值　　　　　　　B. 效价　　　　　　　　C. 关联性
    D. 激励水平　　　　　　E. 激励强度

二、简答题

1. 简述激励的基本模式。
2. 简述赫茨伯格双因素理论的主要观点。
3. 什么是强化理论中的"惩罚"？简单分析"惩罚"措施的利弊。
4. 简述惩罚与负强化的关系。
5. 简要阐述期望理论的主要观点。
6. 如果你是护士长，请阐述在你的管理中将怎样应用马斯洛的层次需要理论。

三、案例分析

护士小李，本科学历，护师，工作3年。某天，小李完成了1例PICC操作，操作结束后被护士长叫到办公室。

护士长问："小李，今天穿刺顺利吗？"

小李兴奋地说："非常顺利，护士长。之前我花很多时间看了老师们的操作过程，又看了很多PICC的理论书籍，今天患者非常满意。"

护士长赞许地说："不错，但是，你真的了解患者的真实感受吗？会不会出现这样的情况，患者在你面前表现得很满意，但实际上还有很多不满意的地方。"

小李脸上的兴奋消失了，说："还可以呀。在穿刺的时候，我注意了随时和患者沟通，患者在穿刺结束时还不停地感谢我。你如果不放心我穿刺，可以在旁边监督我，也可以去问问患者的反应嘛。"

护士长讪讪地说:"别激动嘛,小李,我只是出于对你的关心才多问了几句。"

小李说:"关心?你是对我的不放心更多吧!"

思考: 1. 运用成就需要理论,站在护士长的角度分析问题出在哪里,应该怎样解决。

2. 运用成就需要理论,站在小李的角度分析问题出在哪里,应该怎样解决。

(李 慧)

下载资源:
第七章案例分析
参考答案

第八章 护理管理沟通与冲突

学习目标

1. 识记：复述沟通、冲突的概念，管理沟通的原则，冲突的类型，冲突的形成过程。
2. 理解：说明沟通的目的，影响沟通的因素，冲突管理的方法。
3. 运用：能有效与患者、同事进行沟通，在临床中能有效运用处理冲突的策略及方法。

名人名言

管理者的最基本功能是发展与维系一个畅通的沟通管道。
———［美］切施特·巴纳德（Chester Irving Barnard），管理学家

恰当地用字极具威力，每当我们用对了字眼……我们的精神和肉体都会有很大的转变，就在电光石火之间。
———［美］马克·吐温（Mark Twain），作家及演说家

第一节 管理沟通

案例 8-1

某医院近期发生一起医疗纠纷。一男性患者，48岁，因"大量饮酒36 h，剧烈腹痛15 h"来院就诊。急诊医生诊断该患者为急性坏死性胰腺炎中毒性休克，病情危重，给予解痉、止痛、减少胰酶分泌等处理，症状未见缓解，24 h后收住消化内科。病房医生给予抗休克、抗感染等抢救，并请普外科会诊。会诊医生说："如果早点请外科会诊，患者可以手术康复，现在已经失去手术时机。"最终患者因抢救无效死亡。患者家属情绪激动，认为医院抢救不力，要求医院赔偿。

思考：1. 该案例中医患沟通存在哪些问题？
2. 通过此案例，如何理解沟通的重要性？

沟通是一门生存的技巧，能营造愉快、和谐的工作生活环境和人际关系，是打开成功之门的钥匙。没有沟通就没有人类的交往和社会活动，沟通与人们的日常活动息息相关。一句诚挚的问候，一个灿烂的笑容，一种得体的语言表达便可让你得到同事的情谊。沟通也出现在所有

的管理职能中，管理的计划、组织、人力资源管理、领导、激励、决策、控制等主要活动都需要有效的沟通。医院的管理也需要有效的沟通，使管理者与被管理者达成共识，形成合力，使医院的生存和发展能力不断提升。有研究表明，管理者的每个工作日要用80%的时间进行沟通。沟通在护理管理工作中占有非常重要的位置，良好的沟通是成功管理的基础，也为组织建立起同外界联系的桥梁。

一、管理沟通概述

（一）概念

1. **沟通**（communication） 指通过人与人之间的信息传递、交流、理解，以期获得反应效果的过程，发出者通过一定的媒介，将信息发送给接受者，并寻求反馈，达到理解。现代意义上的沟通是指个人、组织之间的信息传递、接受、分享和双向交流的过程。

2. **有效沟通**（effective communication） 指信息发出者发送的信息与接受者得到的信息在意义上是一致的，包括信息的双向传递、所传递的信息要被接受者理解，同时要作出相应的行为反应。

3. **管理沟通**（managerial communication） 是指以管理为内容的沟通，是管理者为进一步了解实际情况，使内容为管理对象所理解、接受和执行的过程。管理沟通能够不断提高管理水平。管理沟通包括以下含义：①管理沟通是一个过程：完整的管理沟通过程是信息的发出者产生了沟通的意识，并对内容进行编码，发出具体的信息，通过沟通渠道传递给接受者，接受者收到信息后，进行译码，并对信息作出反应，使发出者了解沟通是否准确。②管理沟通是管理活动中沟通双方的相互活动：在信息化的时代，管理沟通双方可以是人—人的沟通，也可以是人—机的沟通。

在护理管理中，是以人与人之间的沟通为主。人—人的沟通有以下特点：①主要通过语言来交流（包括书面语言和口头语言）；②带有一定的目的性，沟通的结果可改变人的行为；③沟通过程中存在情感的交流；④由于人的经历、价值观等不同，不同个体对同一信息会产生不同的看法和理解。

（二）管理沟通的目的

沟通在人们的生活和工作中无处不在，是人与人之间交往合作必不可少的行为。组织内正常有效的信息沟通是维护良好的人际关系，保证各个部门协调，提高组织效率的基本条件。领导者和管理者日常工作的大部分管理过程都与沟通有关。具体来说，管理科学从一开始就充满沟通，管理的实质和核心就是沟通。没有沟通，无论多宏伟的目标都没有实际价值。管理沟通的目的包括以下三点。

1. **收集资料** 通过信息沟通，获得相关的信息，通过信息的总结，为制定决策提供依据，如了解国家卫生政策的变化，护理专业的发展状况，患者对护理工作的满意度等。

2. **指导及改变行为** 管理者将经验、意见等告知接受者后，最终会影响接受者的态度和认知，从而改变其行为。如当部门需要推行新政策或是开展某项工作时，通过与相关人员的沟通，能够加深其对组织开展相关工作的理解，获得他们的支持，达到控制、指导、激励的目的。

3. **建立和改善人际关系** 沟通可以满足双方的心理需求，彼此产生共鸣。它表达了双方的思想和情感，增进了彼此之间的了解，减少了人与人之间的冲突。

（三）沟通的特点

1. **具有积极的信息交流** 沟通中的双方都是积极的主体，双方都必须分析和判断对方的动机、目的，积极地进行信息交流。

2. **具有相互影响的特点** 沟通者之间能够借助沟通相互影响，这种影响就是以改变对方行为为目的的作用。

3. 沟通者之间的沟通工具必须一致 沟通工具即人与人沟通交流的途径或平台，沟通者之间使用的沟通工具必须要一致才能达到有效的沟通。

4. 可能存在社会性和心理性等特殊的沟通障碍 人与人之间在沟通的过程中会存在社会职位、级别及情绪等影响，可导致沟通障碍的状况。

（四）沟通要素与基本过程

沟通由6个要素构成，包括：信息来源、信息编码、沟通渠道、信息解码、接受信息、反馈（图8-1）。

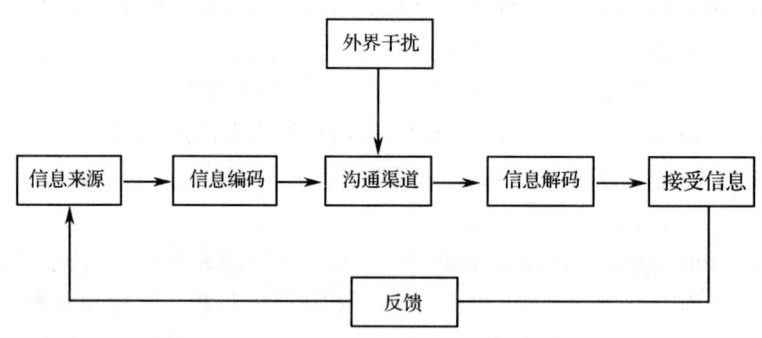

图8-1 沟通要素与基本过程

1. 信息来源 即沟通的主体，信息的发出者首先要产生沟通的想法，同时有想要试图进行沟通的人，并且对信息接受者的情况有所了解，以便选择合适的沟通渠道。

2. 信息编码 根据信息来源者所要表达的内容转换成信息接受者所能接受和理解的形式，如语言、文字、图表、手势及表情等。在信息编码的过程中，此要素与信息来源者的态度、知识、社会文化背景和沟通技巧等有关。

3. 沟通渠道 渠道是信息传递的载体，它像桥梁一样将信息发出者和接受者连接起来。沟通渠道有正式和非正式之分：正式渠道是由组织按职权层次建立的，比较规范，约束力强，如正式组织系统发布的命令、指示、文件、召开会议等；非正式渠道是私人或社交性的沟通，不受组织监督，如员工之间私下交换意见、议论某人某事等。

4. 信息解码 将信息转变为可以理解的内容并接受。与信息编码过程一样，其解码过程也受到接受者知识、态度以及社会文化背景等方面的影响。

5. 接受信息 沟通的客体，是接受信息的人，信息接受者能将信息转化成为他所能了解的想法和感受。

6. 反馈 指接受者将理解的信息返还给发出者，使其了解沟通是否准确、是否达到目的，或及时作出正确解释，修正沟通内容。

二、管理沟通的原则

（一）民主原则

民主原则是管理沟通的首要原则，核心是平等合作。民主是民众对自己的存在和发展做主，决定自己的价值观和行为方式。在医院管理中，要实行民主原则，就要在平等合作的前提条件下，通过良好有效的沟通，找到共同前进的方向，充分调动全体人员的积极性，不断地推进医院的发展。

（二）诚信原则

诚信，是真诚态度与信任行动的统一。有了真诚的态度，沟通才会努力追求真实；有了信任的行动，沟通才会得到真实的结果。诚信是实现有效沟通的保证。若做到诚信，首先要敢于把真实的自己展现在他人面前，不隐瞒、伪装自己。敢于展现自己、表扬他人和修正自己，是医院实施诚信管理的系列措施和行动。

（三）及时原则

沟通及时性是保证有效沟通的基本条件。医院管理要充分利用和发挥时效性，沟通要讲究时间恰当。任何制度和政策都应该有时间的期限，要充分发挥其作用，就一定要注意制度和政策的时效性。及时的沟通可使下级更好地理解组织的意图，支持组织工作，同时也可帮助上级在管理过程中，及时掌握下属的动态，加强组织管理。例如组织明年的年度目标必须在今年年末或明年年初就传达至各相关部门，否则将可能影响目标的实现。

（四）准确原则

当发出的信息具有价值，信息沟通所用的语言和传递方式能被接受者所理解时，我们应认为它是准确的信息。医院管理者对有关职工和患者的相关政策，必须要有准确的执行政策精神。同时，要用准确的方式处理问题，要使沟通通畅有效，要求信息发出者应有一定的语言表达能力，用词要准确，即信息沟通所采用的语言和传递方式能被接受者所理解，形成互动，保证沟通的有效性、准确性。

（五）以人为本原则

所谓以人为本，指的是在医院管理沟通中，以患者为中心，重视生命的价值，实现生命的意义。医院的职责是救死扶伤，管理沟通的任务就是更好地实现职责。因此，医院管理沟通要树立生命价值高于一切的理念，把抢救生命、救治患者摆在一切工作的首位。患者的生命高于一切，应该成为医务工作者的基础性观念，也应该成为医院管理沟通的基本观念。

（六）创新原则

创新的实质是发展，创新是医院管理沟通的灵魂。医院管理的目标就是通过有效沟通形成合力，不断创新，实现发展。医学模式变革是医学观念上的一种创新，在管理实践中体现人文精神，也是沟通内容创新的重要前进方向，充分利用现代化的医院管理沟通方法，能够达到事半功倍的效果。用科学化、规范化、程序化、人性化的思维和观念，设计医院管理沟通的体系，是医院现代化建设的重要内容。

（七）非正式沟通策略的原则

沟通渠道有正式沟通和非正式沟通之分。人们往往会忽视非正式沟通的信息，但在临床中，非正式沟通可以很快传递信息，补充正式沟通的内容，对做好组织的协调工作具有一定积极意义。有些问题通过正式组织渠道不易解决，也可通过非正式组织渠道加以沟通。例如护士长要判断作出的某项决定是否正确，可通过非正式渠道听取反馈后再作评价。

三、影响沟通的因素

在沟通过程中，必须环环相扣，任何一个环节出现故障，都可引起信息的歪曲、偏差，使沟通达不到预期目的，严重时可能使沟通过程中断或产生不良的后果。因此，认识沟通障碍、防止沟通障碍、排除沟通障碍就显得十分重要。沟通障碍在沟通的信息发出者、信息沟通渠道和信息接受者三要素之中都可能存在。

（一）信息发出者的问题

1. 信息发出者表达能力不足产生的障碍 信息编码不准确或措辞不当，使用晦涩难懂或信息接受者不熟悉的语言，或使用信息含义不明确的文字，例如使用医学术语告诉患者"po服药"，就会导致沟通障碍。所以，信息传递者若要消除沟通障碍，必须努力提高自己的语言表达能力。同时在发送信息时，应具有高度的责任心。不能仅从自己的角度来理解事情、选择用语，更要注意沟通对象的文化背景、年龄等的不同，从信息接受者的立场来考虑用语，这样才能保证发送的信息能够被完全正确地理解。

2. **传递形式障碍** 信息发出者在发送信息时，形式要适当，如语言、方式和情绪应保持一致。正式或重大的事件信息用很平常的方式传递，就可能使人怀疑信息的真实性和严重性。例如，领导在批评下级错误时态度不严肃，就可能难以使下级认识到错误的严重性。所以在沟通中，信息沟通的形式应同沟通的信息内容相一致，消除因内容和形式不一致带来的障碍。

3. **信息传送不全** 信息发出者有时为了节约时间，有可能使得信息变得简单或模糊不清。如常出现护士长传达上级精神时，只针对性地传达对自己有用或自己有兴趣的信息，而不能全面传达并使大家理解上级的真正意图。

4. **信息传递不适时** 信息发出者忽视了信息沟通中时间的意义，信息传递过早或过晚均会影响沟通效果。如会议时间通知过早，容易忘记；安排护士加班或调班通知过晚，以致护士缺乏准备而使服从有困难。以上均忽视了选择合适的沟通信息传递时间。

5. **知识局限产生的障碍** 信息发出者与信息接受者之间需要有共同的经验区，这样才比较容易实现沟通的目标，如果双方不存在共同的经验区，沟通就会产生障碍。譬如，同一领域的科学家之间运用大量专业术语、数学公式、各种符号进行沟通，大家均能理解其含义，既简便又实用，但如果用这种方式同外行沟通，则会失败。

（二）信息传递渠道中的障碍

1. **信息传递手段的障碍** 在现代化信息沟通中，使用着越来越多的新兴信息传递手段，如手机、QQ、微信等，这些方式大大提高了沟通效率。同时，一旦这些手段发生故障就会影响沟通。如开会时广播的物理噪声过大，就会影响会议效果。在信息沟通中，要尽可能地选择保证高效率的沟通工具。

2. **传递层次的障碍** 一个信息从发出者那里发出，达到接受者那里时经过的环节越多，到达最终接受者那里的信息被打折扣，或者被歪曲、曲解的可能就越大。有调查证明，当信息连续传递5个环节，在传递过程中会丢失80%的信息。所以，在沟通过程中，沟通的层次应尽可能减少，以防信息被过多地过滤。

3. **环境因素** 环境主要分为物理环境和社会环境。物理环境主要是指光线、温度、噪声、整洁度和隐蔽性等。在临床护理工作中，要保证病房环境的安全、安静和整洁，才有利于保护患者的隐私，才能适合于沟通。反之，则不利于沟通。社会环境是指人际关系、距离等，营造良好的社会环境会促进沟通的顺利进行。

（三）信息接受者的障碍

1. **过滤** 指信息发出者为投接受者所好，操纵信息传递，有意、无意增删信息，造成信息歪曲。如一线管理者在向上级部门汇报工作时只报成绩，不报失误或差错；下级人员希望上级能按照他们的意图作出决策，他们在向上级报告工作信息时也会忽视其中某些信息。组织层级越复杂，信息经过的层次越多，过滤作用就越大，信息失真的可能性就越大。

2. **理解能力的障碍** 这同信息发出者发送能力的障碍是一样的。如果是一个发出者面对一个接受者，这种障碍还可以在发出者与接受者的共同努力下消除。但如果是一个发出者面对多个接受者，其中一些接受者对信息不理解，就主要靠接受者自己提高理解能力来消除障碍。

3. **选择性知觉** 知觉是在人们经验的背景基础上对感觉信息的解释。选择性知觉是指人们在某一具体时刻只是以对象的部分特征作为知觉的内容。通常情况下，人们都依个人的兴趣爱好、需要、习惯、背景以及其他个人因素等去主动选择信息的有关部分。例如：开会时，当讲到调资、晋升等与大家利益相关的内容时，会场就很安静。在信息传递过程中，人们通常给予自己所感兴趣的事更多关注，而较易忽略其他部分内容，所以选择性知觉会影响信息接受者对信息的提取和处理。

4. **情绪** 在信息传递的过程中，情绪会影响信息发出者和接受者对信息内容的组织和理解。在许多情况下，信息中会夹杂着一些情绪性内容，它们同信息的本意无关，但有时却会影响信息的准确性。如对于同样的信息，在情绪好和不好时人们的感受就大不一样。有时接受者由于某种原因，对信息拒绝接受。因此，管理者要学会控制自己的情绪，以保证自己的情绪不影响正常沟通。

5. **语言**　语言对不同的人有不同的含义。年龄、教育程度、文化背景是影响人们应用和理解语言的三个主要因素。如沟通双方在这三方面差距较大，就有可能成为无效沟通。另外，专业术语也有可能妨碍沟通。如在临床工作中，护士在与农民患者做健康宣教时，告知患者要高蛋白饮食，但患者并不知晓什么是高蛋白饮食，护士在与患者交流时应尽量使用生活化的语言，列出具体的食物，如告诉患者多吃蛋类、鱼类、肉类、牛奶等食物。

四、护理管理者有效沟通的方法与技巧

沟通是建立人际关系的重要手段，在组织中任何一个人都是信息的发出者或接受者，因此护理管理者需要深刻了解组织的信息沟通系统。护理管理者所接触的人越多，越不容易确定每个人所获得的信息是否正确。在护理管理中，为了保证有效沟通，除了遵循沟通的基本原则，克服沟通障碍，还应该重视沟通的方法。

（一）倾听技巧

根据美国加州大学的一份调查，人类对沟通时间的分配是：9%的时间用于书写，16%的时间用于阅读，30%的时间用于说话，45%的时间用于听。"听"的时间占了最大比例。管理者在沟通时不要只考虑"讲"，还要能够去"倾听"。倾听是沟通成功的重要基础之一。倾听是要理解所听到的内容的意义，它要求对声音刺激给予注意、解释和记忆。

有效的倾听是积极主动的而非被动的。被动倾听，即当说话者提供的信息清楚明了、生动有趣从而引起倾听者的注意力时，才可能接受传递的绝大部分信息。而积极倾听（empathetic listening）则要求倾听者的投入，使倾听者能站在说话者的角度上理解信息。根据临床心理学及心理治疗的研究与经验，可以把"倾听"技巧归纳为以下具体行为。

1. **专注**　要求倾听者精力非常集中地听说话人所讲的内容，清楚说话人谈话内容、背景及尚未表达的意见，包括每个细微的新信息。倾听者尝试去了解对方谈话的真正意图，以对方的立场来探讨谈话的内容，并进行概括及理解。

2. **移情**　换位思考，要求把自己的情感置身于说话者的位置上，努力理解说话者想表达的含义。移情要求倾听者具备必要的知识水平和灵活性。倾听者需要从说话者的角度调整自己的所观所感，用面部表情或点头的方式来激励说话者发言，尽可能不打断话题；聆听说话者的"弦外之音"，体会他们的感情，保证倾听者的解释与说话者的本意相符合。

3. **接受**　客观地倾听内容而不急于作判断。当听到不同的观点时，若在心里阐述自己的看法并反驳他人所言，就会漏掉余下的信息。倾听者应该接受他人所言，而把思考自己的观点推迟到说话者结束话题之后。当说话者结束话题后，再做出对问题的判断与结论，最后表达自己的看法，同时在表达时要注意语气，言词要缓和，不可用敷衍的态度，切忌质问对方。

4. **对完整性负责**　倾听者要千方百计地从沟通中获得说话者所要表达的所有信息。要安排较充分和完整的交谈时间，在倾听内容的同时倾听感情，并通过提问、复述来确保倾听者理解的正确性，澄清容易混淆的内容。

（二）谈话技巧

谈话是领导者一项主要工作形式，具有较强的思想性、艺术性、科学性与技巧性。谈话有利于增进双方的信任感和亲切感，它是信息交流，是人与人之间的一种交往形式，具有很强的感情色彩。谈话的作用有：①监督作用：可获得工作进展情况，实质是一种经常性的监督；②参与作用：谈话双方进行思想交流后，制定决策，使管理者处于参与的位置；③人员了解作用：通过谈话了解说话者的心理与品质，作出正确的判断；④指示作用：以谈话形式传达上级

指示和领导者意图。

谈话的形式分为正式、非正式两种。正式谈话是业务性、工作时间内的谈话，包括座谈、会晤、反映情况、交换意见等。非正式谈话是非业务性、工作时间以外进行的谈话。

能掌握谈话的技巧是成功实现有效沟通及有效管理的策略。

1. 上行沟通 "智者找助力，愚者找阻力"。有效的上行沟通，可以使上级了解自己的工作，取得上级的支持，而且还可以使上级了解自己的成长，争取上级对自己的指导和帮助，提高自己的业务能力。不能主动地与上级沟通的管理者是难以发展的。在管理者的沟通中，上行沟通是重要的，同时又是比较难的。人们通过实践，总结出上行沟通的三个原则：①明确自己的职责：能够清楚自己上行沟通的内容是什么，抓住问题的关键，明确谈话的目的和内容及上级对自己的要求；②应当在最短的时间内了解上级当前最需要的信息；③因上级的背景不同，喜欢的沟通方式也不同，要了解上级的个性及心理特征，采取适当的沟通方式。有的人习惯当面沟通，以便提问从而更为详尽和深入地了解情况，而另一些上级可能更习惯书面的文字或表格式的报告，所以应当根据上级的习惯选取合适的沟通方式，以提高沟通效率。

2. 发布指令 指令带有强制性，要求下属执行某项任务或停止某项工作，指令内容与实现组织目标密切关联。指令可通过书面或口头的方式传达，有正式指令、非正式指令之分。指令发布的技巧包括以下内容：

（1）制订指令传达计划：为确保指令执行的效果，在指令发布前必须明确以下几个方面：①确定目标，清晰地传递给下级；②确定对象，应在工作布置之前确定好适当的人选，每个人承担的工作有所不同；③制订达到目标将采取的步骤；④指令必须简洁、清晰、明了，便于下级理解；⑤如果指令是以前从未有的，应考虑是否需要培训，确保指令切实落实。

（2）确保指令有效传达：指令发布后必须确认命令是否有效传达，可通过以下方式：①让下级复述指令，确定已收到和理解；②如果有必要，在发布指令时向下级作出示范；③把握指令传达的关键环节，定期或不定期检查遗漏，使管理工作处在最佳状态。

（3）处理下级对指令的不同态度：指令发布后，由于个体差异，对指令的理解和看法不同，可能存在不同的态度，应采取不同的方式进行有效的处理。①对待赞同者：下级赞同指令的情况下，可以适当授权，激励下级的积极性，同时耐心倾听指令执行过程中的方案，包括其重点、难点、详细计划等；②对待不关心者：当下级对指令持无所谓态度时，先了解下级的真实想法，询问其对于指令的意见及建议，寻找适当的处理方法；③对待怀疑者：鼓励下级把怀疑的情况说出来，了解下级关注的利益重心，并向其讲明此指令的目的和对组织、个人的益处；④对待反对者：积极沟通，加强双方理解，当无法改变对方的反对态度时，可以考虑将工作分配给他人。

3. 与同事沟通 在护理管理中每天都有大量的信息沟通活动，如护理交班、护理查房、执行医嘱、护士与患者及医务工作者的交谈、书写护理文件等。根据估算，一位病房护士长平均每天至少有1/3的时间用于与各个方面的沟通。如果没有沟通，再好的计划与目标都无法实现。一个人要取得成功，仅有很强的工作能力是不够的，必须既要做好分内工作，又要处理好人际关系，学会与人相处。而对待性格各异的人群，在沟通方面的技巧也有差别：

（1）对待推卸责任型：请他们协助做任何工作时，目标必须明确，时间内容等要求要事先讲清楚，甚至写下来，以此为据，以达成原定目标。

（2）对待怨天尤人型：人们之所以怨天尤人是因为他们在意事情的发展，如果此事与管理者负责之事有关，应立即响应和改善。在作任何影响下级的决定前先征询其意见，同时询问其最好的解决办法。

（3）对待过度竞争型：对自己的工作要时时加以记录，包括当时的想法和创意，作为书面留存，必要时提供给领导参考。放开心态，鼓励其他人员与自己竞争，把竞争的力气向外发展，而非花在内部。

（4）对待争执型：在工作中，争执是难免的，与有棱角的同事合作，管理者要考虑如何解决问题而不是如何争执获胜。要学会忍受，学会喜欢那些有棱角的人，选择性地学习他们的优点，使自己变成一个成熟的人。

4. 护患沟通　沟通中的沟是手段，通是目的。随着卫生法制建设的不断完善，广大患者维权意识显著增强，患者对医疗服务质量的要求也日益提高。护理人员应积极主动地从心理上、从人性的角度给予患者必要的沟通和关怀，用热情、友好的语言、表情和行动，向患者表达自己的关怀和重视，给予情感上真诚的关注和抚慰，使患者对医务工作者、医院产生朋友般的信赖，由此减少其身心压力而使体内产生积极的康复因子，拥有良好的就医心理。

为了适应新形势，维护良好的医疗秩序，提高医疗质量，确保医疗安全，保护患者的合法权益和广大医护人员的切身利益，防范医疗纠纷的发生，化解护患矛盾，加强护患沟通显得尤为重要。护理人员进行有效护患沟通要做到以下几点：①沟通时间：入院前沟通、入院3天内沟通、住院期间沟通、出院时沟通；②沟通内容：诊疗方案、诊疗过程、诊疗转归、心理疏导、健康宣教等；③沟通方式：床旁沟通、分级沟通、集中沟通、出院访视沟通；④沟通技巧：注意沟通的语气、态度，给予患者信任和尊重，耐心倾听患者诉求；⑤沟通记录：每次沟通后应有记录，记录的内容包括沟通的时间、地点，参加的医护人员及患者或家属姓名，以及沟通的实际内容、沟通结果，在记录的结尾处应要求患者或家属签署意见并签名；⑥沟通评价：护患沟通作为病程记录中常规项目，应纳入医院医疗质量考核体系并独立作为质控点。

总而言之，良好的沟通必须遵守三个原则：一是找到共同的利益基础，二是以诚待人，三是要尊重所有的人。对管理者来说，有效沟通不容忽视，任何建议和优秀的计划若不经过沟通都无法得到实施。

第二节　冲突及产生原因

案例 8-2　患者女性，31岁，因反复头痛3月余来院就诊，诊断为颅内动脉瘤。入院后给予降低颅内压治疗，甘露醇静脉滴注。在输液期间，护士为患者常规测量血压时，患者询问护士治疗药物的名称和作用，并反映头痛得很厉害，护士没有及时回答患者的问题，简单地说了一句："你又不懂医，了解药物干什么？"便继续测量血压，这时患者拒绝测量，坚持说医院治疗无效、测量血压有什么用，与护士发生矛盾，头痛加剧，家属了解情况后非常生气，要求护士当面道歉，并要求领导对该护士予以处罚。

思考：1. 护士应如何向患者解释才能避免冲突？
　　　2. 作为病房护士长，应如何处理护士与患者的冲突？

冲突是组织和管理活动中普遍存在的现象，它是个体或群体在相互交往中，由于各种原因而发生意见分歧、争论，使关系紧张。一项研究表明：100位管理者每年要用4~5周的工作时间来处理冲突。另一研究表明：76位总经理和66个中层经理24%的工作时间用于处理冲突。冲突是矛盾，但并不是所有的矛盾都是冲突，只有矛盾被激化到一定程度才会引起冲突。虽然组织中的冲突并不都是坏事，但严重的冲突会直接影响组织成员的工作绩效，给组织带来负面的影响。同时，不良冲突也是组织成员流失率增加的原因之一。有效管理组织冲突成为管理者关注的问题。

一、冲突概述

（一）冲突的概念

冲突（conflict）就是观点及看法的不一致，是组织群体内部个体与个体之间、个体与群体之间存在的互不相容、互相排斥的一种矛盾的表现形式。如何正确认识组织内非建设性冲突，保持组织内一定水平的建设性冲突，提高管理的有效性，是组织管理人员的责任。冲突包括三层含义：一是必须存在两个对立面，缺一不可；二是为争取某种有限的资源（金钱、地位、权利、工作、时间、信息等）而发生的行为；三是只有当问题被感知时，才构成真正的冲突。冲突究竟在组织中起什么作用，人们有一个逐渐认识的过程。

（二）人们对冲突的理解

1. **传统观念**（traditional view） 所有的冲突都是有害的，具有破坏性，是组织功能失调、非理性、暴力和破坏的同义词，会阻碍组织目标的实现，应当绝对避免。

2. **人类关系学说**（human relations view） 冲突是所有组织中无法避免的自然发生的现象。它不一定给组织带来不良影响，而且有可能成为有利于组织工作的积极动力；它是合理的，应该接受冲突的存在。该观点使冲突合理化。

3. **交互作用观点**（interaction view） 一定的冲突能使组织保持团体活力、自我反省力和创造力。冲突使人们认识到改革变化的必要性，使毫无生气的组织充满活力，是推动组织发展必不可少的因素。把冲突归为绝对有害和绝对有利的观点都是不恰当的。冲突对组织的作用，应根据其性质而定。这种观点不仅接受冲突的存在，而且认为冲突对组织生存是有利的，鼓励冲突的出现。

管理心理学的研究表明，冲突的产生具有四个关键部分：①对立内容：人们具有对立的利益、思想和感觉，这是对立的实质；②对立认知：双方在认知方面都存在着不同意见和观点，这是冲突形成的基础；③对立过程：分歧和矛盾的产生均会有一个发展过程，是动态的；④对立行动：冲突双方都想办法实现自身目标，同时会阻止对方实现其目标。

> **名人名言**
>
> 冲突是一个过程，这种过程始于一方感觉到另一方对自己关心的事情产生消极影响或将要产生消极影响。
>
> ——[美] 斯蒂芬·P. 罗宾斯（Stephen P. Robbins）
>
> 冲突是个体或组织由于互不相容的目标认知或情感而引起的相互作用的一种紧张状态。
>
> ——乔斯沃德，原国际冲突管理协会主席

二、冲突的类型

冲突是组织中相互交往、相互作用过程中发生的一种关系，它本身具有两面性。根据冲突是否促进组织目标的实现，分为建设性冲突和非建设性冲突。

（一）建设性冲突

建设性冲突（constructive conflict）指冲突各方目标一致，实现目标的途径手段不同而产生的冲突。建设性冲突的存在是正常的，也是有必要的，它是组织、部门、个人前进的一种

动力。

1. **建设性冲突的特点** ①双方都关心实现共同目标和解决现有问题；②双方愿意了解彼此的观点，并以争论问题为中心；③双方争论是为了寻求较好的方法解决问题；④相互信息交流不断增加。

2. **建设性冲突的作用** ①有利于批评、抵制不正之风和不良现象，可以促使组织内部发现存在的问题，采取措施及时纠正；②可以促进组织内部之间公平竞争，提高组织效率；③防止思想僵化，提高组织决策质量；④可激发组织内员工的创造力，有利于组织的改革创新，使组织适应不断变化的外界环境。

（二）非建设性冲突

非建设性冲突（non-constructive conflict）指冲突各方目标不同造成的冲突，属于对抗性冲突，又称为破坏性冲突。它是对组织绩效具有破坏意义的冲突。

1. **非建设性冲突的特点** ①双方极为关注自己的观点是否取胜；②双方不愿听取对方意见，而是千方百计陈述自己的理由，抢占上风；③以问题为中心的争论转为人身攻击的现象时常发生；④互相交换意见的情况不断减少，甚至完全停止。

2. **非建设性冲突的作用** ①对组织发展起消极破坏作用；②造成组织内成员心理紧张、焦虑，导致人与人之间相互排斥、对立，削弱组织战斗力；③涣散士气，破坏组织的协调统一，阻碍组织目标实现。

组织存在的目的是达到或实现目标，因此如何正确认识组织内非建设性冲突，保持组织内一定水平的建设性冲突，提高管理的有效性，是组织管理人员的责任。

三、冲突的形成过程

冲突的形成过程可分为四个阶段，即潜在对立阶段、认知与个人介入阶段、行为阶段及结果阶段。

（一）潜在对立阶段

双方潜在对立是可能产生冲突的先决条件，是组织认识到了内部潜在的对立和不一致。这个阶段出现的情形并不一定导致冲突的发生，但却是冲突发生的必要条件和引起冲突的原因，可从三个方面进行分析。

1. **由于沟通不良引起的冲突**

（1）语言表达困难、语言使用不当、选择方式不当、沟通渠道不当、过滤及语义理解上的困难引起的彼此误解或沟通过程中的干扰等引起冲突，成为冲突的潜在条件。

（2）沟通中的时间因素。研究表明沟通时间过多或太少都会导致冲突的产生。沟通会因耗费时间、延误合作而导致被误解，同时充分的沟通时间也可以排除误会。

2. **由于结构因素引起的冲突** 结构包括团体规模的大小、员工工作的专门化程度、权限的明确程度、组织成员目标的一致性、领导风格、组织奖惩制度等。研究表明：①团体越大，成员的工作越专门化，引起冲突的可能性越大；②成员年纪越轻以及团体人员流动性越大，冲突的潜在性越大；③组织中的各部门小组的目标越多，组织中各部门职权的界定越不清晰，分歧的可能性越大，冲突的潜在性就越大；④组织内领导风格越是独裁、苛刻，对员工的管理采用监督、控制，冲突的潜在可能性也越大；⑤过分强调下属的参与，也会引起较多的冲突；⑥在奖惩制度方面，如果奖励方法不公平，惩罚不一视同仁，必然会引起冲突。

3. **由于个人因素引起的冲突** 主要包括人的价值观以及凸显个人特性和个体差异的性格。高权威性、过于独断及专制教条等性格容易引发冲突。人的价值观之间的差异，可导致偏见、意见分歧、个人不公平感等，从而引发冲突。个人价值观的差异也是导致冲突的重要原因。如临床科室的奖金分配，有的护士认为是公平的，其他护士却认为不公平，管理者认为护理模式改革很有必要，下属却认为没有必要，这些分歧和不一致都来源于个人价值观的差异，可见人的价值观差异与冲突之间的内在联系。

（二）认知与个人介入阶段

随着第一阶段各种潜在冲突条件的酝酿和发展，引起挫折并被人知觉，冲突便会产生。这里必须强调知觉的必要性，即冲突对方至少有一方知觉到冲突前提的存在。只是知觉并不表示个人已介入冲突，还需有情绪的卷入，人们确实体验到焦虑、紧张或挫折感。例如，与教研室主任在一起讨论护理教学改革，言谈中双方出现了意见上的分歧，但这并不意味着与教研室主任就发生了冲突，只有当一方固执己见，对对方的意见不满，为自己意见不能被对方赞同而感到焦虑、挫折、甚至气愤，此时才可谓冲突。消极的情绪会对对方做出消极的解释，过于简单地看待或处理问题，而积极的情绪则会促使双方的眼界更为开阔，具有创造性。

（三）行为阶段

行为阶段包括冲突双方进行的说明、活动和态度，是冲突双方试图实现各自的愿望而采取的公开行为。随着个人情绪的介入，当一个人采取行动以达到个人目标时，便进入了冲突行为阶段。在这个阶段，冲突采取了外显的对抗形式。外在冲突的形式多样，可以是轻度、温和间接的语言对抗及质问，也可以是直接的语言攻击及威胁，甚至是失去控制的暴力攻击。例如护士质问护士长关于奖金分配问题，工人罢工要求增加工资等。冲突的行为外显阶段也是大多数处理冲突方式开始出现的时候。一般而言，一旦冲突表面化，双方会寻找各种方法处理冲突。

（四）结果阶段

当冲突发展到外显对抗阶段后，就会产生一些结果。这些结果可能提高了决策的质量，促进组织或小组目标实现，激发了改革和创新，成为建设性冲突；也可能阻碍小组实现目标，降低小组效绩，成为非建设性冲突或破坏性冲突。一般而言，随着冲突表面化，双方会想方设法地去妥善处理冲突。

四、护理管理中冲突的形成原因

组织内发生冲突是不可避免的。作为护理管理者，应正确挖掘冲突的原因，认识冲突的性质，从而提倡和引导建设性冲突，保持组织的生命力，及时处理破坏性冲突，避免或尽量减少此类冲突给组织带来的负面影响，保证管理的有效性。

（一）护士与护士之间冲突的形成原因

1. **护理队伍中存在一定层次等级结构**　由于护士的年龄、学历、知识水平、职责分工及性格差异等，会产生不同的心理反应。如正式编制的护士较合同制护士具有一定的优越感，容易造成一些权力的滥用或分配不均，引起不满。

2. **护士工作压力大**　付出得不到同等的回报，促使一些护士产生无法宣泄的压力，形成不和谐的工作环境。

3. **护士之间的利益冲突**　如晋升、学习的机会，容易引发内部的矛盾。

4. **护理管理者因素**　护理管理者常常只强调护士应为患者提供更好的服务，较少为护士提供互相支持、互相关心的平台，这些因素都促成了护理人员之间冲突的产生。

（二）护士与患者之间冲突的形成原因

护患冲突是在护患关系的基础上，对医疗方案、护理的认识、医疗后果产生歧义和矛盾，引起双方的情绪过激，相互误解，甚至升级而形成的。由于工作流程制约及个别护士的服务意识相对滞后，往往导致护患冲突。

1. **护理人员因素**　护理从本质上说就是尊重患者的生命和权利，对患者的痛苦及心理障碍给予理解，维护、尊重患者的权益。少数护士缺乏全心全意为患者服务的精神，主动服务意识不强，对待患者提出的要求置之不理或不耐烦；技术不熟练，不能一步到位；责任心不强，工作中查对不严造成注射、输液或输血错误，甚至导致患者死亡等，都会造成护患关系紧张。

2. **患者因素** 患者对自身角色的不适应、对护理工作的偏见，常导致护患间纠纷和冲突的产生。患病后，由于出现身体不适，患者也会产生各种心理反应，如焦虑、恐惧、猜疑心加重、依赖性增强等，如果得不到护士的理解和及时疏导，极易产生情绪变化，继而导致矛盾和冲突发生。少数患者缺少就医道德，认为自己花钱看病就是"上帝"，就要得到应有的服务，不遵守医院各项规章制度，不尊重医务人员的人格和尊严，稍不如意就指责、谩骂甚至殴打护理人员，干扰了正常医疗秩序。一些患者或家属对医疗的期望值过高，对于病情恶化不理解、不接受，情感发泄迁怒在护理人员身上，造成护患关系紧张。

3. **其他因素** 如医院缺乏危机管理意识；医疗保健供需矛盾；医护人员由于长期超负荷劳动、工作生活条件差，心情不舒畅。另外，社会极力要求扩大患者就医的自主权、选择权，而常常忽视医护人员艰辛的劳动和奉献，医护人员稍有不慎，患者就横加指责，这是舆论导向影响了护患关系。

（三）护士与其他医务人员之间冲突的形成原因

医护的密切合作对改善患者健康状况、保障医疗质量具有重要作用，但是由于角色期望的不同，医护之间也时常发生矛盾。

1. **工作性质不同，期望不同** 护士期望医生要有扎实的专业知识，了解患者情况，开具正确的医嘱，主动支持配合护士做好患者的服务工作；而医生则期待护士了解患者情况，理解并正确处理医嘱，观察并及时反映患者病情变化。当医护双方对对方的期望不能作出满意应答时，医护冲突就会产生。

2. **医护人员的沟通不良或情绪因素** 医疗过程中，医护双方是密切合作的两个方面，如果医护人员之间沟通不良，造成合作失败，容易引起医护人员之间的冲突。另外，患者的不理解、医患纠纷、护患纠纷的发生给医生和护士带来了压力，如果医护双方没有良好的情绪调节与自控能力，以低落的情绪应对对方，就会产生一定的心理伤害。

第三节 冲突管理

案例 8-3 张梅是某市儿童医院泌尿外科的护士长，今天一早上班就听到病房内非常吵闹，原来是某患儿家长与值班护士小刘争吵了起来。张梅换上工作服后立刻来到现场了解情况，得知护士小刘给患儿静脉穿刺连续两次均未成功，本想再次给患儿穿刺时，患儿的父母很生气，就与小刘争吵了起来。张梅安排好早上的工作后，立即将患儿家长请到办公室谈话，并亲自给患儿穿刺，争取患儿家长的理解。经过一番努力，患儿家长的心情终于平复。

思考：1. 护士长张梅的做法正确吗？
2. 护士长张梅是采取什么冲突管理策略缓解了矛盾的发生？

在护理管理中需要解决大量的、无时不在的矛盾和冲突。据美国管理学会的一项对中层和高层管理人员的调查，管理者平均要花费20%的时间来处理冲突。另据调查，大多数成功的企业家认为管理者的必备素质与技能中，冲突管理排在决策、领导、沟通技能之前。由此可见，在临床工作中，护理冲突管理已成为一项不可忽视的重要内容。

一、冲突管理的含义

冲突管理是一种艺术,它包含了两个方面:一是管理者要设法消除产生负面效应的冲突,这些冲突阻碍了组织实现目标,属于功能失调的冲突,它会对组织产生破坏作用;二是要求管理者激发并利用和扩大对组织产生正面效应的冲突,它支持组织目标,属于建设性的功能正常的冲突。

优秀的管理者一般按下列步骤管理冲突。

1. 谨慎选择需要处理的冲突　在工作中,护理管理者往往会面临很多冲突,护士与护士之间、护士与患者之间、护士与医生之间等,有些冲突是非常琐碎的。护理管理者应该选择护士关心、影响较大,对推进工作、增强凝聚力及建设组织文化有意义有价值的事件。

2. 仔细研究冲突双方的代表人物　护理管理者在解决冲突前,需要评估冲突双方的人物(人格特点、价值观、经历、资源等)、观点及观点的差异性等。

3. 深入了解冲突的根源　护理管理者不仅需要了解双方冲突的表面原因,还要深入了解更深层次的冲突原因,在整个临床管理环节中也要进一步分析各种原因作用的强度。

4. 妥善选择处理方法　合格的护理管理者会选择合适的冲突处理方法,尽量达成让冲突双方满意的结果。

二、冲突管理的策略

美国的行为学家托马斯(K.Thomas)提出了二维模式,他认为当冲突发生后,处理冲突应该从两个方面考虑,即关心自己和关心他人。关心自己是冲突发生后某一方坚持满足自己需要的程度,即坚持性;关心他人是冲突发生后一方愿意满足对方需要的程度,即合作性。据此可产生五种管理冲突的策略(图8-2)。

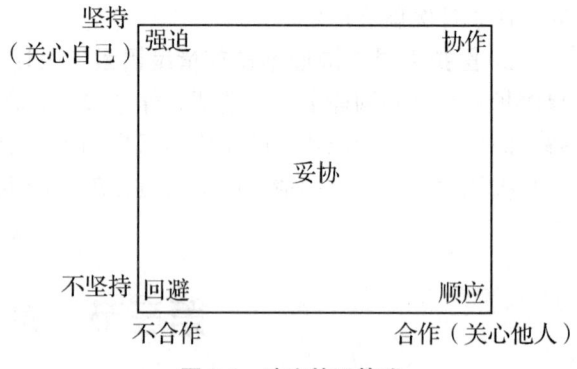

图 8-2　冲突管理策略

1. 回避　是指当冲突发生时,采取漠不关心的态度,对双方的争执或对抗的行为进行冷处理的方式。这是一种不合作也不维护自身利益的处理方法。当发生的冲突没有严重到损害组织时,管理者可以采取这种方式处理冲突。若管理者的实际权力不足以处理冲突,或者在分权情况下,各部门自主性较大时,选择回避较为明智。例如中层管理者面对公司高层管理者之间的冲突时可选择回避的方式。这种方法只能维持暂时的平衡,不能从根本上解决问题,只是权宜之计,并非长久之计。

2. 妥协　是指冲突双方互相让步,都放弃部分利益,在一定程度上满足对方的部分需要,以达成协议的局面。双方都付出一定的代价,但也都得到了部分的利益补偿。妥协实际上是谈判的一个组成部分,它将自身与对方的关系放在重要的位置,也是双方解决冲突的正确方法。

3. 顺应　是指在紧张的冲突局面下,冲突一方将维持双方合作关系放在首位,从而作出一定程度的自我牺牲,将满足对方需要放在高于自己利益的位置上,以保持和谐的合作关系,降低冲突的紧张程度。当冲突双方处于一触即发的局面或需要在短时间内避免分裂,必须维护调和局面时,可采取此方法,能起到临时性解决冲突的效果。

4. 强迫　这种解决冲突的方式是冲突一方一切以满足自身利益为出发点,不考虑给对方造成的任何后果或影响,甚至不惜损人利己,它是暴力的、强势的。一般来说,强迫的方式只能使冲突的一方满意。如在处理与下级的冲突时，使用诸如降级、解雇、扣发奖金等威胁手段来处理。经常采用这种解决冲突的管理方式往往会导致负面的效果。但是在紧急情况或为了组织长期的生存与发展，必须采取某些临时性措施的情况下，使用这种方式具有一定的作用，是对重大争论无法用其他方式解决时的优先措施。

5. **协作** 当冲突双方目标一致，都愿意在满足对方利益的共同前提下，通过协商寻求对双方均有利的解决方式。冲突双方排除个人情绪，开诚布公地协商讨论，达成合作共识，尽量满足双方的利益和要求。协作方式被认为是处理冲突的最佳方式，但是协作方式的采用受组织文化和领导形态的影响，参与管理的组织中管理者较容易采取合作方式处理冲突。但是当冲突的情绪因素过多时，协作方式也有可能会导致更大的冲突。

三、冲突管理的方法

处理组织内的冲突一般可选择谈判法、结构法、促进法、仲裁法。

（一）谈判法

谈判法是由冲突双方各派代表通过协商的方式来解决冲突。通过谈判，大家相互交涉，提出条件，将双方关系保持在最佳水平，并阐明各自的观点和意见，就某些重大问题进行磋商以求达到可能协议的行为，与对方共同商讨解决方案，为冲突的建设性对抗处理提供机会。谈判有两种基本方法：分配谈判和综合谈判。

1. **分配谈判** 也称零和谈判，其实质是对于一份固定利益双方应分得多少进行协商，即一方所得就是另一方所失。谈判双方均有自己希望实现的目标点，也有自己最低可接受的水平即抵触点。谈判时应注意双方的抵触点，如果谈判结果在此点以下，人们会终止谈判，不会接受对自己不利的结果，不利于合作。在双方的愿望重叠范围内可以寻找到一个和解双方冲突的方法。

2. **综合谈判** 也称双赢谈判，认为至少有一种处理办法能取得赢—赢结果，比分配谈判更为可取，使每个人在离开谈判桌时都感到自己取得了胜利。这种谈判要求双方都比较开放和灵活，对另一方都有足够的了解和信任。在此基础上，通过开诚布公的谈判，就可能找到双赢的方案，从而建立牢固的长期的合作关系。

谈判前，需要对谈判双方的情况进行详尽的评估，包括评估冲突的性质、发生的原因、对冲突的理解、谈判的目标、双方抵触点等，并制订谈判计划。在谈判过程中注意以下几点：①以积极主动的态度进行谈判；②针对问题，而不针对个人；③保持灵活应变的态度；④寻求对双方都有利的解决方法；⑤营造开放和谐的气氛；⑥必要时寻求第三方咨询和协调。

（二）结构法

管理人员通常运用三种方法对组织结构进行适当的调整，包括隔离法、以储备作缓冲和以联络员作缓冲。

1. **隔离法** 管理人员可以直接通过组织设计减少个人或部门之间的联系。组织内各部门的资源和获取途径尽可能分开，从而使其各自独立，以减少各部门之间发生正面冲突的可能性。如当护士与护士之间发生冲突时，可以将其分入不同的临床护理小组或不同的科室，从而减少他们之间的正面冲突来缓解矛盾。

2. **以储备作缓冲** 管理中使各部门完全隔离，或者使它们完全独立。管理者通过在组织内部设计适当的储备环节或部门，以缓冲各部门之间的冲突。如某些病房的设备无法得到合理配备，医院管理者通过建立相关部门，统一储备、管理、调配这些设备的使用，既能保证各病房的需求，又能缓解矛盾。

3. **以联络员作缓冲** 当两个部门之间存在不必要的冲突时，组织可以安排一些了解各部门情况的联络员，通过联系活动来协调部门之间的矛盾，从而协调各部门的活动。如各科护士长往往充当联络员的角色,负责处理本科室和其他科室,或科室内护士与护士之间的协作和协调问题。

(三)促进法

在决策过程中,建设性冲突能够帮助组织成员拓宽思路,激发创造性,避免小团体思想,因此促进可能的建设性冲突是处理冲突的一种有效的实际方法。在实际工作中,可以通过征集多种行动方案或者组织对活动方案进行讨论提出不同意见的方法来实现。

(四)仲裁法

冲突双方经协商仍无效,可以邀请具有一定影响力且彼此信任或合法的第三者或较高层次的主管人员进行调停、解决,通过仲裁使冲突得到处理。仲裁者必须要拥有权威性,能够做到秉公办事、铁面无私、不偏不倚。若在工作、评价、分配等方面发现有不合理的地方,就应该根据有关规定及制度进行调整、修改,使之合理,冲突才能够得到缓解。

四、护理管理中的冲突处理策略

作为护理管理人员,在工作中常常要与各类人打交道,由于沟通、组织结构、个性等因素,冲突时有发生。管理者要正确认识冲突的性质,积极引导建设性冲突,保持组织的生命力;及时处理非建设性冲突,避免这类冲突给组织带来的不利影响,才能保证管理的有效性。

(一)护理管理者与护士冲突的处理策略

护理管理者必须充分认识冲突在组织内部是不可避免的,要明白并非所有的冲突都是具有破坏性的,允许在自己的工作部门存在一定程度的分歧。在处理与护士的冲突时,应遵循以下原则。

1. 尊重信任,严以律己 作为护理管理者,首先要做到在工作中对护士尊重、信任、关心、爱护和公平合理,使其积极主动工作;严以律己,多承担责任,化解矛盾;努力提高非权力影响力,用情感维系与护士的关系,避免不必要的冲突。

2. 控制情绪,说服教育 如果产生冲突,作为护理管理者必须尽快处理,以免引起组织工作效率的下降;同时要控制自己的情绪、语言和行为,避免事态向不良的方向发展;鼓励护士畅所欲言,当护士有怨气时使其有机会发泄,并采取适当方式通过说服教育,把冲突引导到正确方向上。

3. 目标替代,化解矛盾 对护士的某些正当合理但又引发冲突、无法立即解决的需求,可以用有一定社会价值的目标来代替,从而化解矛盾,缓解冲突。

(二)护士与护士之间冲突的处理策略

管理者在处理护士之间冲突时,应时刻记住两个原则:一是信任,二是合理。护理管理者可采用以下方法。

1. 劝导法 护理管理者对护士适当劝导,使双方接受劝导。首先要创造一个解决问题的氛围,在倾听冲突当事人陈述时,要把自己看作客观的观察者,而非仲裁者;在处理冲突的过程中不要批评或否定个人的正常情感,如生气、激动或害怕等。其次,在陈述自己的看法时,应确认自己是公平、公正的,把重点放在保持冲突双方良好的关系上。

2. 清醒法 当护士之间发生冲突时,管理者应帮助他们了解沟通的重要性,尽量使其自行解决问题;在进行劝导的同时,告知矛盾激发会损害双方的利益、对工作造成损失,给予恰当的警告唤醒。

3. 调查法 通过了解事实,分析冲突的原因、双方应承担的责任,然后作出公正的、适当的处理。组织内若存在长期抱怨的人,作为护理管理者应了解其抱怨的原因并努力解决,这一点尤为重要。长期抱怨的行为会造成组织内工作气氛不和谐,是发生冲突的潜在因素之一,会给整个工作环境带来不利影响,妨碍护理管理者工作效率。

(三)护士与患者之间冲突的处理策略

1. 加强业务学习和技能训练 提高护理人员的业务知识,通过扎实的知识和娴熟的技能使患者及家属对护理人员产生信任感、安全感,从而促进护患关系和谐,减少冲突发生;要不断地改善沟通技巧,提高与患者及家属的沟通能力;护理人员要意识到所有的医疗程序都是风险与效益并存的,必须严格执行护理操作规程,对某些特殊侵入性操作、检查要向患者及家属解释清楚,取得同意并签字。

2. 加强医德医风教育,增强主动服务意识 要求护理人员不仅要有扎实的专业知识和娴熟的操作技能,同时还要有良好的道德修养和相关的人文关怀理念,推行人性化服务,时刻把患者的身心健康放在第一位,理解、尊重、关心和体贴患者;对患者一视同仁,自觉维护患者的基本权益,使每位患者都能得到安全、满意的服务。

3. 优化护理人力资源配置 护理管理者应根据实际工作量和具体情况合理分配护士工作,以充分发挥护理人力资源、空间资源和物资资源的效益,从而保证护士能在最佳的工作环境、最有利的工作条件中创造良好的工作效益和提供优质的护理服务。

(四)护士与其他医务人员之间冲突的处理策略

1. 相互信任,相互尊重 在临床护理工作中,医护双方各有自己的专业技术领域和业务优势,分工不同,在人格、工作性质上没有高低贵贱之分,是平等的同志式关系。护理人员要尊重医生,维护医生的威信,主动协助医生,认真执行医嘱。医生也要理解尊重护理人员的辛勤劳动,体会护理工作的重要性,支持护理人员的工作,重视护理人员提供的患者情况,及时修正治疗方案。双方要站在为医学事业负责及为患者提供全程优质服务的高度,自觉地摆正自己的位置,建立起医护双方相互信任、相互尊重的关系。

2. 相互理解,密切配合 医护之间的平等协作关系,是指他们在医疗、护理活动中起着同等作用,享有相同的社会地位。在医疗护理过程中,医护人员需要互相学习、取长补短,相互理解、支持;护理人员应积极、主动与医生沟通,虚心听取医生的不同意见,同时善意提出合理化建议。患者的诊治过程,是医护协作的过程,医护双方要充分认识对方的作用,承认对方的独立性和重要性,支持对方工作。

医护关系的理想模式是"交流—协作—互补"型,要维系这种医护关系,无疑需要医生和护理人员之间相互尊重、彼此沟通、相互监督、增强理解、团结协作、密切配合。

本章小结

本章主要介绍了沟通、有效沟通及管理沟通的概念,分析了管理沟通的目的、沟通特点及沟通要素与基本过程,研究了管理沟通的七大原则、影响沟通的三个层次的因素及护理管理者有效沟通的方法与技巧;阐述了冲突的三个层次的概念,分析了建设性冲突与非建设性冲突的界限及各自的特点和建设性冲突对组织的积极作用,同时详细介绍了形成冲突的四个过程,以及护士与护士之间、护士与患者之间、护士与其他医务人员之间引起冲突的原因和冲突管理的有效策略及方法。

思维导图

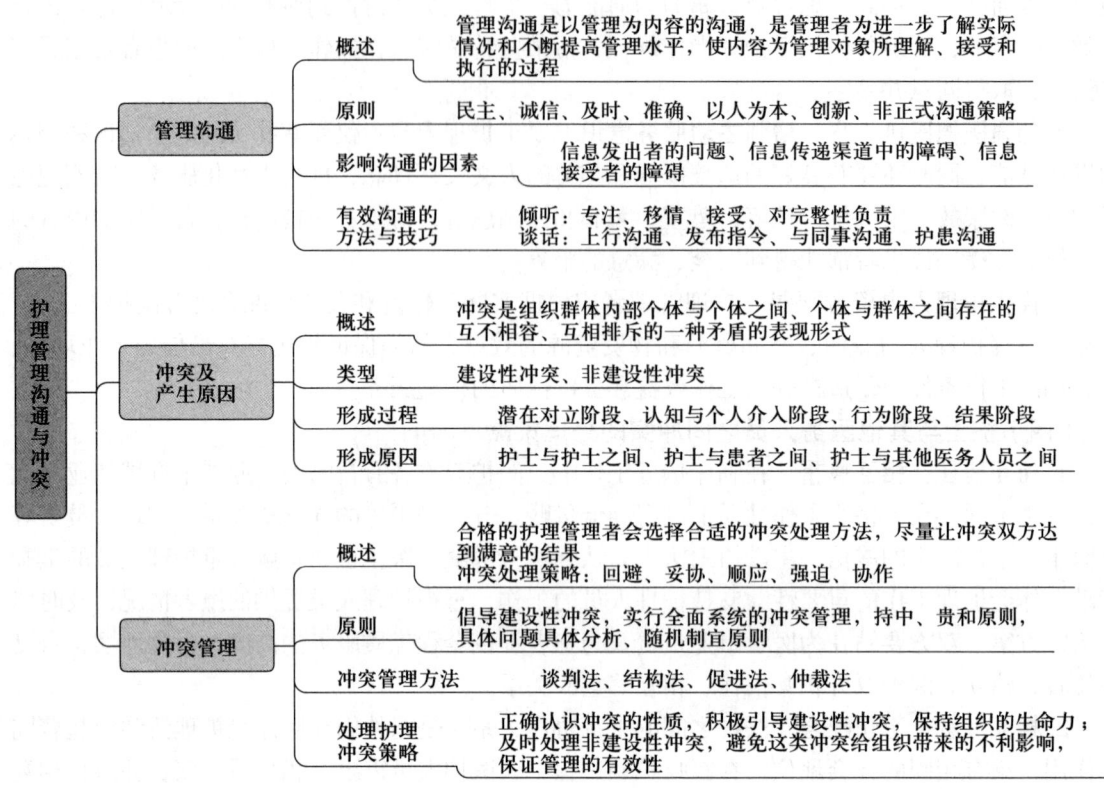

实践活动

1. 活动内容　要求学生了解冲突的概念，知晓冲突处理的方法及技巧。
2. 活动目标　加强学生临床护患沟通能力。
3. 活动方法

（1）通过情景模拟，学生进行角色扮演

案例：护士小张端着治疗盘刚到2号病房，正好看到1床戴气管套管的患者在医院的处方纸上涂画。出于对处方管理的责任感，小张未向患者详细地解释说明，便急忙将患者手中的处方纸拿走，结果导致该患者的不理解，甚至用文字辱骂小张。

护理工作经验丰富的小李看到这个情况后连忙上前，耐心而礼貌地安抚患者说："对不起，请您不要着急，有什么问题我们一定尽力帮助解决。"患者显然被激怒了，在写字板上写道：处方不是我自己拿的，是一位医生交代事项时顺便给了几张，我用它写字又有什么关系？

小李说："我很理解您的心情，"稍微停顿了一会儿，见患者已经安静下来，继续说道，"但是，您可能还不知道，医院对处方纸的使用有严格的管理要求，处方纸是不能随便使用的。"

患者开始写道：我手术后暂时不能讲话，只能写字，而原来买的写字板又太大，不方便随身携带。

小李立刻意识到护士小张在收回处方纸时解释工作不够到位，不了解患者为什么要拿处方纸私用，连忙说："是我们工作做得不细致，没有考虑到您的困难，请您谅解。我现在就去给您拿一本我们自制的小本子，便于您随时使用。"说完马上到护士办公室拿了一个专供患者进行书写交流的小本子交给患者。

收到小本子后，患者情绪好转，在写字板上写道：谢谢你帮我解决了实际问题，刚才我的态度不好，希望你们不要放在心上。

小李会心地笑了："没关系，只要您能够满意，我们就放心了。您以后有什么困难，请随时找我们，我们一定会尽力帮助您。"

（2）分组讨论：通过案例展示后，学生以 4~5 人为一个小组开展案例的深度剖析，同时进行全班交流。

（3）评价：学生评价各组汇报结果，教师最后进行点评总结。

自测题

一、选择题

A1/A2 型题

1. 冲突的基本过程是
   A. 潜在对立、僵持阶段、行为阶段、结果阶段
   B. 僵持阶段、认知与个人介入、行为阶段、结果阶段
   C. 潜在对立、认知与个人介入、僵持阶段、结果阶段
   D. 潜在对立、认知与个人介入、行为阶段、结果阶段
   E. 僵持阶段、认知与个人介入、结果阶段

2. 有效管理沟通的原则不包括
   A. 信息明确　　　　　　　B. 组织结构完整　　　　　　C. 及时性
   D. 非正式沟通策略　　　　E. 强制性

3. 沟通的要素及过程顺序正确的是
   A. 信息来源、沟通渠道、接受者
   B. 信息来源、接受者
   C. 信息来源、沟通渠道、接受者、反馈
   D. 信息来源、沟通渠道、信息编码、接受信息、信息解码、反馈
   E. 信息来源、信息编码、沟通渠道、信息解码、接受信息、反馈

4. 倾听的技巧不包括
   A. 专注　　　　　　　　　B. 笑容　　　　　　　　　　C. 移情
   D. 接受　　　　　　　　　E. 对完整性负责

5. 当冲突无关紧要时，或当冲突双方情绪极为激动，需要时间慢慢恢复平静时，可采用的策略是
   A. 回避　　　　　　　　　B. 合作　　　　　　　　　　C. 强制
   D. 妥协　　　　　　　　　E. 顺应

6. 如果发现一个组织中小道消息很多，而正式渠道的消息很少，这意味着该组织
   A. 非正式沟通渠道中信息传递很通畅，运作良好
   B. 正式沟通渠道中消息传递存在问题，需要调整
   C. 其中有部分人特别喜欢在背后乱发议论，传递小道消息
   D. 充分运用了非正式沟通渠道的作用，促进了信息的传递

E. 没有正式沟通渠道，是不提倡的

7. 信息发出者将信息译成接受者能够理解的一系列符号，如语言、文字、图表、照片、手势等。这属于沟通过程的哪一环节
   A. 信息源　　　　　　　　B. 编码　　　　　　　　C. 传递信息
   D. 解码　　　　　　　　　E. 反馈

8. 下列沟通障碍的原因中不属于发出者的障碍的是
   A. 目的不明，导致信息内容的不确定性
   B. 表达模糊，导致信息传递错误
   C. 选择失误，导致信息误解的可能性增大
   D. 言行不当，导致信息理解错误
   E. 过度加工，导致信息的模糊和失真

9. 能否正确掌握和充分运用谈话的技巧，对管理者能否有效地进行科学管理至关重要。下列不属于谈话技巧的是
   A. 善于激发下级的谈话愿望
   B. 善于启发下级讲真情实话
   C. 善于抓住重要问题
   D. 运用倾听技巧
   E. 直接批评下属

A3/A4 型题

（10～12 题共用题干）

护士小王和小李两人均在洗手池边洗手，小王正在冲手上的泡沫，把水开得比较大，小李立即就把水龙头关小，于是两人就争吵了起来，张护士长立即处理两人的冲突。

10. 此案例中，两人的争吵是属于冲突中的
    A. 潜在对立阶段　　　　　　B. 认知与个人介入阶段
    C. 行为阶段　　　　　　　　D. 结果阶段
    E. 认知阶段

11. 张护士长立即处理两人的冲突，是属于冲突中的
    A. 潜在对立阶段　　　　　　B. 认知与个人介入阶段　　　　C. 行为阶段
    D. 结果阶段　　　　　　　　E. 结束阶段

12. 此时，张护士长最好的处理方法是
    A. 回避　　　　　　　　　　B. 顺应　　　　　　　　　　C. 妥协
    D. 强迫　　　　　　　　　　E. 协作

二、简答题

1. 如何克服沟通中的障碍？
2. 如何处理冲突？
3. 非正式沟通有何特点？
4. 什么是建设性冲突？有什么特点？
5. 管理沟通的目的是什么？
6. 冲突的形成过程包括哪几个阶段？

三、案例分析

某三甲医院呼吸内科，早上7点张护士带着实习生进行晨间护理，看到11床王女士的床头桌上摆满物品，于是发生了下面一幕：

护士："请把桌子上的东西收一下。"

家属："护士你们管得可真宽，放在桌子上有什么妨碍？"

护士："不行，医院有规定。"

家属："那你说我们放哪？柜子那么小，也放不开呀。"

护士："这些东西又用不上，你就不能带回家呀？非得摆桌子上？"

家属："我还就放这了。"

护士："你怎么那么不讲理。"

家属："你说谁不讲理？说谁不讲理？"

护士："就属你毛病多。"

家属（大怒）："你说谁？再说一遍！服务态度真差，我要去投诉你。"

思考： 1. 分析上述护患冲突的原因。

2. 你认为护患之间应如何正确沟通才能维持和谐的护患关系。

下载资源：
第八章案例分析
参考答案

（周雯婷）

第九章 护理控制

学习目标

1. 识记：复述控制的概念、作用；描述控制的对象；描述前馈控制、同期控制、反馈控制的概念。
2. 理解：理解控制和其他职能的关系；理解护理风险控制、护理安全控制、护理成本控制、医院感染控制在临床中的应用。
3. 运用：能够说明护理控制在护理管理中的应用。

名人名言

有效的管理者应该始终督促他人，以保证应该采取的行动事实上已经在进行，保证他人应该达到的目标事实上已经达到。

——［美］斯蒂芬·P.罗宾斯（Stephen P.Robbins），管理学家

组织的任何活动都有目的，为顺利实现目标，组织在活动之前设定了计划。实施控制能够保证组织成员按照预定的计划实施，不偏离组织目标。控制是管理过程的最后一个环节。有效的控制是组织活动顺利运转的手段。

第一节 控制概述

案例 9-1

某医院消化科病房近日护理投诉增多，护士长通过调查研究，发现由于2名护士离职、3名新护士上岗等原因，患者对护士的服务态度及护理技能操作水平等不满。为提高病房的护理质量，护士长采取了如下整改措施：对新护士进行爱岗敬业专题教育，注意检查指导新护士的工作，坚持重点时段查房，持续开展护士基础护理和专科护理知识与技能的培训；做好患者基础护理，将患者满意度调查结果与护士的工作绩效挂钩。经过3个月的实践，患者满意度得到显著提高。

思考：护士长采取的整改措施分别属于哪种控制？

控制是及时检查组织活动是否按照预定的计划实施，并发现活动中存在的偏差行为，分析原因，及时采取措施纠正，确保组织目标的实现。

一、控制的概念与作用

（一）控制的概念

1. **概念** 控制是"控制论"中的一个用语。1948年诺伯特·维纳（Norbert Wiener）的著作《控制论——关于在动物和机器中控制和通讯的科学》问世后，"控制论"就广泛渗入到社会各个领域，"控制论"中控制的意思是为了改善某个或某些受控对象的功能或发展，通过信息反馈，加于该对象上的作用。

在管理学中，控制（control）是指按照组织既定的目标和标准，对组织活动进行衡量、监督、检查和评价，及时发现偏差，并采取纠正措施，使得工作按既定的计划进行或适当地调整计划，使组织目标得以实现的活动过程。简单地说，控制就是管理者监督检查工作是否按照原定计划实施，若发现有偏差行为，及时分析原因，并作出调整，以保证组织目标的实现。概念中包含三层含义：①控制是一个系统的过程，包含管理者为了保证工作的实施与原定计划一致所采取的所有活动；②控制是通过管理者对实施工作的"衡量、监督、检查和评价"及"及时发现偏差，并采取纠正措施"实现的；③控制目的性较强，即保证组织目标得以实现。

2. **控制与其他职能的关系** 控制通过纠正偏差的行为和其他四大职能紧密结合，形成一个相互联系、相互制约、有机结合的整体。其中，计划是前提，组织是保证，领导、决策是关键，控制是手段。

控制和计划关系紧密，计划职能是确定目标和实现目标的方案，计划的方案决定了控制的方向。在制订计划时，已经进行了全方位的预测，但是制订计划、实施计划和实现计划之间会有时间差，在这段时间里，组织内部和外界环境会发生改变，实施计划时可能会出现偏差。所以，为了避免所有偏差的累计所造成的不良后果，组织必须建立控制系统，作为执行计划的保障。

为了实现组织目标，计划职能首先确定了组织的目标、方案和策略；然后做好人员配置，做好职责分工，使他们各司其职；再通过领导等职能去实施计划；控制贯穿于所有的工作，不断检查、监督计划的实施过程，并不断地纠正实施过程中的偏差行为，以保证组织各项活动的正常运转。

（二）控制的作用

1. **限制偏差累积** 偏差是指在控制系统中，绩效标准与实际结果的差距。一般来说，在工作中出现小的失误、小的偏差并不会立即对组织造成严重的损害，但在计划运行一段时间后，随着小失误、小偏差的积少成多和积累放大，最终就会变成很严重的失误、很大的偏差，从而阻碍计划的正常运行，成为实现组织目标的威胁，甚至会为组织带来灾难性的后果。或者说随着时间的推移，就会从量变到质变，像我们熟悉的"绳锯木断，水滴石穿"等。在工作中，出现一些小失误、小偏差在很大程度上是不可避免的，关键是能及时地在监督检查工作中获取偏差信息，及时地发现潜存的问题和错误，并及时采取有效的纠偏措施进行处理，减少偏差的累积，确保组织按照预定的轨迹运行。这就要求组织必须有有效的控制系统。

2. **适应环境变化** 从目标的制订到目标的实现，总有一个过程，在这段时间里，组织内部和组织外部的环境可能会发生很多改变，比如组织内部人员结构进行了调整，国家政府出台了新的政策、法规，服务对象有了新的要求，竞争对手推出了新的服务项目等。这些变化都会影响组织目标的实现，所以，需要建立有效的控制系统来帮助管理者预测和识别这些变化，并对此带来的机遇和挑战作出迅速的反应。这种控制系统越合理、越有效，组织对外环境的适应能力就越强，就越能够在激烈的环境中生存和发展。

二、控制的类型与特征

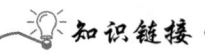

扁鹊的医术

魏文王问名医扁鹊说："你们家兄弟三人，都精于医术，到底哪一位最好呢？"扁鹊答："长兄最好，中兄次之，我最差。"文王再问："那么为什么你最出名呢？"扁鹊答："长兄治病，是治病于病情发作之前。由于一般人不知道他事先能铲除病因，所以他的名气无法传出去。中兄治病，是治病于病情初起时。一般人以为他只能治轻微的小病，所以他的名气只及本乡里。而我是治病于病情严重之时。一般人都看到我在经脉上穿针放血、在皮肤上敷药，所以以为我的医术高明，名气因此响遍全国。"

管理心得：事后控制不如事中控制，事中控制不如事前控制。可惜大多数的事业经营者均未能体会到这一点，等到错误的决策造成了重大的损失才寻求弥补，而结果往往是即使请来了名气很大的"空降兵"，也于事无补。

按照不同的分类标准，控制可以分为很多不同的类型，下面重点介绍按照控制点位置不同而分类的控制类型，包括：前馈控制、同期控制和反馈控制（图9-1）。

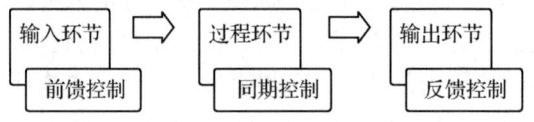

图9-1 控制的基本类型

（一）前馈控制

前馈控制（feed forward control）又称预防控制、预备控制或基础质量控制，是在输入阶段进行的控制。前馈控制是指在活动开始之前就对可能出现的结果进行分析、预测，并采取相关的防范措施，事先消除可能出现的偏差的控制方法。前馈控制是最为经济的一种方法，因为它能避免预期出现的问题，而不是当问题出现时再采取措施进行补救。前馈控制要求管理者对整个控制过程有一个全面的认识，并掌握大量的、准确的、最新的信息，对未来要进行认真、反复预测，并把它和计划所达到的目标进行比较，在必要时采取措施修改原计划或控制影响因素，以确保组织目标的实现。

前馈控制是面向未来的，工作重点在于防止所使用的各种资源在质和量上产生偏差，并不是控制行为的结果，不针对具体的人，一般不会造成对立面的冲突。

在护理管理中，有很多前馈控制的例子。如国家为了进一步规范医疗服务行为，更好地维护人民群众健康权益，保障医疗质量和医疗安全，国家卫生和计划生育委员会在2016年组织制定了《医疗质量管理办法》；医院在招聘时为了保证护士资质、优化护士选拔的效果，就会设定一定的条件，比如要求取得护士执业资格证书、身体健康，都属于前馈控制。

（二）同期控制

同期控制（concurrent control）又称同步控制、过程控制或环节质量控制，是对过程环节所进行的控制。即管理者对正在进行的各项具体的工作内容和过程进行现场检查、指导、监督和纠正的控制方法。过程控制具有指导和监督两项职能。指导即管理者根据自己的知识储备，对工作中出现的问题进行技术性的指导，或和下属共同商议纠偏措施，指导下属沿着正确的道路前进。监督是指管理者按照医院制定的各种规章制度、操作规程对正在进行的工作进行检查，出现错误及时纠正。如护士长巡视病房时，发现护士在为患者进行静脉输液时违反了无菌原则，有责任和义务及时告知并进行纠正，提出相应的改进方法。

同期控制贯穿于管理活动的整个环节，涉及面广，具有复杂性、多变性等特点。同期控制能够提高下属的工作能力和自我控制能力，但由于受时间、精力等多种因素的影响，管理者很难事事亲临工作现场，需要充分的授权，主要适用于基层管理人员。同期控制主要是针对具体工作人员的特定行为，所以就可能造成对立面的直接冲突。

在护理管理中，有很多同期控制的例子，如医院各级管理者的现场检查；护士长的每日查房；带教老师在指导实习护士操作中，发现错误及时纠正。

知识链接

查 对 制 度

1. 执行医嘱时要进行"三查八对"：即操作前、操作中、操作后查；对床号、姓名、住院号、药名、剂量、时间、用法、浓度。

2. 清点药品时和使用药品前，要检查药品质量、标签、失效期和批号，确保药物不变质，并在有效期内。

3. 使用剧、毒、麻、限药时要反复核对；给多种药物时，要注意配伍禁忌。

4. 输血时要严格遵守"三查八对"制度，确保输血安全。

（三）反馈控制

反馈控制（feed back control）又称为后馈控制、事后控制或结果控制等，是在实施计划结束之后，在输出阶段进行的控制。指在行为活动结束之后，检查执行结果并和行为标准进行比较，找出偏差，并采取相关的补救措施，降低对未来的影响，防止偏差继续发展或继续存在的控制方法。反馈控制不在于改进这次活动，而是在以后的行动中，防止偏差再次发生。所以此类控制本身就是一个不断提高的过程，此次行动的终末结果是下一次行动的基础。它要求反馈的信息必须是准确的、及时的、灵敏的，因为反馈控制是一个不断进行的过程，管理中的各种信息对控制的结果都会产生直接的影响。

反馈控制的特点是控制位于活动过程的终点，这时整个组织活动都已经结束，偏差对组织造成的影响已经不可避免，具有滞后的弱点，增加了控制的难度，因此要求反馈的速度必须大于控制对象的变化速度，这样才能更好地发挥反馈控制的作用。

在护理管理中，护理部每月的护理质量检查结果反馈，护理差错与事故的分析均属于反馈控制；护理质量控制中的"一级护理合格率""消毒隔离与病房管理达标率""压力性损伤发生率和治愈率"等统计指标都属于反馈控制。

以上这三种控制虽然各有特点，但在实际生活中往往是交叉使用的。前馈控制可以为未来预先作好准备，防止预期问题的发生，但仍然有一些突发事件防不胜防，需要进行同期控制，最后还需要反馈控制来进行检验。另外，在系统发展过程中，对这个阶段是反馈控制，对于下一个阶段就是前馈控制。

此外，根据控制活动的性质，分为预防性控制和更正性控制；根据控制手段不同，分为直接控制和间接控制；根据控制方式不同，分为正式组织控制、群体控制和自我控制。以上分类方法并不是孤立的，有时一个控制活动同时属于几种类型。例如在护理管理工作中，为了提高护理质量，医院设立了各种规章制度、护理常规以及各种操作规范来约束护士的行为，这属于间接控制，同时也属于预防性控制，更是前馈控制。

三、控制的基本原则

（一）目的性原则

管理控制职能的目的有两个，一是使组织的实际行动按照预定的计划运行并获得预期的成果；二是使组织的活动有所创新，适应社会的发展。所以，控制工作必须具备明确的目的，所有的工作都围绕这两个目的展开，采取的各种措施和手段都是为了实现这两个目的。

（二）客观性原则

控制活动是客观的，但是所有的控制行为都是通过人来实现的，再好的管理者也难免会受到某些主观、客观因素的影响。两种常见的心理作用会影响管理者对控制的客观性：一种是优先效应，是指人们往往重视对人的第一印象，第一印象的好坏直接关系到以后管理者对此人的评价；另一种是晕轮效应，是指在人际知觉中所形成的以点概面的主观印象，即"一好百好"或"一无是处"。因此，有效的控制要求管理者必须用客观、准确的标准去评价被管理者的工作成果，只有这样，才能避免主观因素的影响。

（三）重点性原则

重点性原则即控制关键问题原则。对于每一个管理者而言，都想对自己所管辖的人员或活动进行整体控制，但是受到时间、精力和财力等因素的限制，不可能对组织活动的每一个环节实施控制。当然，管理者在组织中的职位不同，控制的重点也有所不同。管理者要善于把握问题的重点，将控制重点集中在对完成工作目标有重要意义的关键环节和重要因素，不仅可以扩大管理的幅度，降低管理成本，还可以改善信息沟通的效果，提高管理工作的效率。由于护理工作项目繁多，涉及面广，护理管理工作不可能做到面面俱到，应着重于对完成计划有重要作用的问题，及时发现偏差，并及时纠正。例如护理安全管理、护理质量控制等都是护理管理中的重点问题，控制了这些问题，也就控制了护理工作的全局。

（四）灵活性原则

控制是通过纠偏使得组织活动按照原定计划进行，以实现组织的目标，但是外界环境在不断变化，而组织就处于这个不断变化的环境之中。如果发现原定的计划是错误的，或者外环境发生了巨大的变化，还按照事先设计的控制系统，就会对组织造成巨大的损失，这时管理者就要灵活控制。灵活控制不仅要求管理者在设计控制系统时有一定的灵活性，还要求控制工作依据的标准有一定的灵活性。

（五）及时性原则

控制的及时性是指及时发现偏差并及时采取措施纠正偏差，其目的是避免事态进一步恶化，减少时滞，保证控制活动及时有效。及时性原则要求管理者及时收集和传递信息，这样才能及时掌握组织活动的信息，及时发现偏差，这是实施控制的第一步。但不能停留在这个阶段，只有通过适当的计划调整、组织安排、人员配备、现场指导等具体的方法来纠正偏差，才能使组织目标顺利实现。

第二节 控制的过程与方法

> **案例 9-1**
> 　　某医院心血管内科病房新招入 2 名护士,经过岗前培训后上岗。某天其中一名护士值夜班,护士长夜间查房时发现该名护士不在护士站,而走廊里有一名患者家属在焦急地寻找护士更换液体,病房里一位刚入院的高血压患者在吃夜宵(稀饭和咸菜),一位心力衰竭患者的一侧床栏未拉起,存在坠床危险,患者家属在走廊里抽烟等。在为患者进行护理和健康教育后,护士长对值班护士进行了相关的工作指导。
> 　　**思考**:结合查房中发现的问题,为保证护理质量,给患者提供优质、安全、满意的护理服务,护士长应如何进行控制?

　　不同类型控制的具体工作程序可能有所不同,但基本都包括建立控制标准、衡量偏差信息和采取纠正措施这三个步骤。控制标准是控制工作的依据;衡量偏差信息是控制过程中非常重要的环节,直接关系到后续的控制工作能否继续开展;采取纠正措施是控制过程的最终实现环节,是控制工作的关键所在。

一、控制的对象

　　美国管理学家斯蒂芬·P.罗宾斯(Stephen P.Robbins)将控制对象(control object)归纳为人员、财务、作业、信息和组织绩效五个方面。

(一)对人员的控制

　　组织目标主要是通过管理者对他人的有效控制来实现的,为了使得下属按照管理者制定的工作方式去实施,就必须对人员进行控制,了解他们的工作动态。最常见的方法是管理者直接巡视,发现问题立即纠正。另一种方法是对下属进行系统化的评估,绩效好的人员给予奖励,如加薪或评为先进工作者等,让其保持或者增进良好的表现;对绩效差的人员,管理者就要采取一定的措施,如进行业务培训,改进其工作效果,或根据偏差的程度给予一定的处罚。

　　护理管理者控制的人员主要包括:①各级护理管理者,包括护士长、总护士长、护理部主任及护理部副院长等,这些人员一方面需要对下属进行相关的控制工作,另一方面也接受上级领导的控制;②各级各类护理人员,包括护理员、护士、护师、主管护师、副主任护师和主任护师;③护理专业的学生,包括见习生、实习生、进修生。

(二)对财务的控制

　　为了保证医院各个系统的正常运转,就必须对财务进行控制。包括审核各期的财务报表、常用财务指标的计算,以降低成本,保证有一定的现金储存量,保证各项资产都能够得到合理有效的利用。对财务的控制工作主要是由财务部门完成的,护理管理者的工作主要是进行相关预算和护理成本的控制。

(三)对作业的控制

　　作业指从原材料、劳动力等物质资源到最终产品和服务的转化过程。对护理工作而言,作业是指护士为患者提供各种护理服务的过程。护理作业控制就是通过对护理服务过程的控制,实现对护理服务效率和效果的评估及提高,并提高整个医院的服务质量。常见的作业控制如:

护理技术控制、护理质量控制、库存控制等。

（四）对信息的控制

现代社会是一个信息时代，管理者需要通过获得信息、加工信息和使用信息来完成控制工作，信息的准确性、完整性、及时性都会影响整个组织控制工作的效果。因此，对信息的控制需要建立一个良好的信息管理系统，能够提供准确的、完整的、及时的信息。护理信息系统包括护理业务管理、行政管理、科研教学三个信息系统。护理业务管理系统包括患者信息系统、医嘱管理系统和护理病例管理系统等。

（五）对组织绩效的控制

组织绩效是指组织在某一时间段内任务完成的数量、质量、效率及盈利等情况。一个组织的整体绩效只用一个指标来进行衡量是不准确的，关键要看组织的目标取向，即要根据目标完成的具体情况并按照目标所设定的标准来衡量组织的绩效。对医疗卫生服务行业的绩效评价，不仅要看经济效益，更要看社会效益。如果个人绩效达到了组织设定的要求，组织的整体绩效就会实现。

二、控制的过程

控制过程（control process）是通过信息流将控制主体与控制对象联系起来，即控制主体将外部作用转换为可直接作用于控制对象的形式，以校正控制对象脱离标准状态的偏差，从而实现维持系统稳定状态的控制过程。包括三个关键步骤：建立控制标准、衡量偏差信息和采取纠正措施。

（一）建立控制标准

标准（standard）是检查工作及其结果的规范，是衡量实际工作绩效和预期工作成效的依据和尺度，是控制工作的依据。如果没有了标准，检查工作时就没有了衡量的尺度，所有的控制行为也就没有了目的，就不会产生任何有效的结果。制定标准，就是确定控制对象、选择控制关键点、分解计划目标并确定标准的过程。

1. **确定控制对象** "控制什么"是确立控制标准首先需要解决的问题，即确定控制的对象。控制的最终目的是确保实现组织的目标，凡是影响组织目标实现的因素都应该是控制的对象。然而，在实际管理工作中，影响组织目标实现的因素很多，管理者想要对它们都进行一一控制是不可能的。因此，应选择那些对实现组织目标成果有重大影响的因素作为控制的重点。一般影响组织目标成果实现的主要因素有：环境特点及其发展趋势、资源投入的数量和质量、实现目标的各种组织活动等。这些因素哪些是管理控制工作的重点，需要根据具体情况来定。护理管理的重点控制对象主要是护士、患者、时间、操作规程、职责和规章制度、环境和物品等。

2. **选择控制关键点** 在重点控制对象确定后，还需具体选择控制的关键点，以确保整个工作按计划执行。良好的控制来源于对关键控制点的正确选择。

护理管理控制的关键点包括：①关键制度：消毒隔离、查对、抢救、安全管理等制度；②高危护士：护理骨干、新上岗的护士、进修护士、实习护士以及近期遭遇重大生活事件的护士等；③高危患者：疑难危重患者、新入院患者、手术后患者、接受特殊检查和治疗的患者、有自杀倾向的患者；④高危设备和药品：特殊耗材、监护仪器设备、急救器材与药品等；⑤高危科室：急诊科、手术室、供应室、监护室、产房、血液透析室等；⑥高危时间：交接班时间、节假日、午间、夜间、工作繁忙时等；⑦高危环节：患者转运、交接班、医嘱处理、抽血、压力性损伤预防等环节。

3. **建立控制标准体系** 最理想的状态是把可考核的目标直接作为标准，而实际工作中，往往是将某一计划中的目标分解为一系列具体可操作的控制标准，是确立标准的关键环节。控制标准可分为定量控制标准和定性控制标准两大类。定量控制标准指用数字化量化的标准，分为实物标准、时间标准、效率标准；定性控制标准是难以定量化的标准，如护士服务态度的优劣、护士的专业技术水平高低等，但在实际工作中也往往采取可量化的方式，如通过各项操作技术合格率、患者满意度等指标间接衡量护士的工作质量。

（二）衡量偏差信息

衡量偏差信息是控制过程的第二步。管理者首先要取得控制对象的有关信息，然后将实际工作绩效与标准进行比较，以确定计划执行的进度和偏差。

1. 选择合适的衡量方法 管理者进行实际绩效衡量之前，应对衡量项目、衡量方法、衡量间隔时间和衡量对象作出具体的合理的安排。

2. 建立有效的信息反馈系统 管理者只有掌握大量真实工作，才能作出正确的决定。通过有效的信息反馈系统，下属真实的工作情况及时反馈给管理者，而相关的纠偏信息也能及时传达给相关的操作人员，以便对出现的问题及时作出处理。管理者可以通过个人观察、建立工作汇报制度等获取大量真实的信息反馈。

3. 检验标准的客观性和有效性 衡量工作绩效是以预定的标准为依据，出现偏差有两种可能：一是执行中出现问题，需要进行纠正；二是标准本身存在问题，需要修正或更新标准。这样利用预定的标准检查各部门、各阶段和每个人工作的过程就是检验标准的客观性和有效性的过程。

（三）纠正偏差

纠正偏差是控制过程的第三步，也是控制工作的关键。

1. 评价偏差及其严重程度 某些活动中难免会出现一些偏差，但要确定可以接受的偏差范围。在建立标准与实际绩效测量后，将两者进行比较并得出偏差及其相关信息，判断偏差是否在接受的范围内，确定偏差严重程度是否会对组织活动效率构成威胁，是否需要立即采取纠正措施。对偏差严重程度的判断，不能仅凭统计概率，还要看偏差对组织构成危险的程度。例如急救药品与器材的完好率99%与健康教育知晓率90%比较，这时急救药品与器材完好率1%的偏差会比健康教育知晓率10%的偏差对医院构成的危险更大。

2. 采取适宜的纠偏措施 在对偏差进行评价后，有两种结果：一是没有偏差，就不予干涉；二是有偏差，则要分析造成偏差的原因并采取纠正措施。后者又分两种情况：如果标准不够合理，则修订标准；如果标准适宜，而是环境发生了不可预测的变化，则要根据环境变化解决实际问题。

三、控制的基本方法

控制技术分为硬技术和软技术。硬技术指实施控制所采用的技术设备、装置和仪器等。软技术即控制方法。软技术与硬技术要相互适应，才能更加科学、有效。管理实践中采用的控制方法比较多，下面主要介绍护理管理中常见的控制方法。

（一）行为控制法

管理控制中最主要的控制对象就是人员，在任何组织中最重要的资源是人。组织行动之所以高效，是因为他们配备着能高效完成指派任务的优秀人才，这可以从周围组织的实际情况得到证明。怎样选择人员、怎样使员工的行为更有效地趋向组织目标，这就涉及人员行为的控制问题。行为控制包括直接监督、目标控制和行政控制。

1. 直接监督 是行为控制中最直接、最有效的方式。管理者可以根据工作需要监督下属的行为，告诉他们哪些是合适的行为，哪些是不合适的行为，并采取纠正措施进行干预。通过直接监督进行控制，所获得的信息比较准确，并能有效地激励下属和提高效率。然而，这种方法管理成本高，不利于发挥下属的创造性。

2. 目标控制 是管理活动中最基本的控制方法之一。把总目标分解成不同层次的子目标，形成一个目标体系，并确定各自的考核标准，将受控系统的执行结果与考核标准进行对照，以发现问题，及时采取纠正措施。目标控制的特点是清晰、明确，各级管理者容易作出判断。在护理管理中，采用这种方法，能让护士通过自我控制来实现目标，极大地激发了护士的潜力和积极性。

3. 行政控制 是一种由规则和标准操作程序组成的综合系统进行的控制，其目的是塑造和规范组织和员工个人行为。规则和标准操作程序指导行为，并对员工在遇到问题时如何解决作了详细的说明。制定规则和操作程序是管理者的职责。当员工遵守管理者制定的规则时，他们的行为是标准化的，即行为是以相同的方式重复进行，这样可以对工作结果进行预测。行政控制也有弊端，首先，可能使组织变得官僚主义，对环境变化反应迟钝；其次，可能让员工变得墨守成规。因此，管理者对使用行政控制的方式必须始终保持一种敏锐的洞察力。

（二）组织文化与团体控制法

组织文化是组织在长期发展过程中逐步形成的价值观、群体意识、工作作风、行为准则、管理风格和传统习惯的总和。团体控制是通过分享价值观、规范、行为标准、共同愿望和其他与组织文化相关的因素，对组织内个人和群体施加控制。组织文化和团体控制不是通过外部强制发挥作用的约束系统，而是员工内化价值观和规范，进而由这些价值观和规范约束指导自身行为。例如护士之歌、院训、新护士宣誓等仪式均属于此种控制。

管理者在护理管理控制中要选择最合适有效的控制方法，不能生搬硬套，需具体问题具体分析。

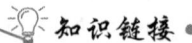

蝴蝶效应

一只南美洲亚马逊河流域热带雨林中的蝴蝶，偶尔扇动几下翅膀，可以在两周以后引起美国得克萨斯州的一场龙卷风。原因就是蝴蝶扇动翅膀，导致其身边的空气系统发生变化，并引起微弱的气流，而微弱气流的产生又会引起四周空气或其他系统产生相应的变化，从而引起一个连锁反应，最终导致其他系统的极大变化。这是美国气象学家爱德华·洛伦兹在1963年提出的蝴蝶效应。

思考：蝴蝶效应给我们什么启示？

分析：蝴蝶效应之所以令人着迷、令人激动、发人深省，在于其大胆的想象力和内在的哲学魅力。看似微不足道的细小变化，却能以某种方式对社会产生微妙的影响，甚至影响整个社会系统的正常运行。细节决定成败，在管理过程中，要关注细节，思想敏锐，防微杜渐，注重关联，控制全局。

第三节　控制在护理管理中的应用

案例 9-3 某医院内科，责任护士于10:30巡视病房，未见到7床患者及家属，以为是家属带着患者外出活动，并未及时向护士长汇报。11:30患者家属到护士站告知说患者不见了。责任护士随即与家属一起寻找，并及时通知护士长、科主任。查看监控录像后发现患者自行从病房楼一楼走出。13:00患者家属从家里打来电话，说患者自行外出回家了。

思考：1. 发生此类护理风险事件的原因是什么？
　　　2. 如何避免类似事件的发生？

控制贯穿于护理工作的全过程，涉及各级护理人员。在护理管理中，应对护理风险、护理安全、护理成本、医院感染等进行全方位的控制。

一、护理风险控制

（一）基本概念

1. **护理风险（nursing risk）** 是指在医疗领域中，因护理行为遭受不幸或损失的一种可能性。护理风险是一种职业风险，是指从事医疗护理服务的职业中，具有一定的发生频率并由其自身或医疗护理机构承受的危险，包括经济风险、政治风险、法律风险、人身风险等。除了具有一般风险的客观性、随机性、不确定性等特征外，由于医院服务对象的特性，护理风险还具有风险水平高、类型复杂、危害严重等特点。

2. **护理风险管理（nursing risk management）** 是指对患者、医务人员、医疗护理技术、药物、环境、设备、医疗护理制度与程序等风险因素进行识别、评价和处理的管理活动。

（二）护理风险的来源

1. **患者因素**

（1）患者疾病因素所致的风险：疾病发生发展的复杂性、多变性、严重性是造成护理风险的重要因素。

（2）患者就医行为所致的风险：患者的就医动机和行为对疾病的转归有重要的影响。

（3）患者个体因素所致的风险：患者的抗病能力、生理解剖结构、社会支持系统、个人对疾病的认知不同等都会影响患者医疗行为的效果，影响护士对护理方案的选择。如高度过敏体质的患者，使用药物时有发生过敏性休克的危险。

2. **护理行为**

（1）护理行为特殊性所致的风险：医疗护理行为具有两面性，一方面治疗疾病，另一方面由于医疗器械、药物等存在不可避免的伤害，所以存在难以避免的风险。

（2）护理行为局限性所致的风险：患者是一个统一的整体，需要护士进行整体护理，但有些护士工作年限短、知识缺乏等无法满足患者及家属的需求；有些疾病的发病机制尚未完全明确，目前的医疗水平尚无法治愈所有的疾病，患者及家属的不理解也会诱发风险。

（3）护理人员因素所致的风险：护士的质量和数量也影响着护理风险。如护士职业素质和专业技术水平低，责任心不强带来的护理隐患，以及现代医学科学技术发展速度快，许多医疗行为和技术并不为所有的护士知晓。

3. **系统因素** 医院整体协调管理、人力资源管理、设备环境管理和安全保障制度建设等方面的因素，如地面湿滑没有及时清理导致患者跌倒，中心供氧系统故障没有及时维修延误患者的抢救等，可能会直接或间接地给患者和护士造成损害。

（三）护理风险管理的程序

1. **护理风险识别（nursing risk identification）** 是对护理服务过程中特定已知及潜在的各种风险采用系统化的方法进行判断和归类，并分析产生护理风险事故的原因。由于护理服务过程中患者的流动、设备运转以及疾病的护理都是动态过程，因此风险的识别也是一个动态监测过程。常用的护理风险识别方法有三种：①结合临床资料，分析和明确各类风险事件的易发环节和人员等；②科学分析护理工作流程，全面分析各个环节可能发生的风险事件，预测护理风险及制定防范措施；③设计专门调查表，调查关键人员，掌握可能发生风险事件的信息。

有研究对护理风险发生的环节、人群、时段、意识等进行了调查，其结果表明：①抢救治疗危重患者、交接班、医护综合性环节等是高危环节；②实习护士、年轻护士、知识老化的护士、责任心不强和业务能力较差的护士等是高危人群；③工作繁忙时段、交接班前后、中午和夜班、节假日时间等是高危时段。上述要素极易导致护理风险的发生，管理者应该有预警计划，及时识别风险，防范护理风险的发生。

2. **护理风险评估**（nursing risk measurement） 是在风险识别的基础上进行定量分析和描述，通过对资料和数据的处理，发现可能存在的风险因素，确认风险的性质、损失程度和发生概率，为选择正确的处理方法和正确的风险管理决策提供依据。"医疗风险无处不在"已成为医疗界的共识，风险管理重在预防，而预防工作重在风险评估。目前临床上已经有压力性损伤危险因素评估量表、跌倒/坠床危险因素评估量表，可以对患者进行评估，以便及时采取预防措施，防止风险事件发生。

3. **护理风险控制**（nursing risk control） 在风险识别、风险评估的基础上对出现的风险问题采取措施，是护理风险管理的核心内容。主要的风险控制措施有以下几种：

（1）风险预防：是指采取积极的措施防止风险事件的发生。如增强护士的责任意识，加强医疗设备的维护和检查等。

（2）风险回避：是指停止提供可能产生某种风险的医疗项目。如没有获得PICC专业技术培训合格证书的护士不得从事该项静脉输液治疗。

（3）风险转移：是指将风险责任转移至其他机构。如向更高一级医院转诊疑难危重患者等。

（4）风险承担：是指将风险损失的承担责任保留在医院内部，由医院自身承担风险。对发生频率不高、在医院支付能力之内且无法回避或转移的风险，才采用这种方式。

（5）风险取消：是指取消风险发生率太高，对医院工作影响大，或购买保险费用过高，或疗效不确切的项目，从而完全避免此类风险事件的发生。

（6）风险相关的法律事项：是指对于一些风险发生率较高的服务项目，在日常工作中应注意准备必要的法律材料。

（7）风险教育：是指将已经发生的风险事件作为风险教育素材，进行风险教育，以提高风险意识。

知识链接

腕带标识管理有关规定

1. 颜色：使用的腕带有两种颜色——蓝色和粉色，其中蓝色用于男性患者，粉色用于女性患者，包括新生儿。

2. 腕带信息内容包括：科室、床号、住院号、就诊卡号（门诊自费患者）或医保卡号（医保参保患者）、姓名、年龄、血型、过敏史等。护理人员应用蓝色圆珠笔按要求逐项清晰填写各项内容。

3. 患者从急诊室入院或转科，接收科室应及时完善腕带上的信息，必要时更换。

4. 腕带佩戴部位：常规佩戴在患者右腕。如患者右腕无法佩戴时，按右腕—右脚踝—左腕—左脚踝的顺序依次佩戴。佩戴腕带时注意字体方向，便于查对。

5. 腕带佩戴时松紧度以一指为宜。保持佩戴部位皮肤完整、无擦伤，保证肢体末梢血运良好。

二、护理安全控制

（一）基本概念

1. **护理安全**（nursing safety） 是指在实施护理服务全过程中，不发生法律和法定规章制度允许范围以外的心理、人体结构或功能上的损害、障碍、缺陷或死亡，包括一切护理不良事件和不安全的隐患。从广义的角度和现代护理管理的发展看，护理安全还应该包括护士的执业安全，即在执业过程中不发生允许范围与限度以外的不良因素的影响和损害。

2. **护理安全管理**（nursing safety management） 是从根本上采取有效的预防措施，把隐患消灭在萌芽状态，把差错事故减少到最低限度，防范意外，创造一个安全有效的护理环境，确保患者生命安全。

（二）护理中不安全因素的来源

1. **患者因素** 患者不遵守医院的规章制度，不配合医务人员的管理和各种诊疗、护理操作；患者的心理素质、对疾病的认知和承受力会影响患者的情绪，继而影响患者安全；患者对护理服务质量期望值过高等；这些都是影响护理安全的因素。

2. **护理行为因素** 护士专业技术操作不规范，甚至违反护理操作规章制度及操作规程；缺乏敬业精神、责任心不强、工作态度不严谨；在与患者沟通时语言不谨慎，或在操作时动作不规范，引发患者及家属对治疗效果的怀疑。这些因素都会影响护理安全。

3. **系统因素** 医院仪器及配套设施不健全，维修不及时，如病区地面过湿、床旁无护栏等均是护理安全隐患；社会对医护人员尚缺乏公正的评价，医院的环境令患者不满意，这些因素都会增加护理安全的风险。

（三）护理安全管理

护理安全管理包括患者安全管理和护理人员职业防护，是护理质量管理的重要内容，也是医院安全管理的重要组成部分。

1. **患者安全管理** 患者安全是指在医疗过程中采取必要的措施，避免或预防患者出现不良结果或受到伤害，包括预防错误、预防偏差与预防意外。患者安全涵盖的范围大，管理者要以患者为中心，以患者的角度，从医院的行为、流程、设备、环境、建筑等各方面考虑是否存在危害患者安全的因素，体现医院对患者的人文关怀。护理安全管理的目的是使患者避免由于医疗护理过程中的意外而导致不必要的伤害，护理安全管理的重点在于降低系统中不安全的设计、操作及行为。发达国家医院的具体做法如下：

（1）建立国家患者安全管理中心：主要任务是制定患者安全目标并追踪其进展情况，制订研究计划，研发并宣传识别和分析医疗错误的工具，制定患者安全的相关办法来教育公众，并提出相关建议等。

（2）健全医疗错误报告系统：为了识别医疗错误并从中吸取教训，建立全国强制性报告系统，对于强制报告，政府应当收集导致患者死亡或严重伤害等不良事件的有关信息，并及时作出反应。自愿报告系统是强制报告系统的补充，它关注更为广泛的医疗错误，主要是未造成患者伤害或只造成很小伤害的事件。自愿报告系统收集的信息需加以保密，不得作为患者在法庭上抗辩的依据。

（3）制定保证患者安全的操作规范：通过管理机制（如注册、认证和鉴定），制定并执行保证患者安全的操作规范，制定医务人员、医疗机构以及他们所使用工具（药物和仪器）的最低行为标准。

（4）实施安全计划，执行操作规范，以保证患者安全：医疗机构应当发展"安全文化"，重点提高医疗行为的可靠性，保证患者安全。医务人员应当树立"安全第一"的观念，医疗机构必须建立连续监测患者安全的系统。

2. **护理人员职业防护** 职业安全是近年来医护人员颇为关注的话题，医护人员只有在安全的工作环境中，才能全身心投入到工作中。主要介绍以下几项护理人员职业防护措施：

（1）针刺伤预防：安全处理针头。禁止徒手将使用过的针头重新套上针帽或者应用重新盖帽装置，使用过的针头放入一次性锐器收集盒内；手持针头或锐器时，要避免将锐利面朝向他人；不徒手处理破碎的玻璃器械。

（2）噪声预防：对新建工作间应从声学设计角度考虑，必要时采用隔音设备；对科室器械、仪器、推车等设备定期检查、维护，减少异常声响。

（3）化学消毒灭菌剂防护：使用甲醛消毒灭菌时，需在无菌箱中进行，消毒后开窗通风，去除残留的气体；戊二醛消毒液，应存放于有盖容器内，使用时室内应有良好的通风设施，减少与有害气体的接触。

（4）麻醉废气的管理：包括降低麻醉废气污染、加强麻醉废气排污设备管理及工作人员的自身防护。如对麻醉机定期进行检测和维护，防止管道漏气；采用高效的清除和通风系统；工作人员要加强自身防护，尤其是孕期或哺乳期妇女。

（5）化疗防护：①提供安全的防护用品和设备：如设专用备药室，有条件的医疗机构可使用特制的层流细胞毒安全柜；②遵守接触抗癌药物操作规程：配药前洗手，穿一次性隔离衣、裤，戴一次性口罩、帽子，戴双层手套，即在聚乙烯手套外再戴一副乳胶手套；打开安瓿时应垫无菌纱布，以防划破手套；抽取药液后，在瓶内排气排液后再拔针，以免药液排于空气中；③污染废弃物的处理：用过的废安瓿、小瓶、一次性注射器、输液器要放置在有特殊标记的特制防渗漏的厚塑料袋或防漏容器中，防止蒸发污染空气，并及时送焚炉焚烧；所有污物需经过 1000 ℃ 高温焚烧处理；处理化疗患者的尿液、粪便、呕吐物时，必须戴口罩、手套、帽子，必要时用一次性围裙。

三、护理成本控制

（一）基本概念

1. **成本（cost）** 是指生产过程中生产资料和劳动消耗的货币表现。在医疗卫生领域，成本是在服务过程中所消耗的直接成本（材料费、人工费和设备费）和间接成本（管理费、教育训练经费和其他护理费用）的总和。

2. **护理成本（nursing cost）** 是指医疗单位在为患者提供护理服务过程中产生的物化劳动和活劳动消耗。物化劳动是指物质资料的消耗；活劳动是指脑力和体力劳动的消耗。

3. **成本管理（cost management）** 是以降低成本，提高经济效益，增加社会财富为目标而进行的各项管理工作的总和。

（二）护理成本管理

护理成本管理包括四个方面：①编制护理预算，将有限的资源适当地分配给计划中的各项活动；②核算护理服务的成本，提高患者护理照顾的质量；③进行护理成本-效益分析，帮助管理者判断医院花费所产生的利益是否大于投资成本；④开发护理管理信息系统，进行实时动态成本监测与控制，利用有限的资源提供高质量的护理服务。

（三）护理成本核算

1. **内容** 护理成本核算主要有以下几种：①护理人力成本，主要包括各级护理人员的工资、奖金、津贴、福利及培训等；②材料成本，消耗的卫生材料、药材和低值易耗品的消费等；③器材与设备成本，固定资产折旧费及维修费或保养费；④作业费，包括公务费、卫生业务费、供应消毒费、洗涤费等。

2. **方法** 护理成本核算的方法主要有项目法、床日成本核算法、相对严重度测算法、患者分类法、病种分类法、综合法。下面简要介绍患者分类法：

患者分类法是以患者分类系统为基础测算护理需求或工作量的成本核算方法，根据患者的病情程度判定护理需要，计算护理点数及护理时数，确定护理成本和收费标准。患者分类法通常包括两种：一是原型分类法，如分级护理；二是因素型分类法，因素型分类可有不同构架，如有的学者将护理成本内容分为32项，包括基本需要、患者病情评估、基本护理及治疗需求、饮食与排便、清洁翻身活动等六大类。

（四）护理成本控制

护理成本控制是按照既定的成本目标，对构成成本的一切耗费进行严格计算、考核和监督，及时发现偏差，并采取有效措施，纠正不利差异，发展有利差异，使成本被限制在预定的目标范围之内。

成本控制一般包括以下程序：①根据定额制定成本标准，成本标准是规定各项费用开支和消耗的数量界限，是成本控制和成本考核的依据；②执行标准，对成本的形成过程进行计算和监督；③确定差异，核算实际消耗和预算的差异，分析原因，确定责任归属；④消除差异，开发护士节约成本的潜力，提出降低成本的措施或建议。

（五）降低护理成本的途径

1. **实施零缺陷管理**　提倡一次性把工作做对、做好，减少护理差错、事故的发生，主动防范护患纠纷，这是护理成本控制中最为经济的途径。

2. **降低护理人力成本**　做到科学编配、合理排班。一方面，护理管理者应根据年度患者护理平均数、工作总量，并适当考虑机动人员（如进修、产假、培训等因素）来确定所需护理人员的编制人数，避免人浮于事，可直接减少护理成本中工资、福利等开支。另一方面，护理管理者在排班时，需要综合考虑护理人员的业务水平、工作能力、年龄等进行合理搭配，以保证工作质量，提高工作效率，实现护理人力资源管理的最大效益。

3. **降低物力成本**　建立健全相关规章制度，如定期清点盘底、使用登记、交接制度，做到零库存，减少医用材料及各种低值易耗品的丢失、过期、损坏等浪费现象的发生，对仪器设备做到定期检查、保养和及时维修。

四、医院感染控制

医院感染（nosocomial infection）又称为医院获得性感染，指住院患者、探视者和医院工作人员在医院内获得的感染。主要的对象是住院患者，但不包括患者入院前已经开始或者入院时已处于潜伏期的感染。

（一）医院感染的影响因素

1. **管理因素**　包括两个方面：一是医院的感染组织结构和管理制度不健全，没有专人负责，工作落实不到位，如门诊无分诊制度、缺乏灭菌效果监测手段和制度等，这些都是医院感染传播的隐患；二是医务人员自身对医院感染的危害性认识不足，不能主动遵守医院感染管理制度，无菌意识淡漠，导致医院感染的发生。

2. **医疗因素**　包括抗菌药物的不合理使用和侵入性操作增多。患者自身滥用广谱抗菌药物或者医护人员不遵守抗菌药物使用原则，都会导致菌群失调，为治疗带来更大的困难。现在医院的侵入性操作，如静脉留置导管、气管切开术、胃镜检查及各种介入治疗增多，人体防御屏障被破坏、病原体趁虚而入的几率加大，导致患者发生医院感染的机会增加。

3. **环境因素**　医院的重点建筑应明确分区并遵守医院感染管理要求。重症监护室、手术室、消毒供应中心、血液透析中心等都是医院的重点部门，如果建筑布局不合理，各区域划分不严格，缺乏污水、污物处理条件等，都会增加医院感染的发生率。另外，医院主要的服务对象是患者，某些传染性疾病患者的分泌物、排泄物中的病原微生物可能漂浮在医院的空气中或沉在物品、器械表面，造成医院的环境污染。

4. **患者因素**　免疫力下降的患者，如老年患者、慢性疾病患者、高危儿、长期化疗放疗的患者以及长期使用激素或免疫抑制剂的患者，是某些疾病的易感人群。

（二）医院感染的预防和控制

医院感染的预防和控制是医院管理的重要任务，也是护理业务技术管理的重要内容。

护士是预防和控制医院感染的主力军，在为患者提供护理服务的过程中，应及时发现患者感染危险、采取有效的隔离措施、有针对性地进行健康教育，最大限度地降低医院感染率。

1. 健全医院感染组织机构和管理制度　卫生部2006年颁布的《医院感染管理办法》第六条规定，住院床位总数在100张以上的医院应当设立医院感染管理委员会和独立的医院感染管理部门。第七条规定，医院感染管理委员会由医院感染管理部门、医务部门、护理部门、临床科室、消毒供应室、手术室、临床检验部门、药事管理部门、设备管理部门、后勤管理部门及其他有关部门的主要负责人组成，主任委员由医院院长或者主管医疗工作的副院长担任。医院感染管理委员会主要负责制订预防医院感染的计划，通过定期检查、随机抽查等途径加强监控。

2. 开展医院感染教育培训与考核　制订培训计划，对全体医护人员进行相关法律法规、医院感染管理相关工作规范和标准、专业技术知识和技能的培训，使护理人员了解预防医院感染的重要意义、具体要求和实施方法，并建立医院感染的考核制度，定期考核全院医护人员感染知识的掌握情况，切实做好预防和控制医院感染发生率。

3. 合理布局，改善医院建筑结构　各医院根据情况适当改造或改建不适于预防感染的旧建筑，增添必要的设备和用具，如手术室、烧伤病房可安装空气净化装置，减少感染的发生。

4. 做好清洁与消毒工作　①保持环境卫生：如病房每日开窗通风两次，每次20~30分钟，地面每日五扫两拖，马桶定期消毒等；②严格执行探视与陪护制度：控制陪护人数，限制探视时间；③严格执行手卫生制度：在处理清洁、无菌物品前，穿脱隔离衣及进行无菌操作前后，直接接触患者，尤其是患者黏膜、破损皮肤或伤口、分泌物后，处理污染物品后都要洗手消毒；④正确处理医疗废物：要严格遵守医疗废物管理的基本原则，严格控制医疗废物的产生、分类、收集、交接登记等过程，确保医疗废物包装或容器无破损、无渗漏，防止交叉污染和二次污染。

5. 防止侵入性操作所致的感染　首先，严格掌握侵入性操作的适应证，尽量选择一次性无菌医疗器械，严格遵守无菌技术原则及操作规程，避免污染，做到器械一人一用一操作，并做好相应的护理，在使用过程中，如果出现感染或其他异常情况，应立即停止使用，并报告医院感染管理办公室；其次，医院要加强高风险医疗器械的监管，严禁使用过期、淘汰、无合格证明的消毒、灭菌器械。

此外，还要加强抗菌药物的监管及使用，保护易感者，加强医护人员职业卫生防护，落实经血液传播疾病的职业防护及报告处理制度。

本章小结

控制是一项重要的管理职能，是保证组织各项活动向着预定的轨道进行，实现组织目标的重要手段。本章重点叙述了护理控制的概念与作用，并分析讲解了前馈控制、同期控制和反馈控制的概念及特点，介绍了控制的过程，并重点讲述了护理控制在护理风险、护理安全、护理成本、医院感染四个方面的应用。通过本章内容学习，希望同学们在以后的临床工作中，能够学会降低护理成本，降低医院感染的发生率，充分发挥控制职能在护理管理工作中的应用。

第九章 护理控制

思维导图

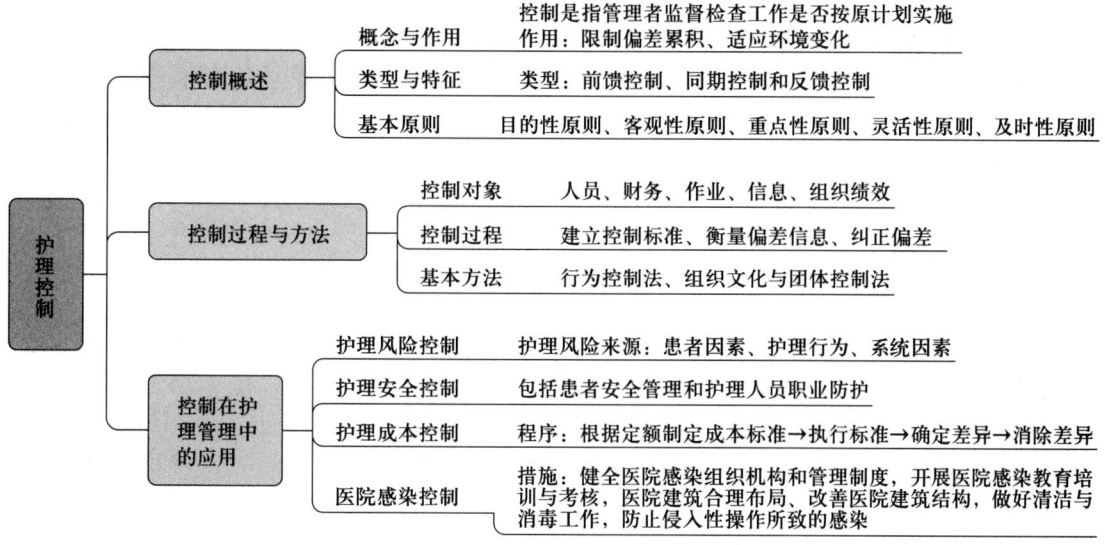

实践活动

1. 活动内容 组织同学们以《护理安全管理制度》为主题进行问答比赛。
2. 活动目标 使学生能够体会在未来的工作中如何遵守护理安全管理制度，提高护理质量。
3. 活动过程
（1）教师准备30个问题。
（2）学生报名参赛。
（3）通知参赛学生作好准备，2周后准备比赛。
（4）选取6名学生作为评委，选取1名学生主持活动，宣布比赛规则，并进行比赛。
（5）评委及教师公布比赛成绩并对整个比赛过程进行评价。

自测题

一、选择题

A1/A2 型题

1. 注重于对已发生的错误进行检查并督促改进属于
   A. 前馈控制　　　　B. 同期控制　　　　C. 反馈控制
   D. 直接控制　　　　E. 间接控制
2. 控制的基本原则不包括
   A. 全面性原则　　　B. 客观性原则　　　C. 目的性原则
   D. 灵活性原则　　　E. 及时性原则

3. 对病房护士长来说,最有效的监督方法是
   A. 听取汇报 B. 直接观察 C. 指派专人监督
   D. 护士相互监督 E. 护士反馈
4. 控制过程第二步的主要工作是
   A. 分解目标并确立控制标准 B. 采取纠正行动
   C. 评价偏差及其严重程度 D. 对照标准衡量实际工作绩效
   E. 选择控制关键点
5. 医院消毒隔离制度属于
   A. 前馈控制 B. 同期控制 C. 反馈控制
   D. 直接控制 E. 间接控制
6. 控制论的创始人是
   A. 维纳 B. 马斯诺 C. 梅奥
   D. 泰勒 E. 韦伯
7. 同期控制又称为
   A. 直接控制 B. 间接控制 C. 事前控制
   D. 过程控制 E. 预防控制
8. 管理控制中最主要的对象是
   A. 人员 B. 财务 C. 作业
   D. 信息 E. 组织的总体绩效
9. 医院对医务人员招聘严格实施准入制度,这一控制措施属于
   A. 自我控制 B. 外部控制 C. 同期控制
   D. 前馈控制 E. 反馈控制
10. 新护士宣誓仪式属于
    A. 行为控制 B. 组织文化与团体控制 C. 直接监督
    D. 目标控制 E. 硬技术
11. 控制的软技术包括
    A. 设备 B. 装置 C. 仪器
    D. 行为控制法 E. 技术
12. 确立控制标准首先需要解决的问题是
    A. 确定控制对象 B. 选择控制关键点
    C. 分解计划目标的过程 D. 衡量成效
    E. 评价并纠正偏差

A3/A4 型题

(13~14 题共用题干)
一位患者因股骨头无菌性坏死在医院行人工股骨头置换术,术后患者家属发现引流袋中血量很少,便向护士询问,护士回答说"血少是好事",并没有给予任何处理。护士长查房时发现是因为引流管受压而导致引流不畅,便立即调整引流管位置,又对患者和家属进行了健康教育,避免了事故的发生。

13. 护士长在工作中运用的控制方法是
    A. 前馈控制 B. 同期控制 C. 反馈控制
    D. 预防性控制 E. 基础质量控制

14. 该案例体现的控制的特点是
    A. 指导性
    B. 及时性
    C. 提高下属的工作能力
    D. 提高下属自我控制能力
    E. 可以造成直接冲突

二、简答题

1. 试述控制的作用。
2. 试述控制的过程。
3. 描述前馈控制的概念及特点。
4. 描述同期控制的概念及特点。
5. 描述反馈控制的概念及特点。
6. 试述控制的基本原则。

三、案例分析

患者张某，69岁，因前列腺增生收入院，入院后行前列腺电切术，术后患者家属发现尿液引流袋中尿量较少，向责任护士进行咨询，责任护士并没有到病房给予相应的处理，只是告知让患者多喝水。护士长查房时发现张某尿液引流管受压导致尿液引流不畅，便立即调整引流管位置，并对患者及患者家属进行了宣传教育，避免了意外事故的发生。

思考：护士长进行了什么类型的控制？有什么特点？

下载资源：
第九章案例分析
参考答案

（高艺元）

第十章 护理质量管理

学习目标

1. 识记：复述护理质量管理的概念和护理质量管理的基本原则，了解护理质量管理基本标准和管理过程。
2. 理解：解释质量管理的相关概念，护理质量管理的任务。
3. 运用：掌握常见的护理质量管理方法，能结合医院实际，运用护理质量管理方法制定质量控制方案和质量评价标准。

名人名言

质量等于利润。　　——［美］汤姆·彼得斯（Tom Peters），管理思想家

魔鬼存在于细节之中。
　　——［德］密斯·凡·德罗（Ludwig Mies van der Rohe），国际建筑大师

产品质量是生产出来的，不是检验出来的。
　　——［美］威廉·爱德华兹·戴明（William Edwards Deming），质量管理大师

护理质量是医疗质量的重要组成部分，在保证医院声誉及医疗、护理服务成效中占有重要地位。护理质量管理是一个循序渐进的过程，需不断完善和持续改进。加强护理质量管理是护理管理的重要核心内容，是为患者提供优质、安全和高效的医疗护理服务的重要保障。

第一节　质　量　管　理

案例10-1　2003年2月1日，美国"哥伦比亚"航天飞机发生爆炸，7名宇航员全部遇难，全世界为之震惊，美航天负责人为此辞职，美航天事业一度受挫。事后的调查结果令人惊讶，造成此灾难的"凶手"竟是一块脱落的隔热瓦。"哥伦比亚"航

> 天飞机有 2 万多块隔热瓦，能抵御 3000 ℃高温，避免航天飞机返回大气层时外壳被熔化。航天飞机的制造标准非常严格，但就因为一块脱落的隔热瓦，葬送了价值连城的航天飞机，还有无法用金钱衡量的 7 条宝贵的生命。
>
> **思考：** 什么是质量管理？

质量管理的产生和发展源远流长，人类历史上自有商品生产以来，就出现了以商品成品检验为主的质量管理方法。随着社会生产力和科学技术的发展，质量的含义也不断丰富和扩展。学习质量管理的基本概念，了解质量管理的发展历程，对开展质量管理工作具有指导意义。

一、质量管理的概念

（一）质量

质量（quality）又称为"品质"。在管理学中狭义的质量概念常指产品或服务的优劣程度；广义的质量主要包括过程质量与工作质量。国际标准化组织（International Organization for Standardization，ISO）对质量的定义是："反映实体满足明确和隐含需要的能力的特性总和"。质量一般包含三层含义：规定质量（conformance quality）、要求质量（requirements quality）和魅力质量（quality of kinds）。规定质量是指产品或服务达到了预定的标准；要求质量是指产品或服务的特性满足了顾客的要求；魅力质量是指产品或服务的特性超出了顾客的期望。

（二）质量管理

质量管理（quality management）是组织为使产品、过程或服务满足质量要求，达到顾客满意而开展的策划、组织、实施、控制、检查、审核及改进等有关活动的总和。质量管理的核心是制定、实施和实现质量方针与目标，质量管理的主要形式是质量策划（quality planning）、质量控制（quality control）、质量保证（quality assurance）和质量改进（quality improvement），它是全面质量管理的一个中心环节。

（三）质量体系

质量体系（quality system）指为保证产品、过程或服务质量满足规定（或潜在）的要求，由组织机构、职责、程序、活动、能力和资源等构成的有机整体。

（四）质量控制

质量控制（quality control）是为保证和提高产品质量和工作质量所进行的质量调查、研究、组织、协调、控制、信息反馈、改进等各项工作的总称。为保证产品过程或服务质量，必须采取一系列的作业、技术、组织、管理等有关活动，这些都属于质量控制的范畴。

（五）质量改进

质量改进（quality improvement）是为了向本组织及其顾客提供增值效益，在组织范围内所采取的提高活动和过程的效果和效率的措施。质量改进是消除系统性的问题，对现有的质量水平在控制的基础上加以提高，使质量达到一个新水平、新高度。如护理质量持续改进，其目的就是使护理质量不断提高和改进。

二、质量管理的发展

质量管理是随着生产的发展和科学技术的进步而逐渐形成和发展起来的，按照质量管理依据的手段、方式、管理范围及质量观的不同，质量管理的发展先后经历了三个阶段。

（一）质量检验阶段

质量检验阶段始于 20 世纪 40 年代，此阶段的基本观点是以质量符合现行标准的程度作为衡量依据，认为"符合标准"的产品质量合格。只有被定义出来的产品规格标准可被有效地检查，才能确定产品的符合度。这种质量控制主要是事后的检验和质量评价，无法在生产过程中起到预防和控制作用。即它只能挑出不合格产品，但无法预防和控制不合格产品的产生。

（二）统计质量控制阶段

统计质量控制阶段始于20世纪60年代，此阶段基本观点是质量应以适合顾客需要的程度即"适用性"，作为衡量依据。此阶段的质量管理开始运用数理统计原理，实行统计质量控制方法，即在生产过程中，通过抽样检验控制质量。质量管理工作开始从单纯的产品检验发展到对生产过程的控制，管理重点由"事后把关"变为"事先预防"，衡量产品最终的质量标准不仅仅是产品的规格，还包括了客户"隐含"的期望。

（三）全面质量管理阶段

全面质量管理阶段始于20世纪80年代，此阶段提出的"全面顾客满意"概念将质量管理带入一个新的阶段。基本观点是组织应以"全面顾客满意"为核心，涉及组织运行的全部过程，组织的全体员工都具有质量管理的责任。这一阶段产生的全面质量管理思想和方法，赋予了质量管理新的内涵，使质量管理水平得到较大的提高。全面质量管理的理论和方法在全世界运用，获得了极大的成功，被誉为20世纪管理科学最杰出的成就之一。

三、质量管理的过程

（一）质量策划

依据ISO9000族质量管理标准，质量策划的定义为：确定质量以及采用质量体系要素的目标和要求的活动。质量策划是针对特定的项目、服务、产品或合同而进行的，策划要从人员、材料、设备、工艺、检验和生产进度、试验技术等全面考虑，策划的结果要以质量计划这一文件表现形式表达。质量策划包括：①管理和作业策划，即对实施质量体系进行准备，包括组织和安排；②服务策划，即对服务质量特性进行识别、分类和比较，并建立其目标、质量要求和约束条件；③编制质量计划和作出质量改进规定。

（二）质量控制

质量控制是指为达到质量要求所采取的、贯穿于整个活动过程中的操作技术和监视活动。质量控制的目的是以预防为主，通过采取预防措施来排除质量形成的各环节、各阶段产生问题的原因，以达到控制偏差和提高质量的目的。质量控制的具体实施主要是对影响产品质量的各因素、各环节制订相应的监控计划和程序，对发现的不合格情况和问题进行及时处理，并采取有效的纠正措施。

（三）质量保证

质量保证是为了向服务对象提供足够的信任，表明组织能够满足质量要求，而在质量体系中实施并根据需要进行证实信任度的全部有计划和有系统的活动。质量保证分为第一、第二、第三方质量保证。①第一方质量保证：是指服务提供者或产品生产者的质量声明和自我质量保证，包括产品合格证书、质量等级证书、质量保证书、质量承诺书等。②第一方对第二方的质量保证：是指服务提供者或产品生产者对特定顾客所作的特别质量保证，表现为合同中的质量条款和专门的质量合同(质量保证协议)。③第三方质量保证：是指社会上具有权威性的、客观公正的第三方(通常是专业或行业组织，独立检验机构、试验机构、质量认证机构)，通过对产品进行检验、试验、测量，对产品的生产体系或服务体系进行检查、评审，对符合要求的出具有关文件（颁发证书），证明产品或体系符合某种规定的标准要求。

（四）质量改进与持续改进

质量改进是指致力于增强满足质量要求的能力。质量改进涉及以下主要方面：①产品质量改进，包括老产品改进、新产品开发，以及服务产品的改进；②过程质量改进，包括采用新技术、新方法、新材料、新设备、新工艺进行技术改造和技术革新，实施更严格、更科学的过程质量控制方法和手段；③体系质量改进，包括采用ISO9000族质量管理体系标准和借鉴其他管理体系标准；④增强质量保证能力，提升服务信誉和组织信誉，提高顾客满意度和培养顾客忠诚度；⑤提高质量经济效益，包括降低质量成本和增强质量效益。持续改进提示了质量改进不是一次性的活动，而是长期的、不间断的改进过程，它不仅强调提高体系、过程及产品的有效性，同时还着眼于提高体系、过程及产品效率。

四、质量管理的标准

护理质量管理是医院质量管理的重要组成部分。医院质量管理评价是医院遵循一定的质量管理体系或质量管理规范的要求，将自身的质量管理工作进行对比，以确定其质量管理体系和质量是否符合标准。目前，被国内医院管理专家关注的医院外部质量评价标准有ISO9000族质量管理体系标准和美国医疗机构评审国际联合委员会（Joint Commission International，JCI）制定的《美国医疗机构评审国际联合委员会医院评审标准》（Joint Commission International Accreditation Standards for Hospitals）。

1. ISO9000族质量管理体系标准　ISO是国际标准化组织（International Organization for Standardization）的缩写，是非政府性的各国标准化团体组成的世界性联合会，下设许多专业技术委员会，负责起草标准。其标准是在总结世界发达国家先进质量管理和质量保证经验的基础上编制发布的一套实用而有效的管理标准。ISO9000族质量标准体系的核心是满足顾客（患者）需求，以顾客（患者）为中心，通过体系在医院内部的实施，可以在医院内形成"医疗质量就是生命，医疗质量就是效益"的共识。经过咨询认证，医院可有以下收益：①医院管理活动科学化、标准化、规范化；②医务人员培训得到强化，专业素质得以提高；③部门质量职责明确，相互协调配合；④医院质量管理机制健全，质量管理能力提高；⑤服务缺陷下降，医院效益良好，实现优质低价的目标；⑥以患者为关注焦点，重视需求调研和让患者满意。

ISO9000族标准提供标准化的质量管理制度，可以为护理质量管理提供目标，将护理质量管理明确划分为质量职能、人员培训、仪器设备质量、护理服务质量、质量监控、预防护理不良事件、质量评价、质量改进与奖惩、质量文件与记录十个方面的管理标准。

我国政府十分重视ISO9000族标准，并发布了GB/T 19000《质量管理和质量保证》国家标准。质量管理体系获得质量体系认证证书，证明具有提供标准服务的能力，是对顾客的持续保证，可增加医院无形资产，也更好地保护患者的利益。我国有许多医院获得了带有国家认可标志的质量体系认证证书。

2.《美国医疗机构评审国际联合委员会医院评审标准》（JCI标准）　JCI创建于1998年，是美国医疗机构评审联合委员会的国际部，同时也是世界卫生组织认可的全球评估医院质量的权威评审机构。JCI标准是全世界公认的医疗服务标准，代表了医院服务和医院管理的最高水平，同时也是世界卫生组织认可的认证模式。JCI标准是一个严谨的体系，其理念是最大限度地实现可达到的标准，以患者为中心，建立相应的政策、制度和流程以鼓励持续不断的质量改进并符合当地的文化。JCI标准作为国际组织公认的国际标准，体现了先进的医疗服务理念，更好地诠释了以患者为中心的服务理念和方式，同时也体现了更科学、更先进的医院和医疗服务机构的质量管理重心。

第二节 护理质量管理概述

> **案例 10-2**
> 近 1 个月来,某医院心内科病区护士长向护理部报告了多起口服药物相关的护理不良事件,如患者忘记或未按规定时间服用口服药、服错药、药品遗失等。
> 经护理部了解,口服药物是该科患者的主要治疗手段。该科收治患者中 60 岁以上老年人占 50% 以上,常有老年患者出现口服药物相关的不良问题。当所患病种多、病情复杂时,使用药物相应增多,但老年人听力、视力、记忆力、理解力均有不同程度的下降,因而出现错服、漏服、擅自乱服药物等问题。因此,规范住院老年患者的口服用药是护理质量管理的重要内容之一。
> 思考:1. 护理质量管理的概念是什么?
> 　　　2. 护理质量管理的方法有哪些?

护理质量是医院质量的重要组成部分,强化护理质量管理是护理管理的核心内容和永恒的主题,是为患者提供优质、安全的医疗服务必不可少的重要保证,是提高医院核心竞争力的重要举措。

一、护理质量管理相关概念

(一)护理质量的概念

护理质量(nursing quality)是指护理人员为患者提供护理技术和生活服务的过程及其效果,以及满足服务对象需要的程度。完整的护理质量定义包含两层含义,一是护理服务活动要符合规定要求,二是质量与服务对象的关系。所谓符合规定是指护理人员的工作行为符合职业道德规范,各项操作符合操作规程,护理管理符合国家、地区和行业相关法律法规。质量与服务对象的关系,是指护理服务应满足患者明确的和隐含的合理需要。明确的需要是指患者明确提出的、需护理人员解决的问题,如长期卧床的患者希望能坐轮椅到户外晒太阳;隐含的需要是指存在的、但患者未明确提出寻求帮助的需要,如正在输液的患者希望去卫生间,但家属不在,患者不好意思请医护人员协助。综上所述,护理质量是反映护理服务活动符合规定、满足护理服务对象明确与隐含的合理需要的程度。

(二)护理质量管理的概念

护理质量管理(management of nursing quality)是指按照护理质量形成的过程和规律,对构成护理质量的各要素进行计划、组织、协调和控制,以保证护理工作达到规定的标准并满足服务对象需要的活动过程。开展护理质量管理,应注意以下要点:第一,必须建立完善的护理质量管理体系,并使之有效运行;第二,制定合理的护理质量标准,使得管理有据可循;第三,要对护理过程中构成护理质量的各要素,按标准进行质量控制;第四,在护理质量管理过程中,各个环节相互制约、相互促进、不断循环、周而复始,质量逐步提高,形成一套质量管理体系和技术方法。

(三)护理质量管理体系

护理质量管理体系在护理质量管理中具有指挥和控制作用,是实施护理质量管理所需的组织结构、程序、过程和资源,是建立护理质量方针和质量目标并为实现该目标而持续运行的体系。

二、护理质量管理的任务

（一）建立质量管理体系

护理质量是在护理服务活动过程中逐步形成的。要使护理服务过程中影响质量的因素都处于受控状态，必须建立完善的护理质量管理体系，明确规定每一个护理人员在护理工作中的具体任务、职责和权限。

（二）进行护理质量教育

质量教育是质量管理的一项重要基础工作。护理管理者应该加强质量教育，不断增强全体护理人员的护理质量意识和护理安全意识，使护理人员明确自己在提高质量中的责任，明确提高护理质量对于患者、医院的重要作用。

（三）制定护理质量标准

护理质量标准是护理质量管理的基础，也是规范护士行为的依据。护理管理者的一个重要任务就是建立护理质量标准，只有建立科学的护理质量标准体系，才能达到规范管理、科学管理的目的。

（四）进行全面质量管理

全面质量管理（total quality control，TQC）是一种综合的、全面的经营管理方式和理念。包含两个方面的含义：一是全面控制，即以优质为中心，实行全员工、全过程、全方位控制；二是全面质量，包括产品质量和工作质量。只有内在要素达到要求，又为用户所需要的产品，才算得上质量好的产品。全面质量管理即是对影响护理质量的各个要素、各个过程进行全面的质量控制。

（五）持续改进护理质量

质量持续改进是质量管理的灵魂。护理人员应树立第一次就把护理工作做好的意识。不断改进，不安于现状，追求卓越，力争对护理质量进行持续改进。

三、护理质量管理基本原则

（一）以患者为中心原则

患者是医疗护理服务的中心，是医院赖以存在和发展的基础，以患者为中心的原则强调：无论是在临床护理工作流程设计优化、护理标准制定，还是日常服务活动的评价等管理活动中都必须打破以工作为中心的模式，建立以尊重患者人格，满足患者需求，提供专业化服务，保障患者安全为核心的文化与制度。

（二）预防为主原则

在护理质量管理中树立"第一次把事情做对（do things right at the first time）"的观念，对形成护理质量的要素、过程和结果的风险进行识别，建立应急预案，采取预防措施，降低护理质量缺陷的发生。应尽量采用事前控制的方式，防微杜渐。

（三）全员参与原则

护理服务的每个环节和每个过程都有护士的参与，各级护理管理者和临床一线护士的态度和行为直接影响着护理质量。因此，护理管理者必须重视人的作用，对护士进行培训和引导，增强护士的质量意识，使每一位护士能自觉参与护理质量管理工作。充分发挥全体护士的主观能动性和创造性，不断提高护理质量。如实施品管圈管理，就是发挥全体护士，特别是临床一线护士的积极性，进行质量管理。

（四）基于事实的决策方法原则

有效的决策必须以充分的数据和真实的信息为基础。护理管理者要运用统计技术，对护理质量要素、过程及结果进行测量和监控，分析各种数据和信息之间的逻辑关系，寻找内在规律，比较不同质量控制方案的优劣，结合过去的经验和直觉判断，作出质量管理决策并采取行动，这是避免决策失误的重要原则。近年来，护理管理者通过不良事件的采集分析，获得护理质量管理的基本数据，并针对性地提出解决方案，就是基于事实的决策方法。

（五）持续改进原则

持续改进是指在现有服务水平上不断提高服务质量及管理体系有效性和效率的循环活动。护理质量没有最好，只有更好，要强化各层次护士，特别是管理层护士追求卓越的质量意识，以追求更高的过程效率和有效性为目标，主动寻求改进机会，确定改进项目，而不是等出现了问题再考虑改进。

四、护理质量管理标准化

护理质量标准化管理，就是制定护理质量标准，执行护理质量标准，并不断进行护理标准化建设的工作过程。

（一）护理质量标准的概念

下载资源：
知识拓展：标准及标准化的概念

护理质量标准（nursing quality standard）是依据护理工作内容、特点、流程、管理要求、护士及服务对象的需求和特点制定的护士应遵守的准则、规定、程序和方法。护理质量标准由一系列具体标准组成，如在医院工作中，各种条例、制度、岗位职责、医疗护理技术操作常规均有一定的标准，《护士条例》《病历书写基本规范》《综合医院分级护理指导原则》《常用临床护理技术服务规范》等，均是正式颁布的国家标准。

（二）护理质量标准的分类

下载资源：
护考考点：医院常用的护理质量标准——护理质量标准

护理质量标准目前没有固定的分类方法。依据使用范围分为护理业务质量标准、护理管理质量标准；根据使用目的分为方法性标准和衡量性标准，其中方法性标准包括质量计划标准（如工作计划、技术发展规划）、质量控制标准（如患者满意率、不良事件上报率）、工作实施标准（如护士工作职责、技术操作规范），衡量性标准即质量检查评价标准（如病区管理标准、基础护理合格标准）；根据管理过程结构分为要素质量标准、过程质量标准和终末质量标准。

要素质量标准、过程质量标准和终末质量标准是不可分割的标准体系，下面具体阐述：

（1）要素质量标准：要素质量是指构成护理工作质量的基本元素。要素质量标准既可以是护理技术操作的要素质量标准，也可以是管理的要素质量标准，每一项要素质量标准都应有具体的要求。如原卫生部三级综合医院评审标准中对临床护理质量管理与改进的具体要求是：根据分级护理的原则和要求建立分级护理制度质量控制流程，落实岗位责任制，明确临床护理内涵及工作规范；有护理质量评价标准和考核指标，建立质量可追溯机制等。

（2）过程质量标准：过程质量是各种要素通过组织管理所形成的各项工作能力、服务项目及其工作程序或工序质量，它们是一环套一环的，所以又称为环节质量。在过程质量中强调协调的护理服务体系能保障提供高效、连贯的护理服务。在临床护理工作中，入出院流程、检查流程、手术患者交接、诊断与治疗的衔接，甚至是某项具体的护理技术操作，都涉及过程质量标准的建立。

（3）终末质量标准：护理工作的终末质量是指患者所得到护理效果的综合质量。它是通过某种质量评价方法形成的质量指标体系。例如住院患者是以重返率（再住院与再手术）、死亡率（住院死亡与术后死亡）、安全指标（并发症与患者安全）三个终末质量为重点。这类指标还包括患者及社会对医疗护理工作满意率等。

（三）制定护理质量标准的原则

1. 客观性原则　没有数据就没有质量的概念，因此在制定护理质量标准时要用数据来表达，一些定性标准也尽量将其转化为可计量的指标。

2. 科学性原则 制定护理质量标准既要符合法律法规和制度要求，又要满足患者的要求。护理工作对象是人，任何疏忽、失误或处理不当，都会给患者造成不良影响甚至严重后果。要以科学证据为准绳，在循证的基础上按照质量标准形成的规律，结合护理工作特点制定护理质量标准。

3. 可行性原则 从临床护理实践出发，掌握医院目前护理质量水平与国内外护理质量水平的差距，根据现有的护士、技术、设备、物资、时间、任务等条件，制定切实可行的护理质量标准和具体指标。制定标准值时应基于事实又略高于事实，即标准应是经过努力能达到的。

4. 严肃性和相对稳定性原则 在制定各项护理质量标准时要有科学的依据和群众基础，一经审定，必须严肃认真地执行。凡强制性、指令性标准应真正成为质量管理的法规；其他规范性标准，也应发挥其规范指导作用。因此，需要保持各项标准的相对稳定性，不可朝令夕改。

（四）制定护理质量标准的方法和过程

1. 调查研究，收集资料 调查内容包括国内外有关护理质量标准资料、相关科研成果、实践经验、技术数据的统计资料及有关方面的意见和要求等。调查方法要将收集资料与现场考察相结合，典型调查与普查相结合，本单位与外单位相结合。

2. 拟定标准，进行验证 在调查研究的基础上，对各类资料、数据进行深入分析、归纳和总结，然后初步形成护理质量管理标准。初稿完成后应与护理质量管理专家及临床一线护士进行讨论，征求意见、建议，论证其科学性及可行性等，形成试行稿。然后在小范围内试验，进行护理质量标准的可操作性测试，测试后根据结果再次修订，形成最终的质量标准。

3. 审定、公布、实行 根据不同质量标准的类别，将拟定的护理质量标准上报相关卫生行政主管部门或医院进行审批，公布后在一定范围内实行。

4. 标准的修订 随着护理质量管理实践的不断发展，原有的标准不能适应新形势的要求，此时就应该对原有质量标准进行修订或废止，制定新的标准，以保证护理质量的不断提升。护理管理人员应定期开展标准的复审及修订工作。

总之，护理质量标准是护理管理的重要依据，它不仅是衡量护理工作优劣的准则，也是护士工作的指南。建立系统的、科学的和先进的护理质量标准与评价体系，有利于提高临床护理质量，保证患者安全。

五、护理质量管理体系的运行

1. 强化组织协调 组织架构的建立和协调维护是护理质量管理体系运行的基础。把各个工作权限与岗位职责拆解分配到相应的个人或部门，并详细编制记录为体系文档，同时积极在各部门与人员之间作好协调管理，统筹安排，以保障护理质量管理体系的有效运行。

2. 加强质量意识教育 质量意识是一个企业从领导决策层到每一个员工对质量和质量工作的认识和理解的程度，这对质量行为起着极其重要的影响和制约作用。因此，除了培训专业技能，也应进行质量意识教育，提高各级护理人员对护理质量管理体系建立的目的、意义、作用和运行机制的认识，从而使他们能够尽快适应技术方法和管理手段上新的要求。

3. 健全信息回馈系统 质量管理体系的运行过程中会相应产生大量的质量信息，为了有效利用这些质量信息，为下一步决策提出依据，需要将信息分层收集、存储、分析、处理和回馈到各个层级或部门。只有健全信息回馈系统，确保信息流通迅速，处理回馈及时、准确，才能保证质量管理体系的稳定有效运行。

4. 评价与审核体系运行 审核质量体系实施过程中，需要对质量体系运行的过程和结构组织进行评价与审核。通过评审、修正或更新质量体系文件，确保质量体系科学有效运行；通过评价，可以预见可能出现的质量问题，从而进行相对应的预防，有利于提高护理质量。

5. **质量持续改进** 持续改进护理质量的目的是提高服务质量，使患者满意；质量改进的关键是科学地预见可能出现的质量问题，及时启动缺陷控制方法，预防问题的发生，防微杜渐。

第三节 护理质量管理方法

> **案例 10-3** 某医院产科第一季度共接到护理投诉12起，患者满意率仅为78%。针对上述情况，科护士长召开了护理质量小组全体成员会议，对投诉的原因进行了分析，对导致满意度下降的主要因素进行了确定，结合产科护理工作的实际情况，共同制订了相应的对策和整改措施。要求护理质量小组实时监督落实整改情况，并进行不定期的抽查，认真记录检查结果。一个月后，该科室患者满意率提高为88%，没有护理投诉。
>
> **思考**：护理质量管理的方法有哪些？

质量管理需要有一套科学合理的工作方法，即按照科学的程序和步骤进行质量管理活动。常用的护理质量管理方法有PDCA循环、追踪方法学、六西格玛管理、临床路径、品管圈（QCC）和根本原因分析（RCA）等。其中PDCA循环是护理质量管理最基本的方法。

一、PDCA循环

（一）PDCA循环概述

PDCA循环由美国质量管理专家爱德华·戴明（W.Edwards Deming）于1954年提出，又称"戴明环"（Deming cycle），包含4个阶段，即计划（plan）—实施（do）—检查（check）—处理（action）。是一种程序化、标准化、科学化的管理方式。

（二）PDCA循环的流程（图10-1）

1. **计划阶段** 第一步，分析质量现状，找出存在的质量问题。第二步，分析产生质量问题的原因、影响因素。第三步，找出影响质量的主要因素。第四步，针对影响质量的主要原因研究对策，制定相应的管理或技术措施，提出改进的行动计划，并预测实际效果。解决问题的措施应具体而明确，回答5W1H，即原因（why）、事件（what）、地点（where）、时间（when）、人员（who）、方法（how）6个方面问题。

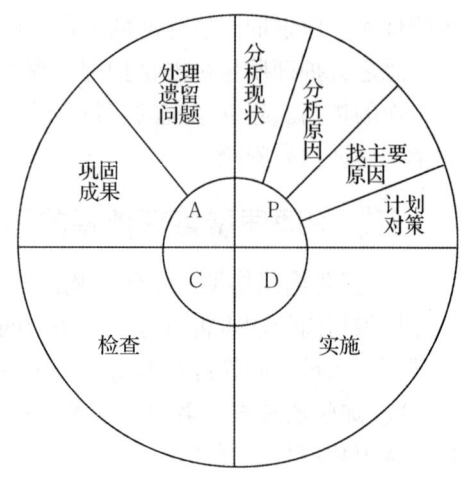

图 10-1 PDCA循环的8个步骤

2. **实施阶段** 按照预定的质量计划、目标、措施及分工要求付诸实际行动。此为PDCA循环的第五步。

3. **检查阶段** 根据计划要求，对实际执行情况进行检查。将实际效果与预计目标进行对比分析，寻找和发现计划执行中的问题并进行改进。此为PDCA循环的第六步。

4. **处置阶段** 对检查结果进行分析、评价和总结。具体分为两个步骤进行。第七步，把成果和经验纳入有关标准和规范之中，巩固已取得的成绩，防止不良结果再次发生。第八步，把没有解决的质量问题或新发现的质量问题转入下一个PDCA循环，为制订下一轮循环计划提供资料。

以上四个阶段不是运行一次就结束，而是周而复始的进行，阶梯式的上升。原有的质量问题解决了，又会产生新的问题，问题不断产生又不断被解决，PDCA循环不停地运转，这就是护理质量持续改进的过程。

（三）PDCA循环的特点

1. **系统性** PDCA循环作为科学的工作程序，在结构上循环的四个阶段是一个有机的整体，任何一个环节都不可少，这样才能取得预期效果。

2. **关联性** PDCA循环作为一种科学的管理方法，适用于各项管理工作和管理的各个环节。从循环过程看，各个循环彼此关联，相互作用，大循环是小循环的母体和依据，小循环是大循环的分解和保证（图10-2）。通过PDCA循环把各项工作有机地组织起来，达到彼此促进，持续提高的目的。

3. **递进性** PDCA循环作为一个持续改进模型，从结果看是阶梯式上升的。PDCA循环不是种简单的周而复始，也不是同一水平上的循环。每次循环，都要有新的目标，都能解决一些问题，就会使质量提高一步，然后再制定下一个循环，再运转、再提高，不断前进、不断提高（图10-2）。

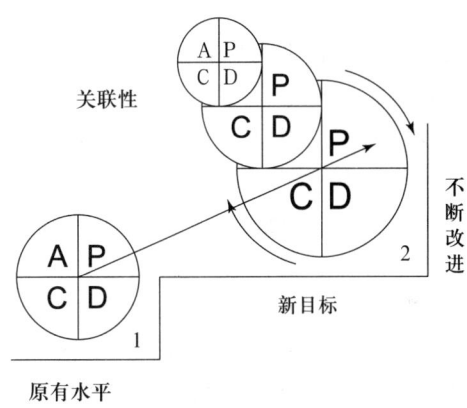

图10-2 PDCA循环的关联性与递进性

二、追踪方法学

（一）追踪方法学概述

追踪方法学（tracer methodology，TM）主要针对不良事件发生后的个人和系统两个方面寻找原因，进行补救和追踪，从而达到系统改善的目的，是近年来国际医院评审中出现的一种以患者为中心的评价方法。追踪方法学是2004年美国医疗机构评审国际联合委员会全新设计的现场调查方法之一，2006年开始应用于JCI（Joint Commission International）评价。在医院评审过程中，追踪方法学的应用能使评审专家更客观、公正、科学地评估医院满足评审标准的符合程度。

追踪方法学有个案追踪和系统追踪两种类型。

1. **个案追踪方法** 评审员跟踪单个患者的就医经历，以评价标准为准则来评价医院的表现，是对患者从就诊到出院期间所得到的照护、治疗和服务过程进行连续追踪。

2. **系统追踪方法学** 是以个体为基础，关注医疗机构中某个具体的系统或环节，评价各学科和部门间的沟通，各学科、各科室、各项目、各项服务或者各个单元之间的相互关系，以及它们提供的治疗、护理或服务的重要性。

追踪法是一种过程管理方法，是经由接受过专门培训的专家使用特殊的追查方式去检视和感受患者所接受的医疗服务质量，评价医院管理系统并考核医院整体服务，促进医疗服务质量的持续改进。与传统检查方法相比，追踪法能使检查者更客观地评估医院日常功能运行情况和流程执行情况，同时能帮助检查者识别服务流程中影响医疗服务质量的缺陷及危害患者、家属的潜在风险。

（二）追踪方法学的流程

1. **追踪法的实施步骤** 基本步骤包括三个方面：首先，检查者以面谈及查阅文件的方式，了解医院是否开展和如何进行系统性的风险管理；其次，以患者个体和个案追踪的方式，实地访查第一线工作人员以及医院各部门的医疗服务质量，了解医疗服务流程的落实程度；最后，检查者以会议形式讨论和交换检查结果，并根据发现的问题进行系统追踪，提出改进意见。

2. **追踪目标患者的选择** 追踪法的核心是"以患者为中心"，强调患者安全及医疗服务质量持续改进，无论个案追踪还是系统追踪，都涉及追踪患者的就医过程，因此，追踪目标患者的选择是实施追踪法的前提和基础，一般根据以下标准选择：①医疗机构诊治的前五大类疾病患者；②跨越多个服务项目的患者；③转院患者；④当天或第二天即将出院的患者；⑤如进行系统追踪，则选择与该系统相关的患者。

3. **追踪检查的主要内容**
（1）个案追踪的主要内容包括但不限于：①患者相关记录，包括病历、护理记录、个人信息；②直接观察患者治疗计划的制订过程、治疗过程、用药过程；③观察感染预防和控制；④观察环境对安全的影响及员工在降低风险方面的作用；⑤观察急诊管理和患者流程问题，其他辅助科室的流程问题；⑥与患者或家属交谈，核实相关问题；⑦与员工面谈；⑧必要时审核会议纪要和程序。

（2）系统追踪的主要内容包括但不限于：①评价有关环节的表现，特别是相关环节的整合与协调；②评价各职能部门和科室之间的沟通；③发现相关环节中潜在的问题；④与追踪环节相关人员讨论，获取信息。例如检验标本分析前质量控制包括医生开申请单、患者准备、护士标本采集、标本运送等多个环节，质量控制难度大，可采用系统追踪法对分析前阶段的各个环节进行追踪检查，找出关键因素和合理环节，改进和优化流程，提升分析的质量控制水平。

（三）追踪方法学的特点

1. **以"患者"视角评价医院** 追踪方法学是评价医院服务质量最为直接和真实的有效方法。评价者仅花费少量时间来检查书面形式的制度，而用超过60%的时间来询问医疗服务直接提供或监护者，评估来自不同部门员工为提供医疗服务的协作和交流情况。

2. **"灵活性"是追踪方法学的关键** 它使评价者的追踪流程或服务的范围更为宽广，进而使评审过程可以深入到一线工作人员，评估他们是如何作出决策的。评价者可以通过与员工和患者的交流、医疗记录、评价者观察三者构成的动态现场调查过程，全面描述医院的组织服务流程。在个案追踪过程中，评审专家一旦在某环节发现了问题，就会转入系统追踪，分析这些问题是某个人的问题还是系统和组织的问题。这种灵活性克服了医院弄虚作假的可能性，这正是传统医院评审方法的主要缺陷之一。

3. **注重利用信息系统和数据** 在医院评审现场调查过程中，评价者通过收集各种来源的数据，聚焦于医院的重要区域，追踪评价患者的治疗、护理、服务过程。

4. **基于科学理念设计** 追踪方法学有效但并不深奥，通过培训易于掌握，且可融会贯通应用于医院管理相关工作。

三、六西格玛管理

（一）六西格玛管理概述

西格玛（σ）是希腊文的字母，在统计学中称为标准差，用来表示数据的分散程度，以此描述总体中的个体离均值的偏离程度。六西格玛（six sigma）管理是20世纪80年代由摩托罗拉公司创立的概念和管理体系，并全力应用到公司的各个方面，从开始实施的1986年到1999年，摩托罗拉公司平均每年提高生产率12.3%，不良率只有以前的1/20。

六西格玛在统计学意义上就是六个标准差，也就是百万分之三点四，意义为每百万个事件中有 3.4 个出错的机会，即合格率是 99.99966%。西格玛值越大，错误或缺陷就越少。六西格玛是一个目标，是一个近乎于人类能够达到的最高质量水平和最完美的境界。其核心是追求零缺陷生产、防范产品责任风险、降低成本、提高市场占有率、提高顾客满意度和忠诚度。六西格玛管理既着眼于产品和服务质量，又关注过程的改进，是获得和保持企业在经营上成功并将其经营业绩最大化的体系和发展战略，也是使企业获得快速增长的经营方式。

（二）六西格玛管理的流程

1. **辨别核心流程和关键顾客**　其主要内容包括：辨别核心流程，界定业务流程的关键输出物和顾客对象，绘制核心流程图。

2. **定义顾客需求**　其主要内容包括：收集顾客数据，制定顾客反馈战略；制定绩效指标及需求说明；分析顾客各种不同的需求并对其进行排序。

3. **针对顾客需求评估当前行为绩效**　其主要内容包括：选择评估指标；对评估指标进行可操作性的界定，以避免产生误解；确定评估指标的资料来源；准备收集资料；实施绩效评估，并检测评估结果的准确性和价值所在；通过对评估结果反映出来的误差进行数量和原因方面分析，识别可能的改进机会。

4. **辨别优先次序，实施流程改进**　主要包含一个流程改进模式，即 DMANC 模式，该流程用于每一个环节的不断改善，使控制目标达到"零缺陷"水平。具体解释如下：①界定：陈述问题，确定改进目标及其进度，制订进度计划。②测量：识别并量化顾客的关键要求，收集数据，了解现有质量水平。③分析：分析数据，确定影响项目的关键变量。④改进：针对关键因素确立最佳改进方案，在分析的基础上提出并验证措施，并将措施标准化。这个步骤需不断测试以检验改善后的方案是否有效。⑤控制：确保所做的改善能够持续下去，避免错误再度发生，采取有效措施以维持改进成果。控制是六西格玛管理能长期改善品质与成本的关键。

5. **扩展、整合六西格玛管理系统**　其主要内容包括：提供连续的评估以支持改进；定义流程负责人及其相应的管理责任；实施闭环管理，不断向六西格玛绩效水平推进。

（三）六西格玛管理的特点

1. **提升组织管理能力**　六西格玛管理以数据和事实为驱动器。过去，企业对管理的理解和对管理理论的认识更多停留在口头上和书面上，而六西格玛把这一切转化为实际有效的行动。

2. **节约组织运营成本**　对于企业而言，所有的残次品要么被废弃，要么重新返工，要么在客户现场维修、调换，这些都需要花费企业成本。质量缺陷的发生率下降将有效节约组织的运行成本。

3. **增加顾客价值**　六西格玛管理促使组织从了解并满足顾客需求到实现最大利润之间的各个环节实现良性循环：首先了解和掌握顾客的需求，然后采用六西格玛管理减少随意性和降低差错率，从而提高顾客满意度，增加顾客价值。

4. **改进服务水平**　六西格玛管理不但可以用来改善产品质量，而且可以用来改善服务流程，因此对顾客的服务水平也得以提高。

5. **营造积极向上的组织文化**　实施六西格玛管理，使员工重视产品、服务质量以及顾客的要求，力求做到最好，由此形成每个人努力保证质量，不断提高效率的工作氛围，营造出积极向上的组织文化。

四、临床路径

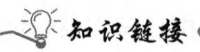

> 20世纪80年代初，美国人均医疗费用由20世纪60年代的80美元上涨到1710美元，增加了20多倍。美国政府为了遏止医疗费用不断上涨的趋势并提高卫生资源的利用率，以法律的形式实行了以耶鲁大学研究者提出的诊断相关分类为付款基础的定额预付款制（DRGS-PPS）。这一改革给医院带来了经济风险，如果医院提供的实际服务费用低于DRGS-PPS的标准费用，医院才能盈利，否则医院就会出现亏损。在这种情况下，医院为了生存，开始探索和研究低于DRGS-PPS标准费用的服务方法与模式，以保证医疗质量的持续改进和成本的有效控制。1990年，美国波士顿新英格兰医疗中心医院选择了DRGS-PPS中的某些病种，在住院期间按照预定的诊疗计划开展诊疗工作，既可缩短平均住院天数和节约费用，又可达到预期的治疗效果。此种模式提出后受到了美国医学界的高度重视，逐步得到应用和推广。后来人们将这种模式称为临床路径。

（一）临床路径概述

临床路径（clinical pathway）指由临床医师、护士及支持临床医疗服务的各专业技术人员共同合作，为服务对象针对某一疾病制定的标准化诊疗护理工作模式，以循证医学证据和指南为指导来促进治疗组织和疾病管理的方法，最终起到规范医疗行为，减少变异，降低成本，提高质量的作用。

（二）临床路径的流程

1. **准备阶段** 包括：成立临床路径实施小组；收集基础信息；分析和确定实施临床路径的病种或手术。选人原则为常见病，多发病，治疗方案相对明确、技术相对成熟、诊疗过程中变异相对较少的病种。

2. **建立路径** 制定临床路径方法主要为专家制定法、循证法和数据分析法。制定过程中需要确定流程图、纳入标准、排除标准、临床监控指标与评估指标、变异分析等相关的标准，最终形成临床路径医护和患者版本，各版本内容基本相同，但各有侧重，详略程度和适用范围有所不同。可以增进医护人员与患者的沟通，有利于患者参与监控，保证临床路径措施的落实。

3. **实施临床路径** 按照既定路径在临床医疗护理实践中落实相关措施。

4. **变异处理** 变异是指按纳入标准进入路径的个别患者偏离临床路径的情况，或沿标准临床路径接受医疗护理的过程中出现偏差的现象。对变异的管理是临床路径管理的重点，变异处理应遵循以下步骤：

（1）记录：及时、真实、简明地将变异情况记录在医护版临床路径表单中。

（2）分析：分析变异的原因并制订处理措施。

（3）报告：及时向临床路径实施小组报告变异情况及处理措施。

（4）讨论：通过讨论、查阅相关文献来探索解决和修正变异的方法。

5. **测评与持续改进** 评估指标可分为以下5种：年度评估指标（平均住院天数及费用等）、质量评估指标（并发症与再住院率等）、差异度评估指标（医疗资源运用情况等）、临床成果评估指标（降低平均住院天数、降低每人次的住院费用、降低资源利用率等）及患者满意度评价指标（医生护士的诊疗技术、等待时间、诊疗环境等）。临床路径实施过程中，根据PDCA循环的原理，借鉴国内外最新进展，结合本医院的实际，定期对实施过程中遇到的问题及时修改、补充和完善。

(三)临床路径的特点

临床路径的执行过程中涉及医生、护士及整个医疗团队。在临床路径管理模式下,医护关系发生了根本的变化,由从属配合关系变为平等合作关系,护士成为执行临床路径团队的核心成员之一,护理在临床路径中的作用与地位是不容忽视的。在执行临床路径过程中,护理活动可归纳为监测评估、检验、给药、治疗、活动、饮食、排泄护理、健康教育、护理指导、出院计划、评价等项目。

五、品管圈

(一)品管圈的含义

品管圈(quality control circle,QCC)亦称持续质量改善小组、质量控制圈、质量小组等,由日本石川馨(Kaoru Ishikawa)博士于1962年所创,是指由同一个工作场所的人员,为了解决质量问题或突破工作绩效,自动自发地结成一个小组(圈),然后分工合作,解决工作场所的障碍问题,持续改善质量与业绩的活动。

(二)品管圈的活动目的

品管圈活动过程就是理性理解问题程序的引申,以往的管理方式大多由上而下、指示命令,而通过品管圈活动,基层人员共同拟定解决对策,达成共同解决组织问题的主要目标。品管圈活动的目的有以下五点。

1. 增加发现问题的能力 通过品管圈,增加员工自主发现工作中大大小小问题的能力,能发现上级无法发现的需改善问题。

2. 提升组织解决问题的能力 配合各种改善手法、专业知识训练,提升品管圈成员能力,进而积累组织内众多品管圈的能力,增强组织解决问题的能力。

3. 使管理活动由"点"至"面" 通过品管圈活动,可让许多小改善累计成大改善,使组织获得许多有形的改善效益,且让单位与其他部门间联系、沟通与学习、合作,使管理活动由浅入深、由点至面,此亦有利于学习型组织的建设。

4. 使全体组织上下一体、团结和谐 参与品管圈的成员包括第一线员工、管理阶层等,通过各阶段活动让全体员工紧密结合、团结合作,建立组织整体概念,并借以提高工作现场管理水平以及员工团队士气。

5. 创建尊重人性的组织环境 根据著名管理学者马斯洛提出的需求层次管理,通过品管圈活动的团队互动,可满足第三层次以上的社会需求。因此,组织在满足员工对生理及安全的需求下,品管圈活动将更有效推动、提高员工品质意识与解决问题的能力,进而改善工作质量、追求自我提升,且为组织降低成本。

(三)品管圈的流程

1. 组圈 根据同一部门或工作性质相关联、同一班次原则,组成品管圈;选出圈长;以民主方式决定圈名、圈徽。

2. 活动主题选定 结合部门工作目标,采用头脑风暴法,每位成员提出2~3个问题点,以民主投票方式产生活动主题。

3. 制订活动计划 使用甘特图制订活动计划及进度表,并决定适合每一个圈员的职责和工作分工。

4. 现状调查 把现行工作进行归纳总结,绘制成流程图;总结检查表收集现况与标准的差距,制作成Pareto图直观反映,找出影响问题点的关键项目。

5. 目标设定 从实际出发,根据现况值、改善重点、圈能力设置目标值。

6. 原因分析 运用头脑风暴法展开特性要因分析,找出影响的主要因素。

7. 对策制定 根据5W1H原则针对主要影响因素讨论具体对策。

8. **对策实施及改进** 按照 PDCA 循环实施对策，及时发现问题并持续改进。

9. **效果确认** 使用查检表、推移图、层别图、Pareto 图等分析比较 QCC 开展前后的有形成果；使用雷达图展示无形成果。

10. **标准化** 把品管圈有效对策纳入公司或部门标准化体系中。

11. **总结与改进** 总结优点，分析缺点及今后努力方向。

12. **成果发表** 可通过书写论文、编写著作或申请专利等方式分享 QCC 成果。

（四）品管圈的特点

品管圈的特点是强调参加人员领导、技术人员、员工三者结合，发挥员工的脑力，将大脑"联网"，创造愉悦的工作环境；强调自我启发，自我检讨，自主管理，解决自己工作现场的问题。现代的 QCC 管理内容和目标突破了原有的质量管理范围，向着更高的技术、工艺、管理方面扩展，改善企业运作。

六、根本原因分析

（一）根本原因分析概述

根本原因分析（root cause analysis，RCA）是一种回溯性医疗事件分析工具，其对已发生的不良事件进行分析，找出系统中的根本原因，并改善流程，以减少同类事件的发生。RCA 是一项结构化的问题处理法，用以逐步找出问题的根本原因并加以解决，而不是仅仅关注问题的表征。RCA 是一个系统化的问题处理过程，包括确定和分析问题原因，找出问题解决办法，并制定问题预防措施。

> **知识链接**
>
> RCA 的理论基础来自于 1990 年 J.Reason 提出的瑞士乳酪理论（Swiss cheese model），即系统可以看成是一个多层的瑞士乳酪，每一层乳酪代表一个环节，也就是一道防线，上面散布着大小不一的洞，表示该环节的漏洞（即潜在失误），光线能够穿过多层乳酪上的洞，意味着在一系列潜在失误的共同作用下，最后导致不良事件的发生。
>
> RCA 的运用开始于美国海军核部门，1979 年三里岛核反应堆熔化及随之而来的国家实验室对核反应堆操作研究的审查，促使 RCA 在核工业及政府核武器研究领域得到广泛应用。经过 30 年的发展，RCA 已广泛应用在核电、化工、煤矿、电力、制造等行业，被证明是非常适用有效的事故分析方法。RCA 提倡建立"持续改进"的企业文化，有效促进了企业内部对话与团队协作。

（二）根本原因分析的流程

1. **组建 RCA 小组** 在执行 RCA 之前，应该组建一支包括经过培训的根本原因分析调查员、事故相关领域专业人员、维修员或操作员的调查小组。组长组织 RCA 小组学习护理不良事件、根本原因分析法等相关理论知识。RCA 小组成员负责收集资料并分析其产生原因，制定对策并实施。

2. **确定问题** RCA 的执行质量取决于确定问题的质量。当问题被准确地确定时，RCA 才能被成功地执行。一个好的问题陈述应该是简洁易懂的。

3. **资料收集** 收集数据和信息的目的是量化和确定事故或故障。环境数据、现场照片、目击者证词等都应该被收集并记录。数据和信息收集完成后，对于事故应该有宏观的认识。资料收集包括查阅相关病历、保存记录及访谈当事医护人员；访谈内容包括发生的时间、地点、经过、工作流程等，尽可能真实地还原事件过程。资料收集汇总后，RCA 小组成员进行根本原因分析。

4. 确定事件顺序 事故都是由一系列事件产生的。RCA 调查员需组织分析收集到的数据、信息，找到事故或故障发生的事件顺序。

5. 确定原因 在 RCA 的过程中，使用收集到的数据、信息，建立因果链，确定直接原因和根本原因。直接原因是因果链中的第一项，即直接导致事故或故障的原因。根本原因是事故产生的最基础的原因，消除根本原因就能够避免事故的发生。

6. 确定改正或预防措施 确定根本原因后，需要确认改正或预防措施，以此消除已经确定的根本原因，防止事故的重复发生。

（三）根本原因分析的特点

在组织管理领域内，RCA 能够帮助利益相关者发现组织问题的症结，并找出根本性的解决方案。RCA 必须利用分析人员的知识，同时防止他们的偏见控制调查方向。分析小组应包括专家和不了解被调查过程的人员。RCA 必须描述事实，以明确因果关系并验证事实间的因果关系。通过实施针对 RCA 的纠正措施，可以使问题再次发生的可能性最小化。然而通过单一干预阻止再次发生并非总是可行，因此，RCA 往往是一个反复的过程，而且常常作为一种不断改进的工具。

第四节　护理质量评价

> **案例 10-4**　某医院护理部每月在护理质量检查中，按照标准认真检查护理质量，如病房管理是否整齐、物品存放是否到位、各种记录本是否按时登记，并将检查结果与奖金挂钩。但是一年又一年过去了，存在的问题仍然存在，质量检查失去了其意义，护理人员的积极性也受到了打击。
>
> 思考：1. 本案例中护理质量评价存在哪些问题？
> 　　　2. 如何使广大护理人员积极参与护理质量管理？

护理质量评价可以客观地反映护理质量和效果，分析发生问题的原因，寻找改进的机会，进行持续改进，不断提高护理质量。因此，护理质量评价是护理质量管理的重要手段，贯穿于护理过程的始终，是一项系统工程。

一、护理质量评价的内容与指标

（一）护理质量评价的内容

护理质量评价的内容主要分为要素质量评价、过程质量评价和终末质量评价三大类。

1. 要素质量评价　是以构成护理服务要素质量基本内容的各个方面为导向所进行的评价。护理要素质量评价的基本内容包括与护理活动相关的组织结构、物质设施、资源和仪器设备及护士的素质等。

具体表现为：①环境：病房结构布局是否合理，患者所处环境的质量是否安全、清洁、舒适，温度、湿度等情况；②护理人员的工作安排、人员素质和业务技术水平是否合乎标准，是否选择恰当的护理工作方法，管理者的组织协调是否合理等；③与护理工作相关的器械、设备的使用和维护：器械、设备是否处于正常的工作状态，包括药品、物品基数及保持情况；④患者情况：护士是否掌握患者的病情，制订的护理计划和采取的护理措施是否有效，患者的生

下载资源：

护考考点：医院常用的护理质量标准——护理质量标准体系结构

理、心理、社会的健康是否得到照顾；⑤护理文书是否完整，医院规章制度是否落实，后勤保障工作是否到位等。以要素质量为导向的评价方法有现场检查、考核，问卷调查，查阅资料等。

2. 过程质量评价　在过程质量中强调协调的医疗服务体系能保障提供连贯医疗服务。连贯医疗服务主要指急诊与入院的衔接、诊断与治疗的衔接、诊疗程序的衔接、科室之间的衔接、医院与小区衔接。过程质量评价可以用于评价护士行为活动过程是否达到质量要求，也可按护理工作的功能和护理程序评价。

具体表现为：①护理管理方面：护士配置是否可以获得最大价值的护理工作效益；排班是否既能满足患者的需求，又有利于护士的健康和护理工作的安全有效执行；护理操作流程是否简化且使得患者、护士、部门和医院均受益。②护理服务方面：接待患者是否热情，患者安置是否妥当及时，入院及出院介绍是否详细，住院过程中是否能做到主动沟通。③护理技术方面：急救流程、操作流程、药品配制流程、健康教育流程等是否合理。④护理成本方面：病房固定物资耗损情况、水电消耗、一次性物品等护理耗材使用情况等。以过程质量为导向的评价方法主要为现场检查、考核和资料分析。包括定性的评价内容和各种用于定量分析的相关经济指标、护理管理过程评测指标及其指标值。

3. 终末质量评价　是对护理服务的最终结果的评价。是指患者所得到的护理效果的综合质量，主要是从患者角度进行评价。常采用以下指标：如住院患者的院内患者压力性损伤发生率、住院患者跌倒发生率、非计划性拔管发生率、健康教育普及率、静脉输液穿刺成功率、护理不良事件发生数、抢救成功率、患者对护理工作满意度、患者投诉数、护患纠纷发生次数等。其中，绝大部分评价属于事后评价或后馈控制，由护理管理部门进行评价；而患者满意度指标，则是对护理质量最直接的，也是较为客观的评价。满意度评价的内容可以包括：护士医德医风、工作态度和服务态度、技术水平、护患沟通、满足患者生活需要、健康教育（即入院宣教、检查和手术前后宣教、疾病知识、药物知识宣教、出院指导）、病区环境管理、护士长管理水平等各方面。终末质量评价方法主要为现场检查、考核，问卷调查和资料分析；也可以通过医院信息系统（hospital information system，HIS）、新媒体形式提取相关数据。

（二）护理质量评价指标

护理质量评价指标是反映护理质量在一定时间和条件下结构、过程、结果等的概念和数值。护理质量评价的指标一般分为护理工作质量指标和护理工作效率指标两类。

1. 护理工作质量指标　这类指标主要反映临床护理工作质量。如护士培训率、护理技术操作合格率、危重患者护理合格率、基础护理合格率、急救物品完好率、护理文件书写合格率、护理不良事件发生数、压力性损伤发生次数等。还包括一些反映患者最终得到护理效果的评价指标，如患者满意度、健康教育知晓率、医院感染发生率、社会对医疗服务的满意率等。

2. 护理工作效率指标　这类指标主要反映护理工作数量，是表明负荷程度的。大体包括：护士人数、病房床位与病房护士比、收治患者数、病床使用率、病床周转次数。重症护理人均数及重症护理率、抢救患者人数及抢救成功率、卫生宣教人次数、健康教育覆盖率等。这些评价指标体系遵循"质量优先，兼顾效率"的原则。

二、护理质量评价的形式与方法

（一）护理质量评价的形式

1. 根据评价内容分类

（1）全面检查评价：是对护理活动的全过程进行全面分析评价。即对护理工作的各个方面进行整体情况的检查，找出普遍性问题及需要不断改进的地方，为进一步修订质量标准指明方向。

（2）专题检查评价：是对护理工作中的某个单项进行详细的评价，如护理技术操作、护理记录等。其特点是在短时间内详细分析评价，发现问题，及时提出解决方法，采取措施进行修正。

2. 根据评价时间分类

（1）定期评价：分为综合性全面定期检查评价和专题对口定期检查评价两种。前者可按月、季度或半年、一年进行，由护理部统一组织安排进行全面检查评价，但要注意掌握重点单位及重点问题；后者则根据每个时期的薄弱环节，组织对某个专题项目进行检查评价，时间可根据任务内容而定，由质量管理人员按质量标准定期检查。

（2）不定期评价：主要指各级护理管理人员、质量管理人员深入实际，随时遵照护理质量标准要求进行检查评价。

3. 根据评价主体不同分类 可划分为医院外部评价、上级评价、同级评价、自我评价和服务对象评价。

（二）护理质量评价的方法

1. 院内评价 我国大多数医院护理质量评价多采用以下三种形式：

（1）逐级评价：护理部、科护士长、护士长三级质控组织，构成医院护理质量监控网络，按照护理质量标准，逐级定期（按月、季度、年度）或不定期进行质量评价。

（2）质量控制组评价：质量控制组可为常设或临时机构，一般由具有较高业务水平和丰富管理经验的护理人员组成。每小组3~5人，可分片（内、外、妇、儿、门急诊）或分项（基础护理、护理分级、护理安全、优质护理、消毒隔离、护士长考核等）对照护理质量标准，定期或不定期地进行质量评价。

（3）护理质量安全与管理委员会评价：委员会由护理专家组成，针对高风险、高频率、重大的护理质量问题进行专项督察，以保证关键环节的质量。

2. 院外评价

（1）医院质量评审委员会评价：指由卫生行政部门组织的对各级医院的功能、任务、水平、质量和管理进行的综合评价，是院外评价的主要形式。如医院分级管理评审由卫生行政部门组织有关专家按照评审标准，每3~4年对各级医院进行质量评价，并根据评价的结果评出相应的等级医院。

（2）新闻媒介的评价：又称社会舆论评价，是一种不规范的院外评价方式。目前各医院主要采用聘任医德、医风监督员的方式获得对医院评价的信息反馈。

（3）患者评价：患者是服务结果的直接受益者，对服务质量最有评价权。目前各卫生主管部门和医院多采用不记名电话专人随访形式，收集出院患者的多项满意度评价。

三、护理质量评价结果分析

护理质量评价结果的直接表现形式主要是各种数据，但这些数据必须经过统计分析后，才能用于护理质量评价结果的判断。护理质量评价结果的分析方法较多，可根据收集数据的特性采用不同的方法进行分析。常用的方法有定性分析法和定量分析法两种。定性分析法包括调查表法、分层法、水平对比法、流程图法、亲和图法、头脑风暴法、因果分析图法、树图法和对策图法等。定量分析法包括排列图法、直方图法和散点图的相关分析等。

（一）调查表法

调查表是用于系统收集、整理分析数据的统计表，具有便于阅读、易于分析、比较的优点。统计表的标题位置在表格的最上方，应包括时间、地点和所要表达的主要内容，通常有查检表、数据表和统计分析表等。如以某医院住院患者对护士工作的满意度调查为例，分析绘制统计表如表10-1。

表 10-1　某医院 2016 年第一季度住院患者对护理工作不满意项目

不满意项目	频数	频率（%）	累计频率（%）
基础护理不落实	48	50.53	50.53
健康教育不到位	28	29.47	80.00
病房环境卫生差	10	10.53	90.53
护士穿刺技术差	4	4.21	94.74
护士服务态度不佳	3	3.16	97.90
其他	2	2.10	100.00
合计	95	100.00	—

（二）排列图法

排列图法又称主次因素分析法、帕累托图（Pareto chart）法。它是找出影响产品质量主要因素的一种简单而有效的图表方法。排列图是根据"关键的少数和次要的多数"的原理而制作的，也就是将影响质量的众多影响因素按其对质量影响程度的大小，用直方图形顺序排列，从而找出主要因素。

其结构是由两个纵坐标和一个横坐标，若干个直方形和一条曲线构成。左侧纵坐标表示不合格项目出现的频数，右侧纵坐标表示不合格项目出现的百分比，横坐标表示影响质量的各种因素，按影响大小顺序排列，直方形高度表示相应因素的影响程度，曲线表示累计频率，也称帕累托曲线（Pareto graph）。

排列图的作用：①确定影响质量的主要因素。通常按累计百分比将影响因素分为 3 类：累计百分比在 80% 以内为 A 类因素，即主要因素；累计百分比在 80%~90% 为 B 类因素，即次要因素；累计百分比在 90%~100% 为 C 类因素，即一般因素。由于 A 类因素已包含 80% 存在的问题，将这部分问题解决，大部分质量问题就得到了解决。②确定采取措施的顺序。③动态排列图可评价采取措施的效果。

为了方便理解，下面举实例进一步说明。如某医院对 2015—2016 住院患者 145 起投诉原因进行统计（表 10-2）。

表 10-2　某医院 2015—2016 住院患者投诉原因

投诉原因	频数	百分比（%）	累计百分比（%）
服务态度差	66	45.5	45.5
病室环境不安静	53	36.6	82.00
护士穿刺技术差	11	7.6	89.6
收费不合理	5	3.4	93.0
治疗不及时	3	2.1	95.1
液体渗漏	3	2.1	97.2
其他	4	2.8	100.00
合计	145	100.00	—

根据表 10-2 中的数据，制作排列图（图 10-3）。从图 10-3 可以看出，145 起住院患者投诉原因主要是服务态度差、病室环境不安静，此两项累计的百分比为 82.00%，属于 A 类因素，故一旦这些问题得到纠正，大部分质量问题即可消除。

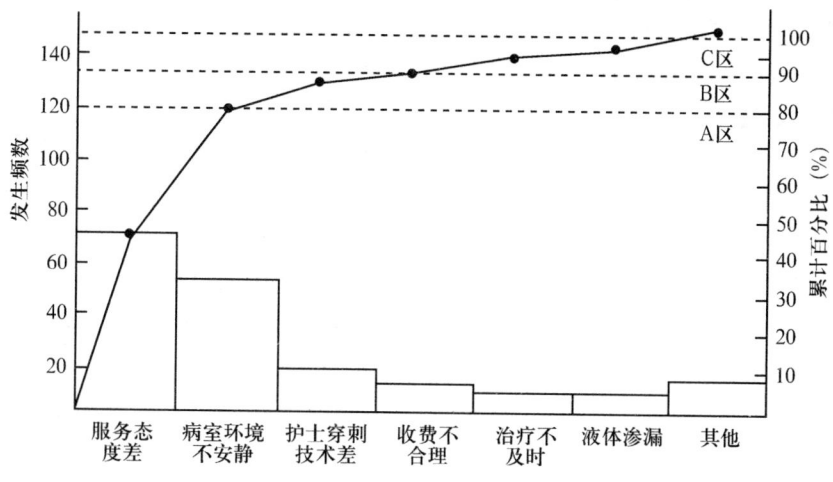

图 10-3　某医院 2015—2016 住院患者投诉原因

（三）因果分析图法

因果分析图法是分析和表示某一结果（或现象）与其原因之间关系的一种工具。通过分层次列出各种可能的原因，帮助人们识别与某种结果有关的真正原因，特别是关键原因，进而寻找解决问题的措施。因果分析图因其形状像鱼刺，故又称鱼骨图，包括"原因"和"结果"两个部分，原因部分又根据对质量问题造成影响的大小分大原因、中原因、小原因。

其制作步骤是：①明确要解决的质量问题；②召开专家及有关人员的质量分析会，针对要解决的问题找出各种影响因素；③管理人员将影响质量的因素按大、中、小分类，依次用大小箭头标出；④判断真正影响质量的主要原因。例如某医院护理部分析手术感染率增加与护理工作的关系，找出各种原因，做出因果分析图，如图 10-4 所示。

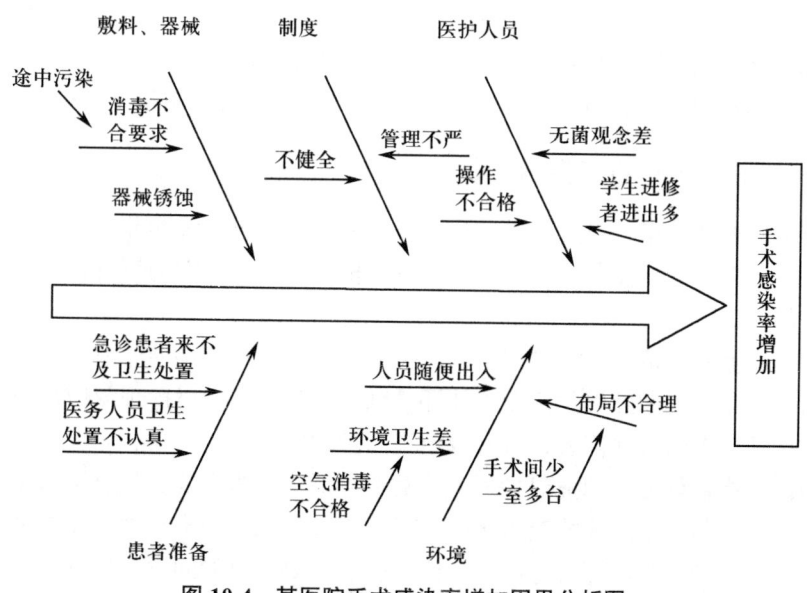

图 10-4　某医院手术感染率增加因果分析图

(四)直方图法

直方图又称频数直方图,用来整理数据。将质量管理中收集的一大部分数据,按一定要求进行处理,逐一构成直方图,然后对其排列,可从中找出质量变化规律。直方图法是预测质量好坏的一种常用的质量统计方法,如图10-3所示。

绘图步骤:①先画纵坐标,表示频率;②横坐标表示质量特性;③以组距为底,画出各组的直方图;④标上图名及必要数据。

(五)控制图法

控制图又称管理图,是一种带有控制界限的图表,用于区分质量波动是由偶然因素还是系统因素引起的统计工具。

控制图的结构:纵坐标表示目标值,横坐标表示时间,画出3~5条线,即中心线、上下控制线、上下警戒线。当质量数据呈正态分布时,统计量中位线(以均值 $Mean$ 表示)、上下控制线($Mean \pm 2S$,S 表示标准差),上下警戒线($Mean \pm S$),如图10-5所示。

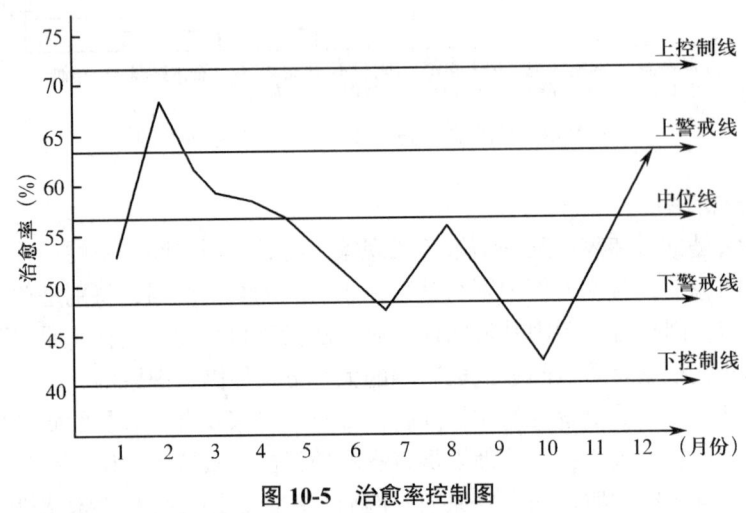

图10-5 治愈率控制图

应用控制图的注意事项:当本图用于治愈率、合格率时,指标在 $Mean \pm S$ 以上说明计划完成良好;在病床使用率超过上控制线时,说明工作负荷过重,应查找原因予以控制。当用于护理不良事件发生率时,指标在 $Mean \pm S$ 以下表明控制良好,一旦靠近警戒线时应引起高度重视。控制图法贯彻于护理工作全过程,对于检查护理工作质量是否稳定有重要作用。

四、护理质量评价的注意事项

1. 积累资料,标准恰当 通过积累完整、准确的有关资料,既能节省时间、便于查找,又可成为促进评价准确性的必要条件。在护理质量评价过程中,制定的评价标准应恰当准确,评价方法科学适用。

2. 防止偏向,重视反馈 评价过程中,评价人员易产生宽容偏向。或对近期发生的错误比较重视,或易忽略某些远期发生的错误,使评价结果发生偏向,对此现象应加以克服。评价结果应及时、正确地反馈给被评价者,可有效地提高护理质量。

3. 加强训练,提高能力 加强对护理人员的指导训练尤为重要,只有平时做到按标准提供优质护理服务,检查与评价时才能获得优秀结果。为增进评价的准确性,需提高评价人员的能力;必要时应进行培训,学习评价标准、方法,明确需要注意的问题,使其树立正确的评价动机,以确保评价结果的准确性和客观性。

本章小结

本章从介绍质量管理的基本概念出发,讲解了护理质量管理的概念、任务、原则,重点介绍了护理质量管理的方法和护理质量评价,充分阐明了护理质量管理是护理工作的重中之重。在护理质量管理过程中,护理管理者必须建立完善的护理质量管理体系,明确护理质量管理任务,遵循护理质量管理原则,制定科学的护理质量管理标准,合理运用护理质量管理和评价方法对护理质量进行全面而有效的管理和持续的改进。

思维导图

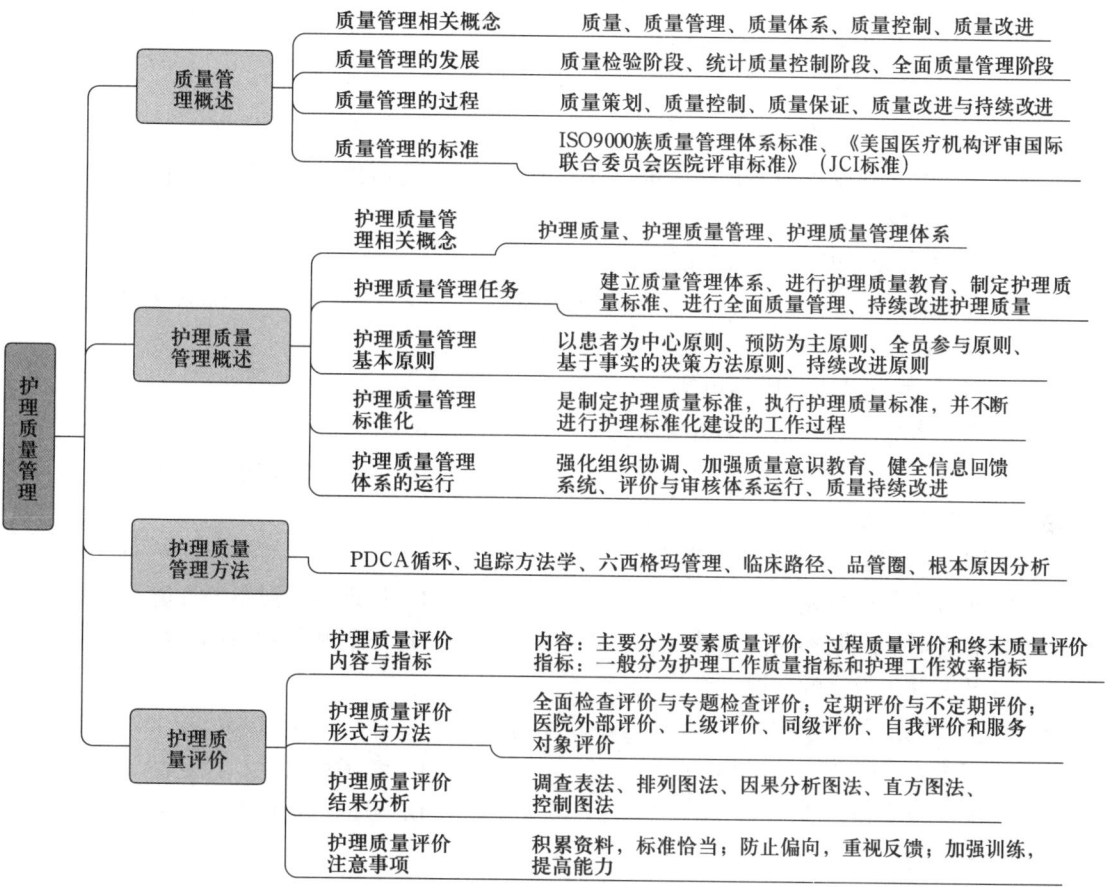

实践活动

1. 活动内容　组织学生开展护理质量管理情景剧表演。
2. 活动目标　加深学生掌握护理质量管理方法运用的技巧。
3. 活动方法

（1）教师提前布置作业，学生通过查阅资料等方式收集护理质量管理方法临床应用的相关情景剧资料。

（2）学生分组课后进行角色扮演、情景剧表演，并拍摄视频。

（3）课上进行视频展示。教师组织学生针对视频中的案例进行组内讨论、提问和评价。

（4）最后，教师进行总评。

自测题

一、选择题

A1/A2 型题

1. 质量概念涵盖的对象是
   A. 产品　　　　　　　　　　B. 服务　　　　　　　　　　C. 过程
   D. 一切可单独描述和研究的事物　　　　　　　　　　E. 人

2. 六西格玛管理的特征不包括
   A. 以顾客为关注焦点　　　　　　　　B. 注重数据和事实
   C. 重视产品和流程的突破性质量改进　　D. 有预见的积极主动管理
   E. 倡导有限合作

3. 在 PDCA 循环法中，P 阶段又指
   A. 计划阶段　　　　　　　　B. 实施阶段　　　　　　　　C. 检查阶段
   D. 处置阶段　　　　　　　　E. 处理阶段

4. 护理质量管理基本原则不包括
   A. 以患者为中心原则、全员参与原则　　B. 预防为主原则
   C. 基于事实的决策方法原则　　　　　　D. 应与现实相适应原则
   E. 持续改进原则

5. 属于临床护理活动终末质量评价的是
   A. 护理人员的数量　　　　　　　　B. 护理器械设备的性能
   C. 患者对护理服务的满意度　　　　D. 开展整体护理的情况
   E. 开展健康教育的情况

6. 拟定护理技术质量标准，下列说法不妥的是
   A. 考虑科学性　　　　　　　　B. 考虑严肃性、稳定性
   C. 应与现实相适应　　　　　　D. 考虑可衡量性
   E. 考虑先进性

7. 护理管理的核心是
   A. 人本管理　　　　　　　　B. 技术管理　　　　　　　　C. 经济管理
   D. 物质管理　　　　　　　　E. 质量管理

8. 品管圈的活动目的不包括
   A. 增加发现问题的能力
   B. 提升组织解决问题的能力
   C. 使管理活动由"点"至"面"
   D. 使组织上下分级、各司其职
   E. 创建尊重人性的组织环境

9. 排列图通常按累计百分比将影响因素分为 A、B、C 三类，其中 A 类因素的累计百分比在
   A. 0%~75%
   B. 0%~80%
   C. 80%~90%
   D. 90%~100%
   E. 80%~100%
10. 护理工作效率指标主要是反映护理工作数量，如
   A. 一级护理人数
   B. 护理技术操作合格率
   C. 特护及一级护理合格率
   D. 护理文件书写合格率
   E. 急救物品完好率
11. 器械、设备是否处于正常的工作状态，在护理质量管理中属于
   A. 要素质量
   B. 环节质量
   C. 过程质量
   D. 终末质量
   E. 管理质量

A3/A4 型题

（12～13 题共用题干）

护理质量评价是护理质量管理中的重要环节，指标及指标体系是管理科学的产物，也是进行质量管理最基本、最重要的手段。

12. 下列属于环节质量的是
    A. 一级护理合格率
    B. 消毒隔离合格率
    C. 急救物品准备完好率
    D. 陪护率
    E. 出院患者满意度
13. 属于终末质量评价的是
    A. 出院患者满意度
    B. 一人一针一管执行率
    C. 护理操作技术合格率
    D. 护理文件书写合格率
    E. 一级护理合格率

（14～15 题共用题干）

近一个月来，某医院心内科病区护士长向护理部报告了多起口服药物相关的护理不良事件，如：患者忘记或未按规定时间服用口服药、服错药、药品遗失等。针对此问题，病区护士长以漏服药为例，从患者、护士、运道、药房、药物 5 个角度进行原因解析，找出主要原因；并针对漏服药问题，提出了改进措施。

14. 病区护士长以漏服药为例，从患者、护士、运道、药房、药物 5 个角度进行原因解析，找出主要原因。这属于 PDCA 的
    A. 计划阶段
    B. 实施阶段
    C. 检查阶段
    D. 处理阶段
    E. 总结阶段
15. 病区护士长针对漏服药问题提出了改进措施，这属于 PDCA 步骤中的
    A. 分析现状
    B. 分析原因
    C. 找主要原因
    D. 计划对策
    E. 实施

二、简答题

1. 护理质量管理的原则有哪些？
2. PDCA 循环管理的特点有哪些？
3. 试述 PDCA 循环管理步骤与方法。
4. 护理质量管理的方法有哪些？

5. 简述制定护理质量标准的原则。
6. 简述护理质量评价方法。

三、案例分析

在护理质量管理评价中，经常会用到管理工具应用，以下是两个护理质量管理工具图。

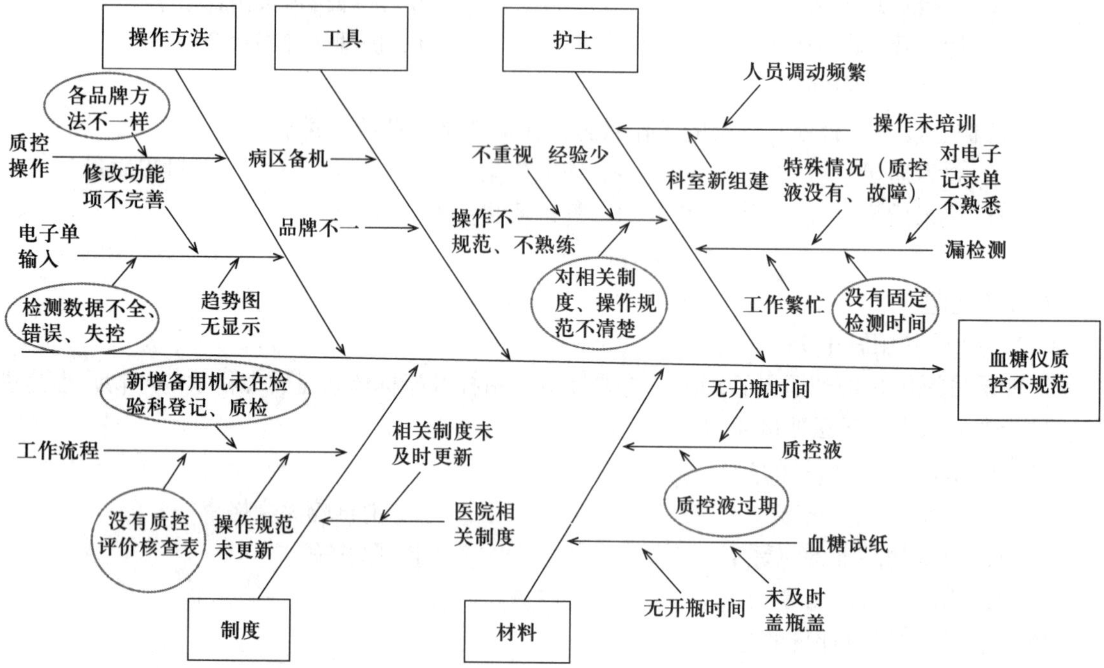

图 1

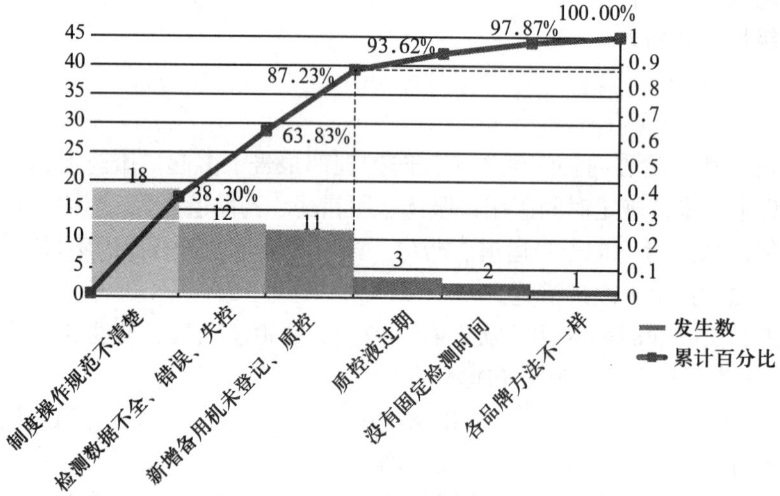

图 2

下载资源：
第十章案例分析
参考答案

思考：1. 图1、图2各是什么管理工具图？
2. 图1进行真因验证的方法是什么？得出的真因是否正确？
3. 图2检验真因、剔除伪真因所采取的原则是什么？目前该血糖仪质控面临的主要问题是什么？

（王雪菲）

第十一章 护 理 服 务

学习目标

1. 识记：复述优质护理服务的概念和内容；描述优质护理服务的特点和目标。
2. 理解：了解护理服务与护理服务需求的概念；归纳护理服务的分类和特质，护理服务需求的分类；理解护理服务与满意度的关系。
3. 运用：树立优质护理服务理念，根据临床护理实际，践行优质护理服务；尝试开展护理服务创新。

名人名言

> 护士必需有一颗同情心和一双愿意工作的手。
> ——［英］弗洛伦斯·南丁格尔（Florence Nightingale），近代护理事业创始人
>
> 倘使有两个病情相仿的人，一个得到温情的安慰，有关切他生死存亡的人照顾，一个是由职业的看护服侍，那么一定是后者不治而前者得救。这是人与人之间不由自主的交感作用；医生不愿意承认这一点，以为患者得救是由于服侍周到，由于严格听从医生的嘱咐；可是做母亲的都知道，持久的愿望的确有起死回生之力。
> ——［法］奥诺雷·德·巴尔扎克（Honoré de Balzac），现代法国小说之父

人类生活在社会中，就是处于一个大的社会系统中，需要相互依存和相互服务。服务是以提供劳动的形式满足他人的需要，并使他人从中受益的一种有偿或者无偿的行为。服务无处不在，任何工作的本质都是服务。如今，服务已经成为整个社会不可或缺的人际关系的基础。护理贯穿于人的生老病死的全过程，是一门科学和艺术，更是一种服务。护理服务的优劣直接影响着医疗机构工作运行的效率与质量。

第一节 护理服务概述

> **案例 11-1**　某市一所三级甲等医院导诊台,来了一位怀孕 8 个月的孕妇张某,手上还牵着一名约 5 岁的小男孩,张某:"医生让我留取尿标本,请问卫生间在哪里?"导诊护士小王回答:"你好,走廊直走到尽头,右手边就是女厕所。"张某刚要转身离开,小王又叫住她,因为小王考虑到张某怀孕行动不便,还带着小男孩,于是就主动提出陪张某到卫生间,正确指导其留取尿标本,并在外面陪小男孩等候。张某留取尿标本后,小王又叮嘱张某母子在候诊室等候,自己帮其把标本送到检验室。张某感激地对小王说:"你们医院的护理服务真好!"
>
> **思考:**什么是护理服务?

一、护理服务的概念及分类

(一)护理服务的概念

护理服务(nursing service)是指具有一定护理知识、技能和经验的护理工作者,借助各种资源向服务对象提供的满足生理或心理需要、提高社会适应能力、维护和增强健康水平的各种服务。

护理服务的对象是人,现代护理服务理念是以服务对象为中心,以安全、健康和需求为出发点和落脚点,在医疗服务过程中提供精神、文化、情感的服务,使尊重、关爱、服务、方便服务对象的人文精神在医疗服务的过程中得到体现。

(二)护理服务的分类

1. 根据服务对象需求分类

(1)基本服务:指必须具备的、理所当然的服务。缺乏基本服务,会使服务对象很不满意;具备基本服务,也只能基本消除服务对象的不满。

(2)期望服务:指要求提供更舒适、更便捷、更优秀的服务。期望服务满足越多,服务对象越满意;没有具备期望服务时,会让服务对象感到不满意。

(3)愉悦服务:指要求提供让服务对象出乎意料、感到惊喜的服务。没有愉悦服务,且为无关紧要时,服务对象感到无所谓;具备愉悦服务,且为服务对象所需要时,服务对象就会非常满意,从而提高其忠诚度。

2. 根据软、硬件情况分类

(1)硬件服务:指提供优美舒适的环境、先进的设备和良好的后勤保障等。

(2)软件服务:指先进的组织文化、良好的品牌声誉、高素质的人员、精湛的技术、充足的信息以及优质服务等。

3. 根据工作范围分类

(1)门诊护理服务:指服务对象来门诊就诊至诊疗结束的过程中,护理人员对其提供的护理服务,护理服务的好坏对塑造良好的组织形象起到至关重要的作用。

(2)住院护理服务:指护理人员对住院患者所提供的 24 小时连续性服务。一般分为基础护理服务和专业治疗服务。

4. 根据服务形态分类

(1)显性服务:用感官觉察得到的和构成服务基本或本质特性的利益,包括为服务对象提供输液、输血、注射、生活护理服务等。

（2）隐性服务：服务对象能感受到服务带来的精神上的收获，包括为服务对象提供心理护理、健康教育等。

5. **根据服务范围分类**

（1）院内护理服务：指在医院内向服务对象提供的护理服务。

（2）院外护理服务：指延伸到医院外的护理服务，如社区护理、家庭护理、社区康复等。

二、护理服务的特质

（一）无形性

服务是无形的，护理人员在提供护理服务的过程中，通常需要将这种无形转变为有形，通过实物表现出来，如简明的导医标识、候诊厅电视机及饮水机的配置、卫生间的防滑地板及扶手的设计、床帘的设计与应用等。

（二）差异性

服务的差异性一般由服务提供者、服务消费者以及两者之间相互作用三方面共同决定。实践证实：护理服务只有在非常和谐的环境和氛围中才能很好实现。如一位心情愉悦的护士准备去给一位患者做健康教育，正好碰上该患者因其他原因情绪极为低落，那么此时健康教育的效果就会受到影响，与其他患者的健康教育效果产生质量上的差异。

（三）不可储存性

不管在时间还是空间上，服务不能像实体产品那样储存。要克服服务的不可储存性给工作带来的影响，就要尽可能实现服务供给与服务需求的平衡。如急诊科在救治成批伤病员时，护理管理者提前制定护理应急预案、成立急救小组并训练有素，保持急救设施处于完备状态，使救护工作高效而有序。

（四）不可分离性

服务的提供与消费具有同步性，两者相互依存，同时发生，同时结束。护理服务必须依靠服务对象的配合来实现。如为患者做饮食健康教育时，倘若患者拒绝配合，这项服务将无法进行。

（五）广泛性与复杂性

护理服务对象是人，人具有自然属性，必然会经过生老病死的过程，不可避免地需要医疗护理服务。而人又具有社会属性，无论种族、性别、年龄、国籍、贫富等，必然有医疗护理的需求。护理服务对象的广泛性与复杂性要求护理人员应当为不同服务对象提供不同的服务，满足人们个性化、差异化、特殊化、层次化的护理服务需求。

三、护理服务标准

（一）服务标准的概念

服务标准指服务机构用以指导和管理服务行为的规范。医疗服务机构通过护理服务调研和关系营销，了解服务对象的期望或要求后，转化成服务标准，指导实际服务使服务对象满意。

（二）服务标准的分类

1. **服务机构导向服务标准** 指依据服务机构自己的期望制定的服务标准。此类服务标准与服务对象期望之间往往存在着差距。

2. **服务对象导向服务标准** 指服务机构依据服务对象期望或要求而制定的服务标准。此标准能更好地满足服务对象的期望或要求，能给服务机构带来更多的服务对象，增强服务机构的竞争力。

第二节 护理服务需求与供给

> **案例 11-2**　某市一所三级甲等医院护理部接到骨科住院患者李先生投诉:"我住院两天了,棉被又硬又薄不够暖。我想加床被子,询问医生,医生说不是他们的事,让我找护士。问了值班护士,护士也说不是她们的事,让我找护理员。最后找到护理员又说患者太多了,没有棉被了。今天我床单脏了需要更换一下,又不给换。我觉得很不满意。"
>
> **思考:** 1. 患者存在哪些护理需求?
> 　　　　2. 什么原因导致患者满意度下降?

护理服务需求是护理可持续发展的基础。随着社会、经济、文化的发展和人民生活水平的不断提高,服务对象的护理需求在内容和形式上都发生了较大的变化。如何提供适合服务对象需求的优质护理服务,满足不同的护理需求,真正做到"因需施护、因人施护、因病施护",是提高护理服务质量的唯一途径,也是保持护理可持续发展的重要手段。

一、护理服务需求与供给概述

(一)概念

1. 护理服务需求(nursing service demand)　指实际发生的、服务对象有能力支付的护理服务。其形成的基本条件包括两个方面:一是使用护理资源的愿望;二是消费者的支付能力。

2. 护理服务供给(nursing service supply)　指护理服务供给者在一定时间内、一定价格条件或成本消耗水平上,愿意而且能够提供的护理服务量,即为满足广大人民群众的健康需求而向社会提供的护理技术劳务性服务。

(二)护理服务需求的分类

1. 按护理服务的迫切性分类

(1)维护生命的护理服务需求:指对危及患者生命的危重症的医疗护理服务需求,如急诊救护、危重症监护等。

(2)一般性的护理服务需求:指尚不威胁患者生命的急、慢性疾病,以及一些使人感到不适的症状引起的医疗护理服务需求,如门诊、住院、康复中心及社区护理等。

(3)预防和保健性护理服务需求:指因预防疾病、健康保健而产生的卫生保健护理需求,如新生儿家庭护理服务、特殊保健性护理服务等。

2. 按护理服务范围分类

(1)医院内护理服务需求:包含为患者提供良好的医疗服务,而且能够提高社会、心理、生活、教育等多方面的综合服务。

(2)医院外护理服务需求:既涵盖了常见病、多发病的诊治,慢性病的防治,传染病的控制,又包括老年人、残疾人、妇女儿童等人群的保健护理及健康咨询、健康教育等。

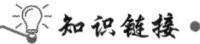
知识链接

就医患者对不同服务环节的期望

1. 挂号服务环节，就医患者的期望是挂号服务人员分诊准确、反应快。
2. 诊疗服务环节，就医患者的期望是诊疗及时、准确、花费少。
3. 交费服务环节，就医患者的期望是账单准确，手续简化、便捷。
4. 检查服务环节，就医患者的期望是等候时间短，报告结果迅速、准确。
5. 门诊治疗服务环节，就医患者的期望是用药及时、准确，有问题处理及时，环境舒适，医护人员言语文明礼貌等。

二、护理服务与满意度

（一）满意度概述

满意度指服务供给达到服务对象期望值的程度，服务对象对其要求已被满足程度的亲身感受。在接受服务的过程中，服务对象满意与否取决于自身的实际感受值和期望值。当实际感受值与期望值一致时，产生满意的心理反应，表现为忠诚于这个组织并接受此项服务；当实际感受值小于期望值，则产生不满意的心理反应，表现为抱怨、投诉。若抱怨没有得到有效处理，服务对象就可能放弃这个组织或服务。对组织来讲，就失去了这个服务对象，失掉了市场。由于个人期望的形成与其经历有关，因此不同的人对于相同服务的满意度可能不同。

（二）护理服务满意度分类

1. **患者满意度** 指人们由于健康、疾病、生命质量等诸方面的要求而对医疗保健服务产生某种期望，基于这种期望，对所接受的医疗服务的直接体验和进行的主观评价。

衡量指标主要是技术水平、服务态度、治疗效果、诊疗便捷、医疗费用和就诊环境六个方面。通常情况下，医疗服务满意度主要指患者满意度，是衡量医疗服务质量的金标准，也是医院等级评审和行风建设的一项重要评价指标。

2. **护理人员满意度** 是一种主观的价值判断，是护理人员的心理感知活动和期望与实际感知比较的结果。提高护理人员满意度是提供高质量护理服务的重要保障。

（三）患者满意度的调查方法

患者满意度调查的方法有多种，总体可分为患者在院时调查和出院后调查。采用无记名满意度调查的方法，通过问卷调查、访谈、电话测评等方式获得调查结果。

1. **问卷调查**

（1）纸质问卷：入院时发放，出院前回收。

（2）网上调查：使用含有金标准的调查问卷进行调查，能立刻发现问题，统计容易，能得到客观的满意度数值，但问题局限，不能完全体现患者的意见，易出现无效问卷。

2. **入户访谈** 患者没有填表时的心理负担，通过交流可以更准确地了解到患者对服务的意见和要求，对谈话内容记录和分析，可以得到更真实的感受，但属于开放性的问题，统计量过大。

3. **电话测评** 属于回访式调查方式。做法是由一名资深护理人员作为专职的回访人员，对全部出院患者进行电话回访，在对医院整体评价、满意度调查的同时，还负责对患者进行医疗咨询及预后指导。此方法既完成了调查测评工作，又可以在回访中对发现的问题及时沟通，同时也让患者感受到了良好的医后服务，从而有效地提高了满意度。

第三节 优质护理服务

> **案例 11-3**
> 某三甲医院普外科有位68岁的大妈，右侧股骨粗隆间骨折，需长期卧床，但却拒绝翻身。这天护士小林值夜班，刚踏进科室门，就听见叫喊声："哎哟，哎哟，我不翻身，你们不要动我，我屁股好着呢……"小林立刻来到病房，笑眯眯地拉着大妈的手说："您好，我是今晚的夜班护士，您有什么问题都可以跟我说。"大妈一听，像抓到救命草一样："你们非要给我翻身，我怕痛不用翻了。"
> 小林耐心地对大妈解释翻身的好处，特别强调对于长期卧床的高龄患者，翻身可以预防压力性损伤、防止并发症的发生，并说明有多个护士协助翻身，会帮助患者采取适当的方法减轻疼痛，并不是让患者自行翻身。患者家属听后也劝大妈配合，最后患者配合了护士的工作。
> **思考：** 在临床实际中，如何实行优质护理服务？

护理工作是医疗卫生工作的重要组成部分，在维护人民群众健康的过程中发挥着重要的作用。在医药卫生体制改革不断深入的新形势下，卫生部于2010年初启动了以"夯实基础护理，提供满意服务"为主题的"优质护理服务示范工程"活动。优质护理服务工程是公立医院改革中利国惠民的一项民生工程，也是护理学科迅速发展的一次机遇与挑战，旨在为患者提供全程、全面、连续、专业的优质护理服务，并促进我国护理事业实现跨越式发展。

一、优质护理服务概述

（一）优质护理服务的概念

1. **以患者为中心** 指在思想观念和医疗行为上，处处为患者着想，一切活动都要把患者放在首位，紧紧围绕患者的需要，提高服务质量，控制服务成本，制订方便措施，简化工作流程，为患者提供"优质、高效、低耗、满意、放心"的医疗服务。

2. **优质护理服务**（high quality nursing service） 指以患者为中心，强化基础护理，全面落实责任制整体护理，深化护理专业内涵，整体提升护理服务水平。

（二）优质护理服务的特点

1. **强调以患者为中心** "以人为本""以患者为中心"的现代护理理念，是开展优质护理服务的核心内容。

2. **强化落实基础护理** 基础护理是做好专科护理和提高护理专业水平的基石。优质护理是服务的改革，要求全面履行护理职责，加强护理人员以专业能力和技术为支撑做好基础护理工作，提升服务质量。

3. **转变服务理念和服务模式** 优质护理服务实质是护理改革，一是通过护理管理方式的改革，以实施岗位管理为切入点，为护理人员的配置、考核、分配、培训、晋升及职业发展建立有效的激励机制，最终使护理人员满意，充分调动其工作的积极性和创造力。二是通过护理服务模式的改革，以实施责任制整体护理为切入点，为患者提供全程、全面、专业、人性化的护理服务，最终实现患者满意。

（三）优质护理服务的目标

优质护理服务目的是深化护理内涵，提升护理专业化，延伸护理服务，使患者满意、社会满意、政府满意。

1. **患者满意**　临床护理工作直接服务于患者，通过为患者提供主动、优质的护理服务，强化基础护理，使患者感受到护理服务的改善，感受到护理人员以爱心、细心、耐心、恒心和责任心服务于患者的职业文化，感受到护理行业良好的职业道德素养和高质量的护理服务。

2. **社会满意**　通过加强临床护理工作，夯实基础护理服务，在全社会树立医疗卫生行业全心全意为人民服务的良好形象，弘扬救死扶伤的人道主义精神，促进医患关系更加和谐。

3. **政府满意**　深化医药卫生体制改革是党中央、国务院的重要战略部署，是惠及广大人民群众的民生工程，通过提高人民群众对护理服务的满意度，实现医药卫生体制改革惠民、利民的总体目标。

二、优质护理服务的内容

开展优质护理服务不是单纯的技术改革，而是一个系统工程，要以《护士条例》《卫生部关于加强医院临床护理工作的通知》《综合医院分级护理指导原则（试行）》《住院患者基础护理服务项目（试行）》《基础护理服务工作规范》和《常用临床护理技术服务规范》的精神为指导，全面提升护理服务质量。

（一）建立规章制度，明确岗位职责

（1）建立健全临床护理工作规章制度、疾病护理常规和临床护理服务规范、标准。

（2）建立护士岗位责任制，制定并落实各级各类护士的岗位职责和工作标准，规范临床护理执业行为。

（3）建立护士绩效考核制度，根据护士完成临床护理工作的数量、质量以及住院患者满意度考核，将考核结果与护士的晋升、评优相结合。

（二）落实基础护理职责，改善护理服务

（1）明确临床护士应当负责的基础护理项目及工作规范，明确要求临床护士必须履行基础护理职责，规范护理行为，改善护理服务。

（2）明确临床护理服务内涵、服务项目和工作标准，要求分级护理的服务内涵、服务项目要包括为患者实施的病情观察、治疗和护理措施、生活护理、康复和健康指导等内容，并纳入院务公开栏目，作为向患者公开的内容，引入患者和社会参与评价的机制。

（3）临床护理实行责任制包干，责任护士对其所负责的患者提供连续、全程的护理服务，增强护士的责任感，密切护患关系。

（4）为患者提供满意的护理服务，扭转由患者或家属自聘护工承担患者生活护理的局面，减轻患者负担。

（三）深化"以患者为中心"的理念，丰富护理工作内涵

（1）将"以患者为中心"的护理理念和人文关怀融入到对患者的护理服务中，在提供基础护理服务和专业技术服务的同时，加强与患者的沟通交流，为患者提供人性化护理服务。

（2）不断丰富和拓展对患者的护理服务，在做好规定性护理服务项目的基础上，根据患者需求，提供全程化、无缝隙的护理，使护理工作更加贴近患者、贴近临床、贴近社会。

（四）充实临床护士队伍，加强人力资源管理

（1）充实临床一线护士队伍，最大限度地保障临床护理岗位的护士配置，医院临床一线护士占护士总数的比例不低于95%。

（2）医院结合实际，探索实施护士的分层级管理，采用以临床护理工作量为基础的护士人力配置方法，并依据岗位职责、工作量和专业技术要求等要素实施弹性护士人力调配。

（五）完善临床护理质量管理，持续改进质量

（1）完善临床护理质量考核标准，进一步细化和量化考核指标，保证护理工作落实，让患者得到实惠。

（2）护理管理部门与临床科室建立并落实基础护理责任制，按层级建立各级护管理人员和临床护士的质量考核制度，将经常性检查和定期考核相结合，并将检查和考核结果作为个人和部门奖惩、评优的依据，持续改进护理质量。

（3）取消不必要的护理文件书写，简化护理文书，鼓励医院结合实际，采用表格护理文书，临床护士每天书写护理文书时间原则上不超过半小时。

（六）高度重视临床护理工作，保障措施到位

（1）领导要高度重视临床护理工作，把护理创优作为"抓服务、树形象"的重要任务，明确和落实有关部门的职责分工，形成共同的工作目标，营造良好工作氛围，调动护理人员的积极性。

（2）切实履行领导责任，加强有关部门团结协作，加大经费投入，提高护理人员福利待遇，向临床一线倾斜，实行同工同酬，调动各方面力量为全面加强临床护理、落实基础护理工作提供便利条件和有力保障。

三、优质护理服务理念

树立优质护理服务理念，是推动和深化优质护理服务的主观先决条件，旨在解决优质护理实施中的思想认识和观念问题。

（一）概念

1. **护理服务理念**　指护理人员对护理工作价值取向的基本认知，以及在此基础上形成的从业价值观，是护理人员的行为指南，包含了为患者服务的宗旨与目标。

2. **现代护理服务理念**　是护理人员在责任制整体护理的模式下所形成的思想观念与认识，倡导"以人为本"的"人性化"护理，体现"以患者为中心""为患者提供满意服务"的宗旨。现代护理服务理念是实施优质护理服务的必要前提。

（二）树立优质护理服务理念的必要性

树立优质护理服务理念，能够使护理人员遵照卫健委优质护理服务活动的要求，明确工作思路，把握工作方向，按照一定的方法和步骤稳步、深入地开展优质护理。

1. **树立理念是实施优质护理服务的基础**　理念引导人的思想及行为，是形成人生观、价值观的基础，在深层次上影响着人的行为动机。护理服务理念是护理人员的行动指南。优质护理理念赋予了护理深刻的人文精神与更加丰富的工作内涵，体现了科学发展观和全心全意为人民健康服务的宗旨，为优质护理服务实践明确了工作方向和价值取向。

2. **传统护理服务理念制约了优质护理工作的开展**　护理服务的对象是"整体的人"，检验护理工作的标准是患者的满意度。传统的护理理念是实行"以疾病为中心"的功能制护理，护理工作的重点是执行医嘱和各项护理技术操作，忽视了人的整体性，护理人员对护理服务的认知仅停留在局部、单一、甚至是物化的层面上。而优质护理服务要求"以患者为中心"，倡导系统化、科学化、人文化的护理，要求提供全程、全面、连续、专业的护理照顾。因此，传统的护理理念与优质护理服务的要求之间存在很大的差距，若不加以变革则无法有效地开展优质护理活动。

3. **现代护理服务理念是优质护理服务的核心内容**　开展优质护理服务不是单纯的技术改革，也不仅仅是建立某一项制度或操作规程，其核心在于构建符合现代医学的护理服务价值体系和符合科学发展观的护理服务理念，并在实践中进行具体的应用和升华。"以人为本""以患者为中心"的现代护理理念，是开展优质护理服务的核心内容。只有坚持现代护理服务理念，才能使各级护理人员理清工作思路，掌握工作重点，明确工作方向，也才能使优质护理服务活动走出形式主义的误区，真正成为我国现阶段推动护理改革的重要举措。

(三)优质护理服务理念的具体体现

1. **全方位护理** 以"患者为中心",处处为患者着想,将患者的需要作为护理目标,紧紧围绕患者的需求,在服务内容上提供包括基础护理、生活护理、心理护理、康复指导、健康教育等全方位的护理;在服务范围上,从住院护理延伸到家庭和社区护理,最大程度地满足患者的需求。

2. **全程无缝隙服务** 指患者从入院到出院,其所有治疗、基础护理、心理护理、康复指导、健康教育等均由相对固定的责任护士全面负责,实施"主动、全程、连续"的护理服务。

3. **专业化护理** 优质护理服务不仅要求护理回归照顾的本质,关注患者的生活护理,为患者实施基础护理,而且要求通过专业培训提高护理人员的专业化素质,以达到"服务人性化、操作规范化、语言温馨化、关怀亲情化、沟通技巧化、健康教育个性化、满意最大化"的护理理念,从而达到提升护理专业化水平,保障护理安全的目的。

4. **"人性化"护理理念** "人性化"的护理服务理念是护理服务的最高境界。优质护理服务提倡对患者实施"人性化"护理,要求护理服务做到"五有":心中有患者,用心体会患者的感受;眼中有患者,仔细观察患者的变化;耳边有患者,耐心倾听患者的想法;手中有患者,及时与患者交流沟通;身边有患者,主动到患者身边,随时提供方便的护理服务。

护理人员作为护理服务的提供者,始终处在服务的第一线,不仅在整个优质服务中创造着服务价值,还用护理技术为组织创造着无形资产。优质服务是一种活动,通过建立新型的护患关系,满足群众的需求;其服务目的是促进群众整体健康水平的提高,最终服务结果是促进社会和谐。

第四节 护理服务创新

> **案例 11-4**
> 为进一步改善护理服务、深化优质护理,某医科大学附属医院护理部提出要求:患者的需求就是护理服务的出发点、落脚点、着力点,用心服务,真正立足于患者,发掘患者的隐性需求。各科室响应护理部号召,从护理的每一项操作细节着手,从服务的每一步流程去推敲,取得较多的创新服务成果,提高了患者的满意度。如在呼叫器及床头灯上贴夜光贴,方便患者夜晚有情况时能及时找到床头灯及呼叫器;为解决和特殊病患沟通难的问题,护士将出现频率高的患者需求,手绘了一套暖心的"患者需求卡"。
>
> **思考:** 1. 为什么要开展护理服务创新?
> 2. 如何开展护理服务创新活动?

创新是人类特有的认知能力和实践能力,是人们为了发展的需要,运用已知的信息不断突破常规,发现或产生具有某种新颖、独特的社会价值或个人价值的新事物、新思想的活动,是人类文明的源泉。2019年5月,习近平主席发表文章《深入理解新发展理念》,文中指出,着力实施创新驱动发展战略,抓住创新就是抓发展,谋创新就是谋未来,做到人无我有,人有我强,人强我优。这充分说明创新是任何组织发展的基础和核心竞争力。

一、护理服务创新的必要性

创新实质是从观念、理论、制度到实际行动的创造、革新、进步和发展的过程。

（一）社会角度

人民群众对于护理服务的需求逐渐增长，只有从护理工作模式、管理模式、服务理念等方面不断创新，向"优质、低耗、高效"转变，才能满足社会的需要。

（二）护理专业角度

任何护理服务活动本身都具有一定的创新性。高精仪器设备和高新技术不断应用于医疗领域，也对护理服务提出了更多新的挑战，需要护理人员在护理知识、护理技术和护理服务等方面不断提高、不断创新。

（三）患者角度

随着科学技术和信息技术的迅猛发展，接受护理服务的患者掌握了越来越多的医学知识，对护理服务也提出了越来越高的要求，对自身健康的重视程度也高于以往，服务对象希望护理人员提供安全有效的服务。

二、护理服务创新的内容

护理服务创新主要包含观念转变、理念更新、变革服务策略三个方面。

（一）观念转变——将患者视为"就医顾客"

市场经济体制下的服务营销理论为医疗机构引入了"顾客服务"的理念，即不再将患者单纯看作"有病的人"，且护理服务对象已不仅仅局限于"有病的人"，而应将接受护理服务的对象看作"顾客"，包括组织和个人。将服务对象由"患者"转视为"顾客"，可带来以下转变：

1. **角色心理的转变** 医护人员可由心理上位改变为心理等位，消除心理上的优势感，多给患者一些平等和关爱。
2. **服务职能的转变** 由只限于患病来院就医的服务扩展为全过程的持续服务。
3. **服务主动性的转变** 由被动等待患者上门求医转变为出门寻找"客"源。
4. **服务联系的转变** 由就医时的短暂联系转变为发动员工与"顾客"建立长期的紧密联系，以获得"顾客"的满意和忠诚。

（二）理念更新——建立"顾客至上、以顾客为中心"的护理服务理念

医疗机构与"就医顾客"是生存互赖的关系。任何一家医疗机构的存在都离不开"顾客"，没有"顾客"的存在，医疗服务将失去价值。医疗机构吸引"顾客"靠的是满足人们对健康的需求和优质的服务，因此，医疗机构应从"患者求医院"向"医院靠患者"的认识转变。从市场竞争的角度重新定位护理服务，建立"顾客至上、以顾客为中心"的护理服务理念，以市场为导向，以人的健康为中心，兼顾医疗机构、民众和社会三方面的利益。

（三）变革服务策略——跟进与创新服务策略，提供卓越服务

1. **提供人性化服务** 强调从"就医顾客"的特点出发开展护理服务，尤其使服务符合人们的生活规律和心理需要。如门诊为哺乳期的妈妈专设哺乳区，免除其当众哺乳的尴尬。
2. **提供个性化服务** 重视"就医顾客"的个体差异，致力于满足不同服务对象的多元文化需求。如为上班一族提供晚间门诊和双休日门诊。
3. **提供便捷服务** 即简化服务流程，提供方便、快捷的服务。如手术室外建立手术信息发布窗口，让家属及时了解手术进展情况，降低家属焦虑程度。
4. **提供延伸服务** 指医疗服务产品的"售后服务"，延伸和扩大了医疗护理服务的传统范畴。如建立"出院联系卡"、给予出院患者电话回访。
5. **提供知识服务** 为"就医顾客"传播、普及医学保健知识，致力于培养和提高人们的"健商"。如设立"健康教育日"、病区内放置疾病相关知识手册或宣传单。

6. **提供温馨服务** 给"就医顾客"营造温馨的就医视觉、听觉和感觉环境。如用"彩色医院"替代传统的"四白医院"。

7. **提供特色服务** 创立具有本单位/部门特色的护理服务项目。如推出"透明液承诺制",让"就医顾客"通过透明的玻璃窗监督配药的全过程。

8. **提供超期望服务** 用爱心、诚心和耐心向"就医顾客"提供超越其心理期待的、超越常规的、高附加值的优质服务。如在长期住院的患者生日时送上生日蛋糕、贺卡或小礼物等。

9. **提供标准化服务** 通过对服务标准的制订和实施,以及对标准化原则和方法的运用,达到服务质量目标化、服务方法规范化、服务过程程序化。

10. **提供无陪护及专业化服务** 无陪护指"就医顾客"进入病区后,所有生活护理、医疗护理都由护理人员完成,实行无家属陪护或陪而不护;同时护理人员运用高水平的护理知识及技术解决"就医顾客"的健康问题,提供深层次的专业服务。

三、护理服务创新的途径

(一)培养创新思维是护理服务创新的首要环节

护理服务创新,首先要求管理创新,而管理创新的关键在管理者要具有创新思维。创新思维是指在认识某一新事物、解决某一新问题时,没有现成的知识、规律和方法,需要自己在现有的知识或成果的基础上,根据一般科学的规律,通过积极的思维活动,调集、重组原有的知识去发现新的思路、知识、规律和方法,创造出新的概念、形象和观点理论等。创新思维的培养不是一蹴而就的,需要长时间不断实践,同时克服多种障碍。

创新的多少与创新人员的知识面呈正比,而扎实的专业基础知识和渊博的知识面是创新人才的最关键能力。作为护理管理者,首先要创造相互学习、共同进步的组织文化,成为护士团队学习的榜样,同时为每一位同仁提供学习的机会,激发创新灵感与积极性。其次,护理管理者要发挥创新引领作用,要想在信息社会适应信息冲击就必须具备良好的信息选择与吸收能力。对信息的掌握能够启发管理者的创新思维,对信息的利用能够帮助管理者整合最好的创新模式。

(二)立足护理实践是护理服务创新的根本途径

护理服务创新要求护理人员把实际工作中的感悟和技术转化为提高"就医顾客"生存质量的新护理流程与方法和新的服务。立足护理实践,始终将以患者是否满意、是否赞成为中心的护理理念落实到每一项具体的工作之中。

护理服务要在原有实践的基础上发展和创新,创新的结果也要经得起实践的检验。如使用带有条形码的手腕带,护理人员只需使用射频识别(RFID)技术,通过无线识别设备扫描条形码,患者的基本信息、用药剂量、时间及方法等信息就会得到确认,如果存在任何差异,警报系统就会显示警告,避免可能发生的差错。

(三)关注"就医顾客"的期望,重视"就医顾客"的不满是护理服务创新的基本策略

优质服务的内涵就是让"就医顾客"得到满意的服务方式和结果。实现优质服务的护理目标,要求护理人员创新思维,主动评估"就医顾客"的需求,注意从细微处关心和贴近"就医顾客",从迫切的需求入手,提供按需服务,满足不同人群在不同时期的不同需求,以赢得"就医顾客"的信任、理解、支持与配合。

优质服务质量的好坏、患者满意度的高低,与护理专业技术水平、护理质量、护德护风、服务态度都直接相关。患者的不满往往表明服务有缺陷或服务方式应当改进,这正是服务创新的机会。护理管理者应组织定期和不定期的患者满意度调查,高度重视提出的问题,对待患者的不满,应立即妥善有效解决,设法改善。

本章小结

本章概述了护理服务、护理服务需求与供给,重点简述了优质护理服务与护理服务创新。通过了解护理服务与满意度的关系,充分认识优质护理服务对全面提升护理专业化和护理服务质量的重要性。掌握优质护理服务的概念和基本内容,树立优质护理服务理念,重视护理服务创新,深化护理内涵,延伸护理服务,达到患者满意、社会满意、政府满意。

思维导图

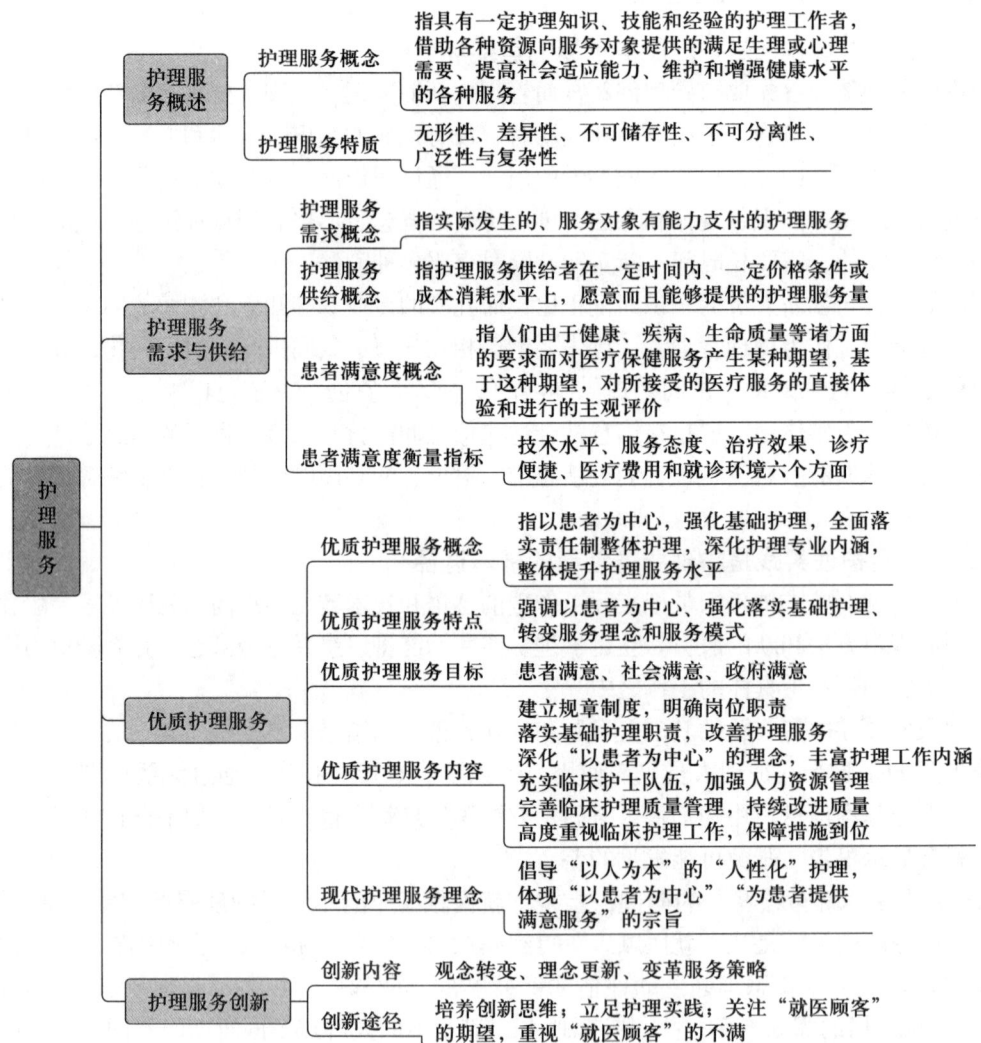

实践活动

1. 活动内容　优质护理服务情景剧表演。
2. 活动目标
(1) 理解优质护理服务的内涵。
(2) 树立优质护理服务理念。
(3) 根据临床护理实际，践行优质护理服务。
(4) 尝试护理服务创新。
3. 活动方法
(1) 发布学习任务

任务 1：以小组为单位，以优质护理服务实践为主题开展讨论，查阅资料后设计临床情境，编写表演剧本。

任务 2：每组剧本完成后，进行角色分工，模拟临床实践过程，拍摄成视频于课内进行汇报。

(2) 检验学习成效

1) 课堂内播放视频，要求：汇报时间＜ 20 分 / 组。
2) 教师引导其他小组参与情景剧表演学习结果的讨论。
3) 教师评析和学习小组自评。评价要点如下：
①视频：必须为原创，质量较高，美观，清晰。
②内容：内容切题，符合要求，有创新性，思维连贯，贴近临床。
③表演者：态度认真，话语清晰、流畅，语调适中，表演有感染力。
④时间：在规定时间内完成，未超时。

自测题

一、选择题

A1/A2 型题

1. 优质护理服务的内涵主要是
   A. 以护士为中心　　　　　　　　B. 以患者为中心
   C. 以患者和家属为中心　　　　　D. 以领导为中心
   E. 以绩效为中心
2. 优质护理服务不包括
   A. 文明用语　　　　B. 微笑服务　　　　C. 安慰患者
   D. 对患者做好健康教育　　　　E. 万事都听从患者的意见
3. 不能提高患者满意度的措施是
   A. 完善病房生活设施
   B. 热情接待新入院患者
   C. 为患者做好病情宣教
   D. 为减轻患者经济负担，为患者少输两瓶药液
   E. 及时与患者沟通，了解患者心理状况

4. 下列不属于护理服务的一般特性的是
   A. 无形性　　　　　　B. 易消失性　　　　　　C. 同一性
   D. 不可转让性　　　　E. 技术性

5. 下列不符合从患者转变为"就医顾客"的认识转变的是
   A. 医护人员可由心理上位改变为心理等位，消除心理上的优越感，多给患者一些平等和关爱
   B. 由只限于患病来院就医的服务扩展为全过程的持续服务
   C. 被动等待患者上门求医
   D. 由就医时短暂联系转变为发动医务人员与患者建立长期的紧密联系
   E. 医院服务职能的转变

6. 下列不符合"就医顾客"心理特点的是
   A. 希望药到病除，尽快好转、康复
   B. 愿意到有熟人的医院就医
   C. 希望价格低，透明度高
   D. 去技术过硬和条件完善的大医院看病
   E. 不惜等候时间追求名医

7. 下列对"顾客"期望描述不正确的是
   A. 挂号服务环节分诊准确，反应快
   B. 诊疗环节及时、准确、花费少
   C. 交费环节账单准确、手续简化、便捷
   D. 检查环节等候时间短，报告结果迅速、准确
   E. 治疗环节花费少、等候时间短、准确、环境舒适

8. 患者王奶奶说："我住院3天了，棉被又硬又薄不够暖。问医生护士，他们说不是他们的事，让我找护理员。找护理员又说患者太多了，没有棉被了。我觉得很不满意。"护理人员存在的主要问题是
   A. 缺乏同情心，不尊重患者的主诉
   B. 弄虚作假，不懂装懂
   C. 服务态度差
   D. 工作责任心差
   E. 疲劳

9. 目前各医院开展优质护理服务工作，但有护士认为现在护士人员少，无法按优质护理服务要求进行工作。产生这些现象的主要原因是
   A. 护士服务理念陈旧　　　　B. 护士服务技能欠缺
   C. 护士工作不努力　　　　　D. 护士工作态度差
   E. 护士知识缺少

10. 下列不属于按服务对象需求分类的是
    A. 基本的服务　　　　　　B. 先进设备的服务
    C. 预约的服务　　　　　　D. 期望的服务
    E. 惊喜的服务

11. 下列不属于期望服务特点的是
    A. 必须具备的、理所当然的服务
    B. 让顾客意想不到的、感到惊喜的服务
    C. 提供的服务比较优秀

D. 高超的技术、先进的医院文化、良好的声誉
E. 产生积极效果的服务

A3/A4 型题

（12~14 题共用题干）

某医院的宗旨：我们要努力寻求人道的精神、最好的技术与技能去治愈、抚慰和照顾人民，用我们真诚的奉献和爱心去治愈伤病的躯体和心灵，我们的存在是为了我们的患者。

12. 上述医院的宗旨符合服务标准构建中的
    A. 以工作任务完成与否为导向
    B. 以医生的需求为导向
    C. 以医院领导的需求为导向
    D. 以"顾客"期望或要求为导向
    E. 以患者家属需求为导向
13. "我们的存在是为了我们的患者"表明医护人员医疗服务质量最重要的评价指标是
    A. 工作质量　　　　B. 患者满意度　　　　C. 技术水平
    D. 价格　　　　　　E. 医疗设备
14. 不同的服务对象期望值不一样，同样的服务对不同的对象会产生不同的满意度，因此医护人员提供的服务应为
    A. 标准化服务　　　B. 惊喜服务　　　　　C. 期望服务
    D. 个性化服务　　　E. 基本服务

二、简答题

1. 什么是护理服务？
2. 什么是以患者为中心？
3. 简述护理服务的特质。
4. 简述优质护理服务的内容。
5. 简述优质护理服务理念的具体表现。
6. 简述护理服务创新的内容。

三、案例分析

某临床科室积极践行优质护理服务，极大地提高了患者满意度。每天清晨，护士都会笑容可掬地问候患者，"昨晚睡得好吗？""今天看起来气色不错！"并开始一天的治疗护理工作。输液前，护士详细地告诉患者每一瓶药液的功效和使用目的，消除患者心中的茫然；检查前，护士把检查的目的、配合等注意事项一一告知，减轻了患者内心的恐惧及不解；责任护士每天主动巡视病房，减少患者的呼叫次数，及时发现问题，及时总结，及时改进；针对危重患者、治疗失去信心的患者，护士制作精美的小卡片，上面写上关心、鼓励的话，帮助患者树立战胜疾病的信心；改变对患者的称呼，从过去的直呼其名到现在的"张叔""刘姨"，使患者和护士的关系更和谐。通过美好的言语、和蔼的态度，给患者以心理上的抚慰。

思考：1. 什么是优质护理服务？
　　　2. 优质护理服务的特点是什么？

下载资源：
第十一章案例分析参考答案

（林　锋）

第十二章 护理信息与法律管理

 学习目标

1. 识记：复述信息的概念、信息的特征和分类，护理法、侵权行为、护理不良事件、护理事故、护理差错的概念。
2. 理解：归纳护理信息管理的特点；理解护理管理相关法律法规，识别护理管理中常见的法律问题。
3. 运用：能够运用护理信息管理的方法，收集和管理护理信息；运用护理法分析护理管理中的法律问题，做到依法执业和安全执业。

名人名言

> 余谨以至诚，于上帝及会众面前宣誓：终身纯洁，忠贞职守。勿为有损之事，勿取服或故用有害之药。尽力提高护理之标准，慎守病人家务及秘密。竭诚协助医生之诊治，务谋病者之福利。谨誓！
> ——[英]弗洛伦斯·南丁格尔（Florence Nightingale），近代护理事业创始人

人类社会正在进入一个全新的信息时代，信息对整个社会的发展发挥着重要作用。现代护理管理正经历着由定性管理向定量管理，经验型管理向科学化管理的发展过程。临床护理工作中应用信息化技术对降低护理风险、提高护理管理质量起到至关重要的作用。依法治国是我国的一项基本国策，护理活动必须依法进行，护士懂法守法护法是良好公民的体现，也是必备的职业素养。

第一节 信息概述

 案例 12-1

某医院护理部利用计算机在"护理专栏"中，更新"患者入院健康评估表"，发布"质量控制组检查结果及分析""护理文件书写比赛要求"等，减少了护士开会次数，保证了护士获得资料完整、可靠、及时。同时护士运用计算机系统对住院患者信息、医嘱、药物、费用等进行管理，减少了护士资源的浪费，增加了护士直接为患者护理的服务时间，同时也提高了护理质量。

思考：护理信息技术在临床护理工作中能发挥哪些作用？

一、信息的概念

信息（information）是信息论中的一个术语，它是一个十分广泛的概念，至今还没有一个公认的概念。1948年，信息论的奠基人之一香农（Shannon）曾提出：信息是用来消除不确定的东西。狭义的信息是指具有新颖性、价值性等特点的消息，以及被人们认为具有某种经济、政治、军事或其他社会价值的信息。广义的信息泛指人类社会传播的一切内容，如各种数据资料、书本知识、消息、情报、被表述出来的感觉和认知，以及一些尚未被辨识的事物之间的某些联系等，都可以被称为信息。在实际生活中，每个人都在不断地接收、加工和利用信息。人们通过获得、识别自然界和社会的不同信息来区别不同事物，得以认识和改造世界。

不同的人对同一信息有不同的理解，会作出不同的决定。因此，理解信息概念，应抓住以下几个关键点：①信息是客观事物变化和特征的最新反映；②信息是客观事物相互作用、相互联系的表现；③信息的范围很广泛；④信息都要经过传递；⑤信息经过加工，可以获取新的信息。

二、信息的特征

（一）信息的普遍性和客观性

1. **普遍性** 信息在自然界和人类社会活动中广泛存在，只要有事物的地方，就必然存在信息。

2. **客观性** 信息是客观现实的反映，不随人的主观意志而改变，如果人为地篡改信息，那么信息就会失去它的价值，甚至不能称之为"信息"了。

（二）信息的传递性和共享性

1. **传递性** 信息是可以通过各种媒介在人—人、人—物、物—物等之间传递。

2. **共享性** 同一信息可以在同一时间被多个主体共有，而且还能够无限复制、传递。

（三）信息的价值性和时效性

1. **价值性** 信息的价值主要体现在两方面：①可以满足人们对精神领域的需求，如学习材料、娱乐信息等；②可以促进物质能量的生产和使用，如通过获取有效的供销信息提高产品流通效率等。

2. **时效性** 由于信息的动态性，一条信息的使用价值必然会随着时间的流逝而衰减。时效性实际上是与信息的价值性联系在一起，如果信息没有价值也就无所谓时效。

（四）信息的依附性和载体的可变换性

1. **依附性** 信息不能独立存在，需要依附一定的载体，而且同一个信息可以依附不同的载体。

2. **载体的可变换性** 信息可以转换成不同的载体形式而被存储下来或传播出去，供更多的人分享。因此，信息的载体依附性也同时使信息具有可存储、可传播和可转换等特点。信息载体包括以能源和介质为特征，运用声波、光波、电波传递信息的无形载体和以实物形态记录为特征，运用纸张、胶卷、胶片、磁带和磁盘传递和贮存信息的有形载体。

三、信息管理

（一）信息管理的含义

信息管理（information management，IM）是人类为了合理开发与有效利用信息资源，以现代信息技术为手段，对信息资源进行计划、组织、控制和协调的社会活动。它既包括微观上对信息内容的管理，即对信息的组织、检索、加工、服务等，又包括宏观上对信息机构和信息系统的管理。

(二) 信息管理的对象

信息管理的对象就是对信息资源和信息活动的管理。

1. 信息资源　信息生产者、信息、信息技术三个要素形成一个有机整体——信息资源，是构成一个信息系统的基本要素，是信息管理的研究对象之一，它是信息生产者、信息、信息技术的有机体。但是，信息并不都是资源，要使其成为资源并实现其效用和价值，就必须借助"人"的智力和信息技术等手段，因此"人"是控制信息资源、协调信息活动的主体，是主体要素，而信息的收集、存储、传递、处理和利用等信息活动过程都离不开信息技术的支持，要实现有效的信息管理还必须依靠信息技术的支持。

2. 信息活动　是指人类社会围绕信息资源的形成、传递和利用而开展的管理活动与服务活动。信息资源的形成以信息的产生、记录、收集、传递、存储、处理等活动为特征，目的是形成可以利用的信息资源。信息资源的开发利用以信息资源的传递、检索、分析、选择、吸收、评价、利用等活动为特征，目的是实现信息资源的价值，达到信息管理的目的。若单纯地对信息资源进行管理而忽略与信息资源紧密联系的信息活动，信息管理的研究对象则是不全面的，因此信息活动也属于信息管理的对象。

3. 信息管理的过程　包括信息收集、信息传输、信息加工和信息储存。信息收集就是对原始信息的获取。信息传输是信息在时间和空间上的转移，而信息只有及时准确地送到需要者的手中才能发挥作用。信息加工包括信息形式的变换和信息内容的处理。信息形式的变换是指在信息传输过程中，通过变换载体，使信息准确地传输给接受者。信息内容的处理是指对原始信息进行加工整理，深入揭示信息的内容。经过信息内容的处理，输入的信息才能变成所需要的信息，才能被适时有效地利用。信息送到使用者手中，并非使用完后就无用了，有的还需留作事后的参考和保留，这就是信息储存。通过储存的信息可以从中揭示出规律性内容，也可以重复使用信息。

四、信息在护理管理中的作用

(一) 信息是护理管理的基础

> **知识链接**
>
> 英国亨利管理学院的伯恰尔（David Birchall）认为："逐渐地，人们对各级管理者的要求将不仅仅是高级管理者的计划付诸实践，他们得找出组织激烈竞争和经营活动日益复杂的环境中存在的问题，向最高管理层报告。寻求信息和理解信息的能力至关重要。"这说明医院管理者利用信息的根本是利用最先进的管理思想和技术手段，制定出最有效的管理方法，乃至于医院的战略决策。

护理管理包括对人流、物流、信息流的管理。人流是指护理人员在护理过程中有组织的活动，就是人力、技术转换为护理效果的过程。物流是指在护理工作中药品、器材等物资设备的消耗转化为护理效果的运动过程。信息流是规定、指导护理工作中人流、物流活动的一些制度、标准、规程、原则和伴随人流、物流而产生的大量数据、表单、记录等。人流、物流是护理活动的基本流程，但是要使人流、物流成为有序、符合客观规律的活动，达到较好的护理服务效果，就必须加以科学的计划、组织和协调，这就要借助于信息的流动。护理管理过程，也就是信息传递和处理的过程。护理信息是护理管理的重要资源，在护理管理过程中，一切活动都离不开信息的支持。因此，信息管理是护理管理的基础。

(二) 信息是护理工作计划和决策的依据

计划本身就是信息，是从任务到实施的桥梁，是管理的首要职能。要使计划和决策符合实际，就必须有必要的信息作为依据。作为护理管理者要随时掌握本科室的信息，如科室运作、资料和存在问题等；还要掌握外部的信息，如有关上级指示、任务、方针政策、社会反映等。只有掌握了真实、准确的信息，才能作出正确的判断和决策。

（三）信息对护理工作具有指导、协调和控制作用

护理系统工作繁杂，科室部门众多，易发生工作脱节、职能混乱、效率降低，使人流、物流不畅。只有通过信息的流通，才能帮助管理者合理指导、协调和控制人力资源，达到高效管理的目的，促使各部门协调合作。因此，护理管理者应及时获取管理信息，掌握实际情况，并使各部门之间信息通畅，达到以患者为中心，各部门协调运转的目的。

第二节 护理信息管理

> **案例 12-2**　小张是儿科的一名新护士，工作积极主动，上星期值夜班时发生了一件令她非常委屈的事情。事情的经过如下：患儿，男，3 岁，以高热、头痛、呕吐为主诉急诊入院。小张接诊后立即对其进行了护理评估，将其生命体征、体重等信息录入电脑。医生初步诊断，怀疑患儿为"化脓性脑膜炎"，需行腰椎穿刺取脑脊液确诊。小张急忙为患儿做腰椎穿刺准备时，又突然被医生询问患儿体重，小张告诉了医生。晨交班结束后，小张下班回家休息，在家接到护士长电话，护士长严厉地批评了她：医生投诉护士在电子病历录入患儿体重时出现错误，导致医生无法正确给药。
>
> 思考：1. 小张在收集患者资料时使用了哪些方法？
>   2. 小张要如何避免此类问题再次发生？

一、护理信息管理的特点与分类

（一）护理信息的概念

护理信息（nursing information）是指在护理活动中产生的各种情报、消息、数据、指令和报告等，是护理管理中最活跃的因素，也是医院护理信息系统的重要组成部分。

（二）护理信息的特点

护理信息除具有信息的一般特点外，还有其专业本身的特点。

1. **生物医学属性**　护理信息主要是与患者健康有关的信息，因此具有生物医学属性的特点。在人体这个复杂的系统中，由于健康和疾病处于动态变化状态下，护理信息具有动态性和连续性。如脉搏就包含着大量的信息，既反映人体心脏的功能、血管的弹性，还反映血容量等信息。

2. **大量性和复杂性**　护理信息涉及面广，信息量大，种类繁多，且信息内容复杂。有临床护理信息、护理管理信息、医疗文件信息、数据信息、图像信息、声音信息、有形和无形信息等。这些信息的正确判断和处理，直接关系到护理质量和管理效率。此外，日常护理工作中常有突发事件，有时无规律可言，这也增加了信息的复杂程度，因此需要护理人员具备敏锐的观察、判断和分析能力。

3. **准确性和重复性**　护理信息直接关系到患者的健康和生命，必须及时获取、准确判断，

以作出迅速的反应。而医院护理信息的收集需要多个部门和人员的配合，加之护理人员分布广泛，使信息的收集和传递造成了一定的困难。护理人员每天都重复收集患者的相关信息，它们种类繁多、各不相同，如生命体征、病情变化等。护理信息中有的信息可以通过客观数据来反映，如患者出入院人数、护理人员出勤率、患者的生命体征变化、患者的平均住院日等；而另外一些信息属于主观反应，如患者的神志、意识、心理状态等，它们直读性差，需要护理人员准确地观察、敏锐地判断和综合地分析，以及时掌握病情变化。

4. 直接性和间接性 护理信息多种多样，因人而异。临床护理工作中，普通的患者，一般可以通过护理评估收集患者主诉的第一手资料，这便是护理信息的直接性。但是护理信息因为患者不同、疾病不同或者照顾者不同等原因，所收集到的信息也不尽相同。如老年人、婴幼儿、意识障碍患者、昏迷患者等特殊患者群，因为其年龄、疾病、意识状态等原因导致不能从这些特殊的人群中收集到第一手信息，而是需要从他们身边的人，如家属、监护人、好友或同事等收集患者相关资料，这就决定了所收集的护理信息的间接性。

5. 动态性和连续性 在人体这个复杂的系统中，由于健康和疾病处于动态变化状态中，如患者的血压和脉搏就有个体和不同时间段的差异，护士需要连续收集患者的信息，反映动态变化的情况，以观察病情变化，及时报告医生。

6. 不完整性 往往由于获取信息的时间和方法受到限制而导致收集的信息不全面。护理信息大多来源于患者，医护人员不可能像拆分机器一样把患者"打开"来查看病情，特别是急危重症患者，需要先抢救生命，再进行诊疗和护理。基于护理信息的这个特点，我们需要从各方面不断提高自己，多方面学习和掌握各种知识，以备不时之需。护士不仅仅要正确地观察和判断患者的病情，同时要充分认识疾病的复杂性，在思考和判断的时候留有余地，事先预计到可能出现和发生的各种情况和意外，以尽量避免给患者造成不可挽回的损失和伤害。

（三）护理信息的分类

计算机在护理领域被广泛应用以来，发挥了重要的作用。随着临床护理信息应用系统、护理专家管理系统、教学系统及护理管理信息系统等体系日趋完善，护理信息的管理已向更加规范化、科学化的方向迈进。

1. 临床护理信息 医院各科室每天都在进行着各种业务活动，计算机信息系统不仅能提高工作效率、减轻护理人员的劳动强度，同时也能快速、完整地收集各项护理数据，并且能及时、准确地进行传递。例如临床护理信息应用系统以患者为出发点，设计了从患者入院登记、处理医嘱、经费核算、病历归档到患者出院随访等方面的程序，通过对患者治疗、检查、随访等资料的采集，可及时了解患者的病情变化，使患者得到及时正确的治疗、护理和健康指导，被临床广泛应用。

2. 护理管理信息 是护理管理者发布决策、管理文档及获取临床信息的信息管理系统，是医院信息系统和护理信息系统的子系统。例如护理部主任、护士长每天只需利用几分钟，即可通过办公室的计算机终端接收到大量信息，了解医院工作全貌或各科室工作情况。

3. 护理教育信息 教学计划、教学内容、学生考核、教学质量、典型病例及讨论分析记录等资料的存贮、输出等均可利用计算机来完成。现在多媒体授课已成为主要教学形式，其他形式有远程教育、计算机辅助教学系统、辅助练习、模拟考试、计算机阅卷等。目前，一些适用于护理教学管理的系统软件已相继研发，如临床护士计算机辅助训练系统、妇产科护理学微机题库管理系统、计算机辅助护理学基础教学等。

4. 护理科研信息 计算机文献、情报检索的实现，为护理科研提供了快速、便捷、灵活，且内容新、范围广、数量大的信息检索查询系统，而资料积累、统计学处理软件系统又使护理研究数据更准确、更全面、更科学。例如护理文献数据及其检索系统、中国医院数字图书馆，就是利用计算机网络查询检索专业情报资料的管理系统。循证护理学的发展就是应用国际互联网收集各个国家护理研究的全面、最新的成果,达到了资源共享,并提高了文献利用率和科研成果转化应用到临床实践的时效,大大促进了护理科研和护理学科的发展。

5. **社区护理信息** 社区护理起源于西方国家,是由家庭护理、地段护理及公共卫生护理逐步发展、演变而成的。随着计算机在社区护理的应用,目前世界很多国家的社区卫生信息系统(CHIS)建设已进入网络化和一体化时代。通过社区数据的获取、存储和传递,将家庭、社区和医院紧密联系起来。如我国苏州沧浪区于2003年首创了"虚拟养老院",其显著特点是将信息化引入居家养老服务,建立全方位的信息化的居家养老服务体系。而基于物联网技术,还出现了"智慧养老"的概念,实际上其含义就是利用物联网技术,通过各类传感器,使老人的日常生活处于远程监控状态。这样使社区家庭护理更加方便,节约了人力资源,减轻了社会负担。

二、护理信息收集原则与方法

(一)护理信息收集原则

1. **及时性** 信息收集的及时性是指负责执行信息收集的护理人员要有时间观念。护理工作,特别是对急危重症患者的处理,时限性很强,要求对信息迅速收集、加工、传输和反馈,这样才能保证患者的抢救和治疗。同样管理信息也必须把握时间,如信息上报不及时,管理者就无法作出正确的决策,也就失去了管理的意义。

2. **准确性** 即要求信息必须如实反映情况,否则就会贻误诊疗和抢救工作。保证信息的质量,就要建立查对制度和抽查制度,明确信息的含义、制定信息填报的标准等。

3. **实用性** 收集的信息资料必须要有实用性,要符合实际工作需要,避免繁琐内容和资料堆集。这就要求信息工作人员对收集来的护理信息进行加工处理、去粗取精、去伪存真、由表及里,运用统计学分析的方法,找出问题的实质。这样的信息才能指导医务人员对患者作出全面正确的处理,作为治疗或决策的依据。

4. **通畅性** 对护理工作活动或管理活动产生的各种信息在流通过程中不断源、不梗阻,保证上传下达。要保证信息的畅通性,就要有健全的规章制度和工作程序,有明确的岗位责任制,使信息的收集、加工、传输和反馈都能常规运行,这在信息管理上是非常重要的。

(二)护理信息收集方法

护理信息的收集方法,一般有口头交流、文书报告、声像设备、计算机检索等方式。

1. **口头交流** 通过与患者、家属的谈话,召开座谈会、交班会、护理查房等口头交流的形式收集、获取信息资料。它的优点是简单易行、传递速度快,方便使用;缺点是容易发生错误,且错误的责任往往因经手的人太多而难以追查。

2. **文书报告** 通过各种文书资料,如各种文献、文件、报表、会诊记录、病历、交班报告、手术记录单等方式收集的信息资料。它的优点是保留的时间比较长、有依据可以查证;缺点是信息的保存和查阅会有诸多不便之处,资料的重复率和浪费率比较高。

3. **声像设备** 利用电话、对讲机、呼叫设备、录音设备、录像设备、幻灯设备等存贮和收集的信息资料。

4. **计算机检索** 通过计算机网络查询信息、检索文献,获取个人或组织需要的信息资料。其优点是运算速度快,计算精确度高,有大容量的记忆功能和强大的逻辑分析能力,是目前护理临床、护理科研、护理教育领域比较先进的信息管理方式。

三、护理信息系统与信息管理类别

(一)护理信息系统

护理信息系统(nursing information system,NIS)是一个可以收集、储存、处理、检索、显示所需动态资料并进行对话的计算机系统,是信息科学和计算机技术在护理工作中的广泛应用,是医院信息系统的重要组成部分。应用计算机信息管理进行护理管理,对提高护理质量,促进护理管理的科学化、标准化、现代化将是一个飞跃。

20世纪70年代,护理信息系统主要用于支持护士完成日常护理记录、护理操作,如医嘱输入、体温单录入、护理记录及打印等;20世纪90年代后,护理信息系统的研究方向主要是护理语言的规范化和护理决策支持;近年来,护理信息系统的发展方向包括护理专家系统、医院护理一体化管理信息系统、远程护理等。

护理信息系统主要由下列几个方面组成。

1. 住院患者信息管理系统 住院患者管理是医院管理的重要组成部分,耗用了医院大量的人、财、物资源。护士需耗费大量的时间进行收费、记账、填写各种卡片等一些间接护理工作。应用该系统时,患者办理住院手续后,患者信息即可在病区护士站电脑终端显示,有利于及时准备床位,并且患者到病区后即可休息;同时患者信息卡刷卡后可打印患者一览表卡、床头卡等相关信息,并与药房、收费处、病案室、统计室等相应部门共享。这样既强化了患者的动态管理,又节约了护士的间接护理工作时间。

2. 住院患者医嘱处理系统 该系统由医生在电脑终端录入医嘱,护士站电脑终端中显示医嘱,核实医嘱并确认后即显示各种执行单及当日医嘱变更单、医嘱明细表;确认请领药物后,病区药房自动产生请领汇总表及患者个人明细表;药费自动划价后与收费处联网入账;住院费及部分治疗项目按医嘱自动收费。该系统由医生录入医嘱,由护士接收并处理、执行医嘱,充分体现出医嘱的严肃性、法律效应性。

3. 住院患者药物管理系统 本系统在所有病区电脑终端上设有借药及退药功能,在患者转科、转院、出院、死亡及医嘱更改时可及时退药,并根据患者用药情况设有退药控制程序,避免人为因素造成误退、滥退药物现象。

4. 住院患者费用管理系统 该系统根据录入的医嘱、诊疗、手术情况,在患者住院的整个过程中可以随时统计患者、病区费用的管理信息,如患者的费用使用情况,科室在某一时间段的患者出院情况,各项收入比例,有利于调整费用的结构,达到科学管理。

5. 手术患者信息管理系统 该系统在外科各病区及手术室电脑终端输入手术患者的信息,如:拟行的手术方式、是否需要安排洗手护士、是否需要特殊器械、手术时间、麻醉会诊邀请等。麻醉会诊后录入手术安排的时间,手术室房间号,麻醉人员、洗手护士及巡回人员名单,术前用药情况,特殊准备意见等,使病区与手术室之间紧密衔接。

6. 护理排班信息管理系统 该系统上设有护士长排班系统,护士长输入密码后显示排班程序,可进行排班、修改、打印;还可用电子邮件与护理部联络,使信息沟通更便捷。

计算机专业人员和护理人员要共同努力,不断开发新的护理信息处理系统软件,使护士更方便、更科学、更完善地处理护理信息。

(二)护理信息管理的类别

护理信息管理是指在护理活动过程中收集、整理、加工、处理有关的数据、消息或情报。主要包括以下几个方面:

1. 护理行政信息管理 病区护士长可以利用计算机进行排班、检查出勤情况、考核护理人员工作质量,还可以了解患者的情况、动态、医药费用。要制定相应的护理信息管理制度和护理信息使用制度,维护护理信息的真实性、可靠性;要对护理人员进行计算机应用与管理培训,同时还要防止数据的丢失和破坏,对一些重要的材料及时进行备份,定期对系统进行维护等。

2. 护理业务信息管理 护理业务信息系统的内容主要有医疗计划、医师医嘱、护理计划、患者病情、患者饮食等,项目繁多,内容复杂,护理人员在输入护理信息时,一定要认真负责，按照统一规范的方法进行输入，并安排专人负责定期对系统进行整理，保证护理信息收集的内容全面、准确，格式规范。

3. **护理质量信息管理** 将护理质量评分标准输入计算机，建立数据库；将护士长、科护士长、医院护理质量控制小组、护理部各项检查、护理工作报表等数据输入计算机，使信息得到准确、及时的储存。利用计算机对储存的信息进行运算、统计、分析后，可将各病室护理工作质量以报告的形式输入，准确地评价护理工作强度和护理工作质量，便于护理管理，提高医院护理质量。

4. **护理科研信息管理** 护理人员通过计算机建立各种信息库。例如，将特殊病例、科研数据、科研成果、新业务技术等输入计算机并储存，应设立密码，防止他人窃取或删除。利用计算机管理护理人员的科技档案，如对护理人员的个人学习经历、学习成绩、论文及著作、发明、专利、科研成果等进行记录和统计，了解护理的科研动态和护理人员的科研能力，为护理人员的晋升、深造和选派科研人才提供有力的依据。

5. **供应室信息管理** 供应室是医院无菌器材和物品的供应中心，主要承担清洁、消毒、保管和发放工作。利用计算机进行信息管理，可将物品的种类、数目、价格、发放情况、回收情况、使用后损坏情况进行输入整理，并提供有效的、可靠的管理信息。

6. **重症监护治疗病房信息管理** 重症监护治疗病房主要收住大型手术后及严重创伤的患者，这些患者病情变化大、变化快，需要建立一个对人体重要的生理生化指标有选择性地进行经常性或连续性监护的系统。这个系统必须具有信息储存、显示、分析和控制功能。通过以计算机为核心的监护系统，将主要的生化信息指标自动储存、显示、分析，及时发现病情变化并作出应急处理。同时也降低了护士的疲劳性观察，减少了手工操作及主观判断造成的误差。

四、护理信息管理方法

（一）护理信息资源管理系统

1. **信息资源管理的组织系统** 从信息组织系统的角度看，信息传递和沟通涉及组织的每个成员。不仅是最高管理层发出信息，其他人接受信息；还包括下级发出信息，上级管理层听取信息。事实是组织的每个成员既是信息的发出者，也是信息的接受者。由于信息沟通对组织活动有着非常重要的作用，每个成员都要参与信息沟通的过程，所以在组织中必须建立信息组织系统，以保证有效的沟通和联系。信息资源的组织来源于两个方面：

（1）正规的组织系统：是指按组织结构和管理层次来传递信息进行沟通的系统。在这种情况下，社会组织系统即为信息组织系统，这是社会组织内部信息沟通的基本渠道。如各部门之间的信息传递，各管理层次之间的指令下达和落实反馈等

（2）非正规的组织系统：是指不受正式的组织机构约束的组织成员个人之间的信息沟通系统，它是正规的组织系统的补充。大多数的信息沟通都是依赖非正规系统完成的。如果缺少非正式的沟通联系，信息组织系统的正常运转将会受到影响。

2. **信息资源管理的技术系统** 即信息的一系列处理活动，信息处理主要由以下的基本活动组成：

（1）登录：即数据采集，就是把客观事实用某种方式输入一个数据处理系统中。被登录的数据是准备用来处理成为信息的对象。

（2）分类：就是区分类别。把具有同样特性的数据，放在同一类或同一组里。这样，如果知道某个类别的情况，就可以赋予这一类数据以同样的特性。

（3）排序：指把某些数据项，按照所需的顺序进行有序的排列。经过排序处理过的数据具有一定的含义，所以排序本身就是把数据转换成信息的一种处理。

（4）计算：是对数据进行算术运算的处理。被登录的数据项可以进行加、减、乘、除和其

他运算。

(5) 摘要：把数据进行精简，并给予新的含义。

(6) 比较：用已知的量度对一些数据进行对比分析和逻辑判断。

(7) 通讯：把数据转换成信息，经过一系列处理活动后，必须将这些生成的信息及时送到需要者的手中，否则就没有价值了。这种处理过程就是通讯。

(8) 存储：将信息保存起来，以便继续使用或以后使用。最终保证信息系统周而复始地循环下去。

(9) 检索：就是寻找和查询数据。对已存储的数据进行搜索，从中找出满足用户要求条件的数据，这个过程就是检索。

(二) 护理人员信息使用管理

1. 提高护理人员对信息管理的认识 各级护理人员，尤其是护理部的工作人员要重视护理信息管理的重要性，自觉参与护理信息的收集、整理、分析、利用等。加强信息管理制度，实行护士长、科护士长、护理部主任分级负责，减少信息传递过程中的不必要环节，防止数据丢失。

2. 普及计算机知识 组织护士积极参加培训，使其掌握计算机文字处理系统和数据使用等计算机基本知识，保证信息的完整、真实、及时，并对数据进行适当的保密。

3. 保证信息渠道的畅通 各级护理人员应对信息及时传递、反馈，经常检查和督促信息管理工作，对违反信息管理制度和漏报或迟报信息、影响正常医疗护理工作或造成患者受损的情况，应追究责任，并给予严肃处理。

4. 改善护理人员的素质 组织护士学习新技术和新方法，提高护理人员利用先进信息技术为临床护理和护理管理服务的能力。

第三节 护理管理与法律法规

> **案例 12-3** 某产妇在某医院顺产一足月男婴。经检查新生儿一切正常，按新生儿评分标准评为满分。第3天早晨5:30，发现该男婴已死于新生儿室。产妇及家属向院方控告当班护士失职致其婴儿死亡，护士矢口否认，遂引发双方医疗纠纷。新生儿室护士报告新生儿死亡前后的护理情况：前日22:00至凌晨1:00，巡视时该新生儿一切正常；1:15，排便后喂牛奶30 ml，右侧卧位，未见异常；3:30，护士巡视病房，更换尿布，一切正常；4:30，护士巡视，该新生儿正常；5:00，护士巡视、换尿布，仍右侧卧位，一切正常；5:30，护士巡视发现该新生儿面部、口唇青紫色，右半身青紫，呼吸、心跳已停止，经值班医师检查确认其已死亡。该护士主张此男婴系"婴儿猝死综合征"死亡。尸检结果：窒息；死亡后4h出现固定尸斑。
>
> 思考：1. 当班护士在本案中是否有责任？
> 　　　2. 该护士在事故发生前后的行为应如何认定？

随着社会法制的健全，人们的法制观念日益增强，这就要求医护人员熟悉国家的法律法规，对于护士来讲，不能仅以过去的护理道德观来规范自己的护理行为，应熟知国家法律条文，准确了解其法律职责范围。因此，在护理管理工作中，加强培训并提高护士的法律法规知识，强化护士法制意识显得尤为重要。

一、卫生法体系

（一）我国卫生法体系

1. 卫生法的概念 卫生法是指由国家制定或认可，并有国家强制力保证实施，用以调整人们在卫生活动中的各种社会关系的行为规范的总和。卫生法是医疗工作顺利开展、维护医患合法权益的根本保证，既具有法律的一般属性，又有特定的适用对象。

2. 卫生法的形式 卫生法的形式有法、条例、规范、办法、规定和通知等。

3. 卫生法的内容 卫生法的内容涉及卫生行政组织、卫生行政管理、卫生行政监督、医院管理、医护资格、计划生育、母婴保健等。卫生法体系主要由公共卫生与疾病防治法、医政法、药政法、妇幼卫生法、优生与计划生育法等法律法规组成。

（二）护理法

护理法（nursing laws）是指由国家制定的、用于规范护理活动（如护理教育、护士注册和护理服务）及调整这些活动而产生的法律规范的总称。护理法的制定受国家宪法制约，是关于护理教育和护理服务的法律，包括国家立法机关颁布的护理法规和地方政府的有关法令。

护理立法在世界范围内已有百年历史。1919年英国率先颁布了世界第一部护理法——《英国护理法》。在此后的50年里，各国护理法纷纷颁布实施。1947年国际护士委员会出版了一系列有关护理立法的专著。1953年世界卫生组织发表了第一份有关护理立法的研究报告。1968年国际护士委员会特别成立了一个专家委员会，制定了护理立法史上划时代的文件《系统制定护理法规的参考指导大纲》，为各国制定护理法提供了权威性指导。

二、我国与护理管理相关的法律法规

（一）《医疗机构管理条例》

1994年2月26日国务院令第149号颁布《医疗机构管理条例》并于1994年9月1日起施行。《医疗机构管理条例》是我国医疗机构管理法律体系的主干。它明确规定了我国医疗机构管理的基本内容，医疗机构必须遵守的规范，以及违反有关规定应承担的法律责任。

（二）《护士条例》

2008年1月23日国务院第206次常务会议通过《护士条例》，并于2008年5月12日开始实施。

1. 意义 《护士条例》是新中国成立后我国的第一部有关护士和护理工作的法律。它的颁布实施填补了我国护士立法的空白，是我国护理发展史上的里程碑。为全国护士营造了一个安全、有法可依的执业环境。它是规范护士执业行为、维护护士的合法权益，促进护理学科发展，保障医疗安全和人的健康的有效的法律依据。

2. 主要内容

（1）第一章：总则，共6条。第一、二条说明了立法的目的和护士的定义；第三条从法律的高度，规定了护士的人格尊严、人身安全不受侵犯，护士依法履行职责，受法律保护；第四、六条也是对护士人性化管理的规定。

（2）第二章：执业注册，共5条，主要对护士的申请执业条件、注册方法及执业地点的变更等作了规定。例如，通过职业资格考试之日起3年内申请注册，逾期者要接受3个月的再培训；规定执业注册有效期为5年；加强对护士的管理，要求县以上的人民政府卫生主管部门应建立本行政区域的护士执业良好和不良记录，并记入护士执业信息系统。

（3）第三章：权利和义务，共8条。①护士的权利：有获取工资报酬、福利待遇、社会保险的权利；有获得与其所从事护理工作相适应的卫生保护、医疗保健的权利；有职业健康监护的权利；患职业病的，有依照法律规定获得赔偿的权利；有职称晋升和参加学术活动、学术团体的权利；有获得疾病诊疗、护理相关信息和其他与履行职责相关的权利；有对医疗机构和主管部门工作提出意见和建议的权利。②护士的义务：遵守法律法规和诊疗技术规程；发现病情变化，及时报告医师，情况紧急时应先行必要的紧急救护；发现医嘱违反法律法规等，应当向当事人提出；应当尊重、关心、爱护患者，保护患者的隐私；参与公共卫生和疾病预防控制工作。

(4) 第四章：医疗卫生机构的职责，共7条。医疗机构按规定配备护士数量，不得低于有关规定；医疗机构不得使用未取得执业证书、未按时变更执业地点、执业期满未办理延续执业注册手续的护士；为护士提供卫生防护用品，并采取有效的防护和医疗保健措施；应当执行国家有关工资、福利待遇的规定，并交纳足额的社会保险费用；在艰苦地区工作或有感染危险的护士按规定给予津贴；对本机构护士进行并保证其接受在职培训；开展专科护士的培训；设置专门机构或者配备专（兼）职人员，进行护理管理工作；医疗机构应建立护士岗位责任制并进行监督检查。

(5) 第五章：法律责任，共7条。其中规定：①医疗机构的法律责任：未按条例规定履行职责，滥用职权或失职、渎职者，未按规定配备护士者，允许未有效注册护士进行护理活动者，未执行国家有关工资规定、福利待遇规定者，未缴纳足额社会保险费用者，未提供防护用品者，对在艰苦地区工作或有感染传染病危险的护士未给予津贴者，未保证护士接受培训者都负有法律责任。②护士的法律责任：发现病情危急、未及时通知医师者，发现违反法律、法规、规章或者诊疗技术规范未提出或报告者，泄露患者隐私者，发生自然灾害、公共卫生事件不服从安排参加救护者都负有法律责任。③扰乱医疗秩序，阻碍护士依法开展执业活动，侮辱、威胁、殴打护士，或者有其他侵犯护士合法权益行为的，由公安机关依照治安管理处罚法的规定给予处罚；构成犯罪的，依法追究刑事责任。

（三）《医疗事故处理条例》

为了正确处理医疗事故，保护患者和医疗机构及其医务人员的合法权益，维护医疗秩序，保障医疗安全，促进医学科学的发展，国务院与卫生部在总结原《医疗事故处理办法》实施经验的基础上制定了《医疗事故处理条例》，于2002年4月4日由国务院令第351号公布，自2002年9月1日起正式施行。

（四）《医疗废物管理条例》

医疗废物是指医疗卫生机构在医疗、预防、保健以及其他相关活动中产生的，具有直接或间接感染性、毒性以及其他危害性的废物。为了加强医疗废物的安全管理，防止疾病传播，保护环境，保障人体健康，国务院于2003年6月16日发布并实施了《医疗废物管理条例》。该条例明确要求医疗机构应做好医疗废物的管理，预防医院感染，防止对医务人员和社会产生危害。

（五）《医院感染管理办法》

《医院感染管理办法》于2006年9月1日由卫生部令第48号发布实施。

1. **意义** 《医院感染管理办法》的制定是为了加强医院感染管理，有效预防和控制医院感染，提高医疗质量，保证医疗安全。

2. **主要内容** 《医院感染管理办法》明确了医院感染管理组织与职责；提出了预防与控制医院感染的要求；确定了医院感染知识培训的具体要求；明确了对医疗机构发生医院感染的监督管理要求以及罚则。

第四节 护理管理中常见的法律问题

> **案例 12-4**
> 患儿张某，男，40 天，因咳嗽 10 余天，间断性抽搐 3 天，于 2018 年 4 月 6 日 16 时 10 分入住某医院儿科病区。诊断为佝偻病性低钙惊厥、上呼吸道感染、药物性皮疹，给予输液、抗感染和 10% 葡萄糖 7 ml+5% 氯化钙 5 ml 缓慢静脉注射治疗。当日下午 7 时，护士李某拿处方到药房取药，药房值班药师白某将一支 10% 氯化钾注射液误当作一支 5% 氯化钙注射液发给李某。李某回病区后未查对，便将氯化钾当作氯化钙配制药液给患儿静脉缓慢注入。静脉给药后，患儿出现高钾血症，虽然经过全力抢救，但终因高血钾导致呼吸、心搏骤停，并发缺血缺氧性脑水肿，于 2018 年 4 月 8 日 13 时 30 分死亡。
> 思考：1. 该事件属于护理差错还是护理事故，为什么？
> 　　　2. 针对该事件，你认为应如何加强护理安全管理？

在临床护理工作中遇到的纠纷与法律问题越来越多。护理工作者应当以法律为准绳，规范自身行为，处理医疗纠纷、差错事故时应保护医患双方的利益，按照法律法规进行护理服务。

一、依法执业管理

（一）侵权行为与犯罪

侵权行为（tort）是指医护人员在执行诊疗护理过程中侵害患者权利，最终导致患者利益受损的行为。

1. **侵犯自由权**　护士执业时，应重视并保证患者的自由权，不得以治疗的名义，非法拘禁或以其他形式限制和剥夺患者的人身自由。例如，护士在日常工作中因治疗、护理的需要，暂时限制患者的活动自由，应向患者解释清楚，以谋求患者配合。

2. **侵犯生命健康权**　如果护士执业过程中，错误使用医疗器械或未按操作规程执行操作，造成患者身体受损；或使用恶性语言和不良行为，最终对患者造成生理或心理损害者均属于对生命健康权的侵犯。

3. **侵犯知情同意权**　知情同意权是患者对病情、诊疗（手术）方案、风险益处、费用开支、临床试验等真实情况有了解与被告知的权利，患者在知情的情况下有选择、接受和拒绝的权利。

4. **侵犯隐私权**　患者隐私权被侵犯主要表现在以下方面：①个人信息暴露：如电子病案管理不当、网络系统不完善等导致的非正常暴露，或实习生法律意识不强，随意谈论患者隐私等；②个人空间暴露：如医疗教学观摩未做好隐私防范、手术肢体及私密部位暴露未充分遮挡等；③个人活动暴露：主要与进行个人护理有关，例如，患者因病情不能下床活动需要在病床如厕、沐浴、更衣而未做好屏风遮挡或相关防范等。

（二）疏忽大意与渎职罪

疏忽大意（careless）是指不专心致志地履行职责，因一时粗心大意客观上造成的过失行为。过失行为可导致护理对象的生活权益或恢复健康的进程受到损害，若致残致死形成渎职罪。护士渎职罪是指护士在执业时不负责任，严重违反各项规章制度和护理常规，造成患者死亡或严重伤害的违法行为。护士过失行为或渎职罪由其医疗护理行为对患者造成的后果决定。

常见的过失或渎职行为有：对危急重症患者不采取任何急救措施或转院治疗，不遵循首诊负责制原则，不请示医生进行转诊，以致贻误治疗或丧失抢救时机；护理活动中，由于不严格执行查对制度，以致打错针、发错药；不认真执行消毒、隔离制度和无菌操作规程，使患者发生交叉感染；住院期间患者发生压力性损伤、烫伤等行为。此外，《中华人民共和国传染病防治法》规定，拒绝对被传染病病原体污染的场所、物品以及医疗废物进行消毒和无害化处理的应承担法律责任。

（三）举证责任问题

举证责任指当事人对自己提出的主张有收集和提供证据的义务，并有运用该证据证明主张的案件事实成立或有利于自己主张的责任，否则将承担其主张不能成立的责任。包括两方面的内容：一是举证的行为责任，即由谁承担提供证据的义务；二是举证的后果责任，即由负举证责任的一方当事人承担不利后果。《中华人民共和国民事诉讼法》第六十四条规定："当事人对自己提出的主张，有责任提供证据。"一般情况下，原告应当证明其所提出的诉讼请求所根据的事实，被告对答辩所依据的事实有举证责任。

（四）执行医嘱问题

一般情况下，护士应一丝不苟地执行医嘱，随意篡改或无故不执行医嘱都属于违规行为。护士发现医嘱违反法律、法规、规章或者诊疗技术规范规定的，应当及时向开具医嘱的医师提出，必要时应当向该医师所在科室的负责人或者医疗卫生机构负责医疗管理的人员报告，否则按照相关规定责罚，酿成严重后果的，护士将与医生共同承担所引起的法律责任。此外，在紧急情况下，医生下达口头医嘱或电话医嘱，护士应复述一遍再执行，如果医生下达医嘱后护士没有复述而因用药过错导致患者致残或死亡，护士应承担法律责任。

（五）实习护生的职责范围

未取得护士执业证书的人员，不得从事诊疗技术规范规定的护理活动。在教学、综合性医院开展护理工作，临床实习护士应当在注册护士指导下开展有关工作。实习护士如擅自离开注册护士的指导，独立进行操作，对患者造成了伤害，要承担法律责任。临床护理带教工作中带教护士应该做到"放手不放眼"，如果带教老师要求护生执行实习中未曾学习过的技能或自己认为尚不熟悉的技能，护生有权拒绝。

二、执业安全管理

（一）护理禁业问题

医疗卫生机构不得允许下列人员在本机构从事护理工作：

（1）未取得护士执业证书的人员。
（2）未按规定办理执业地点变更手续的护士。
（3）执业注册有效期满未延续注册的护士。
（4）虽取得执业证书但未经注册的护士。

（二）未取得护士执业资格的护理人员工作安排

护理管理者应安排尚未取得护士执业资格的护理人员（通常为新入职的护生）在注册护士的指导下做一些护理辅助工作，不能以任何理由安排他们独立上岗，否则被视为无证上岗、非法执业。

（三）专科护士执业问题

关于专科护士执业范围，目前我国尚没有法律明确规定，虽然专科护士较一般护士处理护理问题时有较多的自主权，但是，如果在没有医嘱的情况下，直接为患者实施医疗护理行为，如造口治疗师根据经验为患者直接实施创口换药，则属于违法行为，应注意规避。

三、护理不良事件管理

(一)护理不良事件概述

1. 护理不良事件（nursing adverse event） 是指在护理过程中发生的、不在计划中的、未预计到的或通常不希望发生的事件。护理不良事件分为可预防性不良事件和不可预防性不良事件。前者是指在护理过程中由于未能防范的差错或设备故障造成损伤，包括护理差错和护理事故，后者是指正确的护理行为造成的不可预防的损伤，一般称为医疗意外。

音频：
护考考点：医院护理质量缺陷及管理——相关概念

> **知识链接**
>
> **护理不良事件分级**
>
> 0级：事件在执行前被制止。
> Ⅰ级：事件发生并已执行，但未造成伤害。
> Ⅱ级：轻微伤害，生命体征无改变，需进行临床观察及轻微处理。
> Ⅲ级：中度伤害，部分生命体征有改变，需进一步临床观察及简单处理。
> Ⅳ级：重度伤害，生命体征明显改变，需提升护理级别并紧急处理。
> Ⅴ级：永久性功能丧失。
> Ⅵ级：死亡。

2. 护理不良事件的危害 护理不良事件的发生可增加患者痛苦，延长住院时间，增加医疗费用、影响医院效率，甚至导致患者死亡，构成严重医疗事故并影响患者家庭及医院信誉。某些不良事件也可能给护士带来不同程度的生理或心理的伤害。

3. 护理不良事件报告处理制度 主动报告医疗安全不良事件是中国医院协会2009年提出的十大患者安全目标之一，要求各医院自愿主动上报，各医院依此制定制度。一般情况下，各医院护理不良事件报告处理制度应包括以下几个方面。

音频：
护考考点：医院护理质量缺陷及管理——护理质量缺陷的预防和处理

（1）在护理活动中必须严格遵守医疗卫生管理法律，行政法规，部门规章和诊疗护理规范、常规，遵守护理服务职业道德规范。

（2）医院（护理部）建立有效的不良事件上报流程，保证信息上报及时、有效及保密。

（3）各护理单元有防范处理护理不良事件的预案。

（4）各科室应设置护理不良事件登记本，及时据实登记。

（5）凡是在医院内发生的或在患者转运过程中发生的非疾病本身造成的异常医疗事件均属不良事件，需要主动上报。根据不良事件的严重程度，积极采取抢救或挽救措施，尽量减少或消除不良后果。

（6）发生护理不良事件后，有关的记录、标本、化验结果及相关药品、器械均应妥善保管，不得擅自涂改、销毁。

（7）发生护理不良事件后的报告顺序：立即口头报告值班医生、护理组长或高级责任护士，及时评估事件发生后的影响，积极采取抢救或挽救措施，将损害减少至最低。必要时同时上报科主任、护士长，科主任、护士长接到报告立即到现场组织抢救，并报主管部门、主管领导及主管院长。

（8）应在24小时内填写《护理不良事件报告表》并报告。由本人登记发生不良事件的经过、分析原因、后果及本人对不良事件的认识和建议。不论是院外发生或本院发生压力性损伤，一旦发现，都应填写《压力性损伤报告单》。

（9）发生护理不良事件的科室或个人，如不按规定报告，有意隐瞒，视情节严重程度给予处理。

（10）护士长应负责组织对本科室发生的不良事件进行调查，组织科内讨论，分析管理制度、工作流程及层级管理等方面存在的问题，确定事件的真实原因并提出改进意见或方案，填写《护理不良事件报告表》。科护士长应参加讨论，或根据讨论结果及改进意见提出建设性意见。

（11）护理部对Ⅰ级、Ⅱ级不良事件要组织护理质量管理委员会调查，对事件进行讨论，找出工作流程或质量管理体系中的问题，以便有针对性地制订防范措施。对发生的护理不良事件，提交处理意见。造成不良影响时，应做好有关善后工作。

（12）医院建立主动上报不良事件奖惩制度，发生护理不良事件的科室或个人，如不按规定报告，有意隐瞒，须按情节严重程度给予处理。

（二）护理事故

1. 护理事故的概念及其鉴定 护理事故（nursing accident）属于医疗事故，是指医疗机构中的护理人员在护理活动中，违反医疗卫生法律、行政法规、部门规章制度和诊疗护理规范、常规，造成患者人身损害的事故。

2. 医疗事故的分级 根据《医疗事故处理条例》，依据事故对患者人身造成的损害程度，医疗事故分为四级：

一级医疗事故：造成患者死亡、重度残疾。

二级医疗事故：造成患者中度残疾、器官组织损伤导致严重功能障碍。

三级医疗事故：造成患者轻度残疾、器官组织损伤导致一般功能障碍。

四级医疗事故：造成患者明显人身损害的其他后果。

3. 护理事故的处理 必须坚持实事求是的原则，力求将事实陈述清楚、定性准确、责任分明、处理恰当。责任人及其领导者一旦发现严重危害患者的事件，可能成为护理事故，要按以下程序处理。

（1）报告：当事人立即向科室负责人报告，科室负责人向本医疗单位负责人报告。个体开业的护士应立即向当地卫生行政部门报告。

（2）资料及物品保管：指派专人保管原始资料，严禁涂改、伪造、隐藏、销毁。因药物引起的不良后果，应对现场实物暂时封存，以备检查。

（3）调查：医疗单位应在发生护理医疗事故后立即进行调查并报上级卫生行政部门。

（4）处理：医疗单位和患者及其家属可自行调解，当有争议时，可提请当地医疗事故鉴定委员会进行鉴定，由卫生行政部门处理或直接向当地人民法院提起诉讼。

4. 不属于医疗事故的情形 ①紧急情况下为抢救危重患者生命而采取紧急医疗措施造成不良后果的；②在医疗活动中由于患者病情异常或患者体质特殊而发生医疗意外的；③在现有医学科学技术条件下，发生无法预料或者不能防范的不良后果的；④无过错输血感染造成不良后果的；⑤因患者原因延误诊疗导致不良后果的；⑥因不可抗力造成不良后果的。

（三）护理差错

护理差错（nursing error）是指由于护理人员在工作中责任心不强、粗心大意、不按规章办事或技术水平低，对患者产生直接或间接影响（也可能未造成任何影响），但未造成患者死亡、残废、组织器官损害等不良后果的过失。根据差错程度可分为严重差错和一般差错两大类。

1. 严重差错 指在护理工作中，由于护士责任心不强、查对不严、违反操作规程或技术水平低下等原因所造成的差错，给患者造成了痛苦，延长了治疗时间或增加了经济负担，但尚未构成护理事故者。严重差错涉及的内容：①执行查对制度不认真，打错针、发错药，给患者增加痛苦；执行医嘱不及时，影响治疗但未造成严重不良后果。②护理措施未落实，发生非难免性2期压力性损伤，实施热敷时造成二度烫伤、面积不超过体表0.2%。③监护失误、引流不畅、未及时发现影响治疗。④监护失误，静脉注射外渗外漏，面积达 3 cm×3 cm 以上，局部坏死。⑤术前未作准备或术前准备不合格，而推迟手术，尚未造成严重后果。⑥违反无菌操作技术，造成患者严重感染。⑦各种记录有遗漏或不准确，影响诊断治疗。⑧遗失检查标本影响诊断治疗。⑨护理不当发生坠床、窒息、昏倒造成不良后果。⑩交接班不认真而延误诊治、护理，造成不良后果。

2. **一般差错**　指在护理活动中，由于护士的失误，造成患者一般性痛苦或错误性质虽严重，未造成患者任何不良反应的差错。一般差错涉及的内容：①违反各项护理工作的操作规程，质量未达到标准要求，增加患者痛苦，但尚未造成不良后果；②各种护理记录不准确，未影响诊断治疗；③不认真执行查对制度，打错针、发错药，未发生任何反应（一般性药物），无不良后果；④标本留取不及时或留取方法不正确，但尚未影响诊断治疗；⑤监护失误、静脉注射外渗外漏，面积未达到 3 cm×3 cm；⑥各种检查前准备未达要求，但尚未影响诊断；⑦病危患者无护理计划；⑧执行医嘱不及时，但未影响治疗；⑨无菌操作技术不熟练，造成患者轻度感染。

（四）护理不良事件的预防

控制护理不良事件的关键在于预防。

1. **营造护理安全文化，普及安全新思想**　加强对护理人员护理不良事件管理知识的培训，将护理安全文化管理理念渗透到医务人员的思想上。只有实现"人人参与管理"的目标，才能从根本上有效阻止护理不良事件的发生，真正实现"零缺陷"的护理服务。

2. **增强法制教育，加强护患沟通**　护理工作是一项高风险的技术活动，涉及多项潜在的法律问题，管理者和护理工作人员都应当增强法律意识，丰富法律知识。护理部有计划、有重点地对在职护士进行相关法律知识的规范化培训，引导护士学法、懂法、知法，规范职业自律行为。在工作中依法维护患者和自身的合法权益。

下载资源：

护考考点：医院护理质量缺陷及管理——护理质量缺陷的控制

> 📛 **名人名言**
>
> 预防是解决危机的最好方法。
>
> ——[英]迈克尔·里杰斯特（Michael Regester），危机管理专家

良好的沟通可以避免因护理不良事件引起的医疗纠纷，沟通是保证护理服务质量的关键措施。护士必须意识到护患沟通的重要性，自觉学习，提高沟通技巧，在治疗护理中使用文明语言，尽量应用通俗易懂的语言，避免使用医学术语。在沟通时注意语言的方式、方法和速度，还要注意患者的情绪及病情的变化。尽早与患者沟通，以提高患者和家属对护士的理解和信任。

3. **加强护理管理，充分发挥高年资护士作用**　护理管理的成败直接影响护理质量。护士长是护理管理的关键，护士长应对护理质量、护理安全严格把关，发现护理隐患要及时组织讨论分析，提出防范措施，把不安全因素、护理隐患抑制在萌芽状态，对科室内的"重点人员"如进修生、实习生、低年资护士，要按具体情况因人施教，提高其业务能力和综合素质，强化质量意识，切实负起防范护理不良事件的责任。

高年资护士既有扎实的专业知识、熟练的操作技能和丰富的临床经验，又有高度的责任素质，强化的法律意识，应转变观念，切实做到以患者为中心，消除各种护理隐患，发挥善于及时发现、处理问题的能力，才能减少和避免护理不良事件的发生，保证护理安全。高年资护士还要为年轻护士把好关，做好传、帮、带、教，工作安排上要新老搭配，以老带新，以此防范护理不良事件的出现。

4. **完善护理安全制度，规范护理行为**　作为管理者要根据法律法规和医院的规章制度，以及工作的实际情况来制定相应的护理不良事件标准和应急预案，规范各种护理行为。在护理活动中，严格遵守医疗卫生管理法律、行政法规、部门规章和诊疗护理规范、常规；恪守医疗护理职业道德，改善服务态度，严格操作规程；在实际工作中要做到"四要"，即解释病情要科学、签字手续要完善、执行制度要严格、说话办事要谨慎。

5. 不断更新专业知识，提高专业技术水平 护理人员的业务能力是安全管理的重要环节。加强业务培训，针对不同年资的护士，制订不同的培训计划，提高专业理论水平、技术操作水平及观察病情变化的能力。特别是对低年资的护士，要有针对性地进行专业素质和综合能力的培训，加大执行和考核力度，增强工作积极性，培养慎独精神，从根本上防止护理质量不良事件的发生。

6. 建立护理不良事件上报系统 护理不良事件上报系统能警示护士危险所在，促进护理质量和护理安全管理。发生护理不良事件后，首先应保护患者，尽可能地将错误导致的危害降至最低程度，并在24 h内逐级上报。同时采用保密、非惩罚、免于刑事诉讼等手段促进上报，建立上报快速通道。

7. 正确对待医疗事故，做好患者投诉管理 医疗机构有义务正确地处理医疗事故，保护医患双方的合法权益，把医疗事故造成的损害降至最低。要正确、及时、稳妥地处理医疗事故。第一，必须制定处理医疗事故预案。第二，按照程序处理医疗事故。当患者因不满而投诉时，要耐心接待，认真受理并记录；然后采取纠正措施，如解释说明、向患者道歉等。第三，对投诉问题进行调查，了解其原因，评估问题的严重性，分清责任，作出适当补偿。第四，采取长效纠正措施，防止问题再次发生。第五，跟踪调查。

总之，在临床护理工作中，护士必须要有良好的职业道德、爱岗敬业的思想、精湛的护理技术、良好的沟通技巧，并用科学的管理方法，保证各项护理制度和操作规程的落实，不断提高护理服务水平和护理工作质量。

本章小结

本章主要介绍了护理信息的特点、分类和管理，说明了我国卫生法体系的构成（其中护理法是重要组成部分）。此外，还介绍了护理管理相关的法律法规：《医疗机构管理条例》《护士条例》《医疗事故处理条例》《医疗废物管理条例》《医院感染管理办法》。护理管理工作中常见的法律问题有：依法执业管理、执业安全管理、护理不良事件管理。通过本章的学习，可提升对护理信息和法律的认识，为以后的护理工作奠定良好的基础。

思维导图

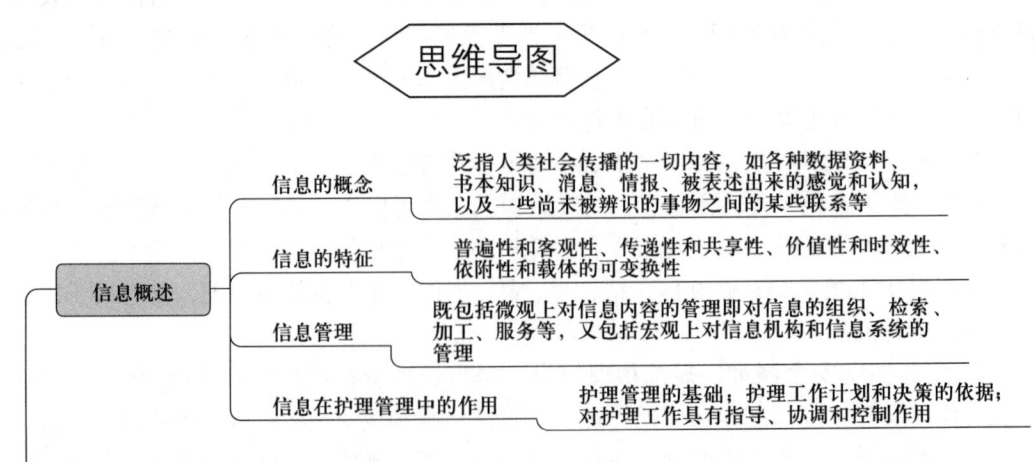

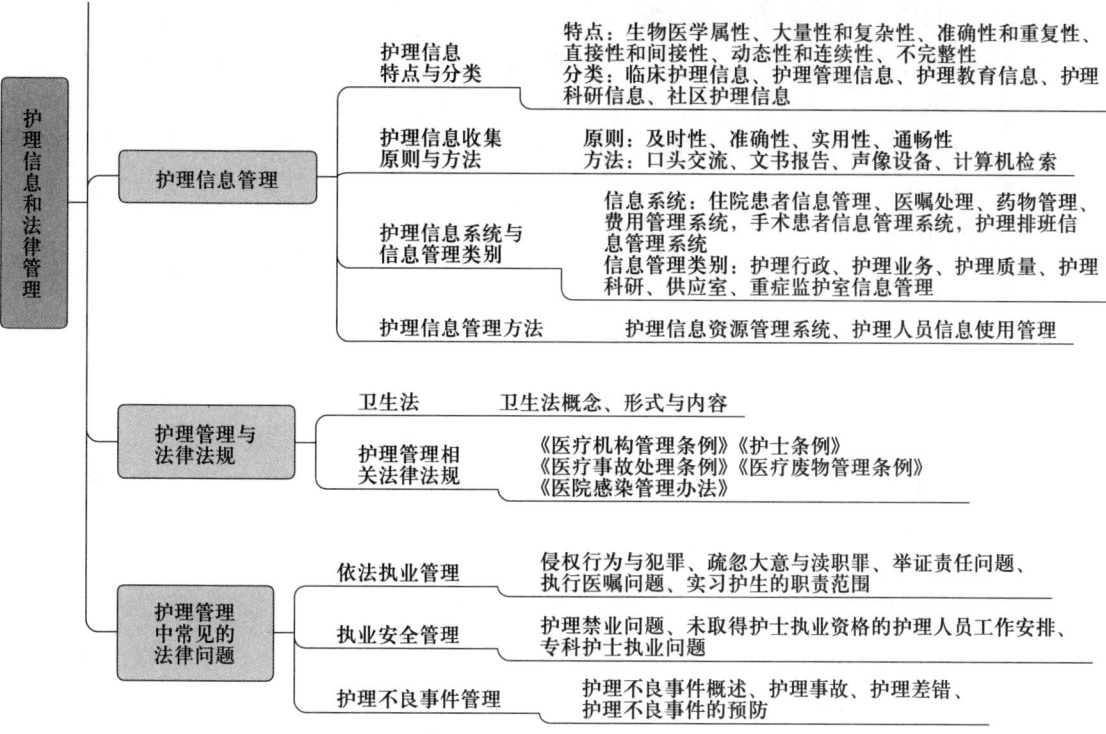

实践活动

1. 活动内容　组织以"临床护理常见不良事件"为主题的案例学习交流会。
2. 活动目标　加深学生对护理法律法规的理解，做到依法执业、安全执业。
3. 活动方法

（1）教师准备 10 个护理管理法律法规的案例发放给学生，要求学生课后搜集信息并讨论分析案例。

（2）学生以小组为单位，课下制作 PPT 总结分析结果。

（3）课上随机抽查小组内成员汇报分析结果，教师和其余学生针对案例提出疑问，小组成员进行解答。

（4）教师点评，对学生的案例分析进行评价及指导。

自测题

一、选择题

A1/A2 型题

1. 下列各项属于执业安全问题的是
   A. 侵权行为　　　　　　　B. 失职行为　　　　　　　C. 错记血压
   D. 遭受人身伤害　　　　　E. 渎职行为

2. 护士查对不严格给患者发错药属于
   A. 侵权行为　　　　　B. 失职行为　　　　　C. 犯罪
   D. 渎职　　　　　　　E. 医疗事故

3. 护士在工作时对患者恶言相加，侵犯了患者的
   A. 隐私权　　　　　　B. 自由权　　　　　　C. 人身财产权
   D. 生命健康权　　　　E. 知情同意权

4. 护士执业注册的有效期为
   A. 2年　　B. 5年　　C. 8年　　D. 10年　　E. 终身

5. 医疗事故是指
   A. 虽有诊疗护理错误，但未造成患者死亡、残疾、功能障碍
   B. 由于病情或患者体质特殊而发生的难以预料的不良后果
   C. 在诊疗护理中，因医务人员诊疗护理过失直接造成患者死亡、残疾、功能障碍
   D. 发生难以避免的并发症
   E. 医务人员在诊疗护理中存在失误导致患者不满意

6. 造成患者死亡、重度残疾的属于
   A. 一级医疗事故　　　B. 二级医疗事故　　　C. 三级医疗事故
   D. 四级医疗事故　　　E. 五级医疗事故

7. 护士误给青霉素过敏的患者注射青霉素，造成患者死亡。此事故属于
   A. 一级医疗事故　　　B. 二级医疗事故　　　C. 三级医疗事故
   D. 四级医疗事故　　　E. 严重护理差错

8. 以下属于医疗事故的是
   A. 在紧急情况下为抢救生命垂危患者而采取紧急医学措施造成不良后果
   B. 无过错输血感染造成不良后果
   C. 患者病情异常或体质特殊造成不良后果
   D. 因患方原因延误诊疗导致不良后果
   E. 患者行动不慎造成不良后果

9. 患者在诊疗过程中受到损害，医疗机构及其医务人员有过错的，承担赔偿责任的是
   A. 医务人员　　　　　B. 医疗机构　　　　　C. 医疗机构负责人
   D. 医务人员和医疗机构　　E. 医务人员及其家属

10. 某值班护士在23:00行药物治疗时，由于患者已入睡，护士未叫醒患者，错将患者甲的药物输给患者乙，导致患者乙出现皮肤过敏反应。此事件中，该护士应承担
    A. 无责任　　　　　　B. 轻微责任　　　　　C. 次要责任
    D. 一半责任　　　　　E. 主要责任

11. 某护生在一所二级甲等医院完成毕业实习后，但未通过全国护士执业资格考试。护理部考虑其平时无护理差错，且普外科护士严重短缺，因此聘用其任普外科护士。护理部的做法违反的是
    A.《护士条例》　　　　　　　　B.《中华人民共和国侵权责任法》
    C.《中华人民共和国民法通则》　D.《医疗机构管理条例》
    E.《医疗事故处理条例》

12. 护士甲已在某三甲医院工作，但未满5年，现由于家庭关系要调往外地医院，该护士应该
    A. 等满5年后再变更注册　　　　B. 取消注册
    C. 立即变更注册地点　　　　　　D. 申请延迟注册
    E. 保留原注册地点

A3/A4 型题

（13～15 题共用题干）

某外科近段时间患者非常多，护士人手不够。值班护士张某因工作忙未认真进行查对而错把 2 床患者的药物发给了 3 床患者。3 床患者服用后出现心搏呼吸骤停，后因抢救无效死亡。

13. 护士张某应首先报告给

    A. 病房护士长   B. 科护士长   C. 科主任

    D. 护理部主任   E. 院长

14. 该事件属于

    A. 护理事故   B. 医疗事故   C. 护理差错

    D. 意外事件   E. 护理不良事件

15. 下列不属于控制医疗事故措施的是

    A. 严格执行查对制度

    B. 严格控制患者家属探视

    C. 经常巡视患者

    D. 不定期检查护士的操作过程

    E. 分析并总结差错事故的发生原因

二、简答题

1. 护理信息的特点有哪些？
2. 护理人员使用信息应如何管理？
3. 护理管理中常见的法律问题有哪些？护士应怎样应对？
4. 简述护理事故的定义及分级。
5. 什么是护理差错？护理活动中有哪些过失行为属于护理差错？
6. 如何从法律角度保障护士的执业安全？

三、案例分析

护士小李，给 1 床 77 岁患者李某输 20% 甘露醇时，没有核对，把 3 床患者张某的 10% KCl 250 ml 输给了李某，导致李某出现心搏骤停死亡。

思考： 1. 案例中护士的行为属于几级医疗事故？

          2. 针对此行为应如何处理？

（杨　娜　张志芳　刘良燚）

下载资源：
第十二章案例分析参考答案

附 录

自测题参考答案

第一章选择题参考答案

1. D 2. C 3. B 4. B 5. C 6. C 7. A 8. C 9. D
10. D 11. E 12. A 13. B 14. C 15. E

第二章选择题参考答案

1. B 2. D 3. D 4. B 5. D 6. B 7. E 8. C 9. E
10. D 11. A 12. B 13. B 14. A

第三章选择题参考答案

1. A 2. E 3. A 4. B 5. C 6. D 7. D 8. B 9. A
10. C 11. C 12. B 13. A 14. E

第四章选择题参考答案

1. D 2. B 3. A 4. A 5. E 6. A 7. A 8. A 9. A
10. E 11. C 12. B 13. B 14. C

第五章选择题参考答案

1. B 2. A 3. A 4. C 5. D 6. E 7. B 8. D 9. B
10. C 11. B 12. C 13. A 14. B

第六章选择题参考答案

1. D   2. C   3. A   4. E   5. C   6. E   7. E   8. E   9. C
10. B 11. E 12. D 13. B 14. A 15. D 16. C

第七章选择题参考答案

1. D   2. D   3. E   4. A   5. C   6. E   7. D   8. B   9. B
10. C 11. B 12. B 13. A 14. B

第八章选择题参考答案

1. D   2. E   3. E   4. B   5. A   6. B   7. B   8. E   9. E
10. B 11. C 12. D 13. C

第九章选择题参考答案

1. C   2. A   3. B   4. D   5. E   6. A   7. D   8. A   9. D
10. B 11. D 12. A 13. B 14. B

第十章选择题参考答案

1. D   2. E   3. A   4. D   5. C   6. C   7. E   8. D   9. B
10. A 11. A 12. A 13. A 14. A 15. D

第十一章选择题参考答案

1. B   2. E   3. D   4. E   5. C   6. B   7. B   8. A   9. A
10. B 11. C 12. D 13. B 14. D

第十二章选择题参考答案

1. D   2. B   3. D   4. B   5. C   6. A   7. A   8. E   9. B
10. E 11. A 12. C 13. A 14. B 15. B

中英文专业词汇索引

B

标准（standard） 164
不确定型决策（decision making under uncertainty） 48

C

长期计划（long-term plan） 39
成本（cost） 170
成本管理（cost management） 170
成熟度（maturity） 110
程序化决策（programmed decision making） 48
惩罚（punishment） 126
冲突（conflict） 146
传统观念(traditional view) 146
创新（innovation） 14
创新职能（innovation function） 4

D

动态原理（dynamic principle） 33
短期计划（short-term plan） 39

F

反馈控制（feed back control） 161
非程序化决策（nonprogrammed decision making） 48
非建设性冲突（non-constructive conflict） 147
非权力性影响力（non-authority power） 105
非正式组织（informal organization） 56
风险型决策（decision making under risk） 48
负强化（negative reinforcement） 126

G

高层管理者（top-line managers） 10
个人决策（individual decision making） 48
公平理论（equity theory） 129
沟通（communication） 139
古典管理理论（classic management theory） 23
管理（management） 2
管理沟通（managerial communication） 139
管理决策（decision-making） 47
管理者（manager） 10
归因理论（attribution theory） 126
过程型激励理论（procedural motivation theory） 127

H

护理安全（nursing safety） 168
护理安全管理（nursing safety management） 169
护理不良事件（nursing adverse event） 229
护理差错（nursing error） 230
护理成本（nursing cost） 170
护理法（nursing laws） 225
护理风险（nursing risk） 167
护理风险管理（nursing risk management） 167
护理风险控制（nursing risk control） 168
护理风险评估（nursing risk measurement） 168
护理风险识别（nursing risk identification） 167
护理服务（nursing service） 202
护理服务供给（nursing service supply） 204
护理服务需求（nursing service demand） 204
护理人力资源（human resources of nursing） 78

护理人力资源管理（human resources management of nursing） 78
护理事故（nursing accident） 230
护理信息（nursing information） 219
护理信息系统（nursing information system，NIS） 221
护理质量（nursing quality） 180
护理质量标准（nursing quality standard） 182
护理质量管理（management of nursing quality） 180

J

积极倾听（empathetic listening） 143
基层管理者（first-line managers） 11
激励（motivation） 122
激励-保健理论（motivation-hygiene theory） 124
计划（plan） 39
计划职能（planning function） 4
建设性冲突（constructive conflict） 146
交互作用观点(interaction view) 146
矩阵型结构（matrix structure） 63

K

科学管理理论（scientific management） 23
控制（control） 159
控制对象（control object） 163
控制过程（control process） 164
控制职能（controlling function） 4

L

领导（leadership） 101
领导生命周期理论（life cycle theory of leadership） 110
领导者（leader） 102
领导职能（leading function） 4

M

目标管理（management by objectives，MBO） 42

N

内容型激励理论（content motivation theory） 123

Q

期望理论（expectancy theory） 127
前馈控制（feed forward control） 160
强化理论（reinforcement theory） 125
侵权行为（tort） 227
情境领导理论（situational leadership theory） 110
权变领导理论（contingency leadership theory） 109
权力性影响力（authority power） 104
确定型决策（decision making under certainty） 48
群体决策（group decision making） 48

R

人本原理（human principle） 32
人类关系学说(human relations view) 146
人力资源（human resources） 78
人力资源管理（human resource management） 4，78

S

时间管理（time management） 44
授权（authorization） 112
疏忽大意（careless） 227
双因素理论（two-factor theory） 124

T

特征领导理论（trait leadership theory） 106
同期控制（concurrent control） 160
团队（team） 115
团队结构（team structure） 63

W

委员会结构（committee structure） 63

X

系统（system） 30
系统原理（systematic principle） 30
效益原理（efficiency principle） 34
信息（information） 217
信息管理（information management，IM） 217
行为改造型激励理论（behavior modification theory） 125
行为科学管理理论（behavioral science theory） 25

行为领导理论（behavioral leadership
　　theory） 107
行政管理组织理论（theory of bureaucracy） 25
需要层次理论（hierarchical theory of
　　needs） 123

Y

业务决策（business decision making） 48
医院感染（nosocomial infection） 171
影响力（power） 104
优质护理服务（high quality nursing
　　service） 206
有效沟通（effective communication） 139

Z

战略决策（strategic decision making） 47
战略性计划（strategic plan） 39
战术决策（tactical decision making） 48
战术性计划（tactical plan） 39
正强化（positive reinforcement） 125

正式组织（formal organization） 56
直线型结构（linear structure） 61
直线-职能型结构（line and functional
　　structure） 62
职能型结构（functional structure） 62
指导性计划（guidance plan） 39
指令性计划（mandatory plan） 39
质量（quality） 177
质量改进（quality improvement） 177
质量管理（quality management） 177
质量控制（quality control） 177
质量体系（quality system） 177
中层管理者（middle-line managers） 10
中期计划（medium-term plan） 39
自然消退（extinction） 126
组织（organization） 55
组织变革（organizational change） 70
组织结构（organization structure） 61
组织设计（organization design） 61
组织职能（organizing function） 4

主要参考文献

1. 陈莞，倪德玲．最经典的管理思想．北京：经济科学出版社，2003．
2. 周三多，陈传明，贾良定．管理学：原理与方法．6版．上海：复旦大学出版社，2014．
3. 冯国珍，王云玺．管理学．上海：复旦大学出版社，2006．
4. 于淑霞．护理管理学．北京：北京大学医学出版社，2013．
5. 谢红，赵素梅．护理管理学．5版．北京：北京大学医学出版社，2016．
6. 彭艾莉，刘翠兰，陈小菊．护理管理学．2版．北京：北京大学医学出版社，2015．
7. 李继平．护理管理学．3版．北京：人民卫生出版社，2012．
8. 周建军．护理管理学．3版．北京：中国医药科技出版社，2013．
9. 何曙芝，傅学红．护理管理学基础．北京：中国医药科技出版社，2018．
10. 朱爱军．护理管理基础．北京：人民卫生出版社，2015．
11. 郑翠红．护理管理学基础．北京：人民卫生出版社，2017．
12. 尚少梅．护理管理学．北京：北京出版社，2014．
13. 刘松柏，陈燕，张平淡．管理学——基于能力的原理和方法．2版．北京：中国言实出版社，2018．
14. 蔡礼强．领导力八讲．北京：中国社会科学出版社，2018．
15. 吴欣娟，王艳梅．护理管理学．4版．北京：人民卫生出版社，2017．
16. 苏兰若．护理管理学．3版．北京：人民卫生出版社，2017．
17. 姜小鹰．护理管理理论与实践．北京：北京大学医学出版社，2011．
18. 姜小鹰．护理管理学同步练习册．上海：上海科学技术出版社，2002．
19. 余凤英，宋建华．护理管理学．3版．北京：北京大学医学出版社，2014．
20. 李继平．护理管理学．2版．北京：人民卫生出版社，2006．
21. 李黎明．护理管理学．北京：人民卫生出版社，2012．
22. 雷芬芳．护理管理学．2版．北京：中国医药科技出版社，2012．
23. 汪晖．护理管理．北京：人民卫生出版社，2014．
24. 成冀娟．护理管理学．北京：人民卫生出版社，2000．
25. 吴之明．护理管理学．上海：同济大学出版社，2007．
26. 张培珺．现代护理管理学．2版．北京：北京大学医学出版社，2004．
27. 杨顺秋，吴殿源．现代实用护理管理．北京：军事医学科学出版社，2003．
28. 姜丽萍．护理管理学．北京：清华大学出版社，2006．
29. 周颖清．护理管理学．北京：北京大学医学出版社，2009．
30. 蔡文智，张莉．护士长管理工作指引．北京：人民军医出版社，2013．

31. 温贤秀，张义辉.优质护理临床实践.上海：上海科学技术出版社，2011.
32. 路兰，邢彩珍，孙铮.护理管理学.武汉：华中科技大学出版社，2016.
33. 周更苏，白建英.护理管理.北京：人民卫生出版社，2016.
34. 魏万宏，丁海玲，谭海梅.护理管理学.北京：中国科学技术出版社，2016.
35. 朱春梅，王素珍.护理管理.上海：第二军医大学出版社，2015.
36. 郑翠红，张俊娥.护理管理.北京：人民卫生出版社，2018.